MW01608840

EL IMPERIO GLOBAL

ROBERTO MONTOYA

EL IMPERIO GLOBAL

George W. Bush,
de Presidente dudosamente electo
a aspirante a César del siglo XXI

Ⓐ **Editorial El Ateneo**

303.6 Montoya, Roberto
MON El Imperio Global - 1a. ed., - Buenos Aires
El Ateneo, 2003

397 p.; 15,5 x 22,5 cm

ISBN: 950-02-7448-5

1. Título - 1. Historia

Diseño de interiores: Mónica Deleis

© Roberto Montoya Batiz, 2003
© por el prólogo, James Petras, 2003
© La Esfera de los Libros S.L., 2003
© Fotografía de solapa L. Dufaur, 2003

Primera edición de Editorial El Ateneo
© LIBRERÍAS YENNY S.A., 2003
Patagones 2463 - (C1282ACA) Buenos Aires - Argentina
Tel.: (54 11) 4943 8200 - Fax: (54 11) 4308 4199
E-mail: editorial@elateneo.com

Derechos exclusivos de edición en castellano
reservados para América latina.

Queda hecho el depósito que establece la ley 11.723

IMPRESO EN LA ARGENTINA

Índice

*A dos brillantes periodistas, queridos compañeros y amigos,
muertos mientras cubrían para El Mundo las dos primeras fases
de la cruzada internacional lanzada por George W. Bush y sus
socios de turno, testimoniando con sus artículos las miserias
y los horrores de las guerras en Afganistán e Irak:*

*Julio Fuentes Serrano, asesinado el 19 de noviembre de 2001 en la
carretera de Jalalabad a Kabul, junto a Maria Grazia Cutuli, del
Corriere della Sera, y Azizula Haidari y Harry Burton, de Reuters.*

*Julio Anguita Parrado, asesinado el 7 de abril de 2003, junto a
Christian Liebig, enviado del semanario alemán Focus, a quince
kilómetros de Bagdad, en el mando táctico de la Segunda Brigada
de la Tercera División del Ejército de Estados Unidos, a la que
acompañaban desde su llegada a Kuwait en marzo de ese año.*

*Este libro está dedicado a ellos dos y a todos los que como ellos y
como otro querido compañero, Miguel Gil, asesinado en Sierra
Leona el 24 de mayo de 2000, dieron sus vidas por informar a los
demás sobre los conflictos bélicos que desangran al mundo;
y también a los voluntarios que realizan a través de ONG
abnegadas acciones humanitarias en esos arriesgados sitios.*

*A todos ellos, y también a los miles de víctimas civiles inocentes
de campañas militares como las mal llamadas "Libertad
Duradera" y "Libertad iraquí", cuyas identidades al morir
quedan ocultas bajo el cínico término de "daños colaterales",
acunado por los mandos del Pentágono.*

PRÓLOGO

Por James Petras*

El Imperio Global es una "historia con mayúsculas", tanto por su envergadura como por su profundidad. El libro se desplaza desde el tratamiento de la estrategia de Washington de conquista mundial, pasando por la política de guerra en Afganistán e Irak, la corrupción y las fallas del proceso electoral norteamericanos, hasta los intereses y las manías personales del presidente George W. Bush y su entorno político.

El autor construye un importante relato acerca de los mecanismos internos y externos del imperialismo estadounidense, entrelazando las complejas fuerzas económicas, políticas y culturales con las instituciones que sostienen la dominación imperial. A través de su abarcador relato, accedemos a un detallado y sistemático estudio de los acuerdos internacionales rechazados por Estados Unidos (desde Kioto hasta el Tratado Antimisiles**), así como también la posición de subordinación del Consejo de Seguridad de Naciones Unidas a sus planes de control sobre el petróleo mundial.

El argumento central de Montoya (la construcción del imperio mundial norteamericano) está acompañado por otros temas importantes: los fracasos del aparato de inteligencia imperial, la relación entre la construcción del imperio y el autoritarismo interno, el efecto bumerán en la relación con el fundamentalismo musulmán.

Este libro ofrece gran cantidad de información que permite entender el concepto de "nuevo imperialismo" basado en el militarismo y el petróleo, mucho más pertinente que el concepto de "globalización" que simplemente trata del comportamiento de las corporaciones multinacionales. El núcleo del planteamiento de Montoya es el carácter central del Estado imperial en la organización y estructuración del Imperio Global. Su trabajo potencia nuestra capacidad de compresión de las contradicciones y los puntos vulnerables de la construcción del imperio nor-

---

* James Petras es profesor de Ética Política en la Universidad de Binghamton (Nueva York). Este prólogo ha sido traducido del inglés por Constanza Meyer.
** ABM (Anti-Ballistic Missile) *(N. de la T.)*

teamericano, como se demuestra en discusiones y antagonismos con antiguos aliados que tienen lugar en foros internacionales.

Montoya presenta un cuadro de la historia imperial contemporánea bien documentado, centrándose en el surgimiento y la expansión del imperio de Estados Unidos, desde su derrota en Indochina en los años setenta hasta el poder beligerante y arrogante del nuevo milenio. Asimismo, proyecta de manera acertada el futuro del militarismo global estadounidense, apoyado en el mayor presupuesto militar de la historia y en la doctrina militar más agresiva desde el Tercer Reich. Con 396 mil millones de dólares, el presupuesto militar de Estados Unidos es seis veces mayor que el de Rusia, segundo en gastos militares, y mayor que los presupuestos combinados de las siguientes veinticinco naciones.

El gran interrogante consiste en saber si el imperialismo militar puede sostenerse dada la profunda recesión económica en el mundo capitalista (dentro de Estados Unidos y entre sus socios comerciales más importantes). El segundo gran interrogante es saber si los profundos cambios negativos provocados por la construcción del imperio norteamericano desembocarán en múltiples guerras en el Tercer Mundo y en otros puntos del planeta, y la capacidad de Estados Unidos para luchar en dos, tres o varios frentes simultáneos de conquista.

Montoya nos ofrece un estudio bien documentado y extenso del desarrollo de la construcción del imperio mundial estadounidense y la amenaza que representa para la humanidad. Esperemos que Montoya pueda escribir una segunda parte que trate del "ocaso" del imperio. Mientras tanto, *El Imperio Global* nos brinda importantes reflexiones sobre el surgimiento del imperialismo norteamericano. Su lectura resulta imprescindible, es un libro esencial para todos aquellos ciudadanos interesados en un texto meticulosamente detallado acerca de la construcción del imperio al estilo norteamericano.

Introducción

El ascenso meteórico logrado por George Walker Bush, desde el inicio de su presidencia el 20 de enero de 2001, en condiciones de dudosa legitimidad, hasta convertirse dos años más tarde en potencial "César" del siglo XXI, quedará sin duda grabado en los anales de la historia mundial.

Muy lejos quedaron aquellas bromas hechas en los medios de comunicación durante su primer semestre en la Casa Blanca sobre sus constantes yerros, su supuesta ignorancia –¿o dislexia?–; como olvidadas quedaron también las duras críticas vertidas contra él por países europeos y muchos otros gobiernos aliados, por ese agresivo unilateralismo que lo llevó en poco tiempo a rechazar el Protocolo de Kioto, la Corte Penal Internacional, el tratado ABM de misiles balísticos y un largo etcétera de acuerdos multilaterales.

Bush *Junior* demostró desde el inicio de su mandato, más que ninguno de sus predecesores, que la bandera neoliberal de libre mercado a ultranza que hacía ondear por doquier tenía mucho de mito e hipocresía, encerraba muchas contradicciones. Su administración ha reflejado en todo momento que al tiempo que exigía al Tercer Mundo y a sus propios aliados del mundo desarrollado la eliminación de todas las barreras arancelarias, subsidios y regulaciones que pudieran afectar a los productos norteamericanos, en Estados Unidos hacía exactamente lo contrario. Erigió un muro de medidas proteccionistas provocando grandes conflictos comerciales a nivel internacional, como el del acero con la Unión Europea, como el de los productos agrícolas con los países subdesarrollados.

Pero el 11-S lo borró todo. Todos esos antecedentes del Presidente republicano de sus casi primeros ocho meses de gobierno que alarmaban al mundo, pasaron repentinamente a un segundo plano. Estados Unidos había sufrido en su propio suelo el primer ataque de envergadura desde 1812, durante la segunda guerra de la Independencia. Y Bush supo explotar, con lágrimas en los ojos, el espíritu patriótico y religioso de su pueblo, para convertirse en su padre protector y a su vez en dios

de la guerra, dispuesto a comandar las legiones del Bien contra las huestes del Mal, allí donde éstas se escondieran. El "supersheriff" comenzaría su cabalgata por Afganistán, luego por Irak, mostrándose dispuesto a seguirla luego por Irán, Siria, tal vez Somalía, Kenya, Yemen,
Indonesia, Filipinas, Corea del Norte y por quién sabe qué otro rincón
del orbe donde encuentre un enemigo, un obstáculo a sus planes imperiales y/o mucho petróleo. Porque la grave crisis energética que prevé sufrir Estados Unidos en carne propia en un futuro cercano ha llevado al gabinete más petrolero de su historia a tomar medidas para
asegurarse por todos los medios el control de los principales recursos
mundiales de petróleo y gas.

Al conseguir colocar a Hamid Karzai –ex funcionario de la poderosa empresa energética estadounidense Unocal– como presidente de
Afganistán, Bush intenta asegurarse, por fin, que por ese país pasen
los importantes oleoductos y gasoductos, cuya construcción se estuvo
negociando con los talibanes hasta poco antes del 11-S. Pero Karzai, más
de un año y medio después de la caída del régimen talibán, todavía no
controlaba totalmente el territorio afgano, y no había aún estabilidad
suficiente como para garantizar un proyecto de esa importancia estratégica, y que implica una multimillonaria inversión económica.

Ante esa inseguridad y ante los roces habidos en el último tiempo con uno de sus tradicionales aliados, Arabia Saudita, Estados Unidos ha decidido acelerar y ampliar las iniciativas políticas, económicas y militares, tanto en el Golfo como en el mar Caspio, las dos zonas
más ricas del mundo en petróleo y gas, a fin de tener garantías de control sobre ambas.

En el viaje que ha emprendido no descuida tampoco frentes menores que también huelen a petróleo, como Venezuela, por lo que está empeñado en derrocar a Hugo Chávez desde comienzos de 2002; o
Colombia, a donde, bajo el paraguas del Plan Colombia, ya ha enviado
unidades de su ejército para ayudar a las tropas de Uribe a proteger
1.400 kilómetros de oleoducto de los atentados del Ejército de Liberación Nacional. Bush no descarta tampoco incluir como objetivo de su
cruzada imperial a la "bestia negra" con la que no han podido acabar
diez administraciones norteamericanas en las últimas cuatro décadas:
Cuba. Primero, acusó sin demasiada convicción ni fundamento al gobierno de La Habana de "fabricar armas bacteriológicas". En 2003, y a
través de su Oficina de Intereses en La Habana, Estados Unidos instigó
una escalada de acciones violentas de la oposición, con el secuestro de
aviones y un *ferry*. Con ello consiguió el primer objetivo buscado. Que

Castro respondiera a esas provocaciones fusilando a tres de esos individuos y condenando a durísimas penas de prisión a decenas de disidentes. Estas medidas levantaron una lógica ola de protestas en todo el mundo, que fueron inteligentemente capitalizadas por la derecha. Con ello
Bush logró –en no poca medida– desviar las críticas que venía recibiendo de parte de la opinión pública y la comunidad internacional por su
política hacia Irak.

Estados Unidos lanzó en 2003 su nueva guerra contra Irak, país al
que paradójicamente armó hasta los dientes, incluso con armas químicas y biológicas, durante la guerra entre ese país e Irán, y lo hizo con la
complicidad de Gran Bretaña y España de forma unilateral, al no obtener el respaldo del Consejo de Seguridad de la ONU.

Poco importó a Washington que realmente Saddam Hussein es-
condiera o no armas de destrucción masivas, como las que, por otra parte, tiene Estados Unidos, Rusia, China, Israel, Pakistán, Corea del Norte,
Taiwán, la India, etc. Poco importó también que Saddam permitiera a
los expertos en desarme desarrollar su labor. Meses después de iniciada la guerra contra Irak, Estados Unidos no había logrado demostrar
aún la existencia de armas de destrucción masiva de ningún tipo. Al igual
que sucedió en la guerra de 1991, la capacidad militar de Irak demostró en 2003 ser obsoleta e infinitamente menos poderosa y peligrosa
de lo que habían asegurado tanto Bush como Blair y Aznar.

La suerte de Saddam Hussein estaba echada desde hacía mucho
tiempo. Desde el mismo momento en que Bush II llegó a la Casa Blanca.
El 11-S crearía el clima propicio para comenzar la campaña mediática,
diplomática y militar contra Bagdad.

El objetivo de Bush desde un inicio era derrocar a Saddam, sustituirlo con un gobierno transitorio dirigido por un general retirado como Jay Garner y por numerosos asesores norteamericanos, hasta que
pudieran controlarse efectivamente la seguridad del país y la explotación de sus pozos de petróleo. Estados Unidos pretendería traspasarlo
posteriormente a un gobierno de nacionales dócil, que permita a las
empresas estadounidenses hacerse con el control sobre la producción
y exportación del petróleo, y al Pentágono, establecer importantes
bases y centros de mando de ámbito regional, vitales para futuras incursiones bélicas en la zona. Irak cuenta con la segunda mayor reserva
petrolera del mundo después de Arabia Saudita y su control permitiría a Estados Unidos, por primera vez en décadas, no estar condicionado por el oro negro que fluye de Riad a raudales, o por eventuales
conflictos con la OPEP.

Bush consiguió en el último trimestre de 2002 que se convirtiera en papel mojado el acuerdo alcanzado por los expertos de la misión de desarme de la ONU, la UNMOVIC, y representantes del gobierno iraquí, para volver a Bagdad el 15 de octubre de ese año, cumpliendo así el mandato dado por Naciones Unidas. Washington impuso al Consejo de Seguridad un nuevo proyecto de resolución, el N° 1441, con exigencias mucho más duras para Irak, y que terminó siendo votado, con sólo algunos cambios de su versión original, por unanimidad.

Bush juega a varias puntas simultáneamente. La cruzada antiterrorista del petrolero-Presidente texano le ha permitido establecer nuevas bases y alianzas militares con ex repúblicas soviéticas, como Uzbekistán, Kirguizistán, Kazajstán, Georgia, Azerbaiján, países ricos en fuentes energéticas, introduciéndose así por la puerta ancha en zonas de tradicional influencia de Rusia.

Para compensar a Moscú por este agresivo acercamiento hasta sus propias puertas, y por la anulación unilateral del importante tratado ABM, que databa de 1972, Bush ha hecho importantes regalos a Vladimir Putin. Por un lado, respaldó la candidatura de Rusia para entrar en la Organización Mundial del Comercio. Por otro, hizo que se creara un organismo conjunto entre la OTAN y Rusia para emprender acciones comunes frente a conflictos internacionales. Por último, se ha comprometido a ayudar a Moscú a "solucionar" el tema checheno, dejando que Putin presente ante el mundo su política ultrarrepresiva en Chechenia como parte de la misma cruzada antiterrorista internacional liderada por Bush.

Para acometer su ambiciosa cruzada, Bush *Junior* necesitaba dejar bien controlada su retaguardia. A partir de ese fatídico Martes-11, Bush consiguió no sólo acallar las críticas de la oposición demócrata a su desastrosa política económica, con la que en poco tiempo había transformado el superávit fiscal heredado de la Administración Clinton en un déficit de cientos de miles de millones de dólares. Como gran prestidigitador que es, George W. pudo sortear también, recibiendo sólo unos pocos rasguños en su piel, el que prometía ser el primer "Watergate" de su gobierno: la fraudulenta bancarrota del gigante energético Enron, principal donante del Partido Republicano. Ni siquiera las revelaciones sobre los turbios negocios que realizó en su época de ejecutivo de la industria petrolera, al igual que su vicepresidente, Dick Cheney, o acerca de la incompatibilidad de intereses evidentes en las que incurrió Richard Perle y Jay Garner, lograron mellar ese alto índice de popularidad que alcanzó Bush vertiginosamente tras los atentados del 11-S.

El actual inquilino de la Casa Blanca tampoco tuvo mayor obstáculo para sacar adelante esa temible US Patriot Act, que coarta las libertades democráticas en Estados Unidos de una forma tan drástica como no se conocía desde la era del maccarthismo, emulada desgraciadamente poco después por varios de sus aliados europeos.

Las elecciones parciales del 5 de noviembre de 2002 reafirmarían su poder: el Partido Republicano pudo aumentar, a mitad de mandato, el número de Estados bajo su control y alcanzó una mayoría absoluta en las dos Cámaras. Dotado de poderes extraordinarios por la Cámara de Representantes y el Senado y con el mayor presupuesto militar de la historia, superior al de los quince países que lo siguen en la lista juntos, Bush II empezó a poner en práctica la nueva doctrina militar, basada en el "ataque preventivo", y por la cual vienen abogando desde hace años los "halcones" del Pentágono. Pero Bush no sólo tuvo carta blanca de los parlamentarios de su país para terminar la faena que su padre inició una década atrás contra Saddam Hussein, y que le renovarán, previsiblemente, ante cualquiera de las siguientes aventuras a las que lo conduzca en el futuro su cruzada internacional. También logró vencer las resistencias de algunos de sus aliados y hasta de algunos que no lo eran tanto, y, cuando no lo consiguió, como ocurrió con Francia, Alemania y Rusia, hizo caso omiso de ellos.

En noviembre de 2002, Estados Unidos conseguía convencer a sus socios de la OTAN para crear una fuerza de intervención rápida antiterrorista, de ámbito planetario, dotada en una primera fase de unos 20 mil hombres. La Alianza Atlántica ampliará así sus zonas de actuación y Washington conseguirá eludir de este modo, votaciones complicadas en la ONU para decidir represalias militares sobre tal o cual país, por lo que, el hasta ahora único organismo internacional de consenso, por limitado e injusto que éste sea muchas veces, puede verse vaciado, cada vez más, de contenido y de autoridad.

Con la doctrina de la guerra preventiva en una mano y una fuerza de intervención rápida en la que participen varios países aliados en la otra, Bush se encuentra en inmejorables condiciones para llevar su particular guerra hasta los confines de la Tierra.

Pero la cruzada integrista de Bush II, lejos de ir acorralando al otro integrismo, al terrorismo islámico que salió a hacerle frente, parece ayudarlo a desarrollarse aun más. Por cada palestino que muere diariamente en los territorios ocupados de Gaza y Cisjordania por disparos del ejército de Sharon, cuya política ultrarrepresiva respalda Bush, un nuevo kamikaze se dispone a salir de su casa con un cinturón repleto de explosivos para cometer un atentado; por cada víctima civil o "daño colateral" en Afganistán, Irak o Chechenia, un comando de extremistas islámicos, ligado o no a Al Qaeda, responde con un terrible atentado. En Pakistán, la India, Indonesia, Yemen, Filipinas, Kenya, se ha incrementado drásticamente el número de atentados terroristas desde el inicio de los bombardeos contra Afganistán el 8 de octubre de 2001. Los servicios de inteligencia estadounidenses reconocen que el riesgo de que se recrudezcan los ataques contra intereses occidentales aumentará aún más ahora, tras la nueva guerra librada contra Irak.

Paradójicamente, muchos de los grupos armados que componen esa extensa, compleja y descentralizada estructura de Al Qaeda, fueron aliados de Estados Unidos durante la guerra en Afganistán contra las tropas soviéticas en los años 80. Por motivos e intereses totalmente distintos, Estados Unidos, con complicidad de Arabia Saudita, Pakistán y varios países occidentales, apoyó económica y militarmente a las decenas de miles de mujahidines que acudieron en esa época a combatir en Afganistán, procedentes de Pakistán, Arabia Saudita, Yemen, Irán, Libia, Argelia, Chechenia, Indonesia, Kenya, Filipinas o China. Estados Unidos combatía contra los "rojos", pero ellos combatían "contra los infieles", fueran "rojos" o no.

Estados Unidos fue, en definitiva, el mayor impulsor de ese, el primer Jihad contemporáneo. Osama bin Laden fue quien más supo aprovechar aquella oportunidad única que ofrecía la coincidencia sobre el mismo frente de guerra de mujahidines provenientes de lugares tan disímiles, para crear una red entre ellos de carácter permanente, Al Qaeda.

Fue una gigantesca operación encubierta financiera y militar la que organizó Estados Unidos con sus aliados en Afganistán, pero se desentendió de este país una vez que comprobó la derrota de su archienemigo de entonces, la URSS, dejando que entre las distintas facciones locales vencedoras desangraran aún más Afganistán en los años siguientes. Los talibanes, como Osama bin Laden y su red Al Qaeda, los grandes demonios del siglo XXI, son herencias que ha recibido George Walker Bush de la labor hecha en esa región por las administraciones que le precedieron, empezando por Ronald Reagan, siguiendo por su propio padre y más tarde por Bill Clinton.

Como también ocurrió, durante la administración Reagan y la primera parte de la de George Bush I, cuando Estados Unidos, creyendo ver –al igual que varios países europeos y la propia URSS– en la Revolución islámica del ayatolá Jomeini el gran peligro que acechaba a la humanidad, se ocuparon de convertir al Irak de Saddam en una potencia militar para que pudiera hacer el trabajo sucio de derrotar a Irán. Con un millón de muertos, Irak, debilitado económica, política y militarmente, curaba como podía sus graves heridas de guerra y Occidente lo abandonaba a su suerte. Saddam no había sido capaz de responder a las expectativas de hacer de él un nuevo gendarme regional laico, como lo fuera en Irán el sha Reza Pahlevi hasta la llegada de Jomeini.

Los ayatolás iraníes seguían en el poder, y tanto por convicción como por su propia supervivencia ante el sangriento complot internacional sufrido, comenzaban a exportar su modelo a otros países de Cercano Oriente, financiando a grupos armados de islámicos integristas. La suerte de Saddam ya estaba echada. Parecía que sólo faltaba fomentarle sus sueños expansionistas, inducirlo hacia una trampa segura, para poder acabar con él. Así, Saddam invadió Kuwait y su pueblo pagó con más de cien mil vidas la inesperada respuesta que recibió de quienes habían sido sus instigadores y aliados hasta poco antes.

Saddam fracasó asimismo durante la Guerra del Golfo en su intento de cambiar de chaqueta y disfrazarse de líder islámico radical. El propio Bin Laden, a quien tanto Bush como Blair han intentado ridículamente vincular con Saddam, propuso a la monarquía saudita castigar con un Jihad a ese "infiel" que intentaba usar oportunistamente el islam como bandera. Pero George Bush I frenó en el último momento al general Norman Schwarzkopf a las puertas de Bagdad. Faltaba algo muy importante para derrocar a Saddam: una alternativa de poder. No podía repetirse la mala experiencia de Afganistán cuando se derrotó a las tropas soviéticas. Doce años después volvía a tener ese problema. En 2003 tampoco se produjo una fractura interna del régimen de Saddam ni tuvieron lugar los levantamientos populares que esperaban los invasores. La dividida oposición interna tampoco permitió crear una suerte de Alianza del Norte como en Afganistán. Los líderes de la oposición en el exilio, aliados de Estados Unidos, demostraron no contar con el apoyo popular que aseguraban tener. Millones de iraquíes mostraron inmediatamente después de la caída de Saddam Hussein que repudiaban su tiranía, pero que también rechazaban el intento de Estados Unidos de apoderarse descaradamente de su petróleo y de diseñar y controlar el futuro gobierno de Irak.

La urgencia por controlar su petróleo es aún mayor que una década atrás. George Walker Bush ha emprendido una campaña de altísimo riesgo en su loca carrera para conseguir el Imperio Global. Pero se equivocan quienes creen que las consecuencias las pagará única y exclusivamente Estados Unidos. Así como Sharon logró con su política de exterminio del pueblo palestino que no sólo la vida de los habitantes de Israel fuera cada vez más insegura, sino también la de todos los judíos del mundo, Bush va en camino de provocar que eso mismo ocurra con todos los occidentales.

La extrema debilidad y falta de unidad demostrada hasta ahora por la Unión Europea y otros países de la comunidad internacional –cuando no, abierta complicidad– a la hora de distanciarse y frenar la nefasta política de doble discurso y de imperio de Estados Unidos, no permiten augurar, al menos a corto y mediano plazo, un mundo más justo y equilibrado. Todo lo contrario.

EL AUTOR
(roberto.montoya@el-mundo.es)
Madrid, mayo de 2003

1 | George W. Bush llega al poder tras el escándalo electoral

George Walker Bush, el mayor de los cinco hijos de George Herbert Bush (vicepresidente de Ronald Reagan, director de la CIA y presidente entre 1989 y 1993), nieto del senador Prescott Bush y familiar por parte materna de otro presidente, Franklin Pierce, alcanzó a los 55 años el cargo del hombre más poderoso de la Tierra, el de presidente de Estados Unidos.

Criado en el seno de una politizada familia presbiteriana de la más alta clase dirigente de Texas, George W. Bush nació el 6 de julio de 1946 en New Haven (Connecticut) y se crió en otras ciudades de ese Estado, en Midland y Houston. Estudiante mediocre, pasó primero por la Universidad de Andover antes de graduarse en la de Yale y obtuvo una maestría en la Escuela de Negocios de Harvard.

El que sería más tarde uno de los presidentes más "halcón" de la historia estadounidense se valió, sin embargo, en su juventud, de los contactos de su influyente familia para ingresar como piloto de aviones F-102 de la Guardia Nacional Aérea de Texas, para poder eludir así su enrolamiento en el Ejército durante la guerra de Vietnam. Muchos años después, a mediados de 2000, cuando ya era candidato a la presidencia por el Partido Republicano, George W. declaraba "no recordar" que durante la guerra de Vietnam hubiera habido muchas protestas en Estados Unidos.

Aunque había buscado la forma para evitar su participación en ella, no lo hizo por un problema de conciencia como tantos de los miles y miles de jóvenes que se manifestaban en aquella época por las grandes ciudades norteamericanas. George W. dejó claro que nunca firmó ningún manifiesto contra la guerra y que ni él ni ninguno de sus amigos había participado en las movilizaciones.

Bush *Junior* vivió una gran frustración en 1977, a los 31 años, cuando fracasó en su intento por conseguir un escaño en la Cámara de Representantes. Tras aquella derrota juró que no volvería a desarrollar una actividad política, al menos hasta que su padre se retirara. Bush *Senior,* junto con otros familiares y amigos, ayudó dos años más tarde con dinero e influencias a su hijo George W. a introducirse en el mundo del "oro negro", tal como él había sido ayudado a su vez por su propio padre, el senador Prescott Bush, para crear en su juventud la Zapata Petroleum.

Asociación indirecta con Bin Laden

Quién le hubiera dicho en ese entonces al joven empresario George W. que James Bath, el hombre con el que se asoció a finales de los años setenta para fundar la Arbusto Energy (o Bush Energy, ya que la palabra castellana "arbusto" se dice *bush* en inglés) representaba en Estados Unidos los intereses del hermano de quien se convertiría tres décadas más tarde en "enemigo público número uno" de Estados Unidos y del mundo occidental. Hermano nada menos que del "malvado" por cuya cabeza George W. ofrecería 25 millones de dólares, el "demonio" que un fatídico 11 de septiembre, el de 2001, arrasaría dos de los símbolos más importantes del poder económico y militar de su país, las Torres Gemelas y el Pentágono.

Porque George W. Bush tuvo como socio indirecto de su primera aventura empresarial, con la que fracasaría como en otras posteriores, a nada menos que Salem bin Laden, uno de los numerosos hermanos de Osama bin Laden. La relación indirecta del actual presidente de Estados Unidos con los Bin Laden, a través de su socio James Bath, no acababa allí. Bath mantenía también importantes negocios con el Banco de Crédito y Comercio Internacional (BCCI), la oscura entidad fundada en 1972 por el paquistaní Agha Hasan Abedi, que llegó a tener 400 sucursales en 73 países y terminó protagonizando en los noventa el mayor fraude bancario de la historia contemporánea conocido hasta ahora.

La relación de Bath con el BCCI fue a partir de su amistad nada menos que con Jalid bin Mahfuz, cuñado de Osama bin Laden e hijo de Salim bin Mahfuz, el hombre que fundó en 1950 el primer banco de Arabia Saudita, el poderoso National Commercial Bank (NCB). El NCB fue acusado por la CIA de haber cursado transferencias hechas por Osama bin Laden a grupos ligados a su red terrorista, Al Qaeda.

Al igual que los Bin Laden, los Mahfuz son originarios de la provincia de Hadramaut, en el sudeste de Yemen. Ambas familias, que ayudaron a la reconstrucción del reino, figuran entre las más influyentes de Arabia Saudita.

Jalid bin Mahfuz pasó a controlar los negocios de Salem bin Laden en Houston, tras la muerte de éste en un accidente de aviación en Texas, en 1988, y mantiene desde hace años importantes negocios con el *holding* familiar de los Bin Laden, el Binladin Group –presidido por Bakr Mohamed bin Laden, el hermano mayor de Osama– a través de la empresa de la que ambos son socios, la Saudi Investment Company (SICO).

La experiencia de Arbusto Energy fue un fracaso. Reconvertida posteriormente como Bush Exploration, terminó siendo absorbida por otra compañía energética, la Spectrum 7, que nombró a George W. su consejero delegado. Pero el camino empresarial de Bush no terminaba de consolidarse. Spectrum 7 se hundiría poco después con voluminosas deudas. Las cosas sólo cambiaron para Bush *Junior* a mediados de los años ochenta, cuando su padre era vicepresidente de Ronald Reagan y la Spectrum 7 fue a su vez comprada por un gran "tiburón", la Harken Energy. El camino de Bush volvió entonces a mezclarse con el de Mahfuz[1]. Un importante socio de Jalid bin Mahfuz, el financiero saudita Adbullah Taha Baksh, representante en Estados Unidos de buena parte de los negocios del Binladin Group, entró en 1987 en la Harken Energy Corp. y llegó a controlar el 11,5 por ciento de su capital. La Harken, que operaba con el BCCI e hizo sus grandes negocios con exploraciones petrolíferas en Arabia Saudita y Bahrein, terminó hundiéndose finalmente con deudas de más de 100 millones de dólares.[2]

En esa ocasión, sin embargo, George W. Bush salió ganando. La información privilegiada, con la que contaba en tanto que director ejecutivo durante el período 1986-1993, le permitió vender el voluminoso paquete de acciones que tenía, justo antes de la quiebra, con lo que pudo embolsarse unas nada despreciables ganancias.

Con los beneficios logrados en la Harken, George W. junto a algunos amigos, y gracias a las siempre oportunas relaciones familiares, logró poner en pie un consorcio que compró el equipo de béisbol de los Texas Rangers y reconstruyó su estadio de Arlington.

En 1986 George W. se trasladaría a Washington para ayudar a su padre en la campaña electoral que llevaría a éste a la presidencia. La popularidad que le reportó su actividad en los Texas Rangers y el estar junto a su padre en la campaña para las presidenciales fueron hechos clave para preparar su regreso a la vida política activa. George W. Bush fue elegido gobernador de Texas en noviembre de 1994.

Por su propia experiencia familiar, "Bushie" –como lo llama su esposa Laura–, "George W.", o "W" a secas, o "43" (número de presidente en la historia de Estados Unidos) como lo llaman sus allegados para diferenciarlo de su padre, el "41", era consciente de que la presidencia de Estados Unidos tiene una particularidad única en el mundo: el inquilino temporal de la Casa Blanca no sólo gobierna a los 287 millones de personas que viven en su gigantesco territorio, también gobierna indirectamente en muchos otros países e influye en mayor o menor medida en la vida política, económica, social, cultural y hasta gastronómica de varios de los miles de millones de personas que habitan en el planeta.

Los poderosos contactos económicos y financieros de su padre le ayudaron no poco a George W. para conseguir la nada despreciable suma de 200 millones de dólares, que fue lo que invirtió en su campaña electoral para enfrentarse al candidato demócrata, Al Gore, quien fuera vicepresidente durante la administración Clinton. Bush *Junior* coronaba así su carrera política en las filas del conservador Partido Republicano. Su último cargo significativo había sido el de gobernador del rico Estado petrolero de Texas. Éste es uno de los Estados que reivindica con orgullo tener el "récord" de personas condenadas a muerte por año. Sólo durante el 2000, el último año que Bush ejerció de gobernador, fueron ejecutados 34 delincuentes... o al menos, presuntos delincuentes.

A pesar del desbordante orgullo que demostraba Bush *Senior*, su esposa Barbara y otro de sus hijos inmerso en la política, Jeb –gobernador republicano de Florida–, por el triunfo de "W" en las elecciones, en realidad éste asumió la presidencia el 20 de enero de 2001 por un artilugio.

En un país donde ya de por sí el índice de participación ciudadana en las elecciones es uno de los más bajos (alrededor de un 50 por ciento) del mundo occidental, George W. Bush se ganó a pulso el "honor" de ser el presidente que llegó al poder con menos votos de diferencia respecto de su rival en toda la historia de Estados Unidos. Mientras que en 1998, al ser reelegido gobernador de Texas, George W. había obtenido el 60 por ciento de los votos, cuando en 2001 se sentó en el mundialmente codiciado sillón del Despacho Oval de la Casa Blanca, lo hizo sólo gracias a una diferencia a su favor de 1.725 sufragios, ya que en votos populares Al Gore obtuvo una diferencia de cerca de 300 mil a su favor.

Esta mínima diferencia de 1.725 sufragios (un 0,0001 por ciento de los 6 millones de votos obtenidos por ambos candidatos en Florida, el lugar donde finalmente se dirimió el polémico resultado) obligaba por ley a contar de nuevo los sufragios. En ese país superdesarrollado, pero con un sistema electoral del siglo XVIII, con papeletas y sistemas de recuento distintos en cada Estado, la batalla por el recuento de votos de Florida se convirtió en el último momento en una pieza clave para el resultado de los comicios. Y George W. Bush se sentía en ese Estado como en casa. No en vano su hermano Jeb era el gobernador y la secretaria de Estado de Florida, Katherine Harris, la principal autoridad electoral, una dura republicana nombrada por éste. Harris desempeñó un papel clave para que se aceleraran los trámites y se frenara cuanto antes el recuento manual en varios de los condados conflictivos de ese Estado. Florida tenía otra particularidad favorable para los Bush: el peso de la numerosa y poderosa comunidad cubana, votante tradicional de los republicanos.

El impresionante retraso producido hasta que se conoció finalmente quién sería el nuevo presidente de Estados Unidos a partir del 20 de enero de 2001, paralizó durante semanas y semanas el proceso previsto para el traspaso de poder y para iniciar el tradicional período de transición entre el equipo de Clinton (1993-2001) y el de su sucesor, así como el nombramiento por parte del nuevo presidente de sus trece secretarios-ministros y los cerca de siete mil cargos de su administración.

La Bolsa y los mercados financieros estadounidenses reflejaron igualmente con fuertes caídas y vaivenes esa inédita situación creada en la primera potencia del mundo durante semanas, con las marchas y contramarchas del tedioso recuento.

Pero a comienzos de noviembre de 2000, cuando aún estaba lejos de resolverse el conflicto, George W. Bush posaba ya para los medios de comunicación de todo el mundo en su mansión de Texas, acompañado de los más estrechos colaboradores con los que contaba para formar su equipo. "Estoy planeando la potencial administración de una manera responsable –decía Bush a los periodistas el 10 de noviembre– y estamos preparados para asumir el poder y dirigir este país." Bush quería en todo momento transmitir a los ciudadanos que él era el indiscutible ganador e instaba a Al Gore a aceptar su supuesta derrota.

Los equipos jurídicos de los dos partidos rivales libraron una larga, compleja y costosísima batalla judicial sin precedentes, con acusaciones y descalificaciones mutuas entre ambos candidatos, hasta que la Justicia terminó dando por buena la diferencia de 1.725 votos a favor de Bush.

Esto le permitió al candidato republicano apuntarse esos vitales 25 delegados de Florida. Esos delegados eran los que George W. Bush necesitaba para lograr la mayoría en el Colegio Electoral Nacional, compuesto por 538 miembros, y así poder ser elegido presidente, siguiendo el sistema de elección presidencial indirecto vigente en Estados Unidos.

Un sistema polémico

A pesar de que Al Gore había obtenido cerca de 300 mil votos más que George W. Bush a nivel nacional, el polémico sistema electoral norteamericano establece que el triunfo del candidato a la Casa Blanca no se mide por el hecho de que haya obtenido a nivel nacional mayor número de votos individuales de los ciudadanos, sino porque tenga más delegados en el Colegio Electoral central.

El obtener aunque sólo sea un delegado más en el colegio electoral de un Estado supone sumar a su favor el total de delegados asignados a ese Estado. En el caso de Florida, por ejemplo, representado en el Colegio Electoral Nacional por 25 electores, bastaba conseguir un delegado más que el contrincante, es decir 13, para sumarse a su favor los 25. En nada se diferencia que ese decimotercer delegado se haya logrado por un voto de diferencia o por medio millón. Si este sistema ya había provocado muchas polémicas en el pasado en Estados Unidos, en las elecciones de 2000 se mostró con más evidencia que nunca el tipo de injusticias a que puede dar lugar.

La situación fue en particular alarmante dada la mínima diferencia de votos que estaba en juego en el resultado electoral de Florida, paradójicamente decisivo para el futuro de un país de 287 millones de habitantes, donde habían votado 101 millones de electores. El resultado fue cuestionado tras el escandaloso e interminable "culebrón" en que se convirtió el recuento de los votos emitidos en Florida y las múltiples acciones judiciales que tuvieron lugar antes de ser otorgado a Bush el triunfo. El mundo entero vio con asombro por televisión, durante semanas y semanas, cómo en la primera potencia mundial –la misma que tan a menudo envía a muchos países del Tercer Mundo observadores para fiscalizar la limpieza de sus procesos electorales– los representantes de sus distintos partidos en las mesas electorales utilizaban métodos tan artesanales como mirar a trasluz, una por una, las cerca de 180 mil papeletas de voto dudosas, para determinar cómo y dónde habían sido perforadas a mano por el votante y poder concluir cuál había sido su intención de voto. El recuento de esas papeletas, hecho previamente de forma mecánica, había demostrado la gran "insensibilidad" de las máquinas utilizadas para leer los agujeros realizados por el elector. Ante cualquier mínima alteración en el tamaño o profundidad de las perforaciones hechas por el votante, los aparatos decidían rechazar la papeleta analizada por inválida. Al parecer, el confuso diseño de éstas, en las que las casillas que había que marcar no estaban al lado de los nombres de los candidatos, dio lugar a muchos errores, marcados dobles, etc., que habrían afectado más a los electores demócratas que a los republicanos.

Antes incluso de haberse terminado el escrutinio, se había abierto ya una polémica sobre los criterios utilizados por no pocos jefes de mesa para descartar un amplio número de papeletas. Muchos miembros de la comunidad negra (votantes tradicionales del Partido Demócrata en su mayoría) denunciaron las trabas puestas por un importante grupo de jefes de mesa republicanos a la hora de votar.

El recuento manual de las 180 mil papeletas que fueron desestimadas en Florida por supuestas irregularidades, y que se realizó finalmente tiempo después por encargo de varios medios de comunicación estadounidenses, aunque ya no tuviera ninguna utilidad legal, fue hecho público el 11 de noviembre de 2001, un año y cuatro días después de los comicios. Ese recuento demostró que el candidato presidencial del Partido Demócrata, Al Gore, había ganado a George W. Bush por un margen de entre 42 y 171 votos. Al Gore no logró en su momento que el Tribunal Supremo permitiera ese recuento de votos a mano. El gobierno yugoslavo ofreció con ironía observadores para controlar la limpieza de las elecciones norteamericanas. De hecho, cuando el 5 de noviembre de 2002 tuvieron lugar elecciones legislativas parciales, cada partido desplegó diez mil abogados para evitar que se repitieran las mismas controversias.

Thomas L. Friedman calificó de "tendencioso" el fallo del Tribunal Supremo que instaló en definitiva a Bush en la Casa Blanca: "Los cinco jueces consideraron más importante que Florida cumpliera el plazo del 12 de diciembre autoimpuesto para elegir a sus compromisarios (ante el Colegio Electoral Nacional) a que el Tribunal Supremo de ese Estado intentara establecer un método justo y uniforme para garantizar el recuento de todos los votos para el 18 de diciembre, plazo del Gobierno Federal y día en que el Colegio Electoral celebra su votación".[3] Friedman decía en el citado artículo que "no hay que contar con una fuente de información interna para darnos cuenta de que los cinco jueces conservadores actuaron como últimos integrantes del consejo de ancianos del Partido Republicano que empujaron al gobernador Bush hasta la meta".

Con su polémica victoria, George W. Bush se ha convertido en el primer presidente de Estados Unidos que llega a la Casa Blanca a pesar de haber perdido en número de votos. "No me preocupa haber tenido menos votos que Gore", sostenía George W. Bush en una entrevista en *Time* en diciembre de 2000. Cuando sus entrevistadores, Walter Isaacson y Jim Kelly, le decían que las mayores heridas que aún podían permanecer abiertas se daban entre los ciudadanos negros de Florida "porque se han sentido especialmente privados del derecho al voto", Bush no intentó siquiera desmentirlo: "Así fue, me dieron una buena paliza", respondió. El entonces presidente electo comentaba en aquella entrevista que los afroamericanos se verían recompensados porque él iba a nombrar a muchos miembros de esa comunidad para su administración. Y concluía: "Puede que a los que no me votaron no les haga gracia al principio, pero el caso es que soy su presidente".

LA PROTESTA DE LOS BROOKS BROTHERS

Más de un año y medio después de aquella polémica elección en el Estado de Florida, un organismo público de Estados Unidos, el IRS (Servicio de Renta Pública), dependiente del Departamento del Tesoro, publicaba en su web[4] una serie de ilustrativos expedientes que el Comité de Campaña de George W. Bush le entregó a regañadientes con diecinueve meses de retraso y después de insistentes reclamos. Ese material muestra con lujo de detalles cómo el Partido Republicano invirtió 13,8 millones de dólares en su campaña mediática y de movilización callejera para frustrar el recuento de votos en Florida, contra los 10 millones gastados por los demócratas con el objetivo opuesto. Una parte del dinero invertido por los republicanos fue dedicado a pagar a más de 200 personas para que se trasladaran a Florida y participaran en la agitada y violenta "Protesta de los Brooks Brothers", también llamada "Protesta de los niños bien", que tuvo lugar el 22 de noviembre de 2000 y en la que "el pueblo" reclamaba el fin del recuento de votos y el reconocimiento inmediato del triunfo de Bush.

Algunos periodistas y escritores norteamericanos denunciaron el caso, como Joe Tapper, en su libro *Bajo y sucio*, quien identificó a través de fotografías de la movilización "espontánea" a una decena de funcionarios republicanos, la mayoría de los cuales, de acuerdo con los expedientes ya en poder del IRS, recibieron compensaciones económicas por ello. *The Miami Herald* identificó al menos a otros tres manifestantes, casualmente asistentes o consejeros de Bush, como Matt Schlapp, Joel Kaplan o Garry Malphrus.

Todo el escándalo provocado por el polémico recuento de votos de

Florida provocó que la elección de George W. amargara doblemente a los votantes demócratas y bajara el entusiasmo de los propios electores que votaron por Bush. Por todo esto se consideraba que el nuevo presidente llegaba al poder debilitado, como el más débil de toda la historia de Estados Unidos, y se vaticinaba que tendría muchas dificultades para sacar adelante sus proyectos al contar con un empate de escaños en el Senado y una mayoría mínima a su favor en la Cámara de Representantes.

Bush juró su cargo como XLIII presidente el 20 de enero de 2001, sobre la misma Biblia elegida por George Washington en 1789, pronunciando un discurso salpicado de referencias religiosas y patrióticas. En él ya anunciaba que reforzaría el poder militar de su país y que protegería a sus ciudadanos y a los de los países aliados, al mismo tiempo que en el plano interno se comprometía a reducir los impuestos y a reformar el sistema educativo y el de la Seguridad Social. Mientras pronunciaba su discurso, más de veinte mil personas se manifestaban contra el electo presidente en la calle, gritando "¡Alto al ladrón!" o "¡Presidente bastardo!", mientras agitaban banderas con la palabra *Sold* (vendido) grabada sobre un fondo de barras y estrellas.

El 22 de febrero de 2001, al celebrar su primera rueda de prensa, ya amenazaba a Saddam Hussein y se vanagloriaba con el hecho de que horas antes aviones estadounidenses y británicos hubieran atacado una vez más, supuestamente, las "baterías antiaéreas" iraquíes. Ese mismo día el Pentágono había reconocido que el 60 por ciento de las bombas arrojadas contra Irak durante la guerra del Golfo habían errado su objetivo.

Bush visitó Florida por primera vez después de las elecciones el 12 de marzo de 2001 y no pudo evitar que muchos le dijeran que no se olvidaban de lo que había pasado allí en las elecciones.

"George W. Bush se equivoca si piensa que los norteamericanos han enterrado ya la polémica electoral", dijo Jimmy Carter aquel día. El ex presidente demócrata dijo públicamente: "Aquí, en Florida, la herida sigue abierta".[5] Por su parte, el líder local de los demócratas, Bob Poe, recibió a Bush con estas palabras: "Señor Bush, llega usted a Florida justo a tiempo para darse cuenta de que fue Al Gore quien ganó las elecciones". Arropado por su propio hermano Jeb, a quien espetó: "Gobernador, ¡qué hombre tan extraordinario eres!", el flamante presidente de Estados Unidos dijo que "algunos demócratas quieren seguir contando los votos, pero si se paran a escuchar verán que Norteamérica quiere mirar hacia delante".

¿IGNORANTE O DISLÉXICO?

Los graves errores geográficos, lingüísticos y gramaticales cometidos por el nuevo presidente hicieron recordar los muchos cometidos por otro presidente republicano, Ronald Reagan, y que fueron achacados en su época al Alzheimer que padecía. El nuevo líder de Occidente fue por ello objeto de todo tipo de burlas por parte de los medios de comunicación y de la oposición demócrata. Algunos sostuvieron que muchas de sus incoherencias, bien perceptibles en sus pocos discursos improvisados o en las entrevistas concedidas a los medios de comunicación, se debían a una suerte de dislexia. Para otros, se trataba sólo y sencillamente de ignorancia, de la frágil formación cultural del Presidente, a pesar de su paso por la universidad. No fueron pocos en Estados Unidos los que dijeron que la familia Bush "compró" su ingreso en la Universidad de Yale.

En libros como *The Bush Dyslexicon, Observations on a National Disorder*[6] el profesor Crispin Miller logra compilar infinidad de errores cometidos por George W., como cuando llamó públicamente "*grecians*" a los griegos en vez de "*greeks*", o "*kosovarians*" a los ciudadanos kosovares en vez de "*kosovars*"; "*timorians*" a los timoreses en lugar de "*timorese*"; o, más grave aún, cuando confundió a dos países, "*Slovenia*" con "*Slovaquia*". En una ocasión se le preguntó a "W" si tenía intención de visitar África y contestó de esta manera: "Un país por viaje, empecemos por México...". Durante la campaña electoral de las presidenciales de 2000, el Partido Demócrata abrió una página de Internet para mostrar los innumerables desaciertos del Presidente.

Durante una entrevista por televisión, George W. Bush nombró en algunos momentos a Slobodan Milosevic como "Vilosevich" y en otros como "Milosevix"; no supo situar geográficamente Kosovo ni Chechenia, ni tampoco recordar el nombre de los presidentes de la India y Pakistán.

Entre las perlas que ha encontrado Crispin Miller, profesor de la Universidad de Nueva York, se evidencia la confusión de George W. al utilizar términos con alguna similitud de sonido en inglés pero con un significado totalmente distinto. Es el caso de cuando usó "*hostile*" (hostil), en vez de "*hostage*" (rehén); "*preserve*" (preservar) en lugar de "*persevere*" (perseverar), o "*arbitrary*" (arbitrario/a) en vez de "*arbitration*" (arbitraje). Frank Bruni, del *New York Times*, o Jacob Weisberg, del *Slate*, han recopilado también cientos de palabras utilizadas de modo incorrecto, frases mal construidas y obviedades dichas por Bush desde su época de gobernador de Texas[7].

En 2002 se publicaba otra compilación de nuevos errores de Bush. "El hogar es importante. Es importante tener un hogar",[8] decía el 18 de febrero de 2001 en Crawford. "La razón por la que creo en un amplio recorte fiscal es porque lo creo", fue otra de sus célebres frases, dicha el 12 de diciembre de 2000 en Washington. En otra ocasión dijo: "A largo plazo, el más efectivo medio para conservar energía es usando energía más eficientemente".[9] Fue en un programa de radio el 12 de mayo de 2001. "El gas natural es hemisférico", dijo en otra ocasión, el 20 de diciembre de 200 en Austin, Texas. "Quiero llamarlo hemisférico porque es un producto que podemos encontrar en nuestros alrededores."

El 18 de febrero de 2002 George W. llegó a provocar incluso el pánico en la Bolsa japonesa al confundir "devaluación" con "deflación". Durante su visita a Tokio en esa fecha, el Presidente dio a entender ante cientos de periodistas que el gobierno japonés tenía previsto provocar la "devaluación" del yen, en vez de hablar de "deflación", es decir, de bajada de los precios de consumo. La agudeza del pensamiento del hombre que está dispuesto a utilizar la ultrasofisticada y supercostosa maquinaria militar de Estados Unidos para su particular cruzada en los cinco continentes y por tiempo indefinido, ya era notoria en frases como ésta: "Yo soy quien soy", o la que dijo cuando lo entrevistó Chris Matthews, de la MSNBC, en mayo de 2000. Matthews le preguntaba al entonces candidato presidencial qué respondía a las acusaciones de "irresponsable" que le lanzaba su opositor demócrata, Al Gore. Ésta fue la respuesta del entonces candidato republicano: "Cuando yo estoy hablando sobre mí y cuando él habla acerca de mí, los dos estamos hablando sobre mí". "*Right*", contestó lentamente y desconcertado el entrevistador al escuchar la respuesta del que luego sería el segundo presidente Bush de Estados Unidos.

La incultura general que siempre se les achacó a los Bush se hizo evidente en prácticamente todas las grandes entrevistas que concedieron a los medios de comunicación norteamericanos, tanto padre como hijo. Ambos han reconocido que leen pocos libros, y no son "demasiado intelectuales". En el caso de Bush padre, confesaba que le gustaban los libros de historia sobre guerras y, sobre todo, "que diviertan". En otra oportunidad, al visitar un centro escolar, un niño le preguntó qué libro le había gustado más durante su niñez y tras unos segundos de silencio, dubitativo, el Presidente le respondió que no recordaba en ese momento ninguno. "Ya sabes, ha pasado mucho tiempo desde entonces", le dijo sonriendo al curioso escolar.

Entre las frases célebres pronunciadas también por Bush padre, más de un autor estadounidense recuerda en sus libros ésta: "No es exagerado decir que los indecisos pueden ir hacia un lado o hacia otro". Eran palabras de George H. Bush durante un mitin electoral en Troy, Nueva York, el 21 de octubre de 1988. O esta otra de su hijo: "Lo que estaba haciendo era reclamando un respaldo, no sugiriendo que lo respalden". Lo decía George Walker Bush en una reunión de la Asociación Nacional de Gobernadores, el 3 de febrero de 1992. El 6 de noviembre de 1991, hablando sobre las elecciones de gobernadores, George W. Bush dijo: "Por favor, no miren sólo una parte del vaso, la parte que es sólo menos de la mitad del total". Muchos analistas estadounidenses consideran que, en incultura, George W. ha logrado incluso superar a su padre. El día en que Jack Bachman, de la NBC, le pidió que le dijera el nombre de un pensador político o filósofo con el que se identificara y que explicara por qué razón, no dudó en responder: "Cristo, porque él ha cambiado mi vida".[10] El comentarista del *New York Times* Bob Herbert hacía la siguiente comparación entre Clinton y Bush: "El Presidente (Bush), por decirlo de la forma más suave posible, no parece demasiado comprometido con el difícil oficio de ser presidente". Y añadía: "Cuando Clinton tenía algún tipo de problema, siempre podía apoyarse en su inteligencia, en su instinto político y capacidad de trabajo de comunicación". "Pero ésos no son precisamente los puntos fuertes del señor Bush", sostenía.

Cuando se hablaba de Bush hijo en los primeros meses posteriores a su triunfo electoral muchos no lo llamaban por su nombre. Se referían a él como "el presidente accidental" o "el traje vacío", por su falta de ideas propias. Cuando fue elegido presidente, algún medio recordó que una década atrás George W. Bush se autodefinía así: "Soy un invento de los medios de comunicación. Yo, por mí mismo, no he hecho realmente nada". Por otro lado, la mayoría de los analistas norteamericanos consideraban que Bush era un analfabeto en materia de política exterior, un factor muy preocupante en un país cuya política exterior tiene consecuencias directas sobre todo el orbe. Al cumplir los primeros cien días de su mandato, reconocía su desconocimiento en esta materia y sostenía que trabajaba "metódicamente" para superar sus carencias.

"Yo creo en la diplomacia personal", declaraba a la prensa el 26 de abril de 2001, "y mi primer empeño ha sido conocer a los dirigentes del continente americano para hacerles sentir que somos vecinos".

EL ZIGZAGUEANTE CLINTON

Curiosamente, Bill Clinton, durante la campaña electoral que lo llevó a triunfar en las presidenciales en 1992, se había mofado de su predecesor, George Bush *Senior*, al considerar que a éste sólo le había preocupado durante su mandato la política exterior, acusándolo de haber dejado de lado los verdaderos grandes problemas de la población estadounidense.

Pese a esa crítica, Bill Clinton se vio con posterioridad inmerso no sólo en un sinfín de conflictos internacionales, algo inevitable para un presidente de Estados Unidos, sino que a su vez fue acusado por los republicanos de intentar desviar la atención sobre el "caso Mónica Lewinsky" –el escándalo sexual con una becaria de la Casa Blanca que estuvo a punto de costarle la presidencia– con intervenciones impactantes –aunque a veces desastrosas– de sus tropas en el extranjero.

En noviembre de 1993 una encuesta de la revista *Time* y la CNN[11] demostraba que un 52 por ciento de los norteamericanos entrevistados desaprobaba la forma en que Clinton llevaba los asuntos externos.

La oposición republicana atacó su política exterior desde el mismo momento que se hizo cargo de la Casa Blanca. Numerosos congresistas y ex ministros republicanos, entre los que destacaban James Baker y Richard Cheney, secretarios de Estado y Defensa respectivamente en el gobierno de Bush *Senior*, calificaban de "errática" la política exterior de Clinton y lo acusaban de deteriorar la credibilidad y el prestigio del país.

The Washington Post[12] publicó una serie de entrevistas con expertos en temas internacionales que afirmaban que la política internacional del gobierno estaba marcada por la indecisión. "Muchos gobiernos piensan que Estados Unidos no puede ejercer el liderazgo fuerte y coherente que se espera de la única potencia mundial", publicó ese periódico. En junio de 1994 *Time* y *The New York Times* abogaban abiertamente por un cambio de rumbo en la política exterior y por la sustitución de sus principales responsables, el secretario de Estado, Warren Christopher, y el consejero de Seguridad Nacional, Anthony Lake. Meses antes, en noviembre de 1993, Clinton había destituido ya al "número 2" del Departamento de Estado, Clifton Wharton, a causa de la muerte de dieciocho *rangers* estadounidenses en Mogadiscio a manos de grupos armados de los "señores de la guerra" somalíes. El propio Lake explicaba en ese momento las presiones internas que tanto él como Christopher estaban recibiendo. "Las fuertes presiones internas en Estados Unidos y otros lugares frenan nuestra implicación en esos problemas", en referencia a los nuevos retos de la era pos-Guerra Fría, la pobreza, etc. "Sin el argumento geoestratégico de la Guerra Fría que antes podíamos proyectar sobre el Tercer Mundo, muchos estadounidenses ahora sólo ven a esas naciones en términos de los problemas que parecen generar para nosotros: la droga procedente de América latina, el terrorismo de los Estados militantes, los inmigrantes de Haití, las víctimas de Somalía, la competencia laboral de los dragones asiáticos. Y el inicio de una recesión mundial ha hecho que casi todas las naciones importantes se vuelquen en sus asuntos internos."[13]

Christopher sería sustituido en el segundo gobierno de Clinton, en diciembre de 1996, por una dura negociadora, Madeleine Albright, la primera mujer en la historia de Estados Unidos que ocupaba el cargo de secretaria de Estado. Anthony Lake, que había trabajado en el Departamento de Estado con Richard Nixon y Jimmy Carter, antes de ser consejero de Seguridad Nacional de Clinton, pasó en el nuevo gobierno a ser director de la CIA y fue sustituido en su cargo anterior por Samuel Berger.

EL DEMÓCRATA MÁS "REPUBLICANO"

Los primeros años de la administración Clinton mostraron serias contradicciones con el ideario tradicional de los demócratas. Más de un analista europeo llegó incluso a calificar a Bill Clinton de ser el mejor presidente "republicano" que aportaron los demócratas a los Estados Unidos, a causa de la falta de coherencia en muchos de sus postulados y la casi inexistente diferenciación de su política hacia países como Irak, Irán, Libia, Siria, Cuba o frente al conflicto palestino, con respecto a la emprendida por su predecesor, Bush padre.

El País decía: "En su afán de enmienda, Clinton se adhirió a buena parte del catecismo republicano, representado por la disminución de impuestos, de burocracia pública y de presupuesto, aun a costa de las ayudas sociales".[14] "El discurso republicano del demócrata Clinton", titulaba por su parte Ana Barón su crónica sobre el Estado de la Unión en el diario *El Mundo*,[15] en la que afirmaba: "incluyó todos los temas tradicionales de los conservadores norteamericanos: la familia, la defensa de los valores tradicionales, la calificación de los programas televisivos, el endurecimiento de la lucha contra el crimen y la droga, sanciones para los inmigrantes ilegales y quizá el más importante de todos, la necesidad de reducir la administración pública y de poner fin al Estado benefactor tal como lo concibió Franklin Roosevelt".

James Petras hizo un balance crítico del "republicano" Clinton: "William Clinton deja una herencia que a va a ser difícil de imitar. Un presidente cuyas políticas fueron más allá del programa extremista y regresivo del ala conservadora del Partido Republicano, a pesar de que había recibido el respaldo financiero y político de los principales sindicatos y organizaciones feministas y minoritarias, sin excepción".[16] Profesor nada menos que de Ética Política, en la neoyorquina Universidad de Binghamton, James Petras sostenía que "Clinton ha resultado ser un consumado maestro en el arte de hablar y de conectar sentimentalmente con los pobres al mismo tiempo que aplicaba con toda energía políticas neoliberales en el interior y en el exterior". El propio presidente de la Cámara de Representantes y entonces líder del ala más conservadora del Partido Republicano, Newt Gingrich, decía que "el Presidente habla desde el centro, pero gobierna desde la izquierda, esperando que el electorado no se dé cuenta de eso". En su intento por descalificar a Clinton, cuyo discurso del Estado de la Unión fue apoyado por el 69 por ciento de los televidentes, Gingrich declaraba a la prensa en enero de 1996 que "Clinton está gobernando como Lyndon Johnson y hablando como Ronald Reagan".

Tiempo antes, El País[17] decía que tras los dos primeros años de gobierno, en los que Bill Clinton dejó de lado los temas internacionales, sus fracasos en política interior lo habían llevado a buscar un poco de oxígeno en la política exterior. "Su primera intervención en Somalía se convierte en un fiasco, al igual que luego en Haití, cuando no le dejan desembarcar los paramilitares borrachos (los golpistas que derrocaron al presidente Aristide), situación que comienza a cambiar cuando al fin interviene en Haití devolviendo el poder a Aristide." Paradójicamente, fue Estados Unidos el que lanzó la operación de acoso y desgaste de Aristide.

En la revista Time[18] se aseguraba entonces que "las palabras Bill Clinton y política exterior en una misma frase suponían una combinación discordante, así como inteligencia militar y medios éticos". "A diferencia de George Bush, Clinton no tiene experiencia militar o en política exterior y muestra poco interés en esas áreas."

Otro analista del International Herald Tribune[19] hacía una comparación entre los conocimientos en política exterior de Clinton y los de la mayoría de sus predecesores al frente de la Casa Blanca: "El país, durante la Guerra Fría, eligió durante años a personas versadas en asuntos estratégicos, que pudieran negociar con calma pero con firmeza con los soviéticos. John F. Kennedy, Richard Nixon, Lyndon B. Johnson, Dwight D. Eisenhower, Jimmy Carter, George Bush". "La gran excepción –según el *International Herald Tribune*– fue Ronald Reagan, quien pasó de un escenario de Hollywood a la Casa Blanca, sin haber tenido ningún tipo de experiencia en política exterior".

Pero los tiempos habían cambiado. Bill Clinton fue el primer presidente elegido tras el fin de la Guerra Fría, una vez desintegrada la URSS y desmoronados con efecto dominó sus gobiernos satélites en Europa del Este. "Eso se notó –continúa el diario–. Era un gobernador que derrotaba a Bush, a pesar de haber evitado hacer el servicio militar en Vietnam. Los humoristas llegaron a decir de él que sus conocimientos en asuntos extranjeros los había adquirido en la International House of Pancakes."

Martin Walker tenía ya en 1995[20] una visión muy distinta de Bill Clinton. Walker decía que a pesar de que Clinton había asegurado que su administración enfocaría su atención en los problemas nacionales "con un rayo láser" y no en los internacionales como su predecesor, los problemas que sufrió internamente con su reforma de la sanidad y del sistema de bienestar, sumados a la derrota de los demócratas en las elecciones parlamentarias –en las que perdieron el control del Congreso después de cuatro décadas–, "han hecho que Clinton busque oxígeno con éxitos internacionales".

Walker sostenía, a favor de Clinton, que bajo su presidencia "se ha puesto fin a cuatro años de guerra en la ex Yugoslavia", que israelíes y palestinos habían terminado por aceptar la paz y que el presidente haitiano había podido recuperar el poder tras el golpe de Estado sufrido. El columnista británico reivindicaba también que "la presión norteamericana consiguió detener el desarrollo de la capacidad nuclear de Corea del Norte". En sus elogios al presidente demócrata, Martin Walker argumentaba que "la política exterior del presidente norteamericano es fruto de su comprensión de los cambios que experimenta hoy en día el mundo entero: la política basada en intereses geográficos y estratégicos de los tiempos de la Guerra Fría ha dado paso a una visión económica y financiera del planeta".[21]

El País coincidía ese mismo año, 1995, en que "Clinton encuentra la gloria lejos de Washington".[22] En ese artículo *El País* decía que desde que Bill Clinton había accedido a la Casa Blanca en 1993 sus principales éxitos se habían dado en un terreno en el que se lo suponía inexperto y desinteresado. Recogiendo una cita de R. W. Apple, corresponsal en Washington del *New York Times*, la nota analizaba que "no suele resultar determinante (la política exterior) en las elecciones presidenciales, pero sí es un elemento importante en el proceso por el que el electorado evalúa la talla de un presidente".

Clinton fue cambiando gradualmente su visión sobre la política exterior. En una tribuna de opinión en *El Mundo*, el Presidente demócrata escribía en 1995: "Una vez acabada la Guerra Fría, algunas personas se cuestionan en la actualidad la necesidad de continuar manteniendo el liderazgo mundial, aduciendo que, al igual que sucedió después de la Primera Guerra Mundial, Estados Unidos puede rehuir ahora su responsabilidad como líder mundial. Argumentan que, a fin de alcanzar la seguridad, sólo es necesario conservar la invulnerabilidad de nuestras fronteras, y que ha llegado la hora de dejar que otros se encarguen del duro esfuerzo que representa el liderazgo más allá de nuestras fronteras". Y concluía: "Estados Unidos no puede ni debe ser el gendarme del planeta; no es posible detener siempre todas y cada una de las guerras, pero sí podremos apagar algunos conflictos".[23]

En la política exterior de su administración, a una actitud multilateralista seguía una de claro corte unilateralista y viceversa. "Norteamérica y la diplomacia del negocio", la llamó *Le Monde* en una ocasión en un titular de portada[24]. "La Norteamérica de los años noventa es una superpotencia que no se afirma en la escena internacional de otra forma que no sea la heredada de la Guerra Fría", decía su corresponsal en Washington. "Es (Clinton) multilateralista si ello le permite la promoción agresiva de las exportaciones norteamericanas. Si, por lo contrario, las concesiones exigidas a la industria norteamericana son juzgadas insoportables, Washington practica sin vergüenza el unilateralismo."

Intentando revertir, con mucho retraso, esa imagen que acuñó durante su mandato, Clinton adoptó una serie de medidas en los últimos días de su administración, algunas de ellas incluso en las últimas horas y en una tardía línea más "multilateralista" en materias tanto de política social como de política exterior y medioambiental. Su iniciativa para proteger 60 millones de acres de bosques nacionales provocó la ira de la industria maderera, mientras que la imposición de inspecciones periódicas para detectar bacterias en panchos y hamburguesas o las nuevas normas de seguridad en el trabajo desataron las protestas de la pequeña y mediana empresa. Estas medidas, que fueron denunciadas, no sin razón, como "demagógicas" y "oportunistas" por los republicanos, que se preguntaban por qué Clinton no las había adoptado antes, durante sus cuatro años de mandato, no consiguieron sin embargo el evidente objetivo de dejar una pesada herencia que pusiera en aprietos a su sucesor en la presidencia.

A pesar de la fragilidad y la dudosa legitimidad con las que George W. Bush llegó al poder, no dudó en dejar claro desde el primer momento, tanto a su propio pueblo como al mundo entero, que él era un republicano, y de los más duros. Nada más llegar al cargo, comenzó a derogar rápidamente, una a una, todas esas decisiones de última hora de la administración Clinton.

El Presidente demócrata saliente parecía haberse dado prisa en el último momento para recuperar algunas banderas por las que no había luchado durante su mandato, dotándose así de un mejor perfil para el futuro como ex presidente conferenciante y mediador en conflictos internacionales. Pero, mientras que algunas de sus decisiones, aunque tardías, merecían el aplauso de muchos, tanto dentro de Estados Unidos como en el extranjero, su salida estuvo salpicada por algunos hechos lamentables que les fueron servidos en bandeja a los republicanos, ansiosos de encontrar algo que les permitiera hacer olvidar a la población el escándalo del recuento.

Y ese algo se lo facilitaron los demócratas. En las últimas horas de su mandato presidencial, Bill Clinton no tuvo mejor idea que dictar 176 indultos. Entre los beneficiados figuraba nada menos que Marc Rich, un hombre con cincuenta causas por fraude fiscal, extorsión y violación de embargo contra Irán, pendientes con la Justicia de Estados Unidos.

Para todos era conocido que Marc Rich había aportado a través de su esposa, Denise Rich, elevadas sumas de dinero a las arcas demócratas, incluidos los cerca de 5 millones de dólares últimos destinados a la construcción de la Biblioteca Clinton en su pueblo natal, Little Rock.

Bill e Hillary Clinton se vieron forzados por la presión política y la opinión pública a devolver cerca de treinta regalos recibidos, por un valor de unos 80 mil dólares, entre los que había un juego de mesas de café y sillas regaladas por Denise Rich. Al menos otras cuatro de las personas indultadas a última hora por Clinton eran acaudalados judíos acusados de defraudar 40 millones de dólares, a los cuales Hillary Clinton había recibido en más de una ocasión en la Casa Blanca.

Otro hecho sin precedentes en la Casa Blanca que afectó la imagen de Clinton a último momento fue la serie de humoradas que cometieron miembros de su equipo para darle la "bienvenida" a la administración Bush. Al llegar a la Casa Blanca, los flamantes funcionarios se encontraron con sus teléfonos saboteados, con mensajes obscenos de despedida, la tecla "W" suprimida en las computadoras o las cerraduras de los despachos manipuladas de tal manera que al cerrar las puertas desde dentro, aun sin llave, sus ocupantes no pudieran volver a abrirlas.

Si bien todos daban por seguro que "W" ordenaría una investigación sobre todos esos agravios, de la cual podría sacar buen partido, un par de meses después era evidente que el nuevo presidente había sopesado los pros y los contras de esa medida y había decidido dejarla de lado. Bush ya había comenzado a buscar algún puente de comunicación con la facción más derechista del Partido Demócrata, tanto en la Cámara de Representantes como en el Senado, por lo que no quería enturbiar esas relaciones a causa de una investigación a fondo sobre las últimas decisiones adoptadas por Clinton. Los indultos de último momento de Bill Clinton, así como las humoradas de sus funcionarios al abandonar la Casa Blanca, ayudaron de manera significativa a George W. Bush para llegar a los primeros cien días de su mandato con un índice de popularidad del 62%, superando así con creces incluso el nivel alcanzado por el líder de los demócratas. Bush alcanzaba ese alto porcentaje en las encuestas, a pesar de que un 19% de los entrevistados seguía pensando que él había robado las elecciones y que otro 30% entendía que las había ganado con "argucias técnicas".

PRIMERA EJECUCIÓN FEDERAL DESDE 1963

George W. Bush no llevaba todavía cien días al frente de la Casa Blanca cuando ya había añadido una muesca más a la culata de su revólver. Fue él, el hombre que siendo gobernador de Texas autorizó un total de 152 ejecuciones, quien también dio luz verde para que se llevara a cabo la primera ejecución federal habida desde 1963.

El reo en esta ocasión era alguien muy particular: Timothy McVeigh, el joven hombre al que se responsabilizó de ser el único ejecutor del atentado contra un edificio de las autoridades federales de Oklahoma, cometido el 19 de abril de 1995 y donde perdieron la vida 168 personas. Este ex boy-scout y ex soldado condecorado en la guerra de Vietnam pretendía vengar así a las docenas de miembros de la secta de los davidianos que justo dos años antes, el 19 de abril de 1993, habían resultado muertos y calcinados junto a sus hijos tras el asalto de las fuerzas federales a su hasta entonces pacífica comunidad en Waco.

Un escritor y analista norteamericano de la talla de Gore Vidal, que se interesó en el caso de McVeigh al comprobar que no era un "loco aislado" como lo pintaron enseguida las autoridades y los medios de comunicación, logró cartearse con él durante el tiempo en que McVeigh estuvo en el corredor de la muerte. Gore Vidal no consiguió sin embargo autorización para asistir a la ejecución de McVeigh, tal como éste le había reclamado. En *Perpetual War for Perpetual Peace, How We Got To Be So Hated* (*Guerra perpetua para una Paz Perpetua, cómo conseguir ser tan odiados*),[25] Gore Vidal describe a McVeigh como un "animal político", como un hombre sumamente inteligente, que no actuó por ningún arrebato de locura, sino por venganza, por lo que tanto él como muchos en Estados Unidos denunciaron siempre como "la matanza de Waco". McVeigh estuvo en aquel momento entre los que se manifestaban en esa localidad contra el asalto que preparaban los federales tras días de cerco a esa comunidad de ideas delirantes pero pacífica en sus prácticas. Entre sus cartas a Gore Vidal se encuentran algunas en las que desarrolla lo que puede entenderse como su ideario político.

En los diez puntos que desarrolló en su carta del 28 de mayo de 2001 el supuesto asesino solitario de Oklahoma (nunca se reconoció culpable), en espera de su ejecución, hizo una defensa a ultranza de los derechos de expresión y culto y derecho a defensa y procesos justos de los ciudadanos; una propuesta para luchar contra la corrupción de los parlamentarios y cargos públicos. Además, planteaba la necesidad de que en tiempos de paz se redujera al mínimo el despliegue de las Fuerzas Armadas.

Gore Vidal sostiene que el acercamiento de McVeigh a grupos de ultraderecha en su último período en libertad significaba más una búsqueda de un foro de disconformes con el gobierno, que una adhesión plena a sus valores ideológicos. George W. Bush no hizo el mínimo intento por revisar el extraño caso de McVeigh, a pesar de la existencia de tantas lagunas en la investigación. Y a pesar de lo difícil que resultaba pensar que un joven en solitario había logrado conseguir cientos de kilogramos de explosivos, los había cargado camuflados en un furgón dotado de un perfecto sistema de ignición, pudiendo llevar a cabo sin problemas el mayor atentado cometido en la historia moderna de Estados Unidos por uno de sus propios ciudadanos.

En el momento de la ejecución pocos recordaron que en un principio, tras el atentado de Oklahoma, miembros del gobierno de Clinton rápidamente atribuyeron el atentado a "terroristas de Cercano Oriente" y también entonces se virtieron amenazas de represalias. En su libro sobre el 11-S[26] Noam Chomsky rescata del olvido esos momentos: "Cuando en cambio se descubrió que se trataba de un ataque concebido dentro de Estados Unidos –por alguien con conexiones en la milicia–, no hubo llamamientos para borrar del mapa Montana ni Idaho o la 'República de Texas', que pedía la secesión del gobierno ilegítimo y opresor de Washington". Con la ejecución de McVeigh se dio por acabado el problema. Se consideró que había sido sólo obra de un "loco" y se dio carpetazo al asunto.

¿LÁSTIMA O ENVIDIA?

"Papá" Bush se habrá preocupado en un principio por el hecho de que su hijo hubiera llegado al poder tras un proceso electoral tan desgastador y con un bajísimo índice de popularidad. Transcurridos seis meses en el gobierno y después de haber adoptado las primeras medidas contra el aborto y el medioambiente, George W. Bush había incluso bajado más en la lista: no llegaba a alcanzar el 50 por ciento de popularidad, según una encuesta de la NBC y el *Wall Street Journal*. Esto suponía el nivel más bajo de los últimos cinco años, incluida la caída que supuso para Clinton el escándalo con Mónica Lewinsky.

Por más fantasioso que fuese, en ese momento Bush padre no podría haber imaginado de ninguna manera que apenas nueve meses después de asumir el poder, su hijo no sólo lograría hacer olvidar a todo el mundo cómo había llegado a ser presidente. George W. Bush contaba a partir del 11-S incluso con uno de los índices de popularidad más altos en la historia del país y arrastraba tras de sí, en una cruzada antiterrorista por todo el orbe y sin límite de tiempo, a países aliados y a muchos otros que hasta poco antes hubiera costado imaginar que lo pudieran ser. Bush *Senior*, como Reagan y tantos otros "halcones" que pasaron por la presidencia, habrán dejado de sentir lástima por George W. para pasar a tener una gran envidia.

Era él, el primer presidente elegido en el siglo XXI, el que comenzaba a hacer realidad el sueño imperial de tantos otros mandatarios estadounidenses, aunque durante su campaña electoral negara tales ambiciones. En esa época Bush aseguraba que sus objetivos no eran imperiales. "Estados Unidos nunca ha sido un imperio. Quizá seamos la única gran potencia en la historia que ha tenido la oportunidad de serlo y la ha rechazado, prefiriendo en cambio la grandeza al poder y la justicia a la gloria."[27] Paradójicamente, en ese mismo artículo de opinión del entonces todavía candidato a presidente, y a pesar de reconocer que "la Guerra Fría terminó", sostenía: "Hay otro gran objetivo a lograr. Si resulto elegido presidente, reconstruiré el poder militar de Estados Unidos". Bush dijo en ese momento que la inversión en material de seguridad nacional se encontraba "en su punto más bajo, en cuanto a porcentaje del Producto Nacional Bruto, desde el bombardeo de Pearl Harbor en 1941".

Bush *Junior*, aún gobernador de Texas, advertía durante su campaña electoral que "las amenazas futuras no vendrán de un conflicto entre superpotencias sino desde naciones peligrosas y terroristas". A pesar de esa previsión que hacía casi un año antes del 11-S, erraba al igual que hicieron las agencias de inteligencia norteamericanas a la hora de planificar la respuesta que había que dar a tal tipo de potencial enemigo.

"Estados Unidos necesita un sistema de defensa de misiles y yo intento desplegar uno lo antes posible",[28] decía entonces Bush, lo que, una vez nombrado presidente, se plasmaría en su defensa a ultranza del "escudo antimisiles".

Ésta era la supuesta panacea con la que Bush parecía convencido de poder atajar todo tipo de peligro para la seguridad nacional de su país. A pesar de ese terrible fallo, fue "gracias" al 11-S, a los mayores ataques terroristas sufridos en territorio continental norteamericano en toda su historia, que Bush *Junior*, el aspirante a César del nuevo milenio, pudo volcarse a diseñar, observando el globo terráqueo existente sobre su escritorio, cómo quería que fuese exactamente su imperio, su Imperio Global. La población estadounidense no había salido aún de la conmoción provocada por los atentados de Nueva York y Washington; no llegaba a entender, en su mayoría, cómo era posible que Estados Unidos tuviese semejantes enemigos en el exterior, cuando ya su gobierno, como un justiciero de cómic, señalaba con su dedo acusador quiénes eran los Malvados que supuestamente intentaban acabar con la "tierra de la Libertad y la Justicia".

Bush se disponía a ordenar que comenzaran a retumbar los tambores de guerra de sus legiones. El país que más intervenciones militares unilaterales realizó desde fines del siglo XIX hasta la actualidad; el financiador e instigador por excelencia de golpes de Estado y dictaduras militares en todo el mundo; el entrenador de las fuerzas represivas más crueles; el rey de las "operaciones encubiertas" y las "guerras sucias", había pasado, en cuestión de horas, a reivindicarse la gran víctima mundial de una endemoniada organización terrorista.

El papel de víctima duraría muy poco. Un cruzado del siglo XXI surgido de las cenizas de las Torres Gemelas y del Pentágono había alzado su santa espada para dirigir a las legiones de guerreros que perseguirían y acabarían con el Mal, aunque su campaña tuviera que durar años y años y extenderse por los cinco continentes. Cuál habría de ser la sorpresa de estadounidenses y extranjeros cuando comprobaron que el noble cruzado, el defensor del Bien y de la Libertad, era nada menos que George W., ese presidente de legitimidad dudosa hasta hacía bien poco; ese hombre que posiblemente sólo sabía dónde estaba Afganistán porque, dada su propia historia y la de su familia, podía reconocer el olor del petróleo y del gas a miles de kilómetros de distancia. Con el tiempo muchos olvidaron, sin embargo, esa parte aún tan reciente de su biografía, como olvidaron también que en realidad George W. había ido dando pasos coherentes, siempre en el mismo camino, desde el mismo momento en que juró por Dios y la Constitución servir a su país como presidente.

Tras el 11-S muchos creyeron que George W. acababa de encontrar la capa y los poderes de Superman ante la puerta de su residencia, sobre la washingtoniana Pennsylvania Avenue, a la altura del 1600. Pero no era así, "W" la había estrenado meses antes, el mismísimo 20 de enero de 2001. Un repaso a las medidas que adoptó en política exterior desde el primer día de su mandato permite comprobar que si de algo no se lo puede criticar es de no haber sido consecuente con sus ideas desde el primer momento. De lejos, es más coherente de lo que fue su predecesor, Bill Clinton. George W. Bush puede estar seguro de que a él nadie lo podrá acusar, como a Clinton, de renegar de los principios tradicionales de su partido; nadie podrá decir de él con fundamento que sea el mejor presidente "demócrata" propuesto por el Partido Republicano. Bush nunca intentó camuflar sus principios más profundos. Cada una de sus posiciones, sobre temas sociales, medioambientales, culturales, religiosos, económicos, políticos o militares, llevan el mismo sello: el del conservadurismo prepotente más recalcitrante.

2 | Agudización del unilateralismo norteamericano

ESTADOS UNIDOS *VERSUS* LA COMUNIDAD INTERNACIONAL

Si bien Bill Clinton durante su mandato no había llegado a romper en lo esencial con la orientación unilateralista en materia de política exterior, que ha caracterizado históricamente –con matices– a las distintas administraciones estadounidenses, fueran estas demócratas o republicanas, con Bush esa tendencia se pronunció hasta límites extremos en todos los aspectos.

Phyllis Bennis[29] compara así la posición de Clinton y de Bush en ese terreno: "El enfoque unilateral de Bush y el de Clinton no diferían tanto en sustancia como en énfasis y retórica. El barniz multilateral de los años de Clinton había entusiasmado a parte de la opinión pública, por lo que el cambio de Bush pareció más significativo de lo que realmente fue. En determinados asuntos clave, al menos algunos asesores de Bush tomaron posiciones muy cercanas a las del propio Clinton. Cuando Clinton subió al poder, declaró que su política exterior se basaría en una 'firme postura multilateral'. El compromiso fue siempre más retórico que real y, después del fracaso de la intervención militar 'humanitaria' en Somalia en 1993, incluso la consigna dejó de utilizarse".

Un repaso a algunos de los más importantes acuerdos internacionales sobre control de armamento, acerca del medioambiente o sobre los intentos por aunar esfuerzos hacia una justicia universal para combatir crímenes de guerra, contra la humanidad o genocidios, permite ver con nitidez, sin embargo, cómo a pesar del limitadísimo "multilateralismo" de la administración Clinton, sí hubo un cambio pronunciado y muy negativo hacia un unilateralismo a ultranza, con la llegada de George W. Bush al poder. Cuando todavía era candidato a la presidencia, George W. negaba tajantemente su tendencia unilateralista. "La primera tentación de Estados Unidos es la de retirarse para construir una orgullosa torre de proteccionismo y aislamiento", decía. Acto seguido citaba los peligros que tal postura podría acarrear: "En un mundo que depende de Estados Unidos para reconciliar a viejos rivales y balancear antiguas ambiciones, éste sería un atajo para el caos, y un enfoque que implicaría el abandono de nuestros aliados y de nuestros ideales. El vacío dejado por una retirada de Estados Unidos provocaría desafíos a nuestro poder, y el resultado, a largo plazo, sería un Estados Unidos estancado y un mundo violento".[30]

George W. Bush ha retomado, en definitiva, en el siglo XXI el largo camino del unilateralismo extremo que marcó momentos clave de la política exterior estadounidense del siglo XX. Basta recordar que Estados Unidos no ratificó hasta 1988 la Convención contra el Genocidio firmada en 1948.

"El Senado impuso también significativas reservas y condiciones cuando aceptó ratificar la Concertación sobre los Derechos Civiles y Políticos y la Convención contra la Tortura", añaden en un exhaustivo informe centros tan importantes como el IEER y el LCNP.[31] "Estados Unidos tampoco ha ratificado todavía la Convención sobre la Discriminación contra la Mujer, la Concertación sobre los Derechos Económicos, Sociales y Culturales ni la Convención sobre los Derechos del Niño (Somalía es el único otro Estado que tampoco ha ratificado este último tratado)",[32] recuerda el informe. Esta última Convención, de 1994, a la que se llegó después de la alarma provocada en el mundo por la participación cada vez más numerosa de menores de dieciocho años en conflictos bélicos, fue boicoteada abiertamente por Estados Unidos durante el gobierno Clinton, pues el Pentágono, entre otras cosas, se negaba a desistir de reclutar en sus filas a jóvenes de 17 años.

En el documentado trabajo del IEER y el LCNP, que revisa en casi doscientas páginas la actitud de Estados Unidos frente a todos los tratados bilaterales o multilaterales firmados durante la segunda mitad del siglo XX, se sostiene que "Estados Unidos puede reivindicar haber sido uno de los fundadores del sistema moderno de la legislación internacional, basado en la idea de que un sistema fundado en leyes constitucionales es superior al de una monarquía". Sin embargo, denuncian esas instituciones estadounidenses, "la historia del pasado siglo revela que el deseo de Estados Unidos de participar y ayudar en la creación de un marco legal global que permita construir una seguridad nacional y global, se ve contrapuesto al temor que le provocan aquellas obligaciones internacionales que puedan afectar sus intereses y su soberanía".[33]

El investigador norteamericano Phyllis Bennis, en un artículo publicado en diciembre de 1999,[34] hizo un recordatorio de otros varios acuerdos y tratados internacionales boicoteados por distintas administraciones estadounidenses. Así, recuerda tanto la Convención sobre los

Derechos Humanos de la OEA (Organización de Estados Americanos) de 1969, como la Convención sobre los Derechos de las Mujeres (1979) o los protocolos adicionales de 1977 a la Convención de Ginebra (1949), que ampliaba la protección de la población civil en tiempo de guerra. Bennis recordaba también en ese artículo cómo Washington rechazó la Convención sobre la Ley del Mar de la ONU (UNCLOS, de 1982), en la que se definía que el mar, que ocupa un 70 por ciento del planeta, era un bien común que requería ser controlado y compartido por toda la humanidad, a pesar de que durante las duras negociaciones había logrado importantes ventajas para su flota militar. "Las consideraba aún insuficientes y rechazaron aceptar la jurisdicción del órgano de mediación previsto en el texto, así como rechazaban la explotación, en provecho de la humanidad, de recursos del mar como los nódulos polimetálicos", recordaba Phyllis Bennis.[35] No obstante la oposición de Washington, esa Convención entró en vigor en 1994.

AISLACIONISTAS, UNILATERALISTAS Y MULTILATERALISTAS

Richard N. Gardner, ex embajador estadounidense en España, experto en política exterior económica de Estados Unidos, analizó en su rigurosa obra sobre los orígenes y futuro del sistema de Bretton Woods-Gatt,[36] escrita en los años cincuenta y reimpresa en varias ediciones desde entonces, el modo en que "la tradición (...) dominante en este aspecto de la política norteamericana (la política económica exterior) había sido una mezcla de aislamiento y de nacionalismo económicos (...). Con anterioridad al decenio de 1930, Estados Unidos prestó poca atención a los problemas económicos internacionales; su intervención fue de carácter individual, sin muchos miramientos por los intereses de los otros países".

Estados Unidos ha tenido tradicionalmente una relación sumamente conflictiva con las propias Naciones Unidas, a pesar de que la sede central de ésta se encuentra en la mismísima Nueva York. "Veinticinco años antes de que se adoptara la Carta fundacional de la ONU, el Senado declinó aprobar la ratificación del Tratado de Versalles que dio nacimiento a la Sociedad de Naciones", el germen de la actual ONU, como se recuerda en el documento del IEER y el LCNP.

La no adhesión a la Sociedad de Naciones habría de generar posteriormente, según Gardner, serios conflictos en su relación con Europa.

Éste era su análisis: "En lo que se refiere a los problemas del Viejo Mundo, la postura de Estados Unidos fue de claro alejamiento. Puesto que Europa, y Gran Bretaña en particular, eran el eje de la economía mundial, el significado de esa actitud, en lo que se refiere a la participación de Estados Unidos en los asuntos económicos internacionales, era evidente. Al rechazar ser parte de la Sociedad de Naciones, resultaba arduo para Estados Unidos asociarse estrechamente con las actividades económicas oficiales de la Sociedad".[37]

La división en materia de política exterior norteamericana entre aislacionistas, unilateralistas y multilateralistas ha estado siempre presente en Estados Unidos a lo largo de los más de dos siglos de vida como nación independiente, pero las fronteras entre esas posturas enfrentadas no responden en definitiva a una visión del mundo diametralmente distintas. Los aislacionistas son defensores a ultranza de la aplicación de medidas económicas y comerciales proteccionistas y no son favorables a intervenir en el extranjero, salvo que beneficie los intereses económicos, políticos y/o geoestratégicos de Estados Unidos. Por esa razón, durante la era Clinton, los republicanos intentaron boicotear toda misión humanitaria y de mantenimiento de la paz cuyos beneficios no vieran claramente a corto o mediano plazo.

¿Qué piensan los multilateralistas? Para explicarlo, Gardner da el ejemplo de Cordell Hull, secretario de Estado en los años cuarenta y uno de los más acérrimos defensores del multilateralismo en su época. Gardner resumía así el pensamiento de éste: "Multilateralismo significa menos obstáculos para el movimiento de mercancías y capitales (...). Se saca más provecho, en un momento dado, de las fuentes de recursos existentes en el mundo (...). El multilateralismo tenderá a elevar al máximo los ingresos del mundo en su conjunto". Pero Richard N. Gardner respondía a su vez a esos argumentos: "Si bien puede demostrarse que el libre comercio es capaz de elevar al máximo los ingresos del mundo en su conjunto, quizá no lo haga así tomando caso por caso, cada una de las partes constitutivas de ese todo". Y añadía esta valoración: "Es demostrable que el multilateralismo beneficia a todos sólo si existe algún mecanismo para distribuir las ganancias, tanto dentro de las naciones como entre ellas".

El unilateralismo, por su parte, del cual George W. Bush es su mayor adalid de los últimos tiempos, aparece como una tercera postura aunque en realidad combina características del aislacionismo y del multilateralismo. Es multilateralista porque da gran importancia a la actuación en todo el mundo, buscando aliados más o menos estables para conseguir sus fines económicos, políticos y militares, pero tiene su dosis de aislacionismo cuando contradice su defensa a ultranza de la libertad de mercado con las leyes nacionales proteccionistas.

El documento del IEER y el LCNP ya citado recuerda que "Estados Unidos acordó formar parte de las Naciones Unidas sólo bajo la condición de que se aceptara su derecho de veto en su organismo políticamente más alto, el Consejo de Seguridad".[38]

Siguiendo esa "tradición", cuando aún era candidato presidencial, George W. Bush anunció: "Yo nunca pondré a tropas estadounidenses bajo el comando de la ONU".[39] Esa declaración refirmaba en definitiva la postura que ya había defendido su padre. En un debate sobre el fin de la Guerra Fría organizado por el Forum for International Policy en 1996, George Bush *Senior*, que ya no era presidente, sostuvo: "Soy de aquellos que creen que la ONU tiene limitaciones en cuanto a lo que puede y no puede hacer; la idea de que la ONU dirija una guerra no tiene ningún sentido. Se arma un gran alboroto en la estructura de mando en la que hay que tomar decisiones; todos terminan sentados alrededor de una mesa y no pasa nada". Bush padre sostuvo en ese foro: "No me preocupa que Estados Unidos vaya a volver la espalda completamente a la ONU".

El claro posicionamiento por parte de su hijo con lo que se conoce como la tendencia unilateralista más extrema ha llevado a George W. a enfrentarse en numerosos terrenos no sólo a sus aliados europeos, tanto miembros de la Unión Europea como de la OTAN, sino también a buena parte de la comunidad internacional, e incluso desde varios meses antes del 11-S, desde el inicio mismo de su mandato en enero de 2001. "Washington desmantela la arquitectura internacional de seguridad", titulaban acertadamente su artículo en *Le Monde Diplomatique*[40] Pierre Conesa y Olivier Lepick. Los ejemplos son numerosos, y viéndolos en conjunto se puede comprobar con claridad cómo forman parte de un todo coherente, homogéneo, que ha tenido continuidad entre el antes y el después del 11-S.

CORTE PENAL INTERNACIONAL (CPI)

El 6 de mayo de 2002, el gobierno de Estados Unidos sorprendió al mundo al anunciar, por primera vez en sus 226 años de existencia como país independiente, que retiraba su firma de un importante tratado internacional. Era nada menos que el tratado para la creación de la Corte Penal Internacional –firmado hasta esa fecha por 138 países y ratificado por 66 de ellos–, la primera corte de ámbito mundial para juzgar crímenes de guerra, genocidio y crímenes contra la humanidad. Una corte de competencias más ambiciosas aún que las de aquel Tribunal Militar Internacional que, una vez acabada la Segunda Guerra Mundial, formaron las potencias vencedoras –entre las cuales Estados Unidos desempeñó un papel clave– para juzgar a la Alemania nazi derrotada, en aquellos históricos juicios de Nuremberg (1945-1946).

Con la CPI se pretende precisamente cumplir, con muchos años de retraso, con aquel llamamiento hecho en 1948 por la Asamblea General de la ONU, que, tras aprobar la Convención para la Prevención y Castigo del Crimen de Genocidio, reclamaba la creación de un órgano judicial internacional capacitado para juzgar a acusados de ese delito, el genocidio.

La decisión del gobierno Bush, que mereció la reprobación de la mayoría de sus aliados, de representantes de la ONU y organizaciones humanitarias, no fue en realidad del todo inesperada. Ya el 2 de enero de 2001, un portavoz del recién electo Presidente adelantó que la nueva administración reclamaría "cambios" en el tratado acordado en Roma en 1998 por 120 países para constituir la primera Corte Penal Internacional, antes de que fuera enviado al Senado para su ratificación. El presidente norteamericano saliente, Bill Clinton, había firmado el tratado exactamente el último día de su mandato, el 31 de diciembre de 2000, lo que en su momento recibió elogios en Europa.

En realidad, Clinton lo firmó pero con una recomendación expresa para que la nueva administración que lo sucediera aclarara una serie de aspectos antes de su ratificación. En un principio, Estados Unidos fue uno de los 7 países –junto a Israel, China, Turquía, Libia, Qatar, Irak y Yemen– que votaron en contra del Tratado, mientras que 21 se abstuvieron.

En agosto de 2001, pocas semanas antes del 11-S, el gobierno Bush enviaba al Congreso el proyecto de Ley de Protección de los Miembros del Servicio Norteamericano (ASPA), en la que se rechaza expresamente que la CPI, que ha fijado su sede en La Haya –al igual que el Tribunal Penal Internacional que juzga los crímenes cometidos en la antigua Yugoslavia–, pueda juzgar a ciudadanos estadounidenses. Meses después, el ultraconservador senador republicano Jesse Helms, logró incluso introducir una enmienda por la cual Estados Unidos podría actuar "con todos los medios a su disposición" contra la CPI a fin de liberar a cualquier ciudadano norteamericano que hubiera sido llevado ante ella por la fuerza.

Estados Unidos viene batallando desde el final de la Primera Guerra Mundial para impedir que cualquiera de sus hombres, especialmente los miembros de las Fuerzas Armadas, espías o diplomáticos, puedan ser juzgados por tribunales del país en el que se hospedan transitoriamente. "En muchos casos, los países donde los soldados norteamericanos estaban estacionados tenían sistemas judiciales muy distintos a los existentes en los Estados Unidos. A pesar de que las cortes marciales norteamericanas no proporcionan a los acusados una serie de recursos para su defensa, que sí tienen los tribunales civiles, ofrecen en algunos casos más garantías que si fueran juzgados por cortes extranjeras",[41] asegura Robinson O. Everett. Este experto de la American Academy of Arts & Sciences recuerda en un amplio trabajo que esa preocupación del Pentágono por las posibles causas judiciales contra ciudadanos estadounidenses en el extranjero lo llevó también a negociar con sus aliados de la OTAN el Status of Forces Agreement (SOFA).

En su artículo 7°, por ejemplo, se establece que, en el caso de que un militar norteamericano estacionado en el extranjero cometiera un hecho considerado delito tanto en ese país como en Estados Unidos, se concederá a este último país, si lo reclama en aras de una "particular importancia" del caso, el derecho de juzgarlo en sus propios tribunales.[42]

Los artículos del estatuto de la CPI más temidos por Estados Unidos son sin duda los números 5° y 8°. El primero especifica el tipo de delitos para los cuales tiene competencia el Tribunal. Éstos son: crímenes de genocidios, crímenes contra la Humanidad, crímenes de guerra y crímenes de agresión. El artículo 8° está dedicado a los crímenes de guerra. ¿Por qué el temor? En el Estatuto de Roma, carta fundacional de la CPI, se precisa que ese alto tribunal sólo aceptará a estudio denuncias sobre ciudadanos acusados de esos delitos a los que los sistemas jurídicos nacionales de sus países de origen se nieguen a juzgar o no lo puedan hacer, al no tener tipificados esos delitos en su propia legislación. Una serie de cláusulas incluidas en el reglamento interno de la CPI impide, por otro lado, que pueda abrirse una causa sin argumentos de acusación sólidos, y garantiza a los acusados sus derechos y defensa jurídica. La CPI, con sede en La Haya e independiente de las Naciones Unidas y otros organismos internacionales, puede incoar un proceso tanto a un jefe de Estado como a un ciudadano común, a instancias de un Estado, del propio fiscal del Tribunal, o del Consejo de Seguridad Nacional de la ONU. Uno de los problemas importantes que preocupa al Pentágono y al gobierno Bush es que, teniendo actualmente unos 200 mil soldados desplegados en 140 países del orbe, gran parte de ellos involucrados en conflictos bélicos en los que cada vez más a menudo se producen graves "daños colaterales" y "excesos" de las fuerzas del "Bien", en cualquier momento algunos de sus hombres puedan verse sentados en el banquillo de la CPI.

LA LEGISLACIÓN MILITAR ESTADOUNIDENSE

En el Uniform Code of Military Justice de Estados Unidos, el reglamento por el que en ese país se juzga a un militar que cometió algún delito durante su servicio, los delitos bajo jurisdicción de la CPI no están contemplados exactamente en los mismos términos y contenido, por lo que Washington tendría dificultades para argumentar ante esa corte que tiene capacidad para juzgar con sus propias leyes a ese hombre.

Por lo tanto, no podría beneficiarse de la prioridad para hacerlo en Estados Unidos, tal como reconoce el Estatuto de la CPI. Si esta corte acusara a uno o más militares estadounidenses por crímenes de guerra, por ejemplo, y se le permitiera a Estados Unidos hacerlo con sus propios jueces, fueran éstos de un tribunal federal o de una corte marcial, tendrían una imposibilidad real para cumplirlo. Al no estar tipificados como tales los delitos de genocidio, ni los de crimen de guerra o contra la humanidad, ese tribunal podría castigar únicamente al militar acusado sumando una serie de delitos dispares contemplados en distintos artículos de su Uniform Code, como el de "agresión", "violencia", "muerte", "violación", "conducta impropia de un oficial y un *gentleman*", y un largo etcétera.

La CPI podría rechazar en ese caso, con fundamento, la idea de que el cúmulo de esos delitos pueda ser comparado con el de "crimen de guerra", "genocidio" o "crimen contra la humanidad". Esa contradicción se pudo comprobar en uno de los raros juicios que ha habido en Estados Unidos por crímenes cometidos por sus tropas durante la guerra de Vietnam: el de la matanza de Song-My. A pesar de que las pruebas y los testimonios escuchados por el tribunal que juzgó al teniente William Calley (cuando sucedieron los hechos tenía 25 años) fueron abrumadores y demostraron que ese joven oficial mató y ordenó a los 26 hombres a su cargo matar el 16 de marzo de 1968 a los 128 habitantes de la aldea rural de My Lai, por su supuesto apoyo a la guerrilla del Vietcong, Calley no fue condenado por crímenes de guerra sino por "asesinatos". Los jueces emitieron esa sentencia a pesar de que el capitán

Aubrey Daniel acusó directamente a Calley de haber hecho reagrupar a todos los habitantes de la aldea, ninguno de ellos armado, para ordenar a sus hombres fuego graneado sobre las víctimas. Daniel negó que los hombres de Calley hubieran respondido a "fuego enemigo", como pretendían hacer creer sus abogados. En el período en que se desarrolló el juicio a Calley y a otros seis de sus hombres, Jacques Amalric, de Le Monde, escribió: "A los verdaderos responsables no hay que buscarlos en la escala en que se encuentra el teniente Calley, sino entre sus jefes, el capitán Medina, jefe de batallón que murió después de aquella matanza y, por qué no, el general Westmoreland, quien era en ese entonces jefe de las tropas norteamericanas estacionadas en Vietnam".[43]

Uno de los oficiales ejecutivos de la American Division, a la que pertenecían Calley y sus hombres, se convertiría después en alguien muy importante en más de un gobierno de Estados Unidos, incluido el actual. Se trata de Colin Powell, a quien muchos acusaron de no haber investigado el caso ni entonces ni un año más tarde, cuando el crimen salió a la luz pública.[44] El War Crimes Act, aprobado en 1996 por el Congreso estadounidense, sí penaliza los "crímenes de guerra", pero la interpretación que hasta ahora se ha hecho de esos delitos se refiere fundamentalmente a aquellos crímenes cometidos contra fuerzas norteamericanas, dentro o fuera de su territorio nacional. Tras analizar los vacíos que presenta la legislación estadounidense a la hora de definir cómo penalizaría a un nacional que hubiera cometido crímenes de guerra durante una misión en el extranjero, Everett reconoce que "actualmente, la War Crimes Act no cubre muchos de los crímenes que están establecidos en el Estatuto de la CPI".

Por ello, este experto recomienda que "como manera de precaución, podrían ser deseables algunos añadidos al Uniforme Code y al Manual for Courts Martial, de manera que se pueda demostrar que la jurisdicción de las cortes marciales estadounidenses tiene competencias similares a las de la CPI para juzgar a los miembros de sus Fuerzas Armadas".[45]

EL PRECEDENTE DE NICARAGUA

Estados Unidos estuvo de acuerdo en crear tribunales ad hoc para juzgar los crímenes de guerra y contra la humanidad que tuvieron lugar en Ruanda y en la antigua Yugoslavia. Sin embargo, no fue así con aquellos tribunales de ámbito mundial que pudieran en algún momento juzgar la actitud de sus tropas en determinado conflicto, y menos aún

que puedan actuar contra su propio gobierno. Estados Unidos ya igno-
ró en el pasado juicios y condenas que recibió de tribunales de ese tipo. Durante la era Reagan (1981-1989) –otro presidente republicano
que también hizo de lo que entendía como "lucha contra el terrorismo"
el eje de su política exterior–, el gobierno nicaragüense de Daniel Ortega presentó contra Washington un voluminoso y sólido informe ante el Tribunal Internacional de Justicia de la Haya (TIJ). En él se detalla-
ba la abierta ayuda económica y militar que Estados Unidos prestó a la
cruenta guerra librada por la "Contra", contra el gobierno sandinista,
que duró desde la revolución con la que el Frente Sandinista de Liberación Nacional derrocó al dictador Anastasio Somoza (apoyado por Estados Unidos) en 1979, hasta la derrota electoral del FSLN en 1990, y que
se cobró decenas de miles de vidas.

Reagan calificaba de "luchadores de la libertad" a esos ex militares del dictador nicaragüense Anastasio "Tacho" Somoza y a los miles
de mercenarios que componían la "Contra". Managua volvía a recordar
igualmente en su informe el *Irán-Contras*. En el mismo momento en que
Ronald Reagan sostenía: "Los norteamericanos nunca haremos concesiones a los terroristas, hacerlo sólo invitaría a mayor terrorismo",[46] el
director de la CIA, William Casey, autorizaba al siniestro coronel Oliver
North, su mano derecha, a vender a Irán (país sobre el que pendía un
embargo de armas y que estaba en guerra contra Irak) 1.000 misiles
antitanque, a un precio de 13 mil dólares cada uno, a cambio de que li-
beraran a los norteamericanos rehenes desde la llegada de la revolución islámica.

Los rehenes nunca fueron liberados, pero North, que utilizó al tra-
ficante de armas Richard Secord para esta operación, canalizó los beneficios económicos obtenidos hacia la "Contra", algo que estaba expresamente prohibido por el propio Congreso estadounidense. Este
escándalo del gobierno Reagan –del que era vicepresidente George Bush
padre– saltó a la luz pública cuando las Fuerzas Armadas nicaragüen-
ses derribaron, a fines de 1986, un avión norteamericano de carga lleno de armas y suministros para la "Contra" cuando sobrevolaba su espacio aéreo.

El enlace especial de la Casa Blanca con el Consejo de Seguridad Nacional (CSN), el coronel Oliver North, fue despedido cuando el escándalo saltó al Congreso y el asesor del Presidente para asuntos de Seguridad Nacional, almirante John Poindexter, se vio obligado a dimitir. A
pesar de las evidentes similitudes entre este caso y el Watergate sucedido trece años antes, Reagan supo sacar lecciones sobre aquel otro gran

escándalo presidencial y pudo evitar su caída, a diferencia de lo que le sucedió a Richard Nixon.[47]

En la acusación del gobierno de Nicaragua también se denunciaba frente al alto tribunal de La Haya el minado de sus puertos realizado por barcos norteamericanos entre 1983 y 1984, que dañó seriamente a una decena de barcos de la pequeña flota pesquera nicaragüense y a buques de carga extranjeros, e impidió durante meses la actividad pesquera en el país, así como la llegada y salida de mercancías por mar. Frente a tales ataques terroristas Nicaragua no respondió a su vez ni bombardeando objetivos en territorio norteamericano (como hizo Estados Unidos contra Afganistán tras el 11-S), ni atacando sus intereses en el exterior.

La "peligrosa" Nicaragua sandinista, que se vio obligada por esa guerra sucia (de "baja intensidad" según los estrategas militares estadounidenses) a dedicar el 60 por ciento de su presupuesto a defenderse, distrayendo recursos vitales para su reconstrucción, se limitó a denunciar a Estados Unidos ante el Tribunal Internacional de Justicia de La Haya, luego de que fracasaran sus intentos para que el Consejo de Seguridad de la ONU impidiera la agresión. En su denuncia, Nicaragua incluyó las acciones de sabotaje realizadas por Estados Unidos en 1983 contra plantas petroleras y purificadoras de agua en Puerto Sandino, así como los ataques de 1984, con helicópteros y lanchas rápidas incluidos, contra la Base Naval Potosí. El Tribunal investigó las denuncias, escuchó los descargos de Estados Unidos (entre ellos, que había actuado en "defensa propia") y finalmente concluyó que los cargos presentados por Managua eran reales, bien documentados y probados.

El TPIJ condenó al gobierno de Estados Unidos y lo conminó a pagar fuertes indemnizaciones a Nicaragua. Sin embargo, y pese a que sus sentencias son vinculantes, Washington rechazó la condena y no pagó las indemnizaciones demandadas.

Ante precedentes como éste, se explica por qué Estados Unidos decidió boicotear abiertamente la constitución de la Corte Penal Internacional. Su actitud no cambió tras el 11-S, como muchos habían imaginado. Mientras Estados Unidos se autoerigía en justiciero mundial, bombardeaba aquellos países que identificaba unilateralmente con el Mal, juzgaba en su base de Guantánamo (en Cuba) —y sin reconocerles derecho de defensa alguno— a cientos de supuestos talibanes y miembros de Al Qaeda detenidos en Afganistán, y rechazaba la existencia de la primera corte creada para juzgar crímenes de guerra. La explicación que dio ocho meses después del 11-S, el 6 de mayo de 2002, Pierre

Richard Prosper, embajador de Estados Unidos ante la ONU para asuntos relacionados con crímenes de guerra, fue que su país consideraba el Estatuto de Roma "un documento errado". "Y ésta es la notificación oficial de que no queremos tener nada que ver con él",[48] añadió. Prosper aclaró en la carta entregada al secretario general de la ONU, Kofi Annan, que Estados Unidos no había declarado "la guerra" al Tribunal, pero que "no se considera ligado de ninguna manera a sus objetivos". Según Prosper, "ese tribunal deberá contar con sus propios recursos; no aportaremos la información que esté en nuestro poder, por importante que sea para la resolución de un caso".

Tal como explicó ese mismo día ante el Centro para Estudios Estratégicos e Internacionales el subsecretario de Estado Marc Grossmann, Estados Unidos podría rechazar una solicitud de extradición de la CPI, al no reconocerse bajo su jurisdicción. El artículo 18 de la Convención de Viena sobre el Derecho de los Tratados, de 1969, obliga al Estado firmante a no hacer nada en contra del objetivo de lo suscrito, aun cuando luego no lo haya ratificado, como es el caso de Estados Unidos. Para el analista de temas internacionales Andrés Ortega: "Estados Unidos se puede convertir en refugio de perpetradores de los crímenes contemplados por la CPI: de genocidio, de guerra, de lesa humanidad o de agresión".[49]

CRISIS EN EL CONSEJO DE SEGURIDAD

A finales de junio de 2002 Estados Unidos provocaba una dura polémica y abría una grave crisis en el seno del Consejo de Seguridad de la ONU, al advertir que podría negarse a participar en cualquier misión humanitaria o de pacificación de Naciones Unidas si no se le garantizaba que sus tropas quedaban excluidas de cualquier acción judicial de la nueva CPI. Precisamente en la misma semana que el Consejo discutía la renovación de la misión de la fuerza de estabilización de la OTAN en Bosnia, creada tras los acuerdos de Dayton de 1995 y que luego recibió el apoyo de la ONU, Estados Unidos ponía esa condición. "Hemos dejado en claro que debemos resolver el tema de la CPI antes de que tengamos que apoyar cualquier resolución", dijo sobre Bosnia Richard Williamson, el embajador norteamericano ante la ONU encargado de asuntos políticos.[50]

"No vamos a colocar a hombres y mujeres estadounidenses al alcance de la CPI mientras desempeñan labores de pacificación en una operación de las Naciones Unidas", dijo Williamson al presentar un proyecto de resolución en ese sentido.[51] Según el representante norteamericano, "sin duda el conjunto de las operaciones de mantenimiento de la paz de la ONU deberán ser revisadas, si nosotros no llegamos a obtener la protección que reclamamos".[52] El secretario general de la ONU, Kofi Annan, recordó que "con los procedimientos actuales sobre las operaciones de mantenimiento de la paz, la responsabilidad de sancionar a las tropas releva de responsabilidad a los gobiernos", que deben ponerlas a disposición de las Naciones Unidas.[53] Varios miembros del Consejo cuestionaron la legalidad de un proyecto de resolución como el que pretendía sacar adelante Estados Unidos, en la medida en que la CPI no es un organismo perteneciente a la ONU como para que esta última tenga competencias sobre él.

En la Declaración del Milenio,[54] en la que en los albores del nuevo milenio jefes de Estado y de gobierno de todo el mundo ratificaron la Carta de las Naciones Unidas, sus valores y principios, la única mención que se hace de la CPI es en uno de sus pasajes, en el punto 8 de su apartado II, dedicado a "La paz, la seguridad y el desarme". Annan aclaró en esa intervención una vez más que "el tribunal no perseguirá a nadie acusado de crímenes o de delitos si su gobierno se encarga de hacerlo; es sólo cuando un gobierno no quiere o no puede hacerlo cuando empieza su papel". En los artículos 12.1 y 13 del Estatuto de Roma se establecen varios casos en los que la Corte puede actuar frente a presuntos criminales, aunque éstos sean nacionales de países que no hubieran ratificado el acuerdo. Por esta razón Estados Unidos no tenía garantizada totalmente la impunidad de sus hombres, por el solo hecho de no ratificar el Estatuto de Roma. Al día siguiente de la intervención de Annan, el secretario de Defensa de Estados Unidos, Donald Rumsfeld, para descalificar a la CPI argumentaba: "Es fácil hacer falsas acusaciones, motivadas por razones políticas, pero costoso en tiempo y dinero defenderse contra ellas, aunque los hechos nunca se hayan producido".[55] Rumsfeld puso como ejemplo de esas "falsas acusaciones" aquellas por las cuales algunos magistrados europeos han intentado obligar a Henry Kissinger a declarar en causas relacionadas con la "Operación Cóndor".[56] Rumsfeld advirtió que si no se respaldaba el proyecto de resolución para inmunizar a sus tropas y funcionarios de una acción de la CPI, "nos convertiremos en más prudentes, algunos dirían aislacionistas, algo que no sería nada bueno dado nuestro compromiso a nivel mundial".

El chantaje estaba servido. A pesar de que el planteamiento de Estados Unidos se refería fundamentalmente a la situación de sus 46 agen-

tes de policía que participaban en ese momento en el contingente de
3.300 miembros de la UNMIBH (misión de la ONU en Bosnia), de las intervenciones de los distintos representantes estadounidenses se des-
prendía que lo que realmente estaba en juego era la participación de
todos los "cascos azules" norteamericanos en las distintas misiones de
Naciones Unidas. Aunque en número las tropas de Estados Unidos participantes en el conjunto de misiones de la ONU en el mundo no eran
en ese momento más que de 704 hombres, sobre un total de 45 mil, y
que, por lo tanto, su partida no suponía un real debilitamiento militar
para aquéllas, lo grave ocurría en el plano político.

La ausencia de Estados Unidos en todas esas misiones humanitarias y de mantenimiento de la paz acordadas por la ONU supondría un
cambio radical en su representatividad. De los otros catorce miembros
del Consejo de Seguridad de la ONU, sólo México adoptó una postura
neutral frente al conflicto, mientras que los restantes, originalmente, se
opusieron en bloque al planteamiento del gobierno norteamericano.

El 30 de junio de 2002, en vísperas de la entrada en vigor de la CPI,
Estados Unidos formalizaba su amenaza, al vetar la misión de la ONU
en Bosnia, enfrentándose a los votos para renovar la misión de trece
miembros del Consejo y a la abstención del decimocuarto, Bulgaria. Ante la intransigencia estadounidense, el entonces flamante gobierno francés de derecha decidió tender un ramo de olivo a Estados Unidos, pro-
poniendo que se recurriera al artículo 16 del Estatuto de Roma, el cual
prevé autorizar a un determinado país aplazar durante un año (reno-
vable) tanto las investigaciones como el procesamiento de aquellos de
sus miembros que intervinieran en una misión de paz. La condición para que pudiera aplicarse ese artículo era que el país de origen de esos
hombres no hubiera ratificado su aceptación de la jurisdicción de la Corte Penal Internacional, como es el caso de Estados Unidos.

A través de su embajador ante la ONU, John Negroponte, Estados
Unidos se acogió a esa cláusula contemplada por el Estatuto de Roma.
La Unión Europea criticó duramente a Washington y amenazó con hacerse cargo de la totalidad de la misión de la ONU en Bosnia, prescindiendo de los efectivos estadounidenses. Muchos daban por seguro que
se produciría una ruptura de graves consecuencias entre los Estados
Unidos y el resto de los miembros del Consejo de Seguridad, y entre
Washington y la UE. Sin embargo, y siguiendo una triste "tradición", el
gobierno Bush se salió con la suya. La Unión Europea, una vez más, dio
marcha atrás y aceptó la imposición norteamericana. A pesar del debilitamiento que supone para la flamante CPI la ausencia de la primera

potencia del mundo, finalmente este alto tribunal entró en vigor efectivo a partir del 1° de julio de 2002, al contar ya en ese momento con la firma de 138 países y la ratificación por parte de 72 de ellos –81 a fines de septiembre–, a los que se irán sumando otros con el tiempo. Aun después de conseguir su primera victoria frente a Bruselas, Washington redobló su ofensiva chantajeando a distintos países para que firmaran acuerdos bilaterales con Estados Unidos, en los que debían, y deben, comprometerse a no llevar en ningún caso a tropas norteamericanas ante el banquillo de la CPI. Los que no acepten este tipo de acuerdos se arriesgan a no poder comprar más tecnología militar a Estados Unidos, ni recibir entrenamiento de sus Fuerzas Armadas o participar con este país en maniobras conjuntas. Israel, Rumania y Colombia fueron algunos de los primeros países en firmar este tipo de nuevo acuerdo-chantaje con Estados Unidos, que previsiblemente se extenderá a países de los cinco continentes.

Estados Unidos hace valer así su fuerza mundial para conseguir una situación injusta y privilegiada, una inmunidad total para sus tropas, cuyos posibles delitos de crímenes de guerra, contra la humanidad o genocidios –los únicos que puede atender la CPI– terminarían quedando impunes.

Estados Unidos ha hecho una interpretación jurídica a su medida del artículo 98 (2) del Estatuto para tratar de demostrar que ese tipo de acuerdos bilaterales son "legales". Sin embargo, es evidente que la jurisdicción internacional, en especial la contemplada por la Convención de Viena sobre el Derecho de los Tratados, en su artículo 31 excluye totalmente acuerdos del tipo que está firmando Estados Unidos con distintos países. Es evidente que ellos son contrarios al fin mismo por el cual fue creada la Corte Penal Internacional. En el preámbulo del Estatuto de Roma, por el que se rige, los países partes se comprometen a garantizar el respeto y aplicación de la justicia internacional.

Varios líderes de la Unión Europea criticaron la postura de coacción de Estados Unidos y advirtieron, en el caso concreto de Rumania, sobre las consecuencias que su acuerdo bilateral con Washington podía acarrear para su solicitud de ingreso en la UE. Pero la resistencia de la UE se mostraría, una vez más, sumamente frágil. En su cumbre informal de ministros de Relaciones Exteriores en Asinor (Dinamarca), a fines de agosto de 2002, la UE intentó esbozar una postura común frente a este conflicto creado, buscando al mismo tiempo una fórmula que le permitiera evitar una confrontación abierta con el gobierno Bush, pero fracasó en su intento.

El 25 de septiembre George W. Bush volvía a provocar a sus aliados europeos al declarar, en una rueda de prensa conjunta con el presidente colombiano, Álvaro Uribe, en Washington: "Rechazo firmemente la CPI. No la voy a aceptar. No vamos a colocarnos en una situación en la que nuestros soldados y diplomáticos sean llevados ante la corte". "Nuestros amigos no deberían querer ponernos en una situación así", reprochó Bush, quien anunció que seguiría con su táctica de firmar acuerdos bilaterales "con todos y cada uno de los países". Washington tuvo que presionar duramente sobre el gobierno colombiano hasta conseguir que su Congreso aceptara la firma del acuerdo entre Colombia y Estados Unidos.

En España, la Unión Progresista de Fiscales expresaba su rechazo total a la postura norteamericana. "La única posición claramente a favor de la protección de los derechos humanos es la de una cerrada oposición a la firma de los citados acuerdos bilaterales, que tanto daño pueden hacer a los avances que en los últimos tiempos se han producido en esta materia", sostenía la UPF en un comunicado.

Sin embargo, sería finalmente España, el gobierno de José María Aznar, el que propondría a sus socios europeos que se diera luz verde a los países miembros de la UE para celebrar acuerdos bilaterales con Estados Unidos. Haciendo un giro de 180 grados en su postura inicial, la Unión Europea terminó acordando a sus miembros para que puedan celebrar acuerdos bilaterales con Estados Unidos, comprometiéndose a no llevar nunca ante la CPI a sus militares, diplomáticos o civiles enviados expresamente para alguna misión dentro del territorio comunitario. La UE terminó haciendo un mixto entre las posturas más antagónicas de sus miembros. El Reino Unido, España e Italia estaban a favor de firmar acuerdos con Estados Unidos para garantizar la inmunidad total de sus ciudadanos, mientras que Alemania y Holanda rechazaban de plano cualquier posibilidad de otorgar inmunidad a Estados Unidos ante la CPI. La UE negó que su postura fuera una humillante concesión a Estados Unidos, sosteniendo que en el acuerdo adoptado por los quince se establece que en los eventuales tratados bilaterales se debe dejar claro la obligación de Washington de juzgar a esos individuos acusados por crímenes de guerra, contra la humanidad o genocidio, que quedarían inmunes ante la CPI.

El cinismo de la dirección comunitaria es mayúsculo. Es bien sabido que Estados Unidos podrá no reconocer como genocidio un grave crimen masivo cometido por sus tropas en una determinada misión, lo cual, sumado a las decenas de acuerdos bilaterales que con seguridad terminará firmando con gobiernos dóciles, le permitirá la impunidad total. El hecho de que el gran gendarme mundial use su fuerza para coaccionar al resto del mundo a firmar la impunidad de sus tropas, de sus diplomáticos y espías esparcidos por todo el planeta, debilita enormemente la credibilidad sobre la autoridad moral y real de la CPI. La UE, una vez más, ha demostrado ante sus ciudadanos y el mundo cómo termina bailando al ritmo que marque Washington, aunque a veces eleve su voz para aparentar una supuesta independencia.

RELACIONES CONFLICTIVAS CON LA ONU

La crisis desatada por Washington en el seno del Consejo de Seguridad sobre el espinoso tema de la CPI es uno de los puntos más agudos de la conflictiva relación que ha mantenido siempre Estados Unidos con la ONU. El gran peso de Estados Unidos en las Naciones Unidas y el derecho de veto de que goza como miembro permanente del Consejo de Seguridad –que ha utilizado hasta finales en 2002 en casi 80 ocasiones– le permitieron bloquear resoluciones respaldadas por la mayoría de sus quince miembros, o paralizar la aplicación de muchas otras votadas, como las ya históricas 242 y 332 contra Israel, y muchas otras posteriores a éstas.

La tensión tradicional en las relaciones entre Estados Unidos y la ONU se ha recrudecido desde la llegada de la administración Bush, pero incluso el propio presidente Clinton protagonizó un serio desaire a esta organización, que terminaría representando un duro revés para Washington. Durante su mandato, en 1993, y cediendo a las presiones del Pentágono, Clinton rechazó el plan de pacificación para Somalia propuesto por el enviado de la ONU, Mohamed Sakhnoun, con el que se pretendía poner fin a años de guerra civil y a la anarquía reinante desde que en 1991 había caído el gobierno de Siad Barre.

Estados Unidos negó la inclusión de sus tropas en la misión de paz de Naciones Unidas para Somalia. Sin embargo, Clinton decidió enviar, de forma unilateral y en paralelo a esa misión, su propio contingente militar. Su intervención exasperó a algunos de los "señores de la guerra" somalíes, en especial al general Mohamed Farah Aidid, que pasaron a hacer de los ataques armados a las tropas estadounidenses el centro principal de sus actividades. Los *marines* mataron a cientos de milicianos somalíes pero también perdieron en manos de éstos a dieciocho de sus hombres. Algunos de esos soldados fueron linchados públicamente y sus cuerpos arrastrados por las calles de Mogadiscio en medio de la euforia de la población local. La población norteamericana pudo ver horrorizada esas escenas en las pantallas de sus televisores. Asimismo, en ese momento se sorprendió de que pudiera haber gente en el mundo, en un remoto país africano como Somalía, del que seguramente la mayoría no había oído hablar antes, que en vez de dar la bienvenida a sus *marines* los atacara y se ensañara públicamente con sus cadáveres.

Los errores cometidos por Estados Unidos con su intervención unilateral, el impacto y la polémica que provocaron en ese país las imágenes de sus *marines*, zarandeados por la turba, terminaron con la decisión del gobierno de Clinton de retirar sus tropas antes del tiempo previsto. Muchos años después de aquella desastrosa misión y cuando ya había tenido lugar el 11-S, la administración Bush atribuyó la muerte de esos *marines* en Somalía a "señores de la guerra" relacionados con la red Al Qaeda de Osama bin Laden.

Ello le permitiría justificar la necesidad de abrir en ese país otro frente de guerra de la campaña "Libertad Duradera".

PAGO INTERESADO DE LA DEUDA

El 29 de septiembre de 2001, dieciocho días después del 11-S, el Congreso estadounidense autorizó el pago a la ONU de 582 millones de dólares (655 millones de euros) de los casi 1.000 millones (1.126 millones de euros) que adeudaba Washington a esa organización. Estados Unidos estuvo a punto de perder su escaño en la Asamblea General de la ONU a causa de su voluminosa deuda con Naciones Unidas. Pero el pago que realizó tras el 11-S y que completó un año más tarde, no significaba ni mucho menos un cambio de la postura tradicional de Estados Unidos; era sólo un gesto interesado. El gobierno Bush decidió pagar su deuda, que por su importancia había influido decisivamente en la grave crisis financiera de la ONU, recién después de que el Consejo de Seguridad votara ese mismo día una histórica resolución que obliga a sus 189 países miembros a combatir en el plano económico, policial y judicial a una serie de organizaciones terroristas distribuidas por todo el mundo, siguiendo punto por punto una lista realizada por el Pentágono y el Departamento de Estado.

La resolución no supuso más que un espaldarazo legal de carácter mundial para las acciones bélicas que Estados Unidos quisiera emprender a partir de ese momento, en aras de la lucha contra el terrorismo.

Bush supo rentabilizar bien los 582 millones de dólares pagados a la ONU. El 11 de noviembre de 2001, semanas después de haber comenzado los bombardeos contra Afganistán, el Presidente intervino por primera vez ante la Asamblea General de Naciones Unidas. "Después de la tragedia –dijo Bush en aquella ocasión– hay un tiempo para la simpatía y las condolencias, y mi país agradeció mucho ambas cosas. Las ceremonias y vigilias no serán olvidadas, pero el momento de las muestras de condolencia ya ha pasado. Ha llegado el momento de la acción". A partir de ese mismo instante comenzaría su vasta ofensiva diplomática y sus acciones para obligar a todos los países a aliarse a su nueva criatura: la cruzada "Libertad Duradera".

Estados Unidos expulsado

Pocos meses después de haber comenzado su mandato como presidente George W. Bush, la comunidad internacional, alarmada por el cariz cada vez más unilateralista de su administración, por su anuncio de no respetar importantes tratados internacionales y por su voluminosa deuda económica con la ONU, decidió darle un fuerte escarmiento diplomático. Así fue como el 3 de mayo de 2001 Estados Unidos perdió su puesto en la Comisión de Derechos Humanos de Naciones Unidas, con sede en Ginebra, y su lugar en el Cuerpo Internacional de Control de Narcóticos, lo que fue considerado "ultrajante" por Bush. Tras el fallo, Elliot Abrams, ex consejero de Estados Unidos en la Comisión de Derechos Humanos de la ONU, amenazó: "Averiguaremos qué naciones votaron contra nosotros", pero Powell posteriormente garantizó que no se rompería el código secreto de votación para identificar a "los traidores". Washington contaba con conseguir el apoyo de al menos 43 de los 54 países miembros del Consejo Económico y Social de la ONU, con lo que tenía asegurado uno de los tres puestos de la Comisión. Sin embargo, mientras Francia obtenía 52 votos, Austria 41 y Suecia 32, Estados Unidos quedaba fuera al obtener sólo 29 votos a su favor. En represalia, al día siguiente el Congreso estadounidense decidía por amplia mayoría congelar el pago de 244 millones de dólares de la deuda a la ONU, pago que había anunciado poniendo como condición, para que éste se efectuara, la readmisión de Estados Unidos en la nueva elección de 2002, hecha efectiva ese mismo año.

PROTOCOLO DE KIOTO

A poco más de dos meses de su llegada a la Casa Blanca, el 28 de marzo de 2001, George W. Bush anunció que su país no ratificaría el Protocolo de Kioto de 1997, un importante tratado sobre el medioambiente que Estados Unidos había firmado en noviembre de 1998, comprometiéndose junto a otros 180 países a reducir drásticamente sus emisiones de seis tipos de gases contaminantes, sobre todo de dióxido de carbono, dándose como plazo el año 2012.

Para que el protocolo entrara en vigor era necesario que al menos lo ratificaran 55 naciones, y que representaran como mínimo el 55 por ciento de las emisiones de gas producidas en el mundo. La administración Clinton-Gore tuvo palabras elogiosas para el Protocolo de Kioto, aunque lo consideraba "excesivamente ambicioso". Si bien firmó el tratado, Clinton nunca lo presentó al Senado para su ratificación, y en la Cumbre de La Haya de 2000 dio marcha atrás en varios aspectos, pretendiendo también que la UE aceptara ampliar el concepto "sumidero", según el cual se podría autorizar a países con grandes superficies de bosques a contaminar más, dado el aporte que hacen a la atmósfera. Con el boicot posterior de la nueva administración de Estados Unidos –país con un 4% de la población mundial y responsable del 36,1% de esas emisiones–, que sostuvo en su argumentación que la reducción de las emisiones de gas con respecto al nivel de 1990 (entre un 5% y un 7%) hasta el 2008, con el objetivo de alcanzar el 8% entre ese año y el 2012, afectaba "las costumbres de uso de energía de los norteamericanos", el futuro del Protocolo dependía esencialmente de Japón, Canadá y Rusia.

Por fin, el 23 de julio de 2001 y tras tres años y medio de negociaciones, 180 países participantes de la Conferencia de Naciones Unidas sobre el Clima, en Bonn, dieron su respaldo al Protocolo de Kioto, superando con creces el número de países firmantes requeridos. Sería un importante distanciamiento del gobierno Bush del resto de la comunidad internacional. En círculos ecologistas se lo comenzó a llamar "el texano tóxico". "El Presidente de Estados Unidos ha priorizado los intereses industriales norteamericanos antes que la ecología", sostenía Le Point.[57]

El 15 febrero de 2002 Bush volvió sobre el tema del calentamiento climático, presentando un plan nacional medioambiental supuestamente alternativo al Protocolo de Kioto, basado en medidas voluntarias y estímulos fiscales para aquellas empresas que respeten un límite de emisiones de gas del 4,5 por ciento.

La comisaria comunitaria de Medioambiente, Margot Wallstrom, predijo en ese momento que el plan de Bush no sólo no permitiría reducir las emisiones de gases con "efecto invernadero", sino que provocaría "un aumento muy significativo". Según las estimaciones hechas por Wallstrom posteriormente, el 30 de abril de 2002, fecha en que los quince países socios de la Unión Europea entregaron en la ONU su ratificación oficial del Protocolo de Kioto, "Estados Unidos habrá aumentado sus emisiones en un 30% para el 2010 respecto al nivel de 1990". En términos similares se expresaron en España Ecologistas en Acción y WWF/Adena. Expertos de esta última organización prevén que, a causa del plan medioambiental de Bush, las emisiones de gases superarán un 36 por ciento los objetivos trazados en Kioto, dada la incidencia de ese país como primer contaminador del mundo.

En la misma semana en que la Unión Europea asumía el timón de la política sobre el cambio climático, el gobierno de Estados Unidos remitía a la ONU su informe Acción Climática del 2002, en el cual por primera vez reconocía públicamente los efectos desastrosos del calentamiento global del planeta. Entre las consecuencias de ese calentamiento verificado en su propio territorio, el informe citaba "olas de calor, violentos temporales, fundición paulatina de los glaciares y pérdida de los ecosistemas costeros y de alta montaña".[58] El informe Acción Climática de 2002 alertaba sobre "la desaparición de los prados alpinos en las Montañas Rocosas, la pérdida de barreras coralíferas en las dos costas y la disminución de la masa forestal en el tupido sudeste".[59] A pesar de ello, un portavoz de la Casa Blanca, Scott McClellan, afirmaba el 3 de junio de 2002 que la estrategia diseñada por Bush era una e inamovible: alentar a las industrias a que redujeran voluntariamente sus emisiones, aunque sin fijar plazos concretos ni multas para los infractores. Junto a ese plan, Estados Unidos autorizó en febrero de 2002 la construcción en la montaña Yuca, Nevada, de un vertedero nuclear con capacidad para enterrar 70 mil toneladas de desechos, sumándose así a los otros 131 vertederos nucleares que ya tiene Estados Unidos.

Si bien con la ratificación del Protocolo por parte de los países miembros de la Unión Europea son ya 69 los países que lo han ratificado, no alcanzan a representar más que el 26% de gases contaminantes a nivel mundial. Canadá ratificaba el tratado a finales de 2002. La esperada ratificación por parte de Rusia y Japón permitiría llegar al 52,5%, pero no aún el 55% mínimo requerido para que el Protocolo de Kioto pueda entrar en vigor.

En el caso de Rusia, es indudable su interés por que el tratado se ponga en marcha. En los últimos doce años Rusia logró reducir drásticamente el nivel de sus emisiones de gas, y dado que el Protocolo de Kioto autoriza que un país que no llegue a tiempo a cumplir con las reducciones acordadas pueda compensarlo "comprando" el porcentaje que falta a otro país con muy baja emisión de gas, Moscú podría beneficiarse de ese mercado de "compra-venta" vendiendo parte de la cuota que no llega a utilizar. Las presiones se ciernen ahora sobre países como Australia, Suiza, Nueva Zelanda y Noruega, que, de hacerlo pronto, permitirían que el Protocolo entre en vigor durante 2003. Paradójicamente, importantes empresas norteamericanas han presionado al gobierno para que se sume al Protocolo de Kioto, considerando que hacerlo más tarde será más costoso para las industrias y también por el hecho de que la industria de otros países se beneficiará vendiendo al resto del mundo la tecnología necesaria para el cambio, una oportunidad que se perderán los industriales estadounidenses.[60]

El propio presidente del National Environmental Trust, Phillip Clapp, preguntaba al gobierno de Estados Unidos: "¿Por cuánto tiempo más la administración (Bush) seguirá dando la espalda a cosas por las que el resto del mundo se preocupa, desde el calentamiento del planeta hasta el comercio de armas ligeras, al tiempo que reclama apoyo del exterior en cosas como la guerra contra el terrorismo?".[61]

Para "contribuir" un poco más a la limpieza de la atmósfera, Bush, con el apoyo del Congreso, comenzó a revisar la Ley Nacional de Política Ambiental, con el fin de relajar sus restrictivas normas. El Presidente propuso a finales de agosto de 2002 talar importantes áreas de bosques protegidos "para evitar incendios", aunque las organizaciones ecologistas denunciaron que esa medida es la compensación que quiere hacer Bush al poderoso *lobby* de la industria maderera por haber desempeñado un papel clave en la financiación de su campaña electoral de 2000.

Bush propuso permitirle a la industria maderera comercializar la madera de esos bosques protegidos "a cambio" de que ésta se ocupe de la "limpieza" de esas amplias zonas forestales.

CONVENCIÓN DE BASILEA

Las diferencias entre la Unión Europea y Estados Unidos se vieron reflejadas incluso en la distinta actitud adoptada frente al tratado de la Convención de Basilea de 1989, por la cual se establecen reglas precisas para controlar tanto la producción como el procesamiento y movimiento transfronterizo de los residuos peligrosos, y se castiga su tráfico ilícito. La Convención considera que entran dentro de la categoría de residuos peligrosos tanto los desechos clínicos de hospitales, como los de la producción y preparación de productos farmacéuticos; todos aquellos objetos que contengan cianuro, selenio, arsénico, cobre, cinc, telunio, antimonio, cadmio, mercurio, elementos explosivos y un largo etcétera. La UE firmó ese tratado y tiene en discusión una serie de directivas que contempla, entre otras, la obligatoriedad para los fabricantes de productos informáticos de reciclar su propio material. Varias empresas informáticas ya han puesto en marcha un mecanismo para recuperar de manos de los usuarios cartuchos de tinta, pantallas, teclados y computadoras completas en desuso, que contienen materiales de gran peligrosidad por su carácter contaminante de aguas, zonas agrícolas y medioambiente.

Estados Unidos se ha negado a firmar la Convención de Basilea, a pesar de que los problemas a los que ésta intenta poner freno no le son nada ajenos. En ese país se tiran anualmente a la basura, entre otros materiales, entre 20 y 30 millones de computadoras personales y otros tipos de material informático. ¿Qué se hace con esa basura electrónica e informática? La Agencia de Protección del Medio Ambiente (EPA) no puede obligar a las empresas informáticas a reciclar su material en desuso, porque la ley sólo obliga a hacer esto a las empresas de artículos electrónicos. Estados Unidos exporta gran parte de su basura informática rumbo a países pobres del Tercer Mundo, especialmente asiáticos. Esa práctica habitual de Estados Unidos contraviene la propia esencia de la Convención de Basilea, que a su vez ha establecido como referentes fundamentales para implantar su Convenio, compuesto por 29 artículos y tres anexos, tanto la Declaración de la Conferencia de la ONU sobre el Medio Humano (Estocolmo, 1972), como las Directrices y Principios de El Cairo para el manejo ambiental racional de desechos peligrosos, aprobados por la ONU en 1987, y las reglamentaciones del Comité de Expertos en el Transporte de Mercancías Peligrosas, de la ONU, formuladas en 1957 y que se actualizan cada dos años desde entonces.

A contracorriente de todos los intentos que desde hace décadas se llevan a cabo para mejorar el medioambiente, Estados Unidos sigue exportando sus residuos peligrosos a países subdesarrollados, a cambio de una limosna. De esta forma, evita a las empresas estadounidenses cargar con los costos que supondría para ellas aplicar las medidas previstas por la Convención, tanto para la producción de productos que incluyen elementos peligrosos como para su destrucción.[62]

TRATADO DE MISILES BALÍSTICOS (ABM)

Si en temas medioambientales la nueva administración republicana no tenía reparos en enfrentar a toda la comunidad internacional para defender "el estilo de vida y uso de energía al que está habituado el ciudadano norteamericano", no podía hacer menos en un área que afecta a su propia seguridad nacional. El 1° de mayo de 2001, Bush anunció públicamente su decisión de abandonar el Tratado de Misiles Balísticos (ABM, Agreement on Ballistic Missile), un acuerdo estratégico de gran importancia firmado en 1972 entre Nixon y Breznev, y por el cual las dos superpotencias, Estados Unidos y la Unión Soviética, acordaron a través del tratado sobre Misiles Balísticos Intercontinentales (ICBM, Intercontinental Ballistic Missile) el número de cabezas nucleares móviles con que cada uno podía contar para su defensa estratégica. El ABM fue el resultado de la primera serie de negociaciones para la reducción de armas estratégicas llamada SALT I (Strategic Arms Limitation Talks), iniciadas en 1969. Estados Unidos considera hoy el ABM "obsoleto" y contradictorio con su gigantesco proyecto de defensa espacial, el "escudo antimisiles", y ha desoído las advertencias de Rusia, China y Corea del Norte sobre los peligros para la paz mundial que supone romper un acuerdo de semejante importancia.

El anuncio de Bush *Junior* fue la concreción de algo que se temía desde hace muchos años. El primer síntoma se produjo en 1984, durante el mandato del también republicano Ronald Reagan, cuando éste anunció el comienzo de la ambiciosa y multimillonaria Iniciativa para la Defensa Estratégica (IDE; SDI en inglés, Strategic Defense Initiative), más conocida como "guerra de las galaxias". Bush *Senior* volvió a mencionar durante su mandato la "incompatibilidad" que suponía para la IDE el Tratado ABM con Rusia.

Por su parte, el demócrata "republicano" Bill Clinton, a pesar de haber llegado al poder en 1992, una vez producido el desmoronamiento de la Unión Soviética y de los regímenes comunistas de Europa del Este, y por lo tanto finalizada la larga era de la Guerra Fría, no se distanció radicalmente de sus predecesores en la Casa Blanca en cuanto a la defensa espacial, al menos en el plano teórico. Bill Clinton defendió durante su mandato la necesidad para la seguridad de Estados Unidos de impulsar la nueva versión de defensa espacial, el Sistema Nacional de Defensa frente a Misiles (NMD), conocido como "escudo antimisiles", versión reducida de la "guerra de las galaxias". Durante su gobierno se llegaron a realizar incluso los tres primeros ensayos de misiles antimisiles y se autorizaron al menos otros quince más. Sin embargo, en septiembre de 2000, poco tiempo antes de las elecciones que terminaron dando el triunfo a George W. Bush, Clinton negó al Pentágono la autorización que le requería para poder empezar en 2001 la construcción de una importante estación de radar en Alaska, en la isla de Shemya, capacitada para seguir la trayectoria de cualquier misil que hubiera sido lanzado desde el exterior contra territorio estadounidense por países o grupos enemigos.

La negativa de Clinton irritó en su momento al Pentágono, que consideraba esa estación una pieza clave para que el NMD pudiera estar operativo en el plazo previsto, en 2005. Clinton adujo como argumento que, ante el rechazo de Vladimir Putin a revisar el tratado de ABM, avanzar en el NMD podría suponer una peligrosa etapa de inestabilidad estratégica con Rusia. El presidente demócrata sostuvo que no quería tomar una decisión apresurada sobre el tema, habida cuenta de que las negociaciones con Rusia requerirían más tiempo que el que le quedaba de mandato y que, además, dos de los tres ensayos de lanzamiento de misiles de interceptación realizados hasta ese momento habían fracasado, por lo que no había aún garantías sobre su eficacia. Clinton argumentó que por esas razones prefería dejar que fuera su sucesor el que adoptara la decisión final sobre el tema. Su postura produjo alivio para Rusia y China, y recibió la bienvenida de sus aliados europeos.

En este asunto, como en tantos otros en política exterior, sería Bush *Junior* quien tomaría las decisiones finales. En cuanto al "escudo antimisiles" decidió darle un gran impulso, habiéndose realizado otras cuatro pruebas hasta finales de 2002 (por un valor de 100 millones de dólares cada una). Con respecto al ABM, Bush decidió abandonarlo, tal como ya lo había adelantado, embarcado desde el primer momento de su administración en la tarea de redoblar el impulso de la poderosa industria armamentística y de asegurar aún más la superioridad militar de Estados Unidos a nivel mundial. Finalmente, el 12 de diciembre de 2001, denunció oficialmente el Tratado, provocando la alarma de Moscú y Pekín.

Bush supo rentabilizar en este terreno la propia "criatura" que creó a su medida para conseguir sus objetivos imperiales: la cruzada antiterrorista internacional. A pesar de que el presidente ruso, Vladimir Putin, había mostrado su gran contrariedad con la decisión de Estados Unidos de abandonar el ABM, Bush pudo compensar ampliamente a Moscú a través de la cruzada "Libertad Duradera", para atemperar los ánimos. La cruzada resultó una fórmula perfecta para que Rusia dejara de ser objetivo de serias críticas de parte de la comunidad internacional por la preocupante vía represiva utilizada para acabar con el movimiento separatista checheno.

NUEVAS RELACIONES CON RUSIA

En medio de la psicosis terrorista desatada a nivel mundial tras el 11-S, Moscú encontró una mayor "comprensión" y apoyo moral por parte de muchos países occidentales para seguir adelante con esa política antes condenada. El nuevo clima de entendimiento creado entre Rusia, la Unión Europea y Estados Unidos facilitó un acercamiento entre Washington y Moscú en aspectos del tema nuclear no vinculados directamente al Tratado ABM, sino a otros importantes acuerdos sobre armamento estratégico firmados en el pasado por Rusia y Estados Unidos. El 24 de mayo de 2002, durante la visita de George W. Bush a Moscú, se revisó, por ejemplo, el acuerdo START I (Strategic Arms Reductions, Tratado para la Reducción de Armas Estratégicas), sobre el cual se había logrado un primer preacuerdo en 1986 en Reykjavík (Islandia), entre Ronald Reagan y Mijail Gorbachov. Se trataba en aquel momento de establecer el número de ojivas nucleares estratégicas máximas que cada país se reservaba como garantía de su defensa estratégica. Aquel acuerdo no fue firmado formalmente, sin embargo, hasta el 31 de julio de 1991, durante una cumbre entre Gorbachov y George Bush *Senior*. Cinco meses después de esa firma, la URSS se disolvió y cuatro de los nuevos Estados surgidos de su atomización tenían poder nuclear, Bielorrusia, Kazajstán, Ucrania y Rusia, lo que complicó enormemente las negociaciones. Por fin, los cuatro Estados asumieron la corresponsabilidad de lo firmado por la URSS con Estados Unidos en materia nuclear, y el acuerdo pudo entrar en vigor el 5 de diciembre de 1994.

Hasta finales de 1990, Estados Unidos había conservado 12.778 cabezas nucleares y 1.876 portadores o lanzaderas, mientras que la URSS contaba con 10.880 cabezas nucleares y 2.354 portadores. El START I fijó como objetivo la reducción del número de misiles balísticos estratégicos hasta las 1.600 unidades y las cabezas nucleares hasta 6.000 por cada parte.

George Bush (*Senior*) y Boris Yeltsin fueron aún más lejos en 1993, al menos en su declaración de intenciones, con el START II, que establecía una reducción de las 6.000 ojivas nucleares máximas para cada país acordada en el START I hasta entre 3.000 y 3.500 para el año 2003.

El Senado norteamericano ratificó el Tratado el 26 de enero de 1996, pero en marzo de 1997 ambas partes volvieron a negociar un protocolo adicional en Helsinki, firmado el 26 de septiembre de ese año por los dos países en Nueva York. Pero, mientras que Rusia ratificó tanto el tratado como el protocolo en abril de 2000, el Senado de Estados Unidos no llegó a ratificarlo.

El ministro ruso, Igor Ivanov, recordaba en 2002 que "desgraciadamente, debido a la postura estadounidense, ni el tratado START II ni su protocolo anexo han llegado a entrar en vigor".[63] El plazo fijado en un principio para la reducción de ojivas para fines de 2003 quedó aplazado finalmente hasta el 31 de diciembre de 2007.

En ese estado se llegó a las nuevas conversaciones (START III) entre los gobiernos de Estados Unidos y Rusia en 1999, en términos similares a los que se había negociado años antes, sin que se hubiesen obtenido resultados concretos. Como parte de esas negociaciones, en noviembre de 2000 el presidente Putin propuso un plan aún más ambicioso: que se situase el límite máximo de misiles balísticos y ojivas nucleares en 1.500 unidades por cada país. Ivanov criticó a Estados Unidos por las dilaciones que ha demostrado a la hora de esa nueva ronda de negociaciones: "Para retrasar la elaboración del Tratado START III, Estados Unidos argumenta (el libro fue publicado pocos meses después de que se alcanzara el Tratado de Moscú) la supuesta superioridad de Rusia en el ámbito de las armas nucleares no estratégicas".[64] "Si nos referimos a las armas nucleares tácticas –añade Ivanov en su obra sobre los últimos diez años de política exterior rusa– Rusia ha desmantelado todos sus misiles balísticos con base en buques de guerra, submarinos y aviación naval con bases terrestres. Hemos eliminado también un tercio de las municiones para misiles tácticos con bases marítimas y en caza-bombarderos de la aviación naval. Está concluyendo la liquidación de las cabezas nucleares para misiles tácticos, de proyectiles artilleros nucleares, así como de minas nucleares. Se han eliminado la mitad de las cabezas nucleares para misiles tierra-aire y la mitad de las bombas nucleares."

Incumplimiento de Washington

Debido a los incumplimientos por parte de Estados Unidos del START II y su protocolo anexo, el acuerdo alcanzado el 24 de mayo de 2002, el llamado Tratado de Moscú, tuvo que partir de la situación en que había quedado la capacidad armamentística de los dos países tras el cumplimiento del START I. En realidad, en esa fecha, ocho años después de que entrara en vigor, todavía no se había reducido el número de ojivas nucleares exactamente como se había establecido en el acuerdo: 6.000 máximas para cada país; sino que se partió de las 7.295 de Estados Unidos y las 6.094 de Rusia. En el Tratado de Moscú, que vino a concretar así los años de discusión del START II y el START III, se acordó reducir, entre otras cosas, las ojivas nucleares, a entre 2.000 y 1.700 unidades.[65]

A pesar de la importancia de que se hubiera logrado firmar en 2002 el Tratado de Moscú, Estados Unidos rechazó la propuesta de Rusia sobre la destrucción de las ojivas que se había acordado desactivar, e impuso en el Tratado la cláusula por la que se autoriza su almacenamiento. Esta imposición perjudica claramente a Rusia. Mientras que Estados Unidos, como dijo el propio George W. Bush, podría reactivar en cualquier momento las ojivas que ahora almacene "ante nuevos peligros mundiales que surjan en el futuro", Rusia no tendría las mismas posibilidades, dado que no puede cubrir económicamente el altísimo costo que supone su almacenamiento y su eventual posterior reactivación. Por ello Rusia se obstinaba en conseguir un acuerdo de destrucción de las ojivas, pero no logró hacer ceder en este terreno a Estados Unidos, que supo aprovechar en su beneficio la crítica situación económica rusa.

De esta manera, a pesar de que ante la opinión pública mundial se presentó esta reducción de dos tercios de las ojivas nucleares de cada país como "un paso decisivo para sepultar definitivamente la Guerra Fría", en realidad Estados Unidos logró reservarse el derecho para, en un determinado momento, poder cargar y reactivar las ojivas nucleares que almacene, siendo esto mucho más difícil para Rusia.

"Ayudar" a Rusia

Valorando el acuerdo alcanzado, Colin Powell dijo: "La cuestión importante es que las cabezas nucleares se están sacando de los lanzamisiles". "Y una vez que se hayan guardado en los arsenales –añadió– ya es posible hacer un juicio sobre si habrá que conservar algunas como repuestos operativos, o utilizarlas para modernizar los sistemas o destruirlas."[66]

En su "preocupación" por "ayudar" a Rusia, Powell llegó a decir: "Nos interesa ayudar a Rusia a librarse no sólo de su arsenal sobrante de cabezas nucleares, sino también de sus arsenales de armas químicas ya innecesarias y de cualesquiera otras armas químicas, biológicas o radiológicas que tengan. Y ésta es la razón por la que se han invertido casi mil millones de dólares anuales en estos programas de colaboración con los rusos: seguiremos manteniendo este nivel de inversión. Es también la razón de que estemos buscando nuevas y creativas maneras de hallar los medios para que Rusia pueda acelerar la eliminación de todo este arsenal".[67]

Como resultado del nuevo clima de distensión creado por la cruzada antiterrorista, en mayo de 2002 la OTAN y Rusia alcanzaban un acuerdo para formar por primera vez un "Consejo a veinte": el Consejo OTAN-Rusia, que vino a sustituir al Consejo Permanente OTAN-Rusia que funcionaba desde 1997, y al que en realidad los miembros de la Alianza Atlántica acudían con sus posiciones previamente pactadas.

El nuevo organismo creado, en el que Rusia participa con voz y voto pero sin veto, tiene como declarado objetivo dar respuestas conjuntas de los veinte a problemas de terrorismo, seguridad y crisis internacionales.

Rusia consiguió por primera vez que los diecinueve países miembros de la OTAN aceptaran incluir en la declaración final del nuevo Consejo constituido, una cláusula por la que apoyan "el derecho de Rusia a proteger su integridad territorial y a garantizar la seguridad de todos sus ciudadanos contra el terrorismo y la criminalidad", un espaldarazo fundamental para ratificar su política represiva en Chechenia.

Sin embargo, Rusia sigue conservando sus grandes reservas sobre el "escudo antimisiles" norteamericano, al igual que China; razón por la cual ambos países han acordado periódicos encuentros técnico-militares para ir evaluando las ventajas adquiridas en el plano nuclear por parte de Estados Unidos. Rusia ha ido estrechando en los últimos años, cada vez más, sus relaciones en Asia y especialmente con China. "Nuestra intensa atención a Asia no sólo se debe al hecho de que dos terceras partes del territorio ruso pertenezcan a ella", sostiene Ivanov. "Allí es donde convergen los intereses de las principales potencias nucleares que disponen del mayor poder militar y económico", añade. Ivanov recuerda que Asia aloja a más de la mitad de la población del planeta y "concentra la mayor parte de los recursos financieros internacionales".

"El fomento de las relaciones con China, el vecino más importante de Rusia en Asia, conforma una de las directrices de la política exterior rusa", sostiene el ministro ruso.[68]

A pesar de la importancia que le asigna Rusia a su relación con China, el volumen comercial entre este último país y Estados Unidos es de cerca de 80 mil millones de dólares, prácticamente ocho veces más que el chino-ruso.

Rusia, además de firmar con China la Declaración Conjunta sobre el Mundo Multipolar y la Formación del Nuevo Orden Mundial en Moscú en 1997, rubricó en octubre de 2000 un importante acuerdo con otro inmenso país de la región con capacidad nuclear, la India, a través de la Declaración sobre Asociación Estratégica entre ambos países.

Al mismo tiempo, Rusia, preocupada por la presencia cada vez mayor de tropas de Estados Unidos en importantes repúblicas de la ex URSS, tomó la iniciativa de promover una alianza militar con cinco de las quince que componían su gigantesco territorio: Bielorrusia, Kazajstán, Armenia, Kirguizistán y Tayikistán.[69] A inicios de junio de 2002 Rusia, junto a China, Uzbekistán, Kirguizistán, Tayikistán y Kazajstán, decidían en San Petersburgo fortalecer y ampliar los objetivos de la Organización de Cooperación de Shangai (OCS) creada en 1996. La OCS, además de fomentar el estrechamiento de las relaciones comerciales entre sus países miembros y la lucha común contra el narcotráfico, firmó acuerdos de lucha contra el terrorismo y para asegurar la seguridad en sus respectivas fronteras.

En conjunto, estos países de Asia Central comparten casi 8.000 kilómetros comunes de frontera, en una región donde Estados Unidos intenta tener más presencia militar y económica. China parece cada vez más preocupada tanto por la posible permanencia de las tropas estadounidenses en la región como por el acercamiento entre Rusia y la Alianza Atlántica. Por su parte, Vladimir Putin no olvida que pese al nuevo organismo creado OTAN-Rusia, la Alianza Atlántica seguirá funcionando también en paralelo como tal.

Pocos días después de alcanzarse el acuerdo entre la Alianza Atlántica y Rusia, "vendido" a la opinión pública mundial como el "entierro definitivo de la Guerra Fría", José María Aznar y Tony Blair dirigieron conjuntamente un documento al secretario general de la OTAN, George Robertson, detrás del cual era inevitable reconocer la gran sintonía de estos dos mandatarios europeos con la estrategia de seguridad de George W. Bush.

En ese documento, titulado "El futuro de la OTAN: una visión his-

pano-británica", Aznar y Blair afirmaban que España y Gran Bretaña tienen "una visión compartida" sobre el futuro de la Alianza, en la que ven
"la clave de la garantía transatlántica de seguridad para sus miembros
y el guardián último de los valores de la democracia, la libertad y el imperio de la ley contenidos en el Tratado de Washington".[70]

Aznar y Blair abogaban en dicho documento porque "Estados Unidos, Europa y la OTAN puedan trabajar más eficazmente juntos" sobre
la base de "unas capacidades militares europeas fortalecidas", y se pro-
nunciaron a favor de la ampliación de la OTAN "a todos los países que
estén preparados".

Este documento no puede dejar de preocupar a Rusia, que ha visto desde 1997 cómo países que pocos años antes estaban dentro de su
órbita de influencia a través del Pacto de Varsovia −como Polonia, Hungría y la República Checa− eran incorporados a la OTAN, mientras que
esperan su turno otros como Letonia, Estonia, Rumania, Bulgaria, Eslovaquia, Macedonia, Eslovenia, Albania y hasta la poderosa Ucrania.

TRATADO SOBRE LA PROHIBICIÓN DE ENSAYOS NUCLEARES

A pesar de que Bill Clinton firmó en 1996 este importante Tratado
alcanzado en 1995 tras cuatro décadas de negociaciones, el Partido Republicano hizo uso de su mayoría en el Senado para impedir su ratificación. El 14 de octubre de 1999 el Senado rechazó ratificarlo aduciendo que, de hacerlo, Estados Unidos se vería en graves dificultades para
modernizar su arsenal nuclear. Los republicanos sostuvieron que sin realizar pruebas periódicas no podrían tener su arsenal a punto en caso de
necesitar usarlo. Fueron 165 los países que firmaron este Tratado, el CTBT
(Comprehensive Test Ban Treaty), pero sólo 92 lo habían ratificado hasta septiembre de 2002. Esos países se han comprometido con su ratificación a suspender de manera indefinida todos los ensayos nucleares,
sean éstos realizados en la atmósfera, en tierra o bajo ella.

Defendiendo en definitiva la moratoria que había impulsado en
1992 su padre, George W. Bush dijo que sin ensayos nucleares su país
no podía garantizar ni la seguridad ni la efectividad de sus armas nucleares, por lo que defendió el derecho de Estados Unidos a decidir
de forma totalmente unilateral cuándo y cómo llevar a cabo pruebas
nucleares. El 11 de noviembre de 2001, justo dos meses después de
los atentados del 11-S, Bush logró con su boicot que fracasara en Nue-

va York la tan esperada Conferencia sobre la Prohibición de Ensayos Nucleares.

"Sin la ratificación del Tratado, corremos el riesgo de entrar en una nueva escalada nuclear sin precedentes", advirtió en aquel encuentro el portavoz de la delegación rusa, Igor Sergeyev. Pero ni sus palabras ni las críticas del secretario general de la ONU, Kofi Annan, o las de sus aliados europeos, hicieron cambiar un ápice la postura de George W. Bush.

Como una manera patética de justificar su posición, el Comité Conjunto de Inteligencia y Energía Atómica de Estados Unidos hizo llegar al Congreso en mayo de 2002 un informe en el que aseguró que "existen firmes indicios de que Rusia proyecta reanudar las pruebas atómicas en el Ártico, en la isla de Novaja Zemlja", insinuando incluso que ya habría ensayado en ese lugar algunos artefactos nucleares de pequeño tamaño. En medios políticos estadounidenses se entendió este mensaje como parte de la campaña del Pentágono por hacer más "digerible" su empeño de reactivar el programa de ensayos en el desierto de Nevada.

"Parece que el gobierno –de Estados Unidos– quiere reiniciar las pruebas y desarrollar armas nucleares", advertía uno de los legisladores norteamericanos que asistió a la presentación del informe del Comité Conjunto ante el Congreso.[71]

TRATADO PARA LA ELIMINACIÓN DE MINAS ANTIPERSONALES

En la actualidad se calcula que hay en el mundo cerca de 70 millones de minas antipersonales dispersas por los cinco continentes, que provocan diariamente la muerte o la mutilación de miembros de decenas de personas en el mundo. Su bajo costo ha hecho que los ejércitos de numerosos países, en especial en África, utilicen las minas como uno de los elementos clave tanto para frenar el avance de las fuerzas enemigas sobre sus posiciones, como para practicar la táctica de tierra quemada antes de la retirada de una zona. Las minas tienen además la "cualidad" de provocar numerosos heridos en las filas enemigas, con el consiguiente esfuerzo económico, de infraestructura y sanitario que ocasiona la atención de las víctimas en hospitales, su rehabilitación, las prótesis, etcétera.

El desminado de una región o de un país una vez terminado un conflicto bélico es una tarea que requiere un alto grado de entrenamiento, es costosísima, arriesgada, y ralentiza a veces, como sucede aún hoy en zonas de Sarajevo, años después de terminada la guerra, cualquier proyecto de construcción o rehabilitación de viviendas, de utilización de tierras agrícolas o incluso de carreteras y puentes.

Tras varios años de trabajo por parte de algunos países y organizaciones no gubernamentales, en 1999 entró finalmente en vigor el llamado Tratado de Ottawa, o Tratado para la Prohibición de Minas, que fue suscrito por 135 países. Éstos asumieron el compromiso de destruir sus almacenes de minas antipersonas en un plazo de cuatro años, así como todas las minas existentes en los territorios bajo su control en el plazo de diez años. El objetivo final de este Tratado es la paralización total de la fabricación de minas, así como la destrucción de todas las existentes, tanto las implantadas en tierra como las que se encuentran en los depósitos militares de numerosos países.

La postura de Bill Clinton al respecto fue una muestra más del chantaje utilizado habitualmente por Estados Unidos ante acuerdos multilaterales cuando encuentra resistencia de las otras partes a aceptar sus condiciones.

"A pesar de que el presidente Clinton fue el primer líder del mundo en hacer un llamamiento para la 'eventual eliminación' de las minas terrestres, durante las negociaciones sobre el Tratado de Prohibición de Minas, su administración demandó que ciertos tipos de minas antipersonas fueran permitidas; que Corea fuese exceptuada de la prohibición, y que existiese la opción de no cumplir el acuerdo durante sus primeros nueve años de vida",[72] recuerdan el IEER y el LCNP en su informe. Además de exigir que no se aplicara la eliminación de minas antipersonas en toda la zona desmilitarizada existente entre las dos Coreas, Estados Unidos reclamó que se hiciera otra excepción en un amplio perímetro alrededor de la base militar que tiene en Guantánamo, enclavada en pleno territorio cubano y que se encuentra totalmente minado, como medida de precaución ante cualquier incidente militar con el régimen de La Habana.

Como las condiciones fueron rechazadas, Estados Unidos se negó a firmar el Tratado. Bill Clinton lograría que se firmara un segundo Protocolo de ese tratado, en el que se aceptó regular la producción, venta y transferencia de determinadas minas, y no se habla expresamente de su destrucción. Ese plan deberá ser revisado en 2006.

Estados Unidos figura tercero en la lista de los países que cuentan con los depósitos más importantes de minas, con 1,7 millón de unidades del total estimado de 11 millones existentes en el mundo, de las que vende cientos de miles por año. Minas de fabricación estadounidenses fueron localizadas en al menos veintiocho de los países que tienen en su suelo este grave problema.

Entre los países que se opusieron a firmar, como Estados Unidos, el Tratado de Prohibición de Minas, figuran Rusia, China, Irán, Corea del Norte, Irak, Libia, Siria y Birmania. Estados Unidos es uno de los catorce países que se negaron a suspender su fabricación.

ACUERDO PARA LIMITAR LA PRODUCCIÓN Y VENTA DE ARMAS LIGERAS

El 21 de julio de 2001 Estados Unidos torpedeó en Nueva York la Conferencia Internacional sobre el Control de Armas Ligeras, convocada por la ONU, enfrentándose abiertamente con la Unión Europea y Canadá, y coincidiendo en forma parcial con China y Rusia. La Conferencia tenía como objetivo primordial controlar el tráfico ilícito de armas ligeras, que son, según las Naciones Unidas, las predominantes en 46 de los 49 grandes conflictos armados existentes en el mundo, y que provocan entre 500 mil y 700 mil muertos por año, la mayoría de ellos civiles. Según Amnistía Internacional: "Las armas ligeras son las causantes de las víctimas en los conflictos armados y la población civil constituye el 90% de las personas afectadas".[73] La ONU define esta categoría de armas como aquellas que pueden ser transportadas por una sola persona o por medio de un vehículo ligero, como pistolas, revólveres, carabinas, rifles de asalto, escopetas, lanzagranadas o granadas de mano, morteros, misiles antitanques e incluso algunos misiles tierra-aire, como los famosos Stinger, con los cuales Occidente armó a los mujahidines en los ochenta y que permitió a éstos alcanzar helicópteros y aviones rusos, dando así un vuelco a la guerra de Afganistán.

Según Amnistía Internacional, actualmente hay en el mundo cerca de 500 millones de armas ligeras en circulación, además de aquellas con las que ya de por sí cuentan los cuerpos policiales y las fuerzas armadas. Varios países africanos han acordado una moratoria en la compra y venta de armas ligeras, y en 1999 la UE aprobó una acción conjunta sobre el tema, intentando impedir acumulaciones desproporcionadas y desestabilizadoras de armas ligeras. Respondiendo a los importantes intereses económicos del *lobby* armamentístico norteamericano –Estados Unidos es el mayor fabricante y exportador de armas ligeras del mundo– y a importantes apoyos del Partido Republicano, como la National Rifle Association, grupo de más de un millón de miembros presidido por el actor Charlton Heston, Washington justificó su rechazo a cualquier tipo de acuerdo que pretendiera privar a sus ciudadanos de "su histórico derecho a portar armas".

CONVENCIÓN SOBRE ARMAS BIOLÓGICAS

El 25 de julio de 2001 Bush tiró igualmente por tierra siete años de negociaciones para intentar alcanzar un acuerdo internacional sobre un mecanismo de verificación de lo acordado en la Convención Internacional sobre Armas Biológicas (Biological Weapons Convention) de 1972, que entró en vigor en 1975 y fue revisada en 1980.

Los fundamentos básicos de esta Convención ya estaban presentes en el Protocolo de Ginebra del 17 de junio de 1925, en el cual se prohibía la utilización de armas químicas y biológicas.[74]

El negociador de Estados Unidos en la reunión de junio de 2001, Donald A. Mahley, denunció en ese momento que el acuerdo que se perseguía "podría poner en riesgo la seguridad nacional e información confidencial empresarial". Mahley negó la denuncia de algunos países de la Unión Europea, según la cual la resistencia de Estados Unidos se debía a la presión del *lobby* de los poderosos laboratorios farmacéuticos norteamericanos. Paradójicamente, Estados Unidos, el país que debió calificar el ántrax como un peligro para su seguridad nacional a partir de octubre de 2001, sólo meses antes rechazaba el protocolo sobre las armas de destrucción masiva mediante gérmenes, virus o bacterias.

La Convención de 1972 fue ratificada ya por 143 países, y el mecanismo de verificación cuenta con el apoyo de más de 50 –entre ellos 28 países europeos–, pero la oposición de Estados Unidos a seguir negociando siquiera –algo sí aceptado por otros países como China, Rusia, Pakistán, Irán y Cuba, que son reacios al protocolo– constituye un revés de primer orden.

A comienzos de noviembre de 2001, en plena psicosis por las cartas con esporas de ántrax halladas en Estados Unidos, George W. Bush convirtió en delito criminal en ese territorio la fabricación, posesión y uso de armas biológicas "con fines terroristas", pidiendo que se controlase a nivel mundial la manipulación de ese tipo de productos, incluso en medios científicos. Isabel Piquer criticó que "en vez de crear una comisión internacional que vigile la efectividad del tratado, la idea que se barajaba hasta ahora, Estados Unidos pide a cada uno de los

144 países firmantes que endurezca su legislación criminal para combatir el bioterrorismo y facilite los procedimientos de extradición para este tipo de delitos".[75]

En abril de 2002 y como culminación de una campaña de acoso y desgaste de varias semanas, Estados Unidos lograba la destitución del director de la Organización para la Prohibición de Armas Químicas, el brasileño José Mauricio Bustani, quien ocupaba ese cargo desde 1997 y que había sido reelegido en 2001. Para los especialistas Conesa y Lepick, la razón de esa campaña se explica en el marco de la política de hostigamiento contra el gobierno de Saddam Hussein por parte de George W. Bush: "El 'crimen' de Bustani consiste en haber intentado persuadir a Bagdad de firmar la Convención para la Prohibición de Armas Químicas. Desde su nombramiento, él buscaba convencer no sólo a Irak, sino también a Libia, Siria y Corea del Norte, para que se integraran en la organización que él dirigía".[76] Bustani, que reconoció públicamente las fuertes presiones que recibió de Estados Unidos durante los cinco años que se mantuvo en su cargo, pretendía, con la incorporación de Irak y otros países –considerados "demonios" por Estados Unidos– a la Organización para la Prohibición de Armas Químicas, que se vieran obligados, como cualquier otro país miembro, tanto a aceptar inspecciones de esa institución como a destruir eventuales arsenales químicos.

El 12 de junio de 2002, George W. Bush firmaba la Bioterrorism Preparedness Act, la nueva legislación para combatir el bioterrorismo, tras haber recibido previamente el respaldo del Senado y de la Cámara de Representantes. Tras advertir que "algunos países malvados" disponían ya de armas biológicas, Bush firmó esa ley, buena parte de cuyo presupuesto (de un total de 4.600 millones de dólares) se dedicará a la investigación de vacunas y medicamentos para atajar posibles plagas esparcidas por medio de armas químicas o biológicas. El gobierno norteamericano ya ha dicho que no se siente comprometido con los acuerdos adoptados en la Cumbre de Johannesburgo.

CONFERENCIA INTERNACIONAL CONTRA LA ESCLAVITUD Y EL RACISMO

Las delegaciones de Estados Unidos e Israel fueron las únicas que boicotearon y luego se retiraron de la ya histórica III Conferencia contra el Racismo, la Discriminación Racial, la Xenofobia e Intolerancia Relacionadas (WCAR, en inglés) realizada en Durban (Sudáfrica) por iniciativa de Naciones Unidas a fines de agosto e inicios de septiembre de 2001. Se retiraron alegando que en la declaración final de la cumbre, en la que se condenó por primera vez el racismo, el tráfico de personas y la esclavitud a los que sometieron las potencias coloniales en el pasado a millones de personas, se comprobaba "un lenguaje lleno de odio contra Israel". A pesar de que inicialmente los países árabes intentaron que se asimilara sionismo con racismo (tal como hizo la ONU desde los años setenta y hasta 1991), la declaración final descartó esa posibilidad y reconoció tanto el derecho de Israel como el de Palestina a vivir como Estados independientes y en paz, mencionándose que "el Holocausto no debe repetirse jamás". No obstante, las delegaciones de Washington y Tel Aviv se negaron a firmar y se retiraron del encuentro.

Estados Unidos ya había boicoteado los dos encuentros anteriores, los de 1978 y 1983 en Ginebra. Era ésta la primera de las conferencias realizadas sobre esa temática desde la abolición del *apartheid* en Sudáfrica, por lo que revestía una importancia especial.

Los organizadores de esta conferencia mostraron una gran capacidad para movilizar por primera vez a víctimas del racismo de los cinco continentes. La postura de la administración Bush en esta cumbre, desde su inicio el 31 de agosto hasta que se retiró tres días más tarde, fue claramente hostil con los cientos de ONG que participaban en los distintos foros creados. Aunque en un principio se había anunciado la presencia de Colin Powell, el primer secretario de Estado negro en la historia de Estados Unidos, al final Bush decidió enviar una delegación de bajo nivel. Estados Unidos advirtió en el encuentro, tanto a las ONG (varias de ellas estadounidenses) como a los gobiernos presentes, que si querían contar con la participación de Washington no debían intentar promover nuevas medidas legales contra el racismo ni pretender que se destinaran fondos adicionales. La delegación norteamericana rechazaba también cualquier proyecto para reparar económicamente a los descendientes de esclavos o denunciar siquiera el tráfico transatlántico de esclavos habido siglos atrás.

Para Phyllis Bennis,[77] a pesar de que Estados Unidos utilizó la excusa del supuesto "carácter ofensivo hacia Israel" de la declaración final, en realidad lo que más le preocupaba era la condena de toda forma de esclavitud y la reparación económica para los descendientes de esas víctimas, establecidas en el párrafo 166 del documento de la WCAR, titulado "Remedios, Reparaciones y Compensación". Bennis sostiene que la preocupación de Estados Unidos ante esa cláusula se basa en que "otorga legitimidad internacional a las demandas por reparación para las víctimas de esclavitud y sus descendientes, sean individuos, países o instituciones, contra aquellos países que se beneficiaron enormemente del tráfico de esclavos durante la segunda mitad del último milenio".

A pesar del boicot de Washington, la Conferencia logró sacar adelante una resolución en la que, entre otras cosas, se califica el tráfico de esclavos como un "crimen contra la humanidad" y se reconoce la obligación moral de reparar a las víctimas o familiares de las víctimas. El *caucus* feminista también consiguió que la conferencia urgiera a todos los países para que se reconozca a las mujeres el mismo derecho que a los hombres a transmitir su nacionalidad a sus hijos y que se denuncie todo tipo de discriminación contra la mujer.

Financiación para el Desarrollo

En la Cumbre del Milenio celebrada en Nueva York en 2000, líderes políticos de todo el mundo se fijaron como objetivo erradicar del mundo la pobreza, el analfabetismo y las enfermedades. Un año y medio después, más de cincuenta jefes de Estado se reunían en Monterrey (México) para concretar ese proyecto. Mientras los países miembros de la UE decidían días antes de ese encuentro en la Cumbre de Barcelona aumentar a un 0,39% de su Producto Interior Bruto la aportación destinada a la ayuda al desarrollo, pocos días después, durante la Cumbre de Monterrey, George W. Bush anunciaba que su país sólo aumentaría del 0,10% actual del PIB a un 0,15% la partida destinada en el presupuesto a la ayuda al Tercer Mundo.

Bush cuestionó el intento de la ONU para que los países desarrollados lleguen a dedicar el 0,7 por ciento de su PIB y dijo que era "inútil establecer objetivos fijos". En un artículo publicado esos días en la prensa española,[78] el secretario general de la ONU, Kofi Annan, recordaba que "durante la Guerra Fría, la Unión Soviética y los países occidentales ricos utilizaban la ayuda principalmente para premiar la lealtad. La corrupción y el derroche, con todas sus consecuencias, quedaban en un segundo plano de lo que deseaban alcanzar los países donantes, esa consabida lealtad política. Estos agitados antecedentes facilitaron la calificación de la ayuda extranjera como arma ineficaz de desarrollo".

A pesar de que ya se ha dado por acabada hace años la Guerra Fría, el gobierno Bush sigue poniendo condicionamientos a la ayuda al desarrollo. En la Cumbre de Monterrey el Presidente de Estados Unidos dejó claro que dos son las condiciones indispensables para que un país pueda ser receptor de su ayuda al desarrollo: que demuestre "ine-quívocamente" su voluntad de luchar contra el terrorismo y que libe-ralice totalmente su economía.

"Luchamos contra la pobreza porque la esperanza es la respuesta al terror", fue una de las frases más significativas de Bush. Según él, "Estados Unidos está liderando la lucha contra el terrorismo, una tarea titánica en busca de un mundo más seguro y más libre, que liberará a millones de presos de la pobreza gracias a la creación de instituciones libres y al buen gobierno".[79]

La organización Oxfam International publicó en marzo de 2002 un amplio informe titulado "Última oportunidad en Monterrey: enfrentán-dose al desafío de la reducción de la pobreza", en el que, entre otras cosas, recordaba que los 1.300 millones de dólares del programa de USAID (Agencia Estadounidense de Ayuda Internacional) para la sanidad pú-blica mundial "equivalen en términos financieros a los subsidios agrí-colas transferidos en 2000 al Estado de Texas". El documento de Oxfam añadía que "en ese mismo año, el Estado de California recibió más en subsidios agrarios que el gasto conjunto de USAID en supervivencia infantil, de las madres y en educación básica". A pesar de estos datos, Paula Dobriansky, subsecretaria de Estado para Asuntos Mundiales de Estados Unidos, afirmó en un artículo de opinión publicado en la prensa española que "la ayuda humanitaria y la lucha contra el terrorismo van de la mano".[80]

Paula Dobriansky, quien trabajó también en la administración de Bush *Senior*, llegó a decir cosas como ésta: "La compasión es un com-ponente de la política exterior del presidente Bush y anima a Estados Unidos, incluso en estos tiempos tan duros, a seguir liderando el es-fuerzo internacional por proporcionar ayuda humanitaria a los más vul-nerables". Por otro lado, precisamente en momentos en que Estados Unidos irritaba a la Unión Europea al imponer fuertes tasas arancelarias a la importación de acero, Bush abogaba en Monterrey por la elimina-ción de las barreras comerciales, que, aseguraba, "todavía impiden a los países pobres acceder a los mercados de las naciones industrializadas".

Paradójicamente, Bush puso al autoritario gobierno de China co-mo uno de los ejemplos de países que cumplieron supuestamente bien sus "deberes": "La denominada Cuenta del Desafío del Milenio (que centralizará los fondos de ayuda al desarrollo) no se regirá por crite-rios relacionados con la mayor o menor pobreza de los países, sino que irá canalizada a aquellos países que cumplan los requisitos fijados por Estados Unidos".[81]

Con posterioridad, en julio de 2002, la XIV Conferencia Internacional sobre el Sida, que tuvo lugar en Barcelona, criticó con igual dureza la avaricia de Estados Unidos a la hora de contribuir al Fondo Global contra el sida, la malaria y la tuberculosis en el Tercer Mundo. Stephen Lewis, el enviado especial del secretario general de la ONU, Kofi Annan, para África, fue uno de los más duros con Estados Unidos, representado en esa cumbre por su secretario de Estado de Sanidad, Tommy Thompson. "Las contribuciones de Estados Unidos al Fondo Global son escasas –dijo Lewis– y suponen un freno a la aportación del resto de países".

La postura de la administración Bush ante la Cumbre de la Tierra, realizada en Johannesburgo a fines de agosto e inicios de septiembre de 2002, no fue diferente. "Somos los campeones del desarrollo sostenible", dijo Paula Dobriansky allí, en otra de sus patéticas intervenciones. George W. Bush no se dignó acudir a la cumbre (tampoco José María Aznar ni Silvio Berlusconi) y su gobierno dejó claro que no aceptaría que sus compromisos con el desarrollo sostenible se concreten en tratados de tipo 1 (multilaterales, entre gobiernos). Bush mantiene esa postura a pesar de que en la Cumbre se confirmó que "los 30 países más desarrollados representan el 20% de la población mundial, pero consumen el 80% de la energía y el 40% del agua potable", y de que "la contribución al desarrollo acordada en Río de Janeiro en 1992, de un 0,7% del PIB de los países desarrollados, no sólo no ha llegado a esa meta, sino que se ha reducido: no alcanza el 0,3%".[82]

Entre las voces más críticas con la falta total de compromiso de la administración Bush que se escucharon en la Cumbre de Johannesburgo estaban las de los congresistas demócratas George Miller y Eral Blumenauer. "La administración estadounidense es una obstruccionista a la hora de alcanzar los objetivos del desarrollo sostenible", denunció Miller, mientras que su colega Blumenauer sostenía: "Somos el país más rico de la Tierra y el mayor contaminante, así que tenemos una obligación y una oportunidad para promover un crecimiento económico limpio".

Mientras la ONU denunciaba en la Cumbre de Johannesburgo el *apartheid* global" entre ricos y pobres, y Estados Unidos junto a la UE daban prioridad –rango superior– al libre comercio sobre los acuerdos internacionales de medioambiente, Greenpeace lograba un importante acuerdo de tipo 2. Ciento cincuenta multinacionales presentes en 27 países de los cinco continentes, que abarcan 30 sectores industriales distintos, firmaron un comunicado conjunto con la poderosa organización ecologista, por el que se comprometieron no sólo a apoyar el desarrollo sostenible, sino incluso a abogar por un marco legal interna-cional con el que se castigue a las empresas que cometan daños ambien-tales. Los grupos ecologistas denunciaron que la privatización del agua en muchos países está provocando una verdadera guerra por su con-trol entre distintas multinacionales, dejando indefensos a millones y mi-llones de personas en el mundo que carecen de agua potable.

LEYES COMERCIALES PROTECCIONISTAS

Paradójicamente, mientras Estados Unidos se reivindica adalid del libre comercio, sus medidas proteccionistas en el terreno comercial pro-ducen cada vez más fricciones con sus aliados europeos. Ante las limi-taciones que se puso en Europa a la importación de ganado proceden-te de Estados Unidos por el tratamiento de hormonas suministrado y a la importación de maíz transgénico, Washington respondió ponien-do fuertes aranceles a productos tradicionales europeos como embu-tidos, quesos y patés, lo que provocó la ira de los pequeños y media-nos productores.

Francia fue el país donde tuvo origen la principal protesta de los productores frente a esas medidas, que en algunos casos adquirió ras-gos violentos frente a la "comida basura", con ataques a hamburgue-serías norteamericanas y plantaciones de maíz transgénico.

Las reivindicaciones del carismático líder del GAEC (Grupo de Explo-tación en Común) y de la Confederación Campesina Francesa, José Bo-vé, dieron origen a una creciente corriente internacional de defensa de la comida sana contra la "comida basura" (en Estados Unidos el 60 por ciento de la población es obesa).

En su libro Le monde n'est pas une marchandise[83] (El mundo no es una mercancía), que se ha convertido ya en un clásico del movimiento antiglobalización, Bové reivindica la "soberanía agroalimentaria" frente a la que el autor considera la "dictadura planetaria" orquestada por "un puñado de firmas agroquímicas transnacionales que tienen en sus ma-nos el control de la mayor parte del mercado agroalimentario mundial".[84]

Francia es, o ha sido al menos durante el gobierno de centroizquier-da de Lionel Jospin, el pilar fundamental de la minoría en el Consejo de Ministros europeos de Medio Ambiente, que viene batallando en contra de la importación por parte de la Unión Europea de productos OGM (Organismos Genéticamente Modificados) procedentes de Esta-dos Unidos.[85]

Desde 1998 la UE mantiene una moratoria sobre la importación de nuevos productos genéticamente modificados, pero, a pesar de ello, la Comisión Europea autoriza determinadas excepciones. De acuerdo con la regulación sobre el proceso y etiquetado de esos productos adoptada por el Consejo y el Parlamento Europeo en 2001, esas importaciones autorizadas deberían llevar un etiquetado permitiendo al ciudadano europeo conocer las características y el origen de los productos. Sin embargo, tales medidas aún no son aplicadas, en una muestra más de la débil resistencia que la UE presenta a Estados Unidos.

Estados Unidos ha reiterado en numerosas ocasiones que rechaza tanto la moratoria como cualquier tipo de regulación por parte europea de sus productos transgénicos, sean de consumo humano o para alimento de ganado, al considerar que no representan ningún tipo de peligro.

Susan George dice que "el grupo de presión estadounidense, apoyado desde Washington por toda la maquinaria gubernamental, argumenta que la moratoria europea representa una pérdida de beneficios de 300 millones de dólares únicamente para el maíz, y seducido por la perspectiva de un potencial monopolio estadounidense de todos los productos agrícolas OGM, sigue presionando".[86]

El subsecretario de Agricultura norteamericano, Alan Larson, sostenía en enero de 2002 que "la paciencia de Estados Unidos ha llegado a su límite", amenazando con denunciar a los quince ante la Organización Mundial del Comercio y ante el Tribunal de Justicia de Luxemburgo por lo que considera "comportamientos inapropiados e ilegales".

"La única forma de modificarlos –sostuvo– es el enfrentamiento".[87] En junio de 2002 Estados Unidos obtenía una importante victoria al conseguir que la mayoría de los países miembros de la FAO[88] (Organización Mundial de la Alimentación) aceptaran su propuesta de luchar contra el grave problema del hambre en el mundo a través de la biotecnología, mediante la producción de alimentos transgénicos.

Muchos países, incluso Cuba, apoyaron esa iniciativa para poder paliar el hambre que mata diariamente a miles de personas en el mundo. Sin embargo, el objetivo real de Estados Unidos con esa propuesta no es hacer frente a ese terrible drama, y la prueba es que sólo destina el 0,1 por ciento de su PIB para la ayuda a países en vías de desarrollo, sino que forma parte de una estrategia para ir venciendo las resistencias europeas y de muchos otros países a los productos transgénicos.

LOAS AL LIBRE COMERCIO

Paralelamente a sus loas constantes al libre mercado, el 5 de marzo de 2002 Bush no dudaba en poner en pie tasas de hasta el 30 por ciento para las importaciones de acero –que afectan a un total de 107 productos–, durante al menos tres años, en aras de fomentar puestos de trabajo en las grandes empresas del acero estadounidense.

El anuncio supuso un duro golpe a las relaciones entre Estados Unidos y la UE: "Sobre un mercado de 92.000 millones de euros, la Unión Europea produce el 23% del acero mundial, mientras que los norteamericanos no llegan al 16%", recordaba *Courrier International*.[89]

Hasta un periódico conservador como *The Wall Street Journal*[90] calificaba de "irónica" la medida proteccionista anunciada por el Presidente de Estados Unidos, recordando la contradicción entre ésta y "el canto al libre comercio que hace poco relanzaba en Doha", en noviembre de 2001, durante la nueva ronda de negociaciones bajo la égida de la Organización Mundial del Comercio. "Si uno abandona el principio de libre comercio hoy día para salvar un sector en bancarrota –sostenía este influyente periódico– verá aparecer un nuevo frente de reivindicaciones proteccionistas en 2004. Sólo el libre comercio salvará los empleos."[91] Washington rechazó inmediatamente el reclamo hecho por parte de la Unión Europea de ser compensada por las pérdidas de cerca de 2.200 millones de dólares anuales que le supondrán las elevadísimas tasas impuestas al acero, y el propio subsecretario de Estado para Comercio Internacional, Grant Aldonas, advertía que "el conflicto abierto sobre el tema del acero con la UE podría extenderse a otros terrenos".[92]

Tanto la Unión Europea como Rusia y Brasil presentaron una demanda contra Estados Unidos ante la OMC, pero es dudoso que pueda haber conclusiones y una decisión por parte de esta organización antes del 2004.

El comisario europeo de Comercio, Pascal Lamy, advertía en junio de 2002 que en el caso de que la OMC fallara en contra de la demanda de la UE, ésta podría imponer a Estados Unidos sanciones sobre productos estadounidenses por un valor de 300 millones de dólares.[93] China reclamó, por su parte, en junio de 2002 a la OMC la constitución de un grupo de expertos que pudieran revisar la legalidad de los gravámenes impuestos por Estados Unidos al acero. Es la primera vez que China recurre al órgano de solución de conflictos de la OMC desde su adhesión a esa organización a fines de 2001.

A pesar de que la administración Bush sostiene que su medida en relación con el acero está contemplada por una cláusula de salvaguarda expresamente prevista por la OMC, los expertos sostienen que dicha cláusula sólo puede ser invocada en casos excepcionales, cuando esté en juego una amenaza real para la industria nacional. Y el caso es que se produce a pesar de que las estadísticas muestran que las importaciones de acero no han dejado de bajar en Estados Unidos desde 1997, de 37 a 27 millones de toneladas.

Según *The Financial Times*[94] "el problema de la industria norteamericana no es tanto a causa del acero importado, sino por las dificultades de supervivencia que tienen cerca de treinta productores demasiado pequeños como para presentarse sobre el mercado mundial".

A pesar de que este sector ha recibido subvenciones estatales por un monto superior a los 17 mil millones de dólares en las últimas dos décadas, más de una decena de empresas terminó por desaparecer desde 1997 hasta 2002. La incapacidad de Estados Unidos para modernizar sus instalaciones siderúrgicas es otro de los males endémicos de este sector. En el plano laboral, las empresas se quejan por el hecho de que el poderoso sindicato USWA, que representa a los 600 mil trabajadores del sector, haya logrado imponer a la patronal un sistema de protección social y de jubilaciones que merma las posibilidades de ganancias y aleja a compañías extranjeras que pudieran estar interesadas en fusiones con homólogas estadounidenses.

La decisión adoptada por Bush en marzo de 2002 tenía evidentemente mucho de política interna de cara a las elecciones legislativas que tuvieron lugar en Estados Unidos el 5 de noviembre de 2002. Él no podía olvidar que los Estados donde está centrada la siderurgia, Virginia, Ohio, Indiana e Illinois, a pesar de haber sido bastiones tradicionales del Partido Demócrata, en las elecciones de 2000 le dieron mayoritariamente su voto al Partido Republicano.

Ante las fuertes críticas de la Unión Europea contra las barreras arancelarias decididas por Estados Unidos, la administración Bush optó en junio y julio de 2002 por suavizarlas de alguna manera, estableciendo una serie de exenciones. Sin embargo, el comisario Lamy consideró que dichas exenciones suponían sólo una atenuación de la medida a corto plazo. Estados Unidos amenazó con represalias si la UE acudía a la OMC para exigir que Washington compensara a las empresas europeas del acero por los fuertes aranceles impuestos, pero al mismo tiempo también aplica medidas similares a otros países.

Es el caso del conflicto que mantiene Estados Unidos con el gobierno y las cementeras mexicanas, que ha obligado a intervenir a la OMC. El diferendo surgió en los años noventa, cuando cementeras norteamericanas reclamaron la revisión de las importaciones de sus homólogas mexicanas Cemez, Cementos Hidalgo, Apasco y Cementos Chihuahua, al sostener que éstas exportaban a Estados Unidos con precios tan reducidos que afectaban sus intereses.

El gobierno de Clinton atendió esa demanda de las cementeras e impuso ese mismo año cuotas compensatorias para las importaciones del cemento mexicano.

Dos años después México consiguió el respaldo del Acuerdo General de Aranceles y Comercio (GATT), organismo predecesor de la OMC, para que se eliminaran las fuertes compensaciones impuestas a sus cementeras nacionales pero, al final, el Comité del Código Antidumping de este organismo bloqueó la decisión e impuso mantener el pago de cuotas. A fines de 2002 el ministro de Economía mexicano, Luis Ernesto Derbez, preveía acudir ante la OMC para resolver el conflicto de las cuotas compensatorias pagadas por los empresarios mexicanos del cemento, ante la falta de acuerdos con su homólogo estadounidense, Donald Evans.

Por otra parte, el Presidente de Estados Unidos logró en mayo de 2002 el respaldo del Senado para contar con poderes especiales para negociaciones sobre aranceles, facultad con la que no contaban los presidentes de Estados Unidos desde que expiró la llamada "Vía Rápida". Con esta nueva herramienta en sus manos y con la "Farm Bill" —ley aprobada en ese mismo mes, por la cual se aumentan sustancialmente las subvenciones al sector agrícola— Bush podrá lanzar una ofensiva en toda regla tanto en América latina como en el seno de la Organización Mundial del Comercio.

Extraterritorialidad de las leyes de Estados Unidos

El alcance extraterritorial que Estados Unidos otorgó unilateralmente a varias de sus leyes, penalizando a empresas, personas y hasta gobiernos que realicen inversiones y/o transacciones comerciales con países como Cuba, Irán, Irak o Libia, ha provocado desde un primer momento serias fricciones con sus aliados europeos.

En algún caso, como en el de la ley Helms-Burton, que sanciona a quienes comercien con Cuba, las críticas de la UE a Estados Unidos, que la llevaron a demandar a este país ante la OMC, obligaron al gobierno norteamericano, ya en 1998, a hacer una "excepción" para los países de la UE en cuanto a la aplicación de los artículos más duros de dicha norma.

A pesar de que la Asamblea General anual de la ONU viene condenando año tras año el embargo que Estados Unidos mantiene contra Cuba desde 1962, Washington no sólo ha hecho caso omiso de ella, sino que ha endurecido aún más su legalización para hacerlo más efectivo. Presionado por el poderoso *lobby* cubano-estadounidense, Bill Clinton dio luz verde en marzo de 1996 a la Ley de Libertad y Solidaridad Democrática con Cuba, más conocida por el nombre de sus creadores, los congresistas republicanos Jesse Helms y Dan Burton. Helms fue posteriormente presidente del poderoso Comité de Relaciones Exteriores del Senado.

Uno de los artículos de esa ley, el Título III, es el que más ampollas levantó entre los aliados de Estados Unidos. En ese apartado se autoriza a ciudadanos norteamericanos –aunque no lo fueran en el momento de los hechos– que sufrieron confiscaciones de propiedades en Cuba, a demandar ante los tribunales de Estados Unidos a cualquier firma extranjera que hiciera negocios con esos bienes. Esa ley contraviene claramente resoluciones de la ONU, como la Declaración sobre el Establecimiento de un Nuevo Orden Económico Internacional y la Carta de Derechos y Deberes Económicos de los Estados, que legitiman la nacionalización de la propiedad extranjera, autorizando que la compensación se sujete a la decisión del país que nacionaliza.

Muchos países afectados negociaron bilateralmente con Cuba esas compensaciones y España lo hizo en 1986. El Tribunal Supremo de Estados Unidos dictó una sentencia en 1964, en el caso del Banco Nacional de Cuba contra Peter F. L. Sabattino, en la que, basándose en la doctrina del Acto de Estado soberano, estableció que los tribunales estadounidenses no podían juzgar la validez de las expropiaciones llevadas a cabo por un gobierno extranjero, en referencia a Cuba, lo que sentó una importante jurisprudencia.

A pesar de todo esto, la oposición republicana no le dejó a Clinton escapatoria. Varios signos de la administración Clinton permitían creer que el presidente demócrata iba por fin a cambiar la actitud de Estados Unidos frente a Cuba, a pesar de que había sido justamente un senador demócrata, Robert Torricelli, quien sacó adelante la ley que se conoce por su nombre y por la cual se endureció aún más el embargo contra la isla. Esa ley contradecía los pasos dados por el gobierno Clinton con Vietnam. Durante su administración y cuando todavía no se habían cumplido veinte años del fin de la Guerra de Vietnam, en la que, además de medio millón de vietnamitas, murieron 55 mil soldados norteamericanos, se restablecieron las relaciones diplomáticas.

Clinton no se atrevía inicialmente a levantar el embargo a Vietnam por su eterna culpa de no haberse alistado para ir allí a combatir cuando tenía 20 años, pero dos senadores, uno de ellos republicano, promovieron la medida y lo lograron, después de que se entablaran negociaciones prácticas para la recuperación o información sobre el paradero de 2.200 militares desaparecidos en Vietnam, de los que nunca dio cuenta ese país. Fueron el republicano John McCain (que pasó casi seis años en las celdas vietnamitas) y el demócrata John Kerry, otro veterano del conflicto, los que recordaron que más de la mitad de los 70 millones de vietnamitas eran menores de 24 años, por lo que nada se les podía achacar de lo pasado. En todo caso era Vietnam el país víctima de los brutales bombardeos norteamericanos contra su población que se cobraron cientos de miles de vidas. Aún hoy día hay miles de personas con secuelas por el uso masivo del napalm de las fuerzas estadounidenses en aquel país.

Francia y Japón ya habían reanudado sus relaciones con Hanoi y el régimen vietnamita demostraba una política de apertura económica apoyada por el FMI y el Banco Mundial, que, como en el caso de China, avanzaba en forma gradual hacia una economía de mercado.

¿Cómo no normalizar, entonces, las relaciones con un país debilitado económica y militarmente como Cuba, en el que no había muerto ningún soldado estadounidense desde la guerra de fines del siglo XIX?

Muchos inversores norteamericanos presionaban para que se levantara o al menos se aliviara el embargo. Estaban deseosos de aterrizar en Cuba antes de que los europeos les arrebataran toda la torta del negocio turístico. Sin embargo, los republicanos, fuertemente afianzados entre la comunidad cubana de Miami, harían fracasar esa orientación. En una calculada campaña provocadora, avionetas tripuladas por recalcitrantes pilotos anticastristas de la organización "Hermanos al Rescate", dirigida por José Basulto, un hombre que siempre reivindicó con orgullo haber sido entrenado por la CIA en los años sesenta, comenzaron a hacer periódicas incursiones en el espacio aéreo cubano.

Una vez que bajó la oleada de balseros que salían de Cuba, Basulto se quedó sin actividad y, por ende, sin nadie que le financiara sus actividades de "rescate". Por ello se dedicó a regar las calles de las principales ciudades cubanas con panfletos críticos al régimen de Fidel Castro.

El gobierno cubano denunció ante las autoridades norteamericanas veintisiete violaciones de su espacio aéreo en un plazo de dos años.

Tras días de advertencias por parte de Cuba, un caza Mig-29 de su Fuerza Aérea terminó derribando a dos de las avionetas intrusas el 24 de febrero de 1996, con la muerte de sus cuatro tripulantes, hecho que serviría a la oposición republicana y al *lobby* cubano-estadounidense para obligar a Clinton a endurecer su posición hacia Cuba y a aprobar la ley Helms-Burton. En cuestión de días desaparecieron todos los síntomas aperturistas de Clinton.

El conflicto entre Estados Unidos y Cuba que durante décadas fue para Europa un problema en el "patio trasero" norteamericano, comenzó a afectar sus propios bolsillos. Si jamás Europa se movió de forma contundente contra el embargo a Cuba, sí lo hizo cuando se vio afectada económicamente. Washington estaba violando nada menos que las sacrosantas reglas del libre mercado que siempre defendió, afectando a la propia esencia del GATT.

La cadena hotelera española Sol-Meliá era una de las que figuraban en la lista negra de 300 empresas elaborada por Washington con la ayuda del poderoso empresario anticastrista Mas Canosa. Sol-Meliá, que ya en ese entonces, 1996, contaba con cerca de cinco mil plazas hoteleras en Cuba, liderando el mercado hotelero en ese país, mientras que en Estados Unidos sólo tenía dos hoteles, advirtió que si tenían que optar terminarían abandonando esos dos, pero no sus seis hoteles en la isla caribeña.

Paradores de Turismo, sin embargo, decidió no firmar el contrato que tenía previsto en julio de ese año, mientras que Occidental Hoteles decidió romper el acuerdo que había alcanzado en abril con la empresa estatal cubana Gaviota para gestionar cuatro hoteles de nueva planta en Varadero. En la lista negra que Mas Canosa aportó al gobierno norteamericano se encontraban, además de Sol-Meliá, empresas como Argentaria, el BBV, el BCH y BEX, Banco Mora, Banco Sabadell, Barceló, Endesa, Iberostar, Nueva Compañía de Indias, Tubos Reunidos Bilbao, Vegas de la Reina, Viajes Iberia y muchas otras.

A pesar de que el grueso de la ley Helms-Burton entró en vigor en 1996, incluido el Título IV, por el cual se puede negar visados a ejecutivos de empresas que negocien con empresas confiscadas en Cuba, la aplicación del polémico Título III quedó congelada para los países miembros de la Unión Europea por un plazo de seis meses, período que se viene prorrogando desde entonces. La UE había advertido a Estados Unidos con firmeza que se exponía a sanciones económicas y comerciales si alguna de sus empresas se veía afectada por la aplicación de la polémica ley.

En junio de ese año el Departamento de Estado criticaba con dureza a la Organización de Estados Americanos (OEA), veintitrés de cuyos treinta y cuatro Estados miembros habían votado en su XXVI Asamblea, en Panamá, una resolución contra la ley Helms-Burton, pidiendo también al Comité Jurídico Interamericano que se pronunciara sobre lo que entendían una violación de las leyes comerciales internacionales.

Un mes más tarde, en julio de 1996, el entonces portavoz del Departamento de Estado, Nicholas Burns, anunciaba que se habían enviado cartas a varios accionistas y directivos de la compañía minera Sherritt International Corporation, de la empresa italiana de telecomunicaciones STET Spa y al grupo mexicano Domos, anunciándoles que sus visados de entrada a Estados Unidos les serían denegados por haber mantenido relaciones comerciales con Cuba.

Como represalia, el gobierno canadiense aprobó una legislación para permitir a sus ciudadanos condenados en Estados Unidos en virtud de la ley Helms-Burton a querellarse judicialmente en Canadá con sus demandantes del país vecino.

El Foreign Office británico protestó en esa misma fecha contra el Departamento de Estado, saliendo en defensa de dos ejecutivos británicos, Patrick Sheeny, ex presidente de British American Tobacco, y Rupert Pennat-Rea, ex gobernador del Banco de Inglaterra, a los que se les negó igualmente visado para entrar en Estados Unidos por mantener negocios con Cuba. Entre las empresas norteamericanas que presentaron protestas formales por la confiscación de sus propiedades en Cuba en 1959 se encuentran sociedades como Coca-Cola, Colgate Palmolive, General Motors, Ford Motor, Firestone, Hilton, IBM, ITT, Pepsi Cola, Wollworth y otras treinta más.

La ley Helms-Burton, al igual que la Torricelli, son leyes que condicionan al presidente de turno, porque debe rendir cuentas periódicamente al Congreso de cómo se está aplicando en la práctica. Al mismo tiempo, supone el montaje de una gran maquinaria burocrática para poder verificar reclamaciones que se hacen después de cuarenta años, así como controlar todas las empresas que comercian con Cuba y hasta ver si un edificio ocupado por tal sociedad extranjera fue confiscado por la revolución a un ciudadano que hoy día tiene la nacionalidad estadounidense.

Poco después de entrar en vigor la ley Helms-Burton, y cuando aún se mantenía una gran tensión entre Estados Unidos y buena parte de la comunidad internacional, el Congreso norteamericano aprobaba también, durante el gobierno Clinton, la Libyan-Iran-Sanctions Act, conocida como ley Kennedy-D'Amato, por la cual a partir de agosto de 1996 se establecieron sanciones contra aquellas empresas extranjeras que invirtieran en Irán o Libia por valor de más de cuarenta millones de dólares, especialmente cuando lo hicieran en proyectos energéticos.

Esta ley no sólo era una muestra más de la prepotencia imperial de Estados Unidos, que humilla a quien acepte cumplirla, sino que además afectaba las importantes relaciones comerciales que varios países europeos –especialmente Alemania y Francia– mantienen con Irán y Libia. Según el texto de esa ley, los que la violen son susceptibles de duras sanciones por parte de Estados Unidos: prohibición de exportar cualquier tipo de mercancía a ese país; prohibición de comprar bienes o servicios del Gobierno Federal; prohibición de recibir préstamos de entidades estadounidenses. Todas esas sanciones se añaden a las ya contempladas por la Resolución 748 del Consejo de Seguridad de la ONU, para quienes violen el embargo aéreo y el de venta de armas contra Libia.

La Comisión Europea, presidida en ese momento por Jacques Santer, y los gobiernos de los quince amenazaron al gobierno Clinton en aquel momento, 1996, con adoptar medidas de represalia económicas y comerciales y de recurrir a la Organización Mundial del Comercio (OMC) en el caso de que se aplicara esa resolución a alguno de sus miembros. Empresas europeas como Petrofina, la italiana Agip, la española Repsol o las francesas Elf y Total, se habrían visto perjudicadas de haber sido aplicada a rajatabla la ley Kennedy-D'Amato. Repsol estaba ya presente en Libia en un consorcio con Total. Esta empresa francesa a su vez negociaba también la construcción de un gasoducto entre Libia y Túnez y, paralelamente, un acuerdo con Teherán para la explotación del yacimiento de Sirri, con el que produciría 120 mil barriles de crudo diarios.

En el verano europeo de 1996 se vivía un clima prebélico entre Estados Unidos e Irán. Se acababa de producir un grave atentado en Arabia Saudita, donde murieron diecinueve militares norteamericanos y había estallado en vuelo un Boeing 747 de la TWA, nada más despegar del aeropuerto Kennedy de Nueva York, donde murieron 230 personas.

Fueron los días en los que el gobierno de Estados Unidos aprobó la ley antiterrorista, precursora de la que se aprobaría después del 11-S, la US Patriot Act. Washington consideraba en ese momento al régimen de los ayatolás como el "enemigo número uno" y los medios de comunicación occidentales no se cansaban de mostrar las imágenes, a su vez facilitadas por el Pentágono, donde los satélites militares mostraban supuestos campos de entrenamiento de guerrilleros palestinos y libaneses en Irán, así como lo que aseguraban eran fábricas de armas de destrucción masiva. El mismo método que en la Guerra del Golfo, que en Kosovo y Afganistán o que en el próximo ataque a Irak. Pero Clinton no logró convencer a la mayoría de sus aliados europeos, que criticaron sus leyes extraterritoriales.

Finalmente, el presidente demócrata terminó por establecer, como en el caso de la Helms-Burton, una exención de sus sanciones para aquellos países europeos que decidieran comerciar con Libia e Irán.

"PALOMAS" Y "HALCONES"

A los pocos meses, e incluso a las pocas semanas de asumir el cargo, Bush ya había sido criticado por varios aliados europeos a causa de su exacerbado unilateralismo. "A veces me irrita tener que explicar que Estados Unidos no es unilateralista", declaraba Colin Powell a la revista *Time* sólo una semana antes del Martes-11.

"No se puede ser unilateralista", añadía el secretario de Estado. Powell, veterano miembro en la administración norteamericana desde la época de Nixon; consejero de Seguridad Nacional de Ronald Reagan entre 1983-1987; jefe del Alto Estado Mayor Conjunto durante la administración de Bush *Senior*. Es el máximo representante de la llamada línea multilateralista o antiunilateralista dentro del gobierno Bush.

El hombre de raza negra que más alto cargo público ha ostentado hasta el momento en Estados Unidos, y que a su vez es el dirigente político más valorado en las encuestas, ha aportado al gobierno Bush su gran experiencia, pero también se hizo más notorio que sus posiciones, aparentemente más moderadas en temas de política exterior y seguridad, eran derrotadas una a una.

A Powell, un hombre nacido el 5 de abril de 1937 en Harlem, Nueva York, en el seno de una familia de inmigrantes de Jamaica y criado en el Bronx, se le atribuye la creación de una doctrina militar que lleva su nombre. La "doctrina Powell" quedó ya perfilada en la propia autobiografía del actual secretario de Estado, *An American Journey*, publicada en 1995, en pasajes como éste: "Muchos de los oficiales de mi generación juramos que cuando nos llegara el tiempo de estar en los principales puestos de las Fuerzas Armadas, no nos comprometeríamos alegremente en una guerra sin convicción y por razones dudosas, que el pueblo norteamericano fuera incapaz de comprender".

"¿El interés nacional está en juego?", es una de las preguntas que se hace Colin Powell en ese libro, a la que él mismo responde: "Si la respuesta es sí, vayamos y vayamos para ganar. Si es no, no lo hagamos". La teoría de Powell de que una guerra debe ser encarada sólo si es en defensa de "intereses nacionales vitales", y si la victoria es segura, convenció a Bush padre hace más de diez años, durante la Guerra del Golfo, para no "rematar" los ataques contra Irak avanzando directamente sobre Bagdad para derrocar a Saddam Hussein.

¿La causa principal de su postura? Todavía no había un líder alternativo a Saddam y su derrocamiento podría provocar un caos difícil de controlar.

En su autobiografía, Powell explica, sin embargo, que en la Guerra del Golfo sí estaban en juego "intereses vitales nacionales". Dice así: "En algunas de las crisis recientes nuestro interés nacional no estaba en juego como ha podido estarlo tras la invasión de Kuwait por Irak, dada la amenaza que suponía tanto para Arabia Saudita como para la libre circulación del petróleo".

A pesar de ostentar la titularidad de la Secretaría de Estado, el tercer cargo en importancia del gobierno después del presidente y el vicepresidente, el "paloma" conservador Colin Powell quedó aislado frente al sector dominante, el de los "halcones" y unilateralistas, también llamados "neoconservadores" en la jerga actual.

Éstos están representados principalmente por el propio presidente Bush; por el vicepresidente, Dick Cheney; el secretario de Defensa, Donald Rumsfeld, y su agresivo adjunto, Paul Wolfowitz,[95] "un moralista político con un apetito insaciable por la numerología de los misiles". Wolfowitz, quien ejerció en el pasado diferentes cargos de confianza en el Pentágono y asesoró a Cheney durante la Guerra del Golfo, cuando éste era secretario de Defensa, fue crítico con el gobierno por no "acabar la faena" en Irak en aquella época, y fue el primero tras el 11-S en proponer que se derrocara a Saddam Hussein.

En una entrevista en *Time* en diciembre de 2000, los dos periodistas le dijeron a George W.: "Cuando le preguntaron a John Kennedy a quién quería a su lado en el momento de tomar las grandes decisiones, dijo que a Bobby Kennedy; y cuando le hicieron la misma pregunta a Bill Clinton en 1992, contestó: 'A Hillary'. '¿A quién necesitará usted en esos momentos', le preguntaron los periodistas. 'A Cheney', respondió Bush sin dudarlo, porque 'hay algo especial en él'".

Otro de los duros es el fiscal general del Estado (equivalente a ministro de Justicia), John Ashcroft, cuyo nombramiento fue motivo de fuertes debates y críticas por parte de la oposición demócrata. Los demócratas, respaldados por más de doscientas organizaciones defensoras de los derechos civiles, retrasaron durante semanas su nombramiento, en enero de 2001, y lo sometieron a cientos de preguntas, centradas en su pública oposición al aborto, a los homosexuales y a los tratados de control de armas, así como por su poco disimulado apoyo a los racistas.

Los republicanos respondieron invirtiendo cientos de miles de dólares en una campaña mediática para defender a John Ashcroft y lograron juntar en pocos días la firma de 200 mil personas respaldando su candidatura a fiscal general del Estado. Finalmente, fueron sólo cuarenta y dos los senadores demócratas que votaron en su contra, mientras que los republicanos sumaban a sus cincuenta escaños otros ocho de tránsfugas demócratas.

Algunos también incorporan entre los máximos "halcones" a la consejera nacional de Seguridad, Condoleezza Rice, la primera mujer en ocupar ese cargo, aunque ya formó parte del CSN (Consejo de Seguridad Nacional) en la época de Bush *Senior,* afroamericana como Powell y a quien se atribuye haber influido a George W. Bush para que se decidiera por el rechazo del Protocolo de Kioto. Condoleezza Rice es amiga personal de Bush *Junior* y se asegura que es quien le suministró los conocimientos fundamentales en política exterior con los que cuenta hoy día.

Sin embargo, algunos agudos analistas del tema, como el *think-tank* Charles Kupchan, del Council on Foreign Relations, dejan a Condoleezza Rice fuera del núcleo duro de los neoconservadores radicales del gobierno. Según Kupchan: "Hay una ruptura sensible en todo el partido (republicano) entre los neoconservadores y los conservadores tradicionales", y asegura que la verdadera *troika* de los "halcones" está formada por Cheney, Rumsfeld y Wolfowitz.

Las "palomas" republicanas, en realidad, son más mesuradas que los "halcones", miden más los riesgos de intervenciones en el extranjero, ven los beneficios de gestos multilateralistas, pero no por ello son menos partidarios de la injerencia norteamericana en el extranjero. Nada más ser nombrado secretario de Estado, en diciembre de 2000, Colin Powell anunciaba: "defenderemos nuestros intereses desde una posición de fuerza", mostrándose partidario de ejercer más presión sobre Irak. A pesar del carácter de "paloma" que se le atribuye a Powell, no se pueden olvidar algunos hechos de su pasado. A Powell se lo acusó de no investigar a fondo a finales de los sesenta las denuncias que recibió de subalternos sobre los crímenes que estaban cometiendo tropas de la American Division en Vietnam, de la que era oficial ejecutivo. En 1969 saldría a la luz la matanza de My Lai, cometida por hombres de esa división.

En los ochenta, cuando Powell era asistente militar del secretario de Defensa Caspar Weinberger, el gobierno Reagan apoyaba abiertamente a las dictaduras militares latinoamericanas y financiaba y entrenaba a la "Contra" nicaragüense. Cuando se reveló el escándalo del "Irán-Contras" Powell tuvo que testimoniar ante una comisión de investigación del Congreso en 1987, y en un informe final el consejero Lawrence Walsh estimó que sus declaraciones no ayudaron a conocer la verdad, sino a proteger a su superior, Weinberger. Colin Powell también era presidente del Estado Mayor Conjunto de las Fuerzas Armadas cuando Estados Unidos invadió Panamá en 1989 y secuestró y trasladó a Florida al presidente Manuel Antonio Noriega, hasta pocos años antes hombre de confianza de Washington y en la nómina de la CIA. Noriega fue juzgado y condenado en Estados Unidos, donde aún se encuentra en prisión. Según Human Rights Watch, durante la operación "Causa Justa" murieron 300 civiles y otros 3.000 resultaron heridos. Estados Unidos perdió 23 hombres. Esta organización humanitaria acusó a Estados Unidos de violar las Convenciones de Ginebra al despreocuparse totalmente de los "daños colaterales", de los muertos y heridos civiles inocentes que produjo su invasión.

Por su parte, Condoleezza Rice, a pesar de haber sido excluida por Hupchan de la lista de "halcones", rechazaba meses más tarde las críticas de unilateralismo recibidas por el gobierno Bush en estos términos: "Si comprometerse en el plano internacional quiere decir firmar malos tratados por decir que los hemos firmado, hablamos de un argumento que no convencerá al pueblo norteamericano", en una entrevista a la CBS.[96]

Sumamente crítica con tratados firmados por Bill Clinton, como el de adhesión a la Corte Penal Internacional, la consejera de Seguridad Nacional, nacida en Birmingham, Alabama, en el bastión principal del Sur racista, sostenía en esa entrevista que "el Presidente de Estados Unidos no ha sido elegido para firmar tratados que no sirven a los intereses norteamericanos".

El jefe de gabinete de la vicepresidencia, Lewis Lobby, es otro de los hombres que más presionó desde el 11-S para que las acciones de la operación "Libertad Duradera" no se limitaran a los bombardeos en Afganistán, sino que se extendieran a todos los países que hiciera falta.

A esto cabe añadir la vuelta de dos siniestros personajes de la era Reagan, involucrados, entre otros, en el escándalo del Irán-Contras, John Negroponte, ex embajador en Honduras y actual embajador de Estados Unidos ante la ONU, y el cubano-estadounidense Otto Reich, consejero para América latina, el hombre que intenta por todos los medios recrudecer aún más la ofensiva contra el régimen de La Habana y que ha desempeñado un papel fundamental para que se incluyera a Cuba en el "Eje del Mal".

Reich, cuya organización, la US-Cuba Business Council, recibió cientos de miles de dólares de la US Agency for International Development por su labor contra el régimen cubano, fue acusado de estar detrás del atentado terrorista contra el avión de Air Cubana, de 1976, en el que murieron 73 personas. En una carta que vio la luz pública en 1987, el principal detenido por aquel atentado, Orlando Bosch, escribió desde una cárcel venezolana a Otto Reich, agradeciéndole el apoyo que le brindó. Ese mismo año Bosch fue liberado. Otto Reich se vio involucrado además durante la era Reagan en el escándalo "Irán-Contras".

Al igual que en el caso de Reich, el nombramiento de Negroponte, acusado de haber avalado graves violaciones de los derechos humanos en Centroamérica, provocó en un principio serias reticencias por parte de los senadores demócratas, pero finalmente terminaron por desistir en su empeño y de esa manera Negroponte fue ratificado.

Otro de los "duros" es Richard Perle, presidente del Consejo de Política de Defensa. Perle es uno de los más vehementes partidarios de bombardear sin miramientos de ningún tipo a todos los gobiernos considerados "enemigos". "Nuestra política consistía en atribuir la responsabilidad a los terroristas, de forma individual, y no a los gobiernos que los apoyan. Esta política ha fracasado, y hay que empezar a culpar a los gobiernos",[97] dijo Perle.

Un caso aparte es el de Tom Ridge, el gran "zar" de las agencias de seguridad e inteligencia estadounidenses, quien fue nombrado por George W. Bush en octubre de 2001 para coordinar la acción de las agencias de seguridad y poder prevenir nuevos atentados del tipo de los del 11-S a través de un nuevo organismo, la Oficina de Seguridad Nacional. Meses después Ridge fue nombrado responsable de la nueva superestructura de seguridad creada, de la que su oficina pasó a formar parte.

Ridge, nacido en 1945, ex gobernador republicano de Pennsylvania, el primer veterano de la guerra de Vietnam en ocupar un escaño en el Congreso, es considerado parte del ala "liberal" del Partido Republicano, partidario "incluso" de que una mujer pueda decidir libremente si quiere interrumpir un embarazo, algo condenado por la dirección del partido y por el gobierno.

Salvando esta excepción, es evidente, en particular después del 11-S y pese a la molestia expresada por Powell en *Time,* que la tendencia unilateralista, que se corresponde en general con la de los "halcones", se impuso totalmente en el seno de la administración Bush.

A pesar de que el Consejo de Seguridad Nacional (CSN) sería en teoría el organismo idóneo para hacer frente a la nueva situación abierta en materia de seguridad tras el 11-S, George W., a partir de esa fecha, prefirió trabajar a diario con una versión reducida del consejo, prescindiendo así de algunos cargos importantes, como del secretario del Tesoro y, curiosamente, del propio director del FBI, Robert Mueller. Su "gabinete de guerra", con el que se reúne casi a diario, en persona o por videoconferencia, está compuesto por el vicepresidente, Dick Cheney; el secretario de Estado, Colin Powell; el secretario de Defensa, Donald Rumsfeld; la asesora de Seguridad Nacional, Condoleezza Rice; el presidente de la Junta de Jefes de Estado Mayor, general de aviación Richard Myers, veterano de la guerra de Vietnam y uno de los más firmes defensores del "escudo antimisiles"; y el subsecretario de Defensa, Paul Wolfowitz.[98]

En algunas ocasiones al menos se unía a este equipo George Tenet, director de la CIA. Bush mantuvo a Tenet en el mismo cargo que tenía durante la administración Clinton, algo que nunca había sucedido en los últimos veintiocho años.

Lawrence Kaplan aseguraba en *The New Republic,* poco tiempo después de asumir el gabinete de Bush, que "a pesar de la estatura de Powell y a pesar de las estrechas relaciones entre Rice y el Presidente, la mayor parte de los observadores piensan que la *troika* Cheney-Rumsfeld-Wolfowitz será quien decidirá la política de la administración sobre todas las grandes cuestiones estratégicas".

Cheney y Wolfowitz publicaron en 1990, durante la presidencia de Bush *Senior,* un documento en el que se posicionaban a favor de una política exterior de Estados Unidos claramente agresiva.

"El elemento central de ese documento", sostenía a inicios de junio de 2002 el redactor jefe del *Salon Magazine,* de San Francisco, Gary Kamiya, "era una visión de Norteamérica como potencia hegemónica mundial, que debería iniciar los acontecimientos en vez de reaccionar después de recibir los golpes, e impedir que cualquier otro país desafíe nuestra dominación".

Varios meses después de las citadas declaraciones en *Time*, Colin Po-well sostenía en una entrevista concedida a *Liberation:* "Hagamos lo que hagamos, los europeos siempre nos criticarán, pero no es grave, es evidente que estamos muy lejos del divorcio".[99]

FRICCIONES CON LOS ALIADOS EUROPEOS

Si en 1995 la primera visita oficial de Bill Clinton a España y a otros países europeos tenía lugar en un clima de ensalzamiento de la relación Europa-Estados Unidos, con la puesta en marcha de la llamada Agenda Transatlántica, George W. encontró, sin embargo, una actitud de cau-tela, cuando no de crítica abierta, durante su primera gira por Europa. Los rasgos marcadamente unilateralistas de Bush provocaron numero-sas críticas entre los líderes y medios de comunicación europeos.

Bush tuvo que afrontar importantes críticas de la mayoría de sus aliados europeos, y también por parte de Rusia y China, por su multi-millonario proyecto de "escudo antimisiles", un sistema de radares, sa-télites y misiles antimisiles de un costo de cerca de 60 mil millones de dólares, capaz de detectar y destruir en vuelo los proyectiles que pu-dieran lanzar los enemigos de Estados Unidos sobre su territorio. Su argumentación principal para poder defender este gran impulso a la nueva versión de la "guerra de las galaxias" fue que a pesar de que la Guerra Fría había acabado diez años atrás, la "amenaza terrorista" persistía.

En el ambicioso trabajo preparado por el Consejo Nacional de In-teligencia (NIC, centro de estudios estratégicos que depende directa-mente del director de la CIA), en consulta con expertos independientes sobre la situación internacional prevista hasta el año 2015,[100] no se plan-teaba, sin embargo, ni entre los peligros terroristas ni entre los conflic-tos armados en vista, nada similar a lo sucedido el Martes-11.

No se preveía entonces ni de lejos las características que tendría la "primera guerra del siglo XXI", como calificó desde el primer momento el propio Bush la nueva situación creada tras ese día.

Como se recordaba en *Tempo Exterior*,[101] pocos meses antes, en ese informe del NIC se habla de riesgos de guerra, pero "no dirigida con-tra el poder hegemónico", aseguraba, citándose como especialmente explosivas la situación entre China y Taiwán, la de Cercano Oriente y la existente entre la India y Pakistán a causa de la disputada región de Cachemira. Dicho estudio, cuyas conclusiones ocupan casi cien páginas, habla de "amenazas asimétricas", sosteniendo que éstas "evitan el enfrentamiento directo con Estados Unidos".

Ese trabajo centra los peligros mayores en la amenaza nuclear, dado el acceso a dichas armas por parte de países como China, Rusia, Corea del Norte, "probablemente" Irán, dice, y organizaciones terroristas.

3 | El 11 de Septiembre, cambio en la situación mundial

"El 11 de septiembre de 1990, dirigiéndose al Congreso, el presidente Bush padre anunciaba una 'nueva era, más libre de la amenaza del terror, más vigorosa en la realización de la justicia y más segura en la búsqueda de la paz'. Estaba naciendo, dijo, 'un mundo donde la ley del Derecho sustituye a la ley de la selva, un mundo donde las naciones reconocen la responsabilidad compartida por la libertad y la justicia, un mundo donde el fuerte respeta los derechos del débil'."[102]

La cita, rescatada por Antonio Remiro Brótons en *Política Exterior,* es harto elocuente. Exactamente once años después de aquel día en que George H. Bush auguraba el comienzo de una nueva era en unos términos que hubiera suscrito sin dudarlo la mayoría de sus enemigos en todo el mundo, su hijo George W., convertido también en presidente de Estados Unidos, volaba en su Air Force One,[103] fuertemente escoltado por cazas de combate, en busca de un lugar seguro donde protegerse de un posible atentado. Se temía un ataque contra la Casa Blanca e incluso contra el Air Force One. Nada era descartable en esos momentos de confusión.

Estados Unidos había sido atacado. Durante la noche del lunes 10 al martes 11, el presidente Bush, tras cenar frugalmente, se había retirado temprano a su lujosa *suite* en el Colony Beach & Tenis Resort, en la pequeña isla de Longboat Key, Florida. A las 6.30 de la mañana del martes, acompañado como de costumbre por varios miembros de su servicio secreto, George W. salió a hacer *footing* por el apacible campo de golf. Durante su breve estancia en esa pequeña isla, un avión sobrevolaba la zona donde está emplazado el exquisito complejo turístico, mientras varios patrulleros custodiaban la costa y decenas de agentes secretos y tiradores de elite controlaban los tejados y accesos al lugar. Antes de dormirse repasó el discurso sobre educación que pronunciaría al día siguiente y recibió el parte diario de la CIA, dejando para el 11-S la reunión con sus colaboradores, en la que éstos le explicarían un plan para desarticular a Al Qaeda.

A las 8.55 de la mañana de aquel martes 11, George W., relajado y sonriente, llegaba en un confortable Cadillac, en medio de una interminable caravana de coches ocupados por colaboradores, agentes de seguridad y periodistas, a la Emma E. Booker Elementary School, situada en la calle Martin Luther King.

Antes del discurso frente a un grupo de educadores, el Presidente tenía previsto visitar una clase de escolares de segundo grado. Su asistente personal, Blake Gottesman, le recordaba las características de la escuela, cuya directora, Gwendolyn Tosé-Rigell, una mujer afroamericana, era votante demócrata. El jefe de personal de Bush, Andrew Card, repasó con él los últimos detalles. Bush recordaría tiempo más tarde cómo éste le transmitió en ese momento la primera información sobre el ataque a las Torres Gemelas: "Por cierto, un avión se estrelló contra el World Trade Center",[104] le dijo, sin darle ninguna importancia. Durante los encuentros que posteriormente tuvo el veterano periodista Bill Sammon con George W. Bush , éste le confesaría que en un primer momento ni se le pasó por la cabeza que pudiera ser un acto terrorista. "Mi primera reacción fue, como viejo piloto, cómo podía ese tipo haberse salido tanto de su ruta como para golpear las torres. La primera información que me dieron fue que se trataba de un pequeño aparato, una avioneta de dos motores", le dijo Bush. Con ese pensamiento en la cabeza, el Presidente entró finalmente en la clase de lectura donde lo esperaban nerviosos dieciséis niños con sus impecables uniformes.

Habían pasado sólo unos pocos minutos, eran las 9.04, cuando Andrew Card, con cara circunspecta, se acercó al oído del Presidente y le dijo en voz extremadamente baja: "Se ha estrellado otro avión contra la segunda torre; Norteamérica está siendo atacada". Fotos hechas públicas por la Casa Blanca un año más tarde muestran esos tensos momentos.

Bush reconocería a Bill Sammon que en ese instante, mientras su cabeza trabajaba a gran velocidad para poder comprender lo que estaba pasando, intentaba disimular su preocupación no sólo ante los responsables del colegio, sino muy especialmente frente a los numerosos periodistas, fotógrafos y cámaras de televisión que estaban pendientes de cada uno de sus movimientos y gestos.

Ya no quedaban dudas: no se trataba de un lamentable accidente en pleno corazón de Manhattan, sino de un grave acto terrorista, el más grave en suelo de Estados Unidos de toda su historia. Bush se mantuvo todavía unos interminables minutos más en la clase, tratando de no provocar el pánico entre los presentes.

Por fin pudo salir de la sala y se acercó a la directora del colegio para disculparse porque no podría cumplir con su promesa de dar un discurso sobre la educación. De inmediato se trasladó a otra amplia aula de la escuela, donde su equipo ya había establecido su base de coordinación, siguiendo los acontecimientos que retransmitían en vivo las cadenas de televisión. En cuestión de minutos se ponía en marcha un complejo sistema de seguridad y se decretaba el nivel 5 de alerta, el Delta (el máximo), en todo el país.

Antes de abandonar la escuela, Bush hizo acto de presencia ante decenas de profesores de la zona de Sarasota para disculparse. "Señoras y señores, éste es un momento difícil para Norteamérica", dijo. "Desgraciadamente debo retornar a Washington de inmediato", añadió. "Dos aviones se han estrellado contra el World Trade Center en un aparente ataque terrorista contra nuestro país", alcanzó a decir, antes de partir de la escuela. No había pasado aún una hora desde el primer atentado cuando ya Bush se encontraba a bordo del Air Force One.

A DOCE MIL METROS DE ALTURA

Desde esa fortaleza voladora, a casi doce mil metros de altura, más de lo normal, y mientras hablaba por teléfono con Dick Cheney y Donald Rumsfeld, Bush pudo apreciar los estragos provocados por los atentados terroristas contra dos de los principales símbolos de poder en Estados Unidos: las Torres Gemelas y el Pentágono. Tenía más a mano que nunca el pequeño maletín que permite al presidente ordenar en cualquier momento el lanzamiento de misiles nucleares de largo alcance. Nada podía ser descartado aún. En la planta alta del avión, parte de sus colaboradores seguían los acontecimientos a través de varios monitores que mostraban las emisiones en directo de las principales cadenas de televisión. Bill Sammon recuerda que los ayudantes de Bush confinaron en la parte trasera del avión a los trece periodistas acreditados en la Casa Blanca que viajaban para cubrir la gira del Presidente, prohibiéndoles el uso de sus celulares, computadoras, cámaras y grabadoras. Se trataba de impedir por todos los medios que pudiera filtrarse a la opinión pública, y por ende a los terroristas, dónde se encontraba en ese momento George W. Bush. Antes de subir de nuevo al Air Force One después de la visita a la escuela, no sólo los periodistas, sino los colaboradores de la Casa Blanca que viajaban en el avión, tuvieron que someterse a chequeos de todas sus pertenencias por parte del servicio de seguridad del Presidente.

Las diez primeras horas vitales tras los atentados, en las que Bush sólo estuvo presente en la escena política a través de un mensaje televisado desde un lugar secreto, parecían refrendar ante la opinión pública, no sólo nacional sino también mundial, la fragilidad de su gobierno. El Presidente estaba ausente. Su avión voló primero en círculos hasta que se decidió trasladarlo a la base militar más cercana, situada a 1.200 kilómetros de distancia, la Barksdale Air Force Base, próxima a Shreveport, en Louisiana.

Después de grabar allí su primer mensaje a la nación, Bush fue trasladado de inmediato a otro lugar aún más seguro, el búnker del Strategic Command (STRATCOM), situado en la Offut Air Force Base, en Nebraska. Luego George W. reconocería que su primer impulso al conocer la noticia de los atentados fue volver de inmediato a la Casa Blanca, pero sus asistentes lo presionaron para que se pusiera a salvo, ante la incertidumbre todavía existente de que aún podía producirse un ataque a la sede presidencial. Bush fue criticado y hasta ridiculizado en medios de comunicación, en especial por programas de televisión de gran audiencia, por su llamativa ausencia pública durante buena parte de la jornada de los atentados,[105] horas en las que los ciudadanos norteamericanos se sintieron huérfanos y aterrorizados. Finalmente, dio un breve discurso televisado. Éste fue grabado en la base militar de Barksdale, y transmitido más tarde desde un camión de televisión provisto de satélite y en movimiento, de forma que dificultara la localización del lugar donde había sido hecho.

Visiblemente nervioso, Bush dijo: "Estados Unidos ha sido blanco de un ataque porque es el faro más brillante de la Libertad y el Progreso en el mundo. Y nadie hará que esa luz se apague. Hoy, nuestra nación ha visto la Maldad, lo peor de la naturaleza humana". Citó el Salmo 23 al decir: "Cuando camino por el valle de la sombra y la muerte, no temo mal alguno, porque Tú estás conmigo".[106]

El Presidente no llegó a estar siquiera una hora en Barksdale, desde donde se trasladó al búnker en la base de Nebraska. Allí encontró preparada una sala de conferencias con cuatro monitores a través de los cuales pudo celebrar videoconferencias simultáneas con Dick Cheney, Donald Rumsfeld, el director del FBI Robert Mueller y George Tenet, director de la CIA, todos ellos interviniendo desde distintos búnkeres. Rumsfeld se encontraba en el Pentágono en el momento en que se estrelló el avión y, después de tomar las primeras decisiones para atender a los heridos y adoptar medidas de seguridad extraordinarias, fue trasladado al búnker existente en ese edificio.

Tras treinta y tres horas fuera de la Casa Blanca y diez desde el primer ataque terrorista, con los cielos surcados sólo por aviones militares norteamericanos, Bush regresaba en helicóptero a la Casa Blanca. Desde el búnker existente en su ala izquierda, donde está instalado el Centro Presidencial de Operaciones de Emergencia (PEOC), discutió con Dick Cheney las medidas que debían adoptar. El vicepresidente había sido trasladado al PEOC a las 9.35, poco antes de que un tercer avión se estrellara contra el Pentágono. Su esposa, Lynne, también fue llevada de inmediato al búnker.

A Cheney le informaron que los radares habían detectado la presencia en la zona de un cuarto avión, el United Airlines 93. Habló de inmediato con Bush por teléfono, y decidieron conjuntamente autorizar a los pilotos de los cazas, que ya sobrevolaban los cielos de Washington y Nueva York, a disparar contra cualquier aparato que pudiera ser estrellado por los terroristas contra un objetivo importante.[107] Poco después el cuarto aparato se estrelló en una zona rural de Pennsylvania. La versión oficial sostuvo que los propios pasajeros del UF 93 forcejearon con los secuestradores y que, por razones que se desconocen, se produjo la caída del aparato. Otras versiones aseguraron que el avión fue abatido por uno o dos de los catorce cazas que ese día custodiaban el espacio aéreo norteamericano.

Según la investigación realizada por el programa *Clear the skies* de la BBC y emitido a fines de agosto de 2002, el Pentágono y los servicios de Inteligencia consideraban tan improbable un ataque contra territorio de Estados Unidos, que sólo cuatro de los catorce pilotos estaban en alerta para defender el nordeste del país. En dicho programa, el coronel Robert Marr, comandante del sector defensivo del nordeste, declaró que los pilotos tuvieron que despegar de inmediato, sin arma alguna, por lo que sólo les quedaba la posibilidad de estrellarse contra los aviones secuestrados. "Es muy posible que a alguno de esos pilotos se les diera la orden de dar su propia vida para evitar más ataques", llegó a decir Marr. Desde los hechos del 11-S son más de cien los cazas F-15 y F-16 dispersos en 26 bases en Estados Unidos que están preparados para despegar en un plazo de diez minutos después de recibir la orden respectiva. Dos generales de las Fuerzas Aéreas, Larry Arnold y Norton Schwartz, tienen autorización –en el caso de no poder hacerlo el presidente directamente– para ordenar abatir aviones de pasajeros si con ellos se pretende cometer ataques como los experimentados el Martes-11.

Arnold, con base en Tyndall, Florida, tendrá bajo su control todo el suelo continental de Estados Unidos, mientras que el general Schwartz, con base en Elmendorf, tendrá la máxima responsabilidad sobre los aviones que sobrevuelen Alaska. Al día siguiente de los atentados y advertido del terror y desconcierto que había provocado entre la mayoría de los ciudadanos norteamericanos ante su inicial ausencia, Bush endureció su discurso explotando el sentimiento patriótico de su pueblo y logrando con ello hacer subir vertiginosamente sus índices de popularidad. "Los deliberados y letales ataques perpetrados ayer contra nuestro país eran algo más que actos de terror. Eran actos de guerra (...). El pueblo estadounidense debe saber que el enemigo al que nos enfrentamos no se parece a ningún enemigo del pasado",[108] dijo. Bush comenzaba ya en ese, su segundo discurso tras los atentados, a perfilar la que sería su cruzada antiterrorista internacional. "Este enemigo ha atacado no sólo a nuestro pueblo, sino a todos los pueblos amantes de la libertad de todo el mundo. Estados Unidos utilizará todos los recursos a su alcance para vencer al enemigo. Reuniremos a las fuerzas del mundo. Tendremos paciencia, nos concentraremos en nuestro objetivo y nuestra determinación será inquebrantable." "Las naciones del mundo amantes de la libertad están con nosotros", añadió. "Esta lucha del Bien contra el Mal será monumental pero prevalecerá el Bien", concluyó.

La terminología utilizada por Bush, con constantes alusiones a los "malvados" y con amenazas terribles contra ellos, caló en el pueblo norteamericano como tantas veces antes. La imagen de supersheriff siempre ha dado buenos resultados en Estados Unidos en situaciones prebélicas.

El 14 de septiembre, vestido con una simple cazadora y con megáfono en mano, Bush hacía acto de presencia entre las ruinas de las Torres Gemelas, blandiendo en su mano una banderita de Estados Unidos y fundiéndose en un abrazo con los bomberos. La población parecía comenzar a tranquilizarse, el *boss* había retomado las riendas, aunque los aplausos principales no fueron para él, sino para el hombre que puso la cara ante los neoyorquinos desde el primer momento, Rudolph Giuliani, el alcalde de la ciudad. La multitud coreaba "Ruddy, Ruddy", ante el desconcierto del Presidente. Luego se sabría qué había hecho George W. Bush durante esos iniciales momentos de ausencia de la Casa Blanca que tanto preocuparon a la población norteamericana.

GOBIERNO EN LA SOMBRA

Mucho tiempo después se sabría que desde el mismo momento en que se produjeron los atentados en Nueva York y Washington, se puso en marcha un "gobierno en la sombra" previsto con anterioridad para preservar la estabilidad del gobierno ante un caso extremo de seguridad. La información fue revelada por la prensa[109] y reconocida poco después por el propio Bush.

La Federal Emergency Management Agency (FEMA),[110] una de las más poderosas y al mismo tiempo más desconocida agencia de seguridad de Estados Unidos, puso en marcha el 11-S la llamada "Operación Continuidad del Gobierno" trasladando a unos 150 funcionarios –sin conocimiento de sus propias familias– a búnkeres en remotas zonas desérticas, con rotaciones del personal cada tres meses, preparados para garantizar la continuidad de las actividades centrales del Estado y de los principales servicios públicos, ante la eventualidad de un ataque terrorista de gran escala, incluso de tipo nuclear, contra las máximas estructuras de poder. En los búnkeres se comprobó que la falta de mantenimiento durante años había dejado obsoletos muchos de los instrumentos que se encontraban en su interior, como el sistema informático. Después del 11-S se procedió a una actualización de ese tipo de herramientas.

Esta enigmática agencia, dirigida por un hombre que ha estado al lado de George W. Bush desde que éste era gobernador de Texas, Joe M. Allbaugh, tiene su sede oficial en Washington DC, aunque su principal "criatura", una verdadera ciudad subterránea, se encuentra bajo las montañas de Virginia. Desde allí el presidente, o el vicepresidente en su ausencia, pueden a través de órdenes presidenciales[111] asumir poderes excepcionales tanto para movilizar a sus Fuerzas Armadas, policía, bomberos o equipos de emergencia, como para asegurar el funcionamiento de la Justicia o los servicios públicos y de comunicación más vitales.

La FEMA también centraliza el llamado Cuerpo de Ciudadanos, una organización en la que se pretende reclutar a cientos de miles de voluntarios a lo largo y ancho de Estados Unidos, para que vigilen su barrio, pueblo, región o centro de trabajo y adviertan a las autoridades de cualquier anomalía de interés en términos de seguridad.

Ronald Reagan dio gran poder a la FEMA y durante los años ochenta esta agencia, junto al Ministerio de Defensa, planificó la instalación de campos de reclusión para combatientes sandinistas, en el caso de que se decidiera la invasión de Nicaragua directamente por tropas estadounidenses, extremo que al final fue descartado. Al revelarse esa información, la oposición demócrata criticó al gobierno por haber aprobado ese plan sin consulta alguna con el Congreso.

RESOLUCIÓN 1368
DEL CONSEJO DE SEGURIDAD

El 12 de septiembre, un día después de los atentados, el gobierno de Bush consiguió que se convocara de urgencia el Consejo de Seguridad de la ONU, que votó unánimemente, tras discutir tan sólo una hora, la Resolución 1368, en la que se reconoce el derecho de Estados Unidos a su "legítima defensa individual o colectiva", instando a todos los Estados "a que colaboren con urgencia para someter a la acción de la justicia a los autores, organizadores y patrocinadores de esos ataques terroristas".[112]

Washington omitió, sin embargo, exigir del Consejo una mención expresa de apoyo a cualquier acción militar de represalia que quisiese adoptar Estados Unidos.

"La resolución no se aprobó al amparo del capítulo VII de la Carta, una condición sine qua non de cualquier autorización para el uso de la fuerza militar", recuerda Phyllis Bennis.[113] "En ausencia de dicha autorización, la campaña militar unilateral lanzada por Estados Unidos en el otro extremo del mundo después de los ataques de Nueva York y Washington, contra objetivos poco claros cuya responsabilidad no estaba probada y con desastrosas e inevitables consecuencias para los civiles, siguió siendo una completa violación del derecho internacional y de la Carta de las Naciones Unidas".[114]

Bennis recuerda también que el gobierno de Bush argumentó que el artículo 51 de la Carta de la ONU legitimaba la guerra que declaró unilateralmente contra el régimen de los talibanes, pero sostiene que en realidad dicho artículo "es bastante limitado y autoriza a que una nación atacada utilice la fuerza militar sólo hasta que el Consejo de Seguridad haya tomado las medidas pertinentes para resolver el problema". La lectura íntegra del artículo 51 no parece dejar lugar a las interpretaciones de la administración Bush.[115]

Sin embargo, lo establecido en el último párrafo de ese pasaje ha dado lugar a un debate sobre si se puede asimilar la mención que en él se hace a un "ataque armado" con "acto de terrorismo". Joana Abrisketa entiende que es necesario aclarar dos cuestiones: "En primer lugar, si el ataque puede provenir de actores internacionales dis-

tintos de los Estados, por ejemplo, de grupos terroristas; y en segundo lugar, si tiene que consistir en el uso de armamento convencional
o puede considerarse un ataque armado el provocado mediante aviones civiles".[116]

Esta investigadora recuerda que el Consejo de Seguridad de la ONU
en ningún momento calificó los atentados contra las Torres Gemelas y
el Pentágono de "ataque armado", tal como se describe en el artículo
51 de la Carta, sino que habló siempre de "acto de terrorismo".

A pesar de que ateniéndose a una interpretación estricta del orden legal cabría deducir que no fue exactamente un "ataque armado"
el sufrido por Estados Unidos en su propio territorio, el espíritu, tanto
de la Resolución 1368 como de la posterior, la 1373,[117] del 28 de septiembre de 2001, no parece dejar duda acerca de que el Consejo reconoce
el derecho de Estados Unidos a "defenderse". De esta manera, hace una
interpretación amplia del derecho a la legítima defensa, en la que ha
prevalecido la evaluación de la gravedad de los atentados sobre las
formas en que éstos fueron realizados.

La "amplitud" en esa interpretación es la que permitió definir como acciones de "legítima defensa" los bombardeos que se siguen realizando contra bolsones de combatientes talibanes y milicianos de Al
Qaeda después de octubre de 2001, cuando se inició la operación "Libertad Duradera".

Sin embargo, en su libro *Before & After,* Phyllis Bennis sostiene que
"en el lenguaje de la Carta de la ONU, se entiende que el derecho unilateral a utilizar la fuerza existe sólo hasta el momento en que pueda
hacerlo el Consejo". Es también esa "amplitud" la que sigue utilizando
Estados Unidos para argumentar que, dado que sus enemigos son parte de una red extendida por distintos países, su "legítima defensa" le
permite actuar contra ellos y contra los gobiernos que los protegen en
cualquier parte del mundo y durante el tiempo que quiera. Saliendo al
paso de esa interpretación, Remiro Brótons sostiene que "la legítima defensa es, por su misma naturaleza, un estado transitorio entre el ataque
y la acción coercitiva institucional, no puede dilatarse indefinidamente
y, desde luego, es un dislate pretender, como avisa el representante permanente de Estados Unidos en su misiva de 7 de octubre al presidente
del Consejo de Seguridad, que una vez que avance la investigación 'aca-
so lleguemos a la conclusión de que nuestra legítima defensa requiere
más acciones contra otras organizaciones y otros Estados'. La legítima
defensa no es un cheque en blanco. El agredido o atacado no se con-
funde con el justiciero".[118]

Pedido a la OTAN

La ofensiva diplomática norteamericana se extendió rápidamente a otras instituciones clave en tema de la seguridad, como es el caso de la OTAN. Estados Unidos invocó el 12 de septiembre de 2001 en el Consejo de la OTAN en Bruselas, el artículo 5° de su Tratado Fundacional, nunca utilizado hasta entonces, por el cual un país miembro que sufre un acto de guerra puede reclamar la acción militar solidaria de los restantes miembros de la Alianza Atlántica. La reunión, realizada sólo un día después del 11-S, cuando aún reinaba una gran confusión sobre la autoría y las características de los atentados, se desarrolló con no pocas tensiones. Sin haber presentado todavía pruebas fehacientes (en realidad, nunca se presentaron) de que se trataba de un acto de guerra proveniente del exterior, de un Estado determinado, varios de los aliados de Estados Unidos se mostraron remisos a dar el cheque en blanco que reclamaba George W. Bush.

"Las Partes acuerdan que un ataque armado contra una o más de ellas en Europa o Norteamérica –dice textual el artículo 5° de la OTAN– debe ser considerado como un ataque contra todas ellas y consecuentemente acuerdan que si tal ataque ocurriese, cada una de ellas, en ejercicio del derecho individual o colectivo reconocido por el artículo 51 de la Carta de las Naciones Unidas, asistirá a la Parte o Partes atacadas tomando medidas, individualmente y concertadamente con las otras Partes, con acciones de la importancia que sea necesario, incluyendo el uso de las Fuerzas Armadas, para restaurar y mantener la seguridad en el área del Atlántico Norte."[119]

El secretario general de la OTAN, George Robertson, sostuvo que, en efecto, el artículo 5° podía ser invocado "siempre que se confirme que los ataques fueron dirigidos desde el extranjero contra Estados Unidos",[120] y otros representantes europeos lo expresaron en términos similares,[121] aunque, ateniéndose a la letra del artículo, este elemento no parece estar demasiado preciso en el texto.

En las declaraciones públicas que hicieron tras el 11-S sobre el tema, los socios de la OTAN de una y otra parte del Atlántico obviaron mencionar la parte final del artículo 5°. Éste dice así: "Todo ataque armado y todas las medidas tomadas como consecuencia del mismo, debe ser reportado inmediatamente al Consejo de Seguridad. Todas las medidas deben ser terminadas cuando el Consejo de Seguridad haya adoptado las medidas necesarias para restaurar y mantener la paz internacional y la seguridad".[122]

La agencia France Press informaba el 4 de octubre de 2001 desde Bruselas que el pedido de Estados Unidos aprobado por la OTAN incluía como puntos principales los siguientes: "Protección de las posiciones norteamericanas y aliadas; derecho a sobrevolar el espacio aéreo de los países miembros, cooperación entre los servicios de Inteligencia, empleo de puertos y aeropuertos para el tráfico militar; reemplazo de las tropas estadounidenses en los Balcanes para su empleo en otros sitios; despliegue de barcos en el Mediterráneo y utilización de aviones de control AWACS que pertenecen colectivamente a la OTAN".

Estados Unidos inició unilateralmente los ataques contra el régimen de los talibanes y contra las bases de Al Qaeda en Afganistán en octubre de 2001, siendo apoyado desde el primer momento por el Reino Unido. Ya avanzado el 2003, los ataques militares proseguían.

A pesar de que la *loya jirga*[123] realizada en junio de 2002 refrendó como líder oficial de un nuevo gobierno de Afganistán a Hamid Karzai, el Consejo de Seguridad estimó en esa fecha que todavía no había garantías de un alto el fuego en todo el país, como para suplantar a las fuerzas de la ISAF (Fuerza Internacional de Asistencia a la Seguridad, que cuenta con 4.500 hombres) por otras tropas multinacionales bajo la bandera de la ONU que tengan como misión el mantenimiento de la paz.

Sólo en ese momento, al menos en el plano formal y de acuerdo con el artículo 5° de la OTAN, Estados Unidos se vería obligado a cesar los bombardeos que viene realizando desde octubre de 2001 contra posiciones de los talibanes y Al Qaeda en Afganistán.

En Francia, tanto el presidente de la República, el conservador Jacques Chirac, como su entonces primer ministro, el socialista Lionel Jospin, reclamaron a Estados Unidos que la respuesta militar que diera tras el 11-S se concentrara "exclusivamente contra los grupos o países que hubieran apoyado a los terroristas".

A Estados Unidos no le cuesta mucho justificar en esos términos, sin presentar prueba alguna como es su costumbre, acciones en Filipinas, Somalía, Pakistán, Yemen o cualquier país integrante del que ha etiquetado como "Eje del Mal". En el terreno interno, Bush siguió su tarea de sensibilizar a la opinión pública norteamericana con lo que sería el nuevo escenario de guerra. En su siguiente discurso, ya repuesto en el Despacho Oval, dijo: "A través de las lágrimas de la tristeza, veo una oportunidad; una oportunidad para hacer un favor a las generaciones venideras uniéndonos contra el terrorismo". "Estamos asistiendo a la primera guerra del siglo XXI –añadió– y Estados Unidos ha encontrado un apoyo universal. Ahora que nos han declarado la guerra, llevaré al mundo a la victoria."

SUBE LA POPULARIDAD DE BUSH

Si la agresión terrorista sin precedentes sufrida por Estados Unidos había hecho despertar rápidamente un fuerte sentimiento patriótico y de unidad entre la población norteamericana, Bush, con sus reiteradas declaraciones públicas, lo reforzó aún más, logrando que el índice de popularidad, que al 10 de septiembre de 2001 se encontraba en el 51 por ciento, se disparara tras el 11-S al 90 por ciento, uno de los niveles más altos alcanzado por un presidente estadounidense.

En las últimas décadas, sólo John F. Kennedy alcanzó un nivel de popularidad superior al 80 por ciento, el 83 por ciento para ser exactos, y fue, paradójicamente, en 1961, tras fracasar con la invasión de la Bahía de Cochinos, en Cuba.

El 20 de enero de 2002, a un año de llegar al poder, George W. Bush contaba con un 83 por ciento de popularidad, un índice que sólo un presidente de Estados Unidos había obtenido antes que Bush después de doce meses de mandato. Ese presidente fue Harry S. Truman.

El espíritu místico con el que Bush arropó los principales discursos con los que lanzó su "cruzada" (llegó a utilizar ese término en más de una ocasión) antiterrorista del Bien contra el Mal tras el 11-S, se vio rápidamente respaldado por influyentes religiosos conservadores norteamericanos, como Pat Robertson, Jerry Falwell o Bill Graham. Bush *Junior* repite en realidad el lenguaje que ya utilizaba su padre. George I escribió a sus cinco hijos una carta el 31 de diciembre de 1990, semanas antes del comienzo de la Guerra del Golfo, en la cual compartía con ellos lo que pensaba de la crisis abierta con Irak: "Veo la actual crisis como un enfrentamiento entre el Bien y el Mal. Sí, es así de claro".[124]

Bush *Junior* no dudó en lanzar una arenga belicista desde el propio púlpito de la National Cathedral, durante un oficio religioso al que asistieron no sólo varios ex presidentes republicanos, sino también los demócratas Jimmy Carter y Bill Clinton. Thierry Meyssan en *La gran impostura*[125] rescató un análisis hecho por el *Washington Post* sobre la utilización religiosa presente en los discursos y actividades de Bush tras los atentados de Nueva York y Washington: "Por primera vez desde que el conservadurismo religioso se convirtió en movimiento político, el presidente de Estados Unidos se ha convertido en su líder de facto, un estatus que incluso Ronald Reagan, adulado por los conservadores religiosos, no pudo alcanzar jamás. Las revistas cristianas, las radios y televisiones, muestran a Bush rezando, mientras los predicadores en el púlpito califican a su líder de acto de la Providencia. Una procesión de líderes religiosos que se han encontrado con él atestiguan su fe, y hay páginas de Internet que animan a la gente a ayunar y a rogar por el Presidente".

Las invocaciones religiosas fueron cada vez más utilizadas en los discursos del Presidente: "'Aunque acampe contra mí un ejército, mi corazón no teme; aunque estalle una guerra contra mí, estoy seguro en ella.' El salmo 27 del rey David fue el primer rayo de luz que cayó sobre Bush en medio de las tinieblas del apocalíptico 11-S. A su mujer, Laura, le pareció tan profético que decidió estamparlo junto a las felicitaciones de Navidad de la Casa Blanca: 'Dios es mi luz y mi salvación. ¿A quién he de temer?'".[126]

Desde el 11-S, en los mensajes de Bush dirigidos al pueblo norteamericano se encuentran a menudo sentencias maniqueas sobre cuáles son los países "buenos" y cuáles los países "malos", sobre dónde está el Bien y dónde el Mal. "Crecido bajo el rigor presbiteriano, renacido en 1986 como miembro de la Primera Iglesia Unida Metodista (la de su esposa), Bush busca a menudo la inspiración en el Altísimo: casi todas las reuniones de su gabinete se abren o se cierran con la plegaria de rigor. 'Dios está de nuestro lado', proclama."[127]

"La libertad y el miedo, la justicia y la crueldad han estado siempre en guerra. Y nosotros sabemos que Dios no es neutral", llegó a decir George II.

Como dice Carlos Fresneda en su análisis: "Los americanos, necesitados como están de solaz y refugio, han comulgado con su retórica redentora: Osama bin Laden es un tipo 'sin conciencia ni alma', la encarnación del Maligno, al frente de un ejército de 'malhechores' que viven en cuevas conectadas secretamente con el Infierno". Bin Laden dejó de estar entre los "luchadores de la libertad" a los que Estados Unidos entrenó, armó y financió en los años ochenta para que combatieran contra las tropas soviéticas en Afganistán. Bin Laden ya no estaba con el Bien, sino que se había pasado del lado del Mal, aunque, en realidad, Osama bin Laden puede reivindicar con orgullo haber sido siempre coherente dentro de su locura, a diferencia de los distintos gobiernos de Estados Unidos.

Bush, líder del país "víctima" de los atentados, pasó a capitalizar los pasos apresurados. Pronto se sabrían algunas de las líneas generales de la gran cruzada antiterrorista internacional que se proponía encabezar. Tenía, como ningún presidente de Estados Unidos antes, la oportunidad única para diseñar un nuevo orden mundial en el que el papel de esa nación en el plano económico, político, cultural y militar se potenciara a límites insospechados.

Bush comprendía que del cielo no sólo habían caído los aviones con los kamikazes suicidas, sino que también le había caído a su administración la gran oportunidad para acabar de una vez por todas –y con la complicidad de sus aliados– con los enemigos que ha ido acumulando en el mundo y que le dificultan sus planes geoestratégicos de dominio. Washington tenía que actuar "en caliente", mientras todavía se removían escombros y recuperaban cadáveres de las Torres Gemelas.

"O ESTÁN CON NOSOTROS
O ESTÁN CON LOS TERRORISTAS"

Ante la Cámara de Representantes y el Senado reunidos en el Capitolio en una excepcional sesión conjunta, George W. Bush dijo el jueves 20 de septiembre exactamente las palabras que la mayoría de los ciudadanos y de los parlamentarios estadounidenses querían escuchar: "Dirigiré todos los medios de la diplomacia, todas las herramientas de la Inteligencia, todos los instrumentos legales, todas las influencias financieras y todas las armas de guerra necesarias para desmantelar y destruir la red global del terror".[128]

"Esta noche –añadió– estamos en un país consciente del peligro y llamado a defender la libertad. Nuestro duelo se ha convertido en ira y la ira en resolución. Ya sea que llevemos a nuestros enemigos a la justicia o la justicia a nuestros enemigos, así lo cumpliremos." Y en ese mismo discurso, durante el cual Bush fue interrumpido más de treinta veces por los aplausos de todos los parlamentarios puestos de pie, dijo la que ya ha pasado a ser una frase histórica y anticipo de su proyecto de reforzar aún más la hegemonía norteamericana a nivel mundial. Dirigiéndose a los líderes de todo el mundo, expresó: "Todas las naciones en todas las regiones deben tomar ahora una decisión: o están con nosotros, o están con los terroristas".

Fue una sentencia tan excluyente como aquella que se le atribuye a su esposa, Laura, cuando le dio un ultimátum a mediados de los ochenta: "O la botella, o yo". Y Bush optó por ella y dejó el alcohol.

En ese discurso George W. hizo mención al hecho que más dolió a la mayoría de los estadounidenses: que los atentados hubieran sido rea-

lizados en su propio territorio. "Estados Unidos ha conocido guerras –dijo Bush–, pero en los últimos 136 años han sido guerras en suelo extranjero, excepto por un domingo en 1941 (en referencia al ataque japonés a la base de Pearl Harbor). Estados Unidos ha conocido bajas de
guerra, pero no en el centro de una gran ciudad en una mañana pacífica. Los estadounidenses han conocido ataques por sorpresa, pero nunca antes contra miles de ciudadanos. Todo esto nos llegó en un solo día
y la noche cayó sobre un mundo diferente, un mundo en el que la libertad misma está bajo ataque."[129]

En su discurso, Bush "olvidó" que sí había habido en la última década bajas norteamericanas "en el centro de una gran ciudad". El primer ataque terrorista fue en realidad en el mismo escenario que el elegido para uno de los atentados del 11-S, en las Torres Gemelas, donde
precisamente Al Qaeda hizo detonar una carga explosiva que mató a
seis personas e hirió a cerca de otras doscientas. El segundo ataque terrorista en suelo norteamericano en la última década fue el de Oklahoma, en 1995, donde murieron 168 personas a causa de los explosivos de-
tonados frente a un edificio federal por Timothy McVeigh, ajusticiado
años más tarde.

Bush tuvo en la intervención en el Capitolio un especial reconocimiento para el primer ministro de un país que se convertiría desde el
primer momento tras los atentados terroristas en el principal aliado de
Estados Unidos y que haría, en la práctica, de portavoz de la cruzada antiterrorista en sus giras por Europa y Cercano Oriente. Este personaje no
era, no es, paradójicamente, ninguno de los presidentes o primeros ministros pertenecientes a partidos de derecha, hoy mayoritarios en Europa. No, era... el laborista *tory* Tony Blair.

"Estados Unidos no tiene un amigo más verdadero que Gran Bretaña", dijo George W. Bush en aquella sesión de las dos Cámaras en el
Capitolio. "Una vez más, estamos unidos en una gran causa. Así que estoy honrado con que el primer ministro británico haya cruzado un océano para mostrar su unión con Norteamérica. Gracias por venir, amigo",
dijo el Presidente emocionado dirigiéndose a Tony Blair, a quien aplau-
dieron de pie los parlamentarios presentes.

Pocos días más tarde, en el discurso que pronunció el 7 de octubre
para anunciar el comienzo de las operaciones militares de castigo en Afganistán, Bush volvió a presionar a todos los líderes mundiales: "Hoy nos
centramos en Afganistán, pero la batalla es más amplia. Todas las naciones tienen una opción que tomar. En este conflicto, no hay terreno
neutral. Si algún gobierno patrocina a los criminales y a los asesinos de

inocentes, se convertirá en criminal y asesino. Y tomará por su cuenta
este camino, asumiendo el peligro que conlleva".

En su tarea por ganar apoyos, no sólo externos sino también internos, Bush se benefició del hecho de que ese sentimiento de nación agre-
dida obligara a la oposición demócrata a dejar de lado temporalmente sus batallas cotidianas contra el gobierno y que hasta la lucha por la
alcaldía de Nueva York quedara relegada.

Gracias a ese inesperado consenso logrado, Bush pudo imponer
sin dificultades la reforma educativa más importante de las últimas cuatro décadas. Aunque no logró respaldo a su idea de sustraer descaradamente dinero de la enseñanza pública para subvencionar, a través
de bonos escolares, los colegios privados, consiguió sacar adelante una
reforma por la que los niños de entre 9 y 14 años deberán pasar por re-
válidas anuales. A todos los centros escolares se les exigirá una mayor
presión sobre los alumnos, bajo amenaza de cerrarlos en caso de no
hacerlo.

Bush además obtuvo apoyo para su proyecto de multimillonario recorte de los impuestos y para su macro presupuesto militar, dos decisiones que, de no haber existido el 11-S, habrían dado lugar a encendidas batallas parlamentarias. Los demócratas aceptaron, además, reforzar
–en un gesto de alto contenido simbólico– los poderes del Presidente,
en tanto que comandante en jefe de las Fuerzas Armadas, y hasta votaron, en aras de la lucha antiterrorista, un amplio paquete de medidas legales, que han afectado y afectan seriamente las libertades democráticas de los ciudadanos, como no se veía desde hacía décadas, desde
la siniestra era de McCarthy.

PODERES ESPECIALES

El primer punto de la resolución del Congreso que concede poderes
especiales a George W. Bush "para proteger a los ciudadanos de Estados
Unidos, así en el interior como en el exterior del país", establece: "Autorizar al presidente de Estados Unidos para el uso de toda la fuerza necesaria y apropiada contra aquellas naciones, organizaciones y personas que
él considere que de forma determinante planearon, autorizaron, cometieron o ayudaron al ataque terrorista que ocurrió el 11 de septiembre
de 2001, o a los que ampararon a tales organizaciones o personas, para
prevenir cualquier acto futuro de terrorismo internacional contra los Estados Unidos cometidos por esas naciones, organizaciones o personas".

La única congresista que le negó su apoyo a Bush fue Barbara Lee, una mujer demócrata y progresista de 55 años, hija de militar y de raza negra. Fueron 420 votos contra uno; el suyo. Barbara Lee también se había quedado sola cuando la Cámara de Representantes votó en 1998 la autorización para el bombardeo de Serbia. En aquel momento fueron 424 a favor y sólo el suyo en contra. Según las encuestas realizadas en ese momento, una mayoría de ciudadanos norteamericanos aprobaba que Bush emprendiese acciones militares antiterroristas en otros países, aun a riesgo de importantes pérdidas humanas en sus propias filas.[130] Era la primera vez desde el fin de la guerra de Vietnam, en la que Estados Unidos perdió más de 55 mil vidas, que una parte mayoritaria de la opinión pública nacional respaldaba una acción militar en un país remoto, aun a sabiendas del riesgo de muerte entre sus soldados.

Muchos columnistas de medios de comunicación de todo el mundo entendieron que los atentados habían demostrado la vulnerabilidad de Estados Unidos, el país más poderoso económica y militarmente del planeta. Si bien esa afirmación fue algo constatable y es lo que aterrorizó y aterroriza por primera vez al ciudadano común, y lo que enfurece a sus dirigentes políticos y mandos militares, el gobierno norteamericano, una vez repuesto del sorprendente, insólito y humillante ataque, decidió iniciar su contraofensiva. Todo el prestigio de Estados Unidos como única superpotencia mundial se puso en entredicho. El Pentágono y todos los servicios de seguridad, o al menos la coordinación entre éstos y el Presidente, fallaron, y el gobierno quería recuperar su imagen, su credibilidad, revertir la situación con una amplia ofensiva.

LAS INCÓGNITAS DEL 11-S

Los atentados del 11-S dejaron muchas incógnitas, muchas preguntas sin responder, además de aquellas sobre las advertencias que recibió Bush sobre un posible ataque de Al Qaeda, que reveló la prensa estadounidense en mayo de 2002.

Para conocer la respuesta a muchas preguntas seguramente habrá que esperar a que dentro de muchos años los documentos hoy clasificados de la Casa Blanca, del Pentágono, del FBI, la CIA y el sinnúmero de agencias de seguridad con que cuenta Estados Unidos, terminen viendo la luz pública.

En su libro *La gran impostura*,[131] Thierry Meyssan, presidente de la red digital *Voltaire*, mantiene una teoría a la cual confluye, por distintos caminos, una serie de foros y sitios de debate del tema en Internet: que los ataques del 11-S fueron inspirados y/o impulsados y/o coordinados por un grupo interno de las Fuerzas Armadas y/o los servicios secretos norteamericanos. Dicha teoría también asegura que la explosión que tuvo lugar el 11-S en el Pentágono se produjo en su interior y no como efecto de la caída de uno de los aviones secuestrados aquel día.

La oscuridad en que se movió todo lo relacionado con la explosión que tuvo lugar aquel 11-S en el Pentágono, donde no se mostró en ningún momento ni partes del fuselaje, cajas negras o motores del avión supuestamente siniestrado, ni se informó sobre la recuperación de cadáveres, ayudó a alimentar todo tipo de especulación al respecto. Hay quienes creen que podría haberse tratado, en realidad, de una bomba colocada en el interior del Pentágono, lo que demostraría la acción de uno o más "topos". Según esa tesis, la gravedad que eso supone, como muestra de la vulnerabilidad del sistema defensivo de un edificio de tanto valor simbólico como es el Ministerio de Defensa de Estados Unidos, habría decidido al gobierno Bush a camuflar ese atentado con la supuesta caída de un avión secuestrado por los kamikazes comandados por Mohamed Atta. Esta versión no explica, sin embargo, qué fue del avión secuestrado, de sus tripulantes y pasajeros, si en realidad no fue desviado por los terroristas en vuelo y no se estrelló contra el edificio del Pentágono.

La teoría de Meyssan enseguida fue calificada en medios de comunicación de Francia, Gran Bretaña y Estados Unidos como totalmente "descabellada". Sus antecedentes sensacionalistas en investigaciones precedentes le han quitado buena parte de su credibilidad. Sin embargo, su teoría sobre lo que sucedió en el Pentágono introduce la lupa en aspectos sumamente oscuros de la versión oficial y tiene el valor de aportar, para argumentar sus arriesgadas interpretaciones, un sinfín de documentos oficiales del gobierno e instituciones públicas norteamericanos. Con ellos muestra al menos una serie de contradicciones evidentes en la información pública que se dio sobre los atentados, independientemente de las conclusiones finales a las que él llega.

Para Meyssan, el poderoso *lobby* militar-armamentístico estadounidense, controlado por veteranos "halcones", estaría detrás del montaje del 11-S. Su estrategia consistiría no sólo en justificar la necesidad de dotar a Estados Unidos de un gigantesco presupuesto militar y de favorecer drásticamente la venta de armas sofisticadas en el mundo, con los indudables beneficios para una economía en recesión, sino también contar con la autoridad "moral" para imponer a todos sus aliados su cruzada antiterrorista internacional, con el ánimo de completar su sueño de un Imperio Global.

Otras personalidades menos sospechosas de explotar el sensacionalismo en los medios de comunicación, como el ex ministro de Defensa alemán Von Buelow, ex dirigente del SPD y autor de un libro sobre la CIA y sus trapos sucios, llegaron a conclusiones parecidas. En una entrevista concedida a la prensa alemana[132] Von Buelow rechazó por "insostenible" la versión dada por el gobierno de Estados Unidos sobre los sucesos del 11-S. Para el ex ministro de Defensa alemán es inconcebible que los diecinueve supuestos kamikazes que actuaron el 11-S utilizaran sus nombres reales para estudiar en escuelas de pilotos en Estados Unidos, para sacar dinero y hacer y recibir transferencias de dinero, para alquilar coches en los que "olvidaron" importantes manuales de aviones, ejemplares del *Corán* y manuscritos, y que, sin embargo, ninguno de sus nombres figure en los *check-in* de la United Airlines y la American Airlines en los que tuvieron que registrarse antes de subir a los aviones que iban a secuestrar.

Para Von Buelow es extraño que ninguno de los cuatro pilotos de los aviones secuestrados aquel día haya podido recurrir al conocido código 7700 para avisar a las torres de control que eran rehenes de un grupo armado. Según el ex ministro alemán, una operación en apariencia tan sencilla pero en realidad tan complicada, que tuvo que requerir años de preparación, no se pudo hacer sin el apoyo de sectores de los servicios de seguridad del Estado y/o de la industria armamentística norteamericana, reactivada espectacularmente después del 11-S. Von Buelow recupera del olvido un hecho extraño que sucedió en la Bolsa días antes del 11-S. ¿Cómo explican las oscuras transacciones de acciones de la American Airlines, la United Airlines y sus compañías de seguro, que subieron un 1.200 por ciento, por un valor de 15 mil millones de dólares?

José Vidal Beneyto se hizo eco también en una columna[133] de algunas de las muchas incógnitas del 11 de septiembre. Él recuerda que el diario *Times of India* publicó el 9 de octubre de 2001, aparentemente contando con fuentes muy sólidas, que Mohamed Atta, el supuesto jefe de los kamikazes, era en realidad miembro de los servicios secretos paquistaníes (ISI), de siniestro historial.

Le Figaro publicó asimismo una información[134] según la cual Osama bin Laden habría sido atendido de una grave enfermedad el 14 de julio de 2001 en el hospital norteamericano de Dubai, donde habría sido visitado por personalidades de los Emiratos Árabes, de Arabia Saudita y por el representante local de la CIA. También se aseguraba en este periódico que el 10 de septiembre de ese mismo año, el líder de la red Al Qaeda fue internado en el hospital militar de Rawalpindi (Pakistán) para someterse a diálisis. De esta última versión se hizo eco igualmente, el 20 de enero de 2002, el corresponsal de la cadena norteamericana de televisión CBS, Barry Petersen.

Al Qaeda no estaba en la "lista negra"

Entre las preguntas obligadas que quedan sin responder tras los sucesos del 11-S hay algunas elementales. El gobierno de Estados Unidos adjudicó sin ninguna duda a Al Qaeda los atentados del 11-S poco después de que éstos se produjeran, e incluso informó a la opinión pública de que esa organización era la autora de otros graves ataques contra intereses norteamericanos en los años precedentes. ¿Por qué razón entonces no incluyó siquiera a Al Qaeda hasta 1999 en la lista de organizaciones terroristas internacionales que confecciona desde 1996 el Departamento de Estado? En ese momento ya era totalmente conocido que esa organización había sido la responsable del atentado contra las Torres Gemelas de 1993, en el que murieron 6 personas y cerca de 200 resultaron heridas. Se sabía que Al Qaeda era la autora de los demoledores ataques contra las embajadas norteamericanas en Kenya y Tanzania de 1998, que dejaron un saldo de varios muertos. Los servicios de seguridad de Estados Unidos le adjudicaban también acciones terroristas en Arabia Saudita y el ataque al destructor norteamericano *US Cole* en octubre de 2000, frente a las costas de Yemen.

La Ley de Antiterrorismo y Pena de Muerte Efectiva aprobada en 1996 durante el gobierno de Clinton, exige que el secretario de Estado dé a conocer cada dos años una lista actualizada de las organizaciones terroristas existentes en el mundo.

El último Informe de Organizaciones Terroristas Extranjeras que se conocía antes del 11-S tenía fecha del 8 de octubre de 1999 y en su introducción se aclaraba que se había dado de baja a tres organizaciones que figuraban en la lista anterior, de 1997; que se mantenía en ella a 27 que ya estaban registradas anteriormente y sólo se mencionaba que se había añadido "una nueva". Se trataba nada más y nada menos que de Al Qaeda, la organización a la que Estados Unidos acusa de responsable de los atentados del 11-S.

En el Informe de 1999 se explica así, textualmente, por qué se incorporó a Al Qaeda a la lista: "Al Qaeda, dirigida por Osama bin Laden, fue agregada porque es responsable de varios ataques terroristas importantes, incluso el ataque con bombas realizado en agosto de 1998 contra las embajadas de Estados Unidos en Nairobi, Kenia y Dar Es Salaam, Tanzania".[135]

En el detalle más exhaustivo de Al Qaeda que aparece en el Informe del Departamento de Estado de 1999 se le adjudican numerosos actos terroristas, algunos no tan conocidos por la opinión pública y que en general no han sido recordados, curiosamente, por los propios Estados Unidos tras los atentados del Martes-11.

En él se dice textualmente: "Sostiene (Al Qaeda) haber derribado helicópteros estadounidenses y matado a militares estadounidenses en Somalía en 1993 y haber efectuado tres atentados con bombas dirigidos contra la presencia de tropas estadounidenses en Adén, Yemen, en diciembre de 1992. Se la vincula a los planes de intentos de operaciones terroristas, entre ellas el intento de asesinato del Papa durante su visita a Manila a finales de 1994; los atentados simultáneos a las embajadas estadounidense e israelí en Manila y otras capitales asiáticas a finales de 1994; los atentados en 1995 contra una docena de aviones estadounidenses que cruzaban el Pacífico, y un plan para matar al presidente Clinton durante una visita a Filipinas a principios de 1995. Sigue adiestrando, financiando y dando apoyo logístico a grupos terroristas que apoyan estos objetivos".[136]

A pesar de que no se mencionaba en ese Informe del Departamento de Estado, horas después de los atentados del 11-S portavoces del gobierno norteamericano, al acusar a Osama bin Laden de los ataques (Bush lo haría formalmente recién días después), recordaban que su organización, Al Qaeda, era la autora también del atentado contra las Torres Gemelas de Nueva York de 1993. En su discurso ante las dos Cámaras pronunciado nueve días después de los atentados, Bush demostraba una vez más el conocimiento que su gobierno tenía de la existencia de Al Qaeda: "Al Qaeda es al terror lo que la mafia es al crimen. Pero su meta no es hacer dinero, su meta es recrear el mundo e imponer sus creencias radicales sobre la gente en todas partes (...). Las directivas de los terroristas les ordenan matar a cristianos y judíos, matar a todos los estadounidenses y no hacer distinción entre militares y civiles, incluyendo mujeres y niños. Este grupo y su líder, una persona llamada Osama bin Laden, están ligados a muchas otras organizaciones en diferentes países, incluyendo el Jihad islámico egipcio y el Movimiento Islámico de Uzbekistán."[137]

Es curioso que el Departamento de Estado incluyera a Al Qaeda en su lista con tanto retraso. En los propios tribunales norteamericanos se juzgó y condenó a varios individuos como presuntos autores materiales del atentado contra las Torres Gemelas de 1993. Por otro lado, desde 1994 hubo ya distintas declaraciones, tanto de la Comisión de Derechos Humanos de la ONU, como de su Asamblea General y hasta del propio Consejo de Seguridad, sobre la sistemática violación de los derechos humanos por parte del régimen de Kabul, su financiamiento a través del tráfico de drogas, el tráfico de armas, etcétera.

La Resolución 1189 de agosto de 1998 del Consejo de Seguridad, condenó explícitamente a la organización de Bin Laden como autora de los atentados contra las embajadas de Estados Unidos en Tanzania y Kenya.

BOMBARDEOS DE CLINTON

Pocos días después de aprobarse esa resolución, Bill Clinton intentó sin éxito eliminar a Bin Laden en Afganistán a través de comandos especiales estadounidenses y tras haber bombardeado en vano algunas de sus bases, donde murieron veinte personas. Con el declarado propósito de destruir supuestas bases de Al Qaeda en Sudán, bombardeó su territorio, provocando un gravísimo "daño colateral". Las bombas destruyeron por completo la planta farmacéutica Al-Shifa de Sudán, donde se producía el 50 por ciento de los productos farmacéuticos utilizados en este país para uso humano, entre ellos los necesarios para combatir la malaria y la tuberculosis, y buena parte de los utilizados en veterinaria, especialmente importantes en un país en esencia pastoril.

"Es difícil establecer cuántas personas han muerto en este pobre país africano a consecuencia de la destrucción de la fábrica de Al-Shifa, pero varias decenas de miles parece un cálculo razonable." Estas palabras, citadas por Noam Chomsky en su libro sobre el 11-S,[138] no corresponden a ningún funcionario sudanés, sino al embajador alemán en Sudán, Werener Daum.[139] "La pérdida de esta fábrica es una tragedia para las comunidades rurales que necesitan de esos medicamentos", sostenía por su parte Tom Carnafin, gerente técnico que conocía bien la planta destruida.[140]

En *The Guardian*, James Astill recordaba que la fábrica de Al-Shifa producía medicamentos muy asequibles económicamente para cerca de 100 mil enfermos de tuberculosis que no podían acceder a otros productos importados por su alto costo.[141]

Astill, como Mark Huband en *Financial Times*,[142] valoraban también como nefastos los efectos políticos del bombardeo norteamericano de agosto del '98, dado que dio por tierra con el acuerdo de paz que se gestaba en Sudán para poder terminar con una guerra de más de veinte años, que se ha cobrado un millón y medio de vidas. Astill habla en su artículo del alto costo político que supusieron los bombardeos "para un país que luchaba por salir de una dictadura militar totalitaria, un islamismo ruinoso y una prolongada guerra civil, antes del ataque con misiles que al día siguiente sumió a Jartum en la pesadilla extremista de la cual estaba intentando escapar".

En su libro, Chomsky reúne abundante información sobre aquellos bombardeos de 1998 contra Sudán, publicada por distintos medios en aquel momento y a posteriori, que demostraría las graves fallas cometidas por los servicios de seguridad estadounidenses y cómo la competencia entre sus distintos departamentos les hizo desaprovechar grandes oportunidades en la lucha contra el terrorismo.

De esta manera, Chomsky rescata un artículo de James Risen, publicado en *The New York Times* el 30 de julio de 1999, en el que se revelaba con lujo de detalles cómo días antes de los ataques de misiles contra Afganistán y Sudán ordenados por Bill Clinton, Sudán detuvo a dos hombres sospechosos de haber participado directamente en los atentados con explosivos contra las embajadas norteamericanas de Kenya y Tanzania y comunicó de ello a Estados Unidos.

Washington, sin embargo, desechó toda colaboración que proviniera de cualquiera de los dos países que se disponía a atacar. Tras la destrucción de la planta Al-Shifa, el gobierno sudanés, indignado, decidió liberar a los dos presuntos terroristas. "Desde entonces se los ha identificado como miembros de la red que dirige Bin Laden", dice Chomsky, asegurando que mientras que el FBI quería aceptar la colaboración del gobierno de Jartum y extraditarlos a Estados Unidos, el Departamento de Estado se negó.

Un veterano agente de la CIA, David Rose, citado por Chomsky, reconoció en una entrevista publicada por la prensa británica[143] que el haber rechazado la oferta de colaboración de Sudán "fue el peor de los errores cometidos por los servicios de inteligencia".

Según Rose, la información que ofrecía Sudán no se limitaba sólo a esos dos sospechosos de participar personalmente en los ataques contra las embajadas de Estados Unidos en África Oriental, sino acerca del propio Bin Laden y de al menos doscientos de sus hombres. El presidente de Sudán, Omar Hassan Ahmed Bashir, había hecho su primera propuesta de colaboración con los servicios de seguridad en 1996. Al no obtener res-

puesta, envió incluso una delegación a Estados Unidos, pero se desestimó su ofrecimiento. El régimen de Jartum decidió entonces exigir a Osama bin Laden que abandonara el país, momento en que el líder de Al Qaeda se volvió a trasladar a Afganistán, cuando ya se encontraban en el
poder sus amigos talibanes. Sudán repitió sus ofertas en 1997 y en 1998.
Según sostienen en su documentado libro Jean-Charles Brisard y Guillaume Dasquié,[144] el abultado informe que ofrecía el gobierno sudanés, elaborado por sus servicios de seguridad, contenía muchos detalles sobre
las actividades de un empresario sirio que frecuentaba en Alemania la
misma mezquita a la que acudían dos de los kamikazes que con posterioridad participarían en los atentados del 11-S.

Paradójicamente, otro país, Libia, cuyo líder, Muammar el Gaddafi, figura desde los años ochenta entre los primeros de la lista negra
del Departamento de Estado, fue el primero que lanzó una petición de
busca y captura de Osama bin Laden en 1998. Brisard y Dasquié aportan en su obra incluso el número del reclamo internacional hecho el 16
de marzo de 1998 por las autoridades judiciales de Trípoli, el 127288/1998.
De acuerdo con *Forbidden Truth*, los tribunales libios acusaban a Bin Laden de estar detrás del asesinato de dos agentes de uno de los servicios
de inteligencia alemanes, el Bundesamt für Verfassungschutz. Brisard
y Dasquié revelan por primera vez en su arduo trabajo de investigación los nombres de esos agentes: Silvan Becker y su esposa Vera.

Estados Unidos no explicó hasta el momento y difícilmente lo hará alguna vez, por qué, a pesar de que sus acusaciones convertían a
Bin Laden en uno de los terroristas más peligrosos del mundo y sa-
biendo que operaba desde bases muy concretas de Afganistán, tuvo
que suceder una tragedia como la del Martes-11 para que decidiera
promover una cruzada internacional en su búsqueda y captura, ofre-
ciendo 25 millones de dólares por su cabeza, "vivo o muerto", tal como se hacía con los bandidos en el Far West.

LA FINANCIACIÓN DEL TERRORISMO

El tema de la financiación del terrorismo a nivel mundial, que comenzó tras el 11-S a ser motivo de tantas informaciones en los medios
de comunicación, de debates y decisiones en los Parlamentos de los
gobiernos afectados, así como en la ONU, la OTAN, la UE, el Parlamento Europeo, el G-8 y cuanta cumbre mundial ha habido desde entonces, encierra grandes incógnitas.

Evidentemente, no era un hecho desconocido antes del Martes-11. Sin embargo, no se aclaró todavía por qué Estados Unidos esperó hasta el 24 de septiembre de 2001 para congelar las cuentas bancarias de veintisiete personas, empresas o instituciones sospechosas de financiar organizaciones terroristas o de blanquear su dinero. El 12 de octubre amplió las cuentas congeladas a sesenta y seis. En el propio Informe de Organizaciones Terroristas Extranjeras del Departamento de Estado citado antes, se aclaraba en el último párrafo del apartado dedicado a Al Qaeda: "Se dice que Bin Laden, hijo de una familia saudita multimillonaria, ha heredado alrededor de 300 millones de dólares, que utiliza para financiar el grupo. Al Qaeda mantiene también empresas que generan dinero, recoge donaciones de partidarios que comparten sus ideas y transfiere ilícitamente fondos de donaciones hechas por organizaciones caritativas musulmanas".[145]

A pesar de que la fuerte presencia del Saudi Binladin Group y de otros grupos vinculados a Osama bin Laden en Estados Unidos era bien conocida por el gobierno y por el mundo financiero, Estados Unidos no adoptó ninguna medida para bloquear en su propio territorio, y menos aún en el extranjero, las voluminosas cuentas bancarias y empresas relacionadas con el "complejo" de Al Qaeda. Un entramado que incluye organizaciones en varios países como el Ejército Islámico, el Frente Islámico Mundial para el Jihad contra Judíos y Cruzados, el Ejército Islámico para la Liberación de los Santos Lugares; la Red Osama bin Laden, la Organización Osama bin Laden, la Fundación de Salvación Islámica, y el Grupo para la Preservación de los Santos Lugares.

Los países europeos y el propio club de los países más ricos del mundo, el G-7, parecen haber descubierto repentinamente cuentas de los terroristas en sus respectivos países, y no sólo de los relacionados con Bin Laden, y han de imitar a fines de septiembre, después de votarse la Resolución 1373 del Consejo de Seguridad, la medida norteamericana, bloqueando cuentas e inversiones de personas y empresas que funcionaban sin obstáculos desde hacía años.

En la Ley de Antiterrorismo y Pena de Muerte Efectiva, de 1996, que mencionábamos antes, ya estaba contemplada la represión de ese tipo de delitos en estos términos: "1. Es ilegal que una persona que se encuentra en Estados Unidos o esté sujeta a la jurisdicción de Estados Unidos, provea fondos u otro apoyo material a una organización terrorista extranjera (FTO, Foreign Terrorist Organization) designada (en el Informe). 2. A los representantes y ciertos miembros de una organización terrorista extranjera, si son extranjeros, se les puede negar visa

o excluirlos de Estados Unidos. 3. Las instituciones financieras norteamericanas deben bloquear los fondos de las organizaciones terroristas
extranjeras designadas, y de sus agentes, e informar sobre el bloqueo
a la Oficina de Control de Bienes Extranjeros del Departamento de Ha-
cienda de Estados Unidos".[146]

Si Estados Unidos contaba desde 1996 con esas herramientas legales para atacar la red financiera de organizaciones terroristas, y Al Qaeda figura en su informe como tal desde octubre de 1999, ¿por qué se esperó catorce días para bloquear sus cuentas? ¿Es que sus servicios de
inteligencia, los más caros y prestigiosos del mundo, comenzaron a investigar esa red financiera recién después del Martes-11?

EL *HOLDING* BIN LADEN

Estados Unidos conocía también desde hacía años el entrecruza-
miento del *holding* familiar del líder de Al Qaeda, el Saudi Binladin
Group, con importantes empresas de todo el mundo, y entre ellas, algunas cuyos intereses convergían con nada menos que figuras relevantes de la más alta clase política de Estados Unidos. Osama bin Laden, el
"compañero de viaje" de Estados Unidos durante la guerra contra las
tropas soviéticas en Afganistán y que años después le proporcionaría
tantos dolores de cabeza, formaba parte del *holding* familiar Saudi Binladin Group, muy conocido en el mundo de las finanzas internacionales. Hijo de Mohamed bin Laden, un hombre que empezó como obre-
ro de la empresa petrolífera árabe-norteamericana Aramco en Arabia
Saudita y llegó a contar con una de las empresas constructoras más importantes del mundo, Osama bin Laden pasó a controlar a partir de los
setenta parte del Saudi Binladin Group, multiplicando en poco tiempo
sus beneficios y diversificando sus actividades. Como su padre, Osama
bin Laden se convirtió en un poderoso y respetado empresario en el Golfo y todo Cercano Oriente, siendo reconocido por las grandes compañías constructoras internacionales y bancos de presencia mundial. Su
constructora edificó buena parte de los palacios de la familia real saudita y restauró y amplió las mezquitas sagradas de Medina y La Meca.

The New York Times recordaba un mes después del 11-S que el
complejo empresarial de la familia Bin Laden "tiene decenas de miles
de empleados y hace negocios con compañías como General Electric
y Motorola".[147] Citando a ejecutivos de empresas norteamericanas, el
periodista del diario neoyorquino incluía en la lista de instituciones

financieras con las que el Saudi Binladin Group mantiene relaciones (o mantenía hasta después del 11-S incluso), a sociedades como el Citigroup, el Deutsche Bank, Sachs y Goldman. Sólo en la filial neoyorquina del Deutsche Bank, Bankers Trust, la familia Bin Laden tenía todavía un mes después del 11-S unos 160 millones de euros invertidos.[148] A su vez, Bankers Trust mantenía participación en la empresa Safron Partners, situada en las Islas Caimán, y de la cual Hasan bin Laden, hermano del líder de Al Qaeda, era presidente.

"Hasta inicios de este mes –decía Michael Moss en octubre de 2001– la familia también tenía inversiones en el Carlyle Group, una firma de inversiones de Washington, con relaciones con celebridades en el mundo de la política. Por las dos partes decidieron que esa controversia acerca de la conexión entre los Bin Laden y Carlyle no era de relevancia, dada la relativa pequeñez de la inversión, dos millones de dólares, que la familia tenía comprometida en esa firma."[149]

Curiosamente, las "celebridades del mundo de la política" a que hacía referencia The New York Times son significativos personajes que pertenecieron a las administraciones tanto de Ronald Reagan como de George Bush padre. Este último integró incluso –o integra aún– el consejo de asesores de Carlyle. "El Carlyle Group es una multinacional y multibillonaria firma de inversiones privada, administrada por ex miembros de las administraciones Reagan y Bush, y está involucrada en numerosas actividades, desde el embotellamiento de agua con gas hasta la fabricación de productos farmacéuticos."[150] Este analista recuerda que en enero de 2000, "Bush padre representó a Carlyle durante el encuentro que mantuvo con el príncipe heredero saudita Abdullah, cuando la multinacional, que trabajaba con el gigante de las telecomunicaciones SBC, intentaba conseguir el control del sistema de telefonía de Arabia Saudita".

Abundando en el tema, Thierry Meyssan asegura en su libro que a pesar de las medidas (tardías) adoptadas tanto en Estados Unidos como en Europa contra distintas empresas relacionadas con Bin Laden, "el grupo Carlyle, que tiene participaciones mayoritarias de la Federal Data Corporation y de la United Defence Industries, undécimo vendedor mundial de armas, muy vinculado al clan Bush, a Frank Carlucci, antiguo director adjunto de la CIA y antiguo secretario de Defensa, como su presidente, y con James Baker, antiguo jefe de gabinete de Reagan y secretario de Estado de Bush padre, como miembro relevante de su consejo de administración, sigue siendo el principal gestor del Saudi Binladin Group".[151] La escritora india Arundhati Roy confirma esos mismos nombres como integrantes del grupo Carlyle y añade los de George Soros y Fred Malek, el que fuera director de la campaña electoral de George Bush padre a la presidencia.[152] El Saudi Binladin Group, en el que participan varios de los muchos hermanos del líder de Al Qaeda, mantenía, al menos hasta octubre de 2001, relaciones financieras con el Fremont Group. Según Moss, el Fremont Group es una firma de inversiones de San Francisco que incluye al ex secretario de Estado George P. Shultz como director.[153]

El mismo George Bush hijo, el actual inquilino de la Casa Blanca, trabajó a inicios de los noventa en una compañía del grupo Carlyle, Caterair, encargada de preparar comidas para los vuelos de numerosas compañías aéreas. En este grupo, que tiene entre sus empresas a fabricantes de tanques de guerra, participa también activamente el ex primer ministro británico "tory" John Major, el ex presidente del Bundesbank Karl Otto Pöhl, ex directivos de la empresa Nestlé, de la BMW o de Aerospatiale. El Saudi Binladin Group, que movía activos por valor de más de 45 mil millones de dólares, estaba representado a su vez en Suiza por la firma de inversiones Sico, presidida por otro de los hermanos de Osama bin Laden, Yeslam.

Buena parte de los intereses del *holding* familiar en Occidente están —o estaban al menos— centralizados desde la sociedad Global Administration, con sede en Londres. Ante esas abrumadoras evidencias sobre el conocimiento que se tenía en el mundo financiero internacional de las actividades económicas de la familia Bin Laden, los investigadores norteamericanos se limitaron a decir que no había pruebas fehacientes de que el "enemigo público número uno" mundial siguiera formando parte todavía del *holding* familiar, sin aclarar, sin embargo, el origen y crecimiento probado de su fortuna.

4 | El fracaso de los servicios de inteligencia

El hecho de que los atentados del 11 de septiembre, que dieron lugar al inicio de un drástico cambio en el escenario geoestratégico mundial, hayan sido llevados a cabo por pilotos formados en escuelas de Estados Unidos; que utilizaran cuchillos plásticos y *cutters* para secuestrar vuelos comerciales y estrellarlos contra dos de los símbolos máximos del poder de ese país, dio por tierra con la imagen del todopoderoso gendarme mundial y de sus sofisticadas agencias de inteligencia. Nueve meses después del 11-S, las revelaciones sobre las graves negligencias cometidas por los servicios de inteligencia estadounidenses abrían una grave crisis en el FBI, la CIA y la NSA (Agencia Nacional de Seguridad) y el gobierno Bush decidía dotarse de un macroministerio de seguridad para adaptarse a la nueva situación. Ni el concienzudo informe de Inteligencia con proyección hasta el 2015, que llevó un trabajo de elaboración de quince meses, ni el trabajo de las cerca de cuarenta agencias y departamentos de espionaje y contraespionaje interior y exterior que comprende la inteligencia de Estados Unidos llegaron a prever un escenario como el del 11-S.

Curiosamente, fueron muchos los analistas que venían hablando desde hacía años sobre el peligro para Estados Unidos de sufrir ataques en su propio territorio, con armas no convencionales. Richard K. Betts lo vaticinó años atrás:[154] "El peligro principal no es que los enemigos (de Estados Unidos) utilicen armas nucleares o químicas en Estados Unidos, o contra buques de guerra o batallones. Ellos podrían intentar castigar a los Estados Unidos con catástrofes en ciudades norteamericanas. Las represalias requieren conocer quién ha lanzado el ataque. Hoy día, algunos grupos pueden desear castigar a Estados Unidos sin reivindicar sus acciones".

En 1993, tras el primer atentado contra el World Trade Center de Nueva York, según todos los indicios cometido también por hombres de Osama bin Laden, tres analistas norteamericanos, Ashton Carter, John Deutch y Philip Zelikw, publicaron un trabajo en el que sostenían que dicho atentado demostraba "que un grupo terrorista puede incluir a ciudadanos estadounidenses y extranjeros y operar y trasladar materiales dentro y fuera del territorio norteamericano por largos períodos de tiempo". Estos expertos sostenían que Estados Unidos debía dotarse de un sistema en el que se solapara, en vez de permanecer en áreas aisladas, el trabajo de las fuerzas encargadas tanto de la seguridad interior como de la exterior y fuese civil como militar.[155]

Uno de estos analistas, Ashton B. Carter, sostuvo en otro trabajo de febrero de 2001, que en ese momento las misiones más críticas de seguridad, contraterrorismo, defensa nacional y prevención de conflictos eran llevadas a cabo por una serie de "departamentos y agencias designados medio siglo atrás para un mundo diferente".[156]

En el sitio web del *Foreign Affairs* existe bajo el título "The Terrorist Attack on America: Background" una ilustrativa relación de artículos y libros de expertos que advertían de los peligros para Estados Unidos de sufrir graves atentados en su propio territorio. Así, Stephen E. Flynn[157] llamaba la atención sobre la misteriosa detención en diciembre de 2000 en Port Angeles, Washington, del ciudadano argelino Ahmed Ressan, proveniente de Vancouver, en cuyo automóvil se encontró gran cantidad de material para preparar bombas. Ni de este hecho, ni del atentado contra el World Trade Center de 1993 parecen haberse desprendido ningún tipo de conclusiones, dice Flynn.

BUSH CONOCÍA LOS PLANES DE AL QAEDA

A pesar de que las principales previsiones en materia de seguridad y de posibles acciones terroristas con las que contaba la inteligencia norteamericana antes del 11-S demostraron graves fallas y una gran subestimación de los potenciales enemigos externos –algunos de ellos ya conocidos, como lo era Al Qaeda– hay constancia de que el presidente Bush había sido advertido en agosto de ese año, 2001, de la posibilidad de inminentes ataques terroristas en territorio norteamericano.

Este hecho, que fue revelado por primera vez por la prensa estadounidense en mayo de 2002, ocho meses después del 11-S, hace aún más difícil de comprender la actitud mantenida por el gobierno de Estados Unidos y se añade a las tantas incógnitas abiertas tras ese día. La cadena de televisión norteamericana CBS fue la primera que filtró la información según la cual Bush había sido advertido de la posibilidad de un ataque terrorista contra su país.

Para apaciguar los efectos de esa revelación, que provocó la inmediata indignación no sólo de la oposición demócrata, sino muy especialmente de los familiares y amigos de las víctimas del 11-S, Ari Fleischer, portavoz de la Casa Blanca, y luego Condoleezza Rice, consejera de Seguridad Nacional de Bush, sostuvieron que dicho informe era "extremadamente vago", sin precisión de los posibles objetivos ni de la fecha en que se podían producir. Sin embargo, días más tarde, el 18 de mayo de 2002, el cronista estrella de *The Washington Post*, Bob Woodward, aportaba más precisión a la información, poniendo en entredicho las declaraciones de Ari Fleischer y Condoleezza Rice. Woodward publicó ese día que en julio de 2001 el asesor directo de Bush en materia antiterrorista le había advertido que se preparaba una gran acción terrorista y que a causa de ello se habían suspendido las vacaciones de todos los colaboradores más cercanos del Presidente y de los máximos mandos militares. Las compañías aéreas de Estados Unidos habrían sido alertadas, aunque sin instrucciones precisas.

A pesar de esos temores, Bush decidió mantener sus vacaciones de agosto y no las anuló ni siquiera cuando, días después, el 6 de agosto de 2001, recibió en mano –según Woodward– un informe de sus servicios de seguridad que tenía un título nada vago o equívoco: "Osama bin Laden, decidido a golpear en Estados Unidos".

Otro elemento que hace poco creíble la versión de Condoleezza Rice de que los informes eran "extremadamente vagos" fueron las declaraciones hechas el 5 de julio de 2001 por Richard Clarke, máximo responsable de la Casa Blanca para la lucha antiterrorista. "Algo realmente espectacular va a ocurrir aquí, y va a ocurrir pronto", habría dicho Clarke en una importante reunión mantenida ese día con representantes del FBI, de la Agencia Federal de Aviación y del Servicio Nacional de Inmigración.[158]

Otras fuentes aseguran que en realidad los servicios de inteligencia venían advirtiendo al presidente Bush de posibles ataques de Al Qaeda desde el inicio de su mandato, en enero de 2001. Ya hoy día parece confirmado que en febrero de 2001 George Tenet, director de la CIA, advirtió al Comité de Inteligencia del Senado de la posibilidad de atentados del grupo Al Qaeda contra edificios e instituciones norteamericanos "fuera o dentro de Estados Unidos".

En junio de 2001 la Casa Blanca había advertido a la Agencia Federal de Aviación sobre el riesgo de atentados terroristas en aeropuertos o aviones, tras conocerse la confesión de un lugarteniente de Osama bin Laden, Abu Zubaydah, durante el juicio por los atentados que éste preparaba junto a otros miembros de Al Qaeda en Los Ángeles y Seattle para el último día del siglo XX, el 31 de diciembre de 1999.

Condoleezza Rice debió admitir que hubo un informe de la agencia de Phoenix del FBI del 10 de julio de 2001, elaborado por el agente Ken Williams, en el que se llegaba a precisar que algunos terroristas de Al Qaeda podrían estar formándose en escuelas de aviación en Estados Unidos, aunque, por razones que se desconocen, ese memorando no llegó nunca oficialmente a la Casa Blanca. En el informe del agente se alertaba incluso de las conexiones de esos sospechosos con el grupo dirigido por el jeque Omar Bakri Mohammed, conocido por haber dictado años antes una *fatwa* contra los occidentales y por sus relaciones con representantes de Bin Laden, en especial con su lugarteniente Abu Zubaydah. Este último, detenido tras el 11-S, habría revelado durante los interrogatorios que el blanco elegido por el cuarto avión secuestrado ese día, el vuelo 93 de United Airlines, era nada menos que la mismísima Casa Blanca.

A pesar de que el Pentágono trató de explicar la caída de ese aparato como producto de los forcejeos provocados en el interior del avión entre los secuestradores y los pasajeros y tripulantes de la nave, son muchos los indicios que permiten deducir que, en realidad, fue derribado por cazas norteamericanos al intuir que los piratas kamikazes pretendían estrellarlo contra la Casa Blanca.

LA ACTUACIÓN DEL FBI Y LA CIA

Después del informe "Osama bin Laden, decidido a golpear en Estados Unidos" que recibió Bush el 6 de agosto de 2001, hubo aun otro indicio clave, que de haberse tomado en cuenta con la seriedad que merecía podría haber frustrado los ataques del 11-S. Enric González reconstruye así ese hecho:

"Una escuela de aviación de Minnesota avisa a la policía de que uno de sus estudiantes, Zacharias Moussaoui, francés de origen marroquí, sólo quiere ser capaz de dominar un gran avión en pleno vuelo. Moussaoui fue detenido (el 15 de agosto de 2001), pero un juez prohibió al FBI que investigara el contenido de su computadora personal. Un agente del FBI redactó una nota en la que afirmaba que Moussaoui 'es la clase de persona capaz de estrellar un avión contra el World Trade Center', según el director del FBI, Robert Mueller. Los agentes de Minneapolis (Minnesota) no fueron informados de las sospechas de la oficina de Arizona sobre la escuela de aviación".[159]

La agente Coleen Rowley, una abogada de 47 años de la Oficina del FBI en Minneapolis, con veintiuno de ellos trabajando para esa agencia y a menos de tres años de distancia de su retiro, criticó duramente a sus superiores en un demoledor escrito de trece páginas por haber impedido, entre otras cosas, que investigara a fondo a Zacharias Moussaoui, detenido como sospechoso el 16 de agosto de 2001, y el primero en ser procesado en Estados Unidos en relación con el 11-S.

La computadora de Moussaoui sólo fue registrada tres semanas después de su detención, y en ella se encontraron datos sobre los aviones Boeing que después fueron utilizados en los atentados de Nueva York y Washington. Asimismo, se encontró el teléfono en Alemania del compañero de habitación y de militancia de Atta durante su estancia en ese país.

La conmoción provocada por esas revelaciones obligaron al director del FBI, Robert Mueller, a anunciar meses después, el 29 de mayo de 2002, una profunda reorganización de esa mítica organización creada en 1908 por un nieto de Napoleón,[160] previendo dedicar a 1.400 de sus agentes en exclusiva a impedir atentados e investigar a sospechosos en cualquier parte del mundo.

El fiscal general, el polémico John Ashcroft,[161] anunció ese día que el Departamento de Justicia también modificaría "las reglas de juego del FBI y permitirá mayor libertad de acción a sus agentes para operar tanto dentro del territorio norteamericano como en el extranjero".[162]

Ashcroft decidió tras esa reorganización del FBI dotar a sus agentes de poderes adicionales. *The New York Times*[163] ya adelantó en ese momento que John Ashcroft, "en nombre de la lucha contra el terrorismo, dará a los agentes del FBI un poder desenfrenado para hurgar en los asuntos de cualquier ciudadano de Estados Unidos, incluso aunque no haya ninguna prueba de actividades ilegales". Un pronóstico que luego se vería confirmado.

El FBI había advertido ya meses antes del 11-S acerca de su carencia de medios para combatir eficazmente el fenómeno terrorista, estimando que necesitaba al menos unos 58 millones de dólares suplementarios en su presupuesto (unos 62 millones de euros), pero la petición le fue denegada por el Departamento de Justicia.[164]

El actual director de la CIA, Robert Mueller, un ex *marine* de la generación del '46 que recibió numerosas condecoraciones por su actuación en Vietnam, pidió al gobierno que para el año 2003 dote a su agencia de un presupuesto de 4.200 millones de dólares, a fin de mantener "salarios dignos" para sus casi 27 mil empleados (poco más de 11 mil de ellos, agentes) y emprender profundas reformas tecnológicas.[165]

Según declaraciones hechas por agentes del FBI ante la Comisión Judicial del Senado en junio de 2002, el desfase de la agencia en materia tecnológica llega a tal punto que sus agentes y empleados, con sus actuales computadoras, no pueden enviarse correos electrónicos entre sí ni intercambiar ningún tipo de documento.

La reforma del FBI –que depende del Ministerio de Defensa– ya había sido planteada en 1998 por su entonces subdirector, Robert Bryant, y muchos pensaron que si no la había llevado a cabo Clinton durante su mandato, sí lo haría un "halcón" como Bush. Sin embargo, Bush potenció desde el primer momento a las Fuerzas Armadas, y todo lo que tuviera que ver con la intervención militar de Estados Unidos en el extranjero, haciendo su principal apuesta en materia de seguridad nacional en su "escudo antimisiles".

Con ello dejó, sin embargo, en descubierto el flanco que finalmente falló: el de la seguridad interna. No es de extrañar que la población estadounidense descubriera recién tras el 11-S que tenía muchos enemigos en el exterior, si hasta un presidente duro como George W. Bush no lo tenía en cuenta para algo tan elemental como la seguridad nacional.

A pesar de las protestas de los demócratas y hasta de algún senador republicano como Richard Shelby, quien pidió directamente a Bush que levantara el estatus de *top secret* sobre las oscuras actividades del FBI antes del 11-S y aceptara la formación de una comisión parlamentaria de investigación, tanto el Presidente como su segundo, Dick Cheney, se opusieron por completo a esa posibilidad, por considerar que daría lugar a "una fuga de informaciones secretas".

"Me preocupa –dijo Bush el 5 de junio de 2002 desde la base militar de Fort Meade, sede de la supersecreta Agencia Nacional de Seguridad– que la investigación inmovilice recursos muy valiosos, que haga perder tiempo y ponga en peligro fuentes de información. Preferiría que nuestra gente se sacrifique en beneficio de nuestra nación y no en horas interminables de testimonio."

Tanto Bush como Cheney renovaron su confianza en el FBI y la CIA y sólo accedieron a facilitar informaciones a los comités de Inteligencia del Senado y del Congreso. Sin embargo, el Comité Judicial del Senado comenzaba a inicios de junio de 2002 en su famosa sala "S-1407" una serie de audiencias en las que tanto la agente Crowley como otros miembros del FBI pudieron denunciar finalmente, a puerta cerrada y en presencia, entre otros, del propio director del FBI, Richard Mueller, cómo la burocracia interna de esa mítica agencia de seguridad norteamericana estaba minando su eficacia para combatir fenómenos como el terrorismo.

El FBI, creado al principio como una policía federal especializada en delitos ligados a quiebras fraudulentas bancarias y a violaciones de las leyes antimonopolio, pasó con los años a asumir otras competencias que ya empezaron a incluir tareas de espionaje. Estas últimas se convertirían bajo la dirección de J. Edgar Hoover[166] en las principales actividades de la agencia, con un papel clave en la persecución de comunistas o supuestos comunistas, durante el negro período de "caza de brujas" del senador McCarthy. De Hoover diría un ex agente del FBI: "La guerra del FBI contra norteamericanos que no eran delincuentes, pero que no se ajustaban a la idea de lo que a ojos de su director, Hoover, era un ciudadano aceptable, es una mancha en nuestra pretensión de ser una sociedad libre".[167]

EL PRECEDENTE DE PEARL HARBOR

Cuando se produjeron los atentados del 11-S, no sólo los medios de comunicación de todo el mundo, sino el propio gobierno de Estados Unidos, los comparó con los ataques realizados por decenas de bombarderos del imperio japonés contra la base de Pearl Harbor, en 1941.

El 7 de diciembre de 2001, el día en que se cumplían sesenta años de aquella jornada, Bush hizo un discurso a bordo del portaaviones nuclear *USS Enterprise*, que acababa de llegar del mar de Arabia. El Presidente comparó aquel "ataque a traición" con los atentados del 11-S. "Ahora, como entonces, nuestro estilo de vida fue brutal y repentinamente atacado, pero no sólo por una compleja maquinaria militar, sino por las subrepticias tretas de malvados terroristas", dijo.

Cuatro años antes de los sucesos de Pearl Harbor, en 1937, el imperio japonés, que había invadido China desde Manchuria, hundió con su aviación un buque de guerra estadounidense, el *USS Panay*, en aguas chinas, pero Japón se disculpó por el "error" ante el gobierno de Roosevelt. Sin embargo, cuando Roosevelt pidió un año más tarde al Congreso 500 millones de dólares para reforzar las Fuerzas Armadas ante el alarmante rearme de Alemania, Japón temió que Estados Unidos estuviera intentando, en realidad, disputarle su expansión en el Pacífico.

Las fricciones entre ambos países crecerían cada vez más, hasta que en aquella jornada de 1941, el imperio japonés decidió atacar por sorpresa la base militar estadounidense de Pearl Harbor (Hawai) con una flota de más de 30 barcos de guerra y los 183 y 168 cazabombarderos utilizados respectivamente en la primera y la segunda oleada de ataques, bajo la dirección de los comandantes Fuchida y Shimazaki.

Como resultado de esos demoledores bombardeos, en sólo dos horas de combate Estados Unidos perdió a 2.400 soldados, mientras que 188 aviones y muchos de sus barcos quedaron fuera de servicio. Sesenta años después y en esta ocasión en menos de una hora y utilizando un "armamento" inesperado (aviones comerciales), otro ataque por sorpresa acabó con la vida de cerca de 3.000 personas y con dos importantes símbolos del poder de Estados Unidos, las Torres Gemelas y el Pentágono.

En realidad, estos dos hechos, producidos con sesenta años de distancia uno del otro, tienen algunas similitudes no sólo por su alto valor simbólico y el número de víctimas que dejaron como saldo; también se asemejan en el modo que actuaron los servicios de inteligencia antes de que ambos se produjeran. A J. Edgar Hoover se lo acusó en más de una ocasión de haber cometido una negligencia de las mismas características de la que luego cometería Mueller en el mismo cargo.

Un famoso agente doble de origen yugoslavo, Dusan "Dusko" Popov, que trataba en los años cuarenta, durante la Segunda Guerra Mundial, tanto con los aliados como con los nazis, sorprendió al mundo con sus memorias, una vez muerto, a inicios de los setenta.

En esa obra Popov, que tenía un fluido contacto con los más altos cargos del FBI, explica con detalle su relación con Edgar Hoover y cómo advirtió a éste, dos meses antes de la catástrofe de Pearl Harbor, que los japoneses se disponían a preparar un gran ataque contra las fuerzas norteamericanas. Según Popov, Hoover no le hizo ningún caso. Es Hoover también quien, a inicios de los setenta, prohíbe a sus agentes cualquier tipo de contacto o intercambio de información con sus colegas de la CIA, especializados en el espionaje y contraespionaje fuera de Estados Unidos. Según Paul Kennedy[168] antes del ataque japonés a Pearl Harbor los servicios de inteligencia norteamericanos tuvieron numerosas pistas, que no supieron valorar a tiempo. Es más, según este profesor de historia de la Universidad de Yale, son muchos los historiadores que en las últimas décadas han llegado a la conclusión de que incluso Roosevelt y Churchill eran conscientes de que se avecinaba un ataque de esas características, pero que no hicieron nada para evitarlo porque era la justificación perfecta para que Estados Unidos entrara en la Segunda Guerra Mundial.

Kennedy se equivoca, sin embargo, cuando sostiene que "por lo menos, el presidente Bush está libre de una acusación similar",[169] porque hay políticos, analistas y escritores como el francés Thierry Meyssan[170] que dan argumentos para pensar lo contrario, como veremos más adelante.

La CIA, heredera de la OSS (Office of Strategic Service), de la Segunda Guerra Mundial, fue creada en 1947 para recoger y evaluar informaciones de sus agentes o colaboradores en el extranjero, aportando éstas al gobierno y para llevar a cabo en muchas ocasiones operaciones "encubiertas" por orden del presidente.[171]

Muchos aseguran que a pesar de los cambios registrados en el FBI tras la muerte de Hoover en 1972 y de las limitaciones legales que se pusieron a sus arbitrarias actividades de espionaje sobre cualquier ciudadano, su "escuela" perduró y explica en buena medida la tensa relación histórica existente entre la agencia y el FBI, su falta de coordinación, el mutuo ocultamiento de valiosa información y el solapamiento de sus actividades en muchas ocasiones.

A partir de 1981 la CIA fue autorizada a través de una "orden ejecutiva" a extender sus investigaciones al propio territorio estadounidense, siempre que así lo reclamara una pesquisa suya sobre actividades terroristas o de espionaje. El escándalo sobre las negligencias cometidas, tanto por la superioridad del FBI como por el propio gobierno, no acabaría ahí y alcanzaría también a la mismísima CIA. La revista *Newsweek*[172] reveló que la CIA sabía desde enero de 2000 que dos de los terroristas que estrellaron supuestamente el avión contra el Pentágono un año y nueve meses más tarde, Nawaf Alhazmi y Jalil Almihdar, habían entrado en territorio norteamericano procedentes de Malasia, a donde habían asistido a una cumbre terrorista.

A pesar de que la CIA no tiene competencias para seguir investigaciones dentro del territorio de Estados Unidos salvo casos excepcionales, sí tenía posibilidad e incluso obligación de transmitir su información a otras estructuras de Seguridad del Estado, y no lo hizo.

Así fue como no informó de sus pesquisas al Servicio de Inmigración, por lo que a ambos sospechosos se les otorgaron visados sin problemas, ni al FBI ni tampoco al Departamento de Estado. "Ambos se paseaban por Estados Unidos a la vista de todos, no habrían podido ser más fáciles de encontrar", sostuvo la publicación, que reveló incluso que a Almihdar se le renovó su visado en julio "cuando ya la CIA había establecido un vínculo entre él y uno de los presuntos terroristas responsables del ataque al destructor *USS Cole* en octubre de 2000 frente a las costas de Yemen".

Según el exhaustivo informe preparado por el semanario, la información sobre la identidad de los dos terroristas con la que contaba la

CIA desde hacía tanto tiempo habría sido vital para el FBI, ya que esos dos individuos mantuvieron encuentros con otros de los implicados posteriormente en los atentados del 11-S. Los dos se vieron con Mohamed Atta, supuesto responsable directo de los comandos kamikazes que actuaron aquel día, y hasta abrieron cuentas corrientes conjuntas con algunos de ellos.

A inicios de junio de 2002 se revelaba también que el propio Atta había pedido un año antes del 11-S al Departamento (Ministerio) de Agricultura de Estados Unidos un crédito de 650 mil dólares para comprarse una avioneta de seis plazas a la que preveía quitarle los asientos para incorporarle depósitos de productos químicos destinados a "la fumigación de zonas cultivadas".

El FBI llegó después a la conclusión de que tanto Atta como al menos otro de los pilotos kamikazes que actuaron el 11-S, tenían originalmente la idea de utilizar avionetas cargadas con explosivos y productos químicos y no secuestrar aviones comerciales. La propia funcionaria que atendió a Atta, Johnelle Bryant, en su carácter de encargada de gestionar las solicitudes de ayudas del Departamento de Agricultura en el sur de Florida, no tuvo reparos en recordar en junio de 2002 ante las cámaras de la televisión norteamericana ABC algunos pasajes de su conversación con Mohamed Atta. Según sus propias declaraciones, Atta era muy imprudente y le llegó a preguntar sobre la seguridad del World Trade Center y a hacerle preguntas de este tenor: "¿Qué les parecería a ustedes, los estadounidenses, si otro país destruyera sus ciudades y sus monumentos más importantes, de la misma manera en que ustedes destruyeron mi país?". La funcionaria sostuvo que Atta le llegó a hablar incluso de Osama bin Laden como el hombre que un día lideraría el mundo, pero ella dijo que "el nombre no me sonaba de nada, pensé que era un personaje de la película La guerra de las galaxias". La funcionaria decidió contar ese encuentro con Atta y con otro de sus compañeros, Marwan Al-Shehhi –al que el primero acompañó tiempo después para presentar una solicitud similar– al ver sus fotos publicadas en los periódicos tras el 11-S.

EL SÚPER *BIG BROTHER*

Las negligencias y la burocracia impidieron a la Agencia de Seguridad Nacional[173] (NSA en inglés) –la superagencia creada por Truman en 1952 y especializada en la grabación de conversaciones en buena parte del planeta y considerada como la más secreta de todas– ver a tiempo una pista que habría sido clave para impedir los atentados del 11-S.

A pesar de que en su testimonio a puerta cerrada ante el Comité de Inteligencia del Senado, el director de la NSA, general Michael V. Hayden, aseguró a fines de junio de 2002 que unas conversaciones interceptadas a dos sospechosos eran "muy vagas", luego se sabría que en realidad no se aprovechó esa información vital a tiempo por la lentitud en el proceso de traducción de ese diálogo. Después del 11-S se comprobaría que en esa conversación había frases como éstas: "Mañana es la hora Cero", o "el partido está a punto de comenzar".[174]

Según *The Miami Herald*[175] las conversaciones grabadas por la NSA, que ni fueron traducidas a tiempo ni fueron comunicadas a la CIA, eran entre Khalid Shaikh Mohammed y Mohamed Atta, los que se supone fueron los principales jefes de los atentados del 11-S. De acuerdo con la legislación de Estados Unidos, la NSA, que depende directamente del Pentágono, no tiene facultades para grabar conversaciones telefónicas desde y hacia Estados Unidos sin una orden judicial, pero muchos dudan de que esa agencia cumpla realmente esa normativa.

Los directivos de la NSA –agencia que cuenta con un presupuesto anual de 6.000 millones de dólares– son los que crearon el polémico programa Echelon, con capacidad para acceder a las más lejanas ondas radiofónicas, televisivas, telefónicas, así como al grueso del correo electrónico que se realiza en todo el mundo. A pesar de que en la sede central de esta agencia, en Fort Meade, se interceptan por hora cerca de dos millones de mensajes electrónicos, su burocracia interna y su vetusta estructura le impiden procesar con rapidez esa inmensa fuente de información.

En el programa Echelon participan también como socios menores países como Australia y Gran Bretaña, pero tampoco es el único especializado en controlar las comunicaciones de los ciudadanos. El Carnivore es otro programa, creado por el FBI, para detectar supuestamente a delincuentes de todo tipo en el intercambio electrónico vía Internet, mientras que la CIA tiene su propia criatura cibernética, el programa Promis, más especializado en transacciones de dinero de origen sospechoso.

Los atentados del 11-S demostraron que tan sofisticados programas informáticos de poco sirven para impedir actos terroristas de ese tipo, dado que parece imposible aun para las agencias de inteligencia más poderosas controlar y traducir en tiempo real la impresionante masa de información que reciben. Y si pudieran hacerlo, significaría por otra parte que ningún habitante del planeta podría escapar al control de esos poderosos *Big Brother*.

El cúmulo de negligencias cometidas por los servicios de seguridad no termina, sin embargo, ahí. En una entrevista concedida a la prensa norteamericana en junio de 2002, poco antes de viajar a Washington para entrevistarse con George W. Bush, el presidente de Egipto, Hosni Mubarak, reveló que los servicios de inteligencia de su país habían advertido de algo importante a sus interlocutores en la embajada estadounidense en El Cairo una semana antes del 11-S. A través de un agente infiltrado en ambientes radicales islámicos, tenían información de que la red terrorista de Bin Laden, Al Qaeda, preparaba una gran acción terrorista contra objetivos norteamericanos, aunque no pudieron precisar si se produciría en el propio territorio de Estados Unidos o en el extranjero.

Ningún funcionario del gobierno de Estados Unidos quiso confirmar ni negar las declaraciones del presidente egipcio. Tampoco ningún funcionario norteamericano o británico quiso comentar la información publicada por la prensa británica[177] esos mismos días, en la que se aseguraba que uno de los servicios secretos del Reino Unido, el MI6, había informado ya en 1999 a la embajada londinense de Estados Unidos que tenía constancia de que miembros de Al Qaeda preparaban ataques contra objetivos norteamericanos utilizando aviones comerciales.

Según este suplemento dominical, una de sus fuentes, funcionario del Foreign Office (Ministerio de Asuntos Exteriores británico), les dijo que "los estadounidenses sabían perfectamente que existían planes para utilizar aviones comerciales de forma no convencional, previsiblemente como bombas voladoras".

Otro periódico británico, *The Independent*, publicó una entrevista[178] con Wakil Ahmed Mutawakil, asesor del ministro de Asuntos Exteriores talibán, en la que éste aseguraba haber advertido a Estados Unidos y a la ONU en julio de 2001 de que Bin Laden preparaba un grave atentado en territorio estadounidense. Este individuo dijo haberse enterado de los preparativos del atentado de boca del líder del MIU, el Movimiento Islámico de Uzbekistán, Tahir Yildash, refugiado en Afganistán y relacionado con la dirección de Al Qaeda. Wakil Ahmed Mutawakil aseguró al periódico británico haber cruzado la frontera con Pakistán expresamente para advertir de esa información en persona al cónsul general norteamericano en Peshawar, David Katz, en la tercera semana de julio, es decir, pocas semanas antes del 11-S.

Este ex asesor del canciller talibán sostiene que informó asimismo a la delegación de la ONU en Kabul a la vuelta de su viaje, sin que nadie le hiciera ningún caso. Sin embargo, ni estas informaciones ni ninguno de los detalles sobre lo que sabían las agencias de seguridad estadounidenses y acerca de lo que informaron al presidente Bush antes del 11-S sobre posibles ataques terroristas de Al Qaeda, eran conocidos por la opinión pública mundial al momento de producirse los atentados de ese día.

Por ello, lejos de recriminarle al Presidente por no haber tomado medidas para impedirlos, prevaleció en la opinión pública tanto nacional como internacional la postura de solidarizarse con él y con su país ante el "inesperado" ataque. Incluso más, se elogió en especial el hecho de que tan rápidamente, después de los atentados de Nueva York y Washington, sus servicios de seguridad estuvieran en condiciones de acusar de la autoría, con tanta certeza, a Bin Laden.

La principal respuesta a los numerosos interrogantes que rodean a los atentados del 11-S debe buscarse en un hecho fáctico. Las distintas administraciones norteamericanas, fueran demócratas o republicanas, mantuvieron una actitud oscura y contradictoria frente a Osama bin Laden, Al Qaeda y los talibanes que estaban en el poder en Kabul.

Estados Unidos no sólo fue el que más ayudó a que se desarrollara el movimiento talibán y a que se pudiera mantener en el poder. Fue también el que, con su política en Afganistán desde fines de los setenta, auspició que Bin Laden adquiriese el poder que tuvo con posterioridad. Los distintos presidentes que se sucedieron desde entonces, Jimmy Carter, Ronald Reagan, George H. Bush, Bill Clinton y George W. Bush, son corresponsables de haber alimentado durante años un monstruo sobre el cual terminaron por perder el control.

El emperador Bush hijo pretende lanzar una cruzada en el nombre de Dios y el Nuevo Orden Mundial contra los mismos malvados que crearon gobiernos estadounidenses anteriores, como el de su propio padre. Paradójicamente, se enfrenta a un Jihad, a una Guerra Santa contra los Infieles, cuyo germen sembró Estados Unidos hace veinte años.

Muchas de las víctimas de los numerosos atentados que cometió Al Qaeda desde 1993 contra ciudadanos o intereses norteamericanos, empezando por el World Trade Center, siguiendo por Arabia Saudita, Kenya, Tanzania, Yemen y el mismo 11-S, posiblemente no hubieran oído nunca hablar de Bin Laden o de Al Qaeda. Sin embargo, los servicios de seguridad la conocían desde mucho tiempo atrás, así como los distintos presidentes que se sucedieron en los últimos quince años en la Casa Blanca. Tras "usarlos" (eso al menos se creía) como carne de cañón contra las tropas rusas en Afganistán; tras "usarlos" una vez instalados a sus anchas en Afganistán para conseguir luz verde al paso por ese territorio de gigantescos oleoductos y gasoductos vitales para las poderosas compañías de energía norteamericanas, Estados Unidos no podía poner en riesgo una relación tan importante. Se asumía el riesgo de ser objeto de algún atentado del incontrolado "Bin Laden". Las negociaciones pesaban más.

    ¿Cuántos atentados más podría haber cometido Al Qaeda todavía sin que Estados Unidos le declarase la guerra y le bloquease recursos financieros de no haberse atrevido Bin Laden a destruir, en su propio suelo, dos de los símbolos más importantes del poder imperial?

5 | Leyes antiterroristas en Estados Unidos y en el resto del mundo

A partir del 11-S y en aras de la lucha contra el terrorismo, el gobierno de Estados Unidos se sintió legitimado para llevar a cabo graves atropellos a las libertades individuales y a los derechos humanos. No sólo lo ha hecho con sus propios habitantes sino también, y en un nivel aún más grave, con los cientos y cientos de detenidos por sus tropas en Afganistán que ha decidido trasladar a la base militar de Guantánamo, ese enclave colonial que mantiene en pleno corazón de Cuba. Paradójicamente, en un país gobernado por su archienemigo Fidel Castro, al que diez administraciones norteamericanas no han logrado derrocar a lo largo de cuatro décadas.

La administración Bush hizo caso omiso de las numerosas críticas recibidas en su propio país y provenientes del extranjero, y esa fuerte regresión en las libertades democráticas experimentada se ha ido asentando con el tiempo como parte de una nueva realidad, de una nueva "normalidad". La alta comisionada de la ONU para los Derechos Humanos, Mary Robinson,[179] advirtió, desde el primer momento tras el 11-S, de los peligros que corren los derechos humanos en la lucha contra el terrorismo. El 4 de julio de 2002, coincidiendo con un nuevo aniversario de la independencia de Estados Unidos, Mary Robinson hacía un balance acerca de la situación de los derechos humanos a casi diez meses de los atentados de Nueva York y Washington. La alta comisionada sostuvo que la expresión "guerra contra el terrorismo" provocó en muchas regiones del mundo que el orden y la seguridad se convirtieran en prioridades absolutas. "Se ha proyectado una sombra sobre los derechos humanos", decía Robinson en su agudo análisis. "Ha habido una tendencia a no tener la menor consideración hacia los principios establecidos de los derechos humanos y del derecho humanitario internacional."[180]

En un texto firmado por los escritores Eduardo Galeano, Luis Sepúlveda, Caballero Bonald, Juan Goytisolo y otros, dirigido en junio de 2002 al Consejo Europeo de Sevilla, se sostenía: "En los últimos tiempos, y especialmente tras el 11-S, se ha extendido un clima de miedo y sospecha que inclina la balanza hacia el control y la represión".

Numerosos países han aprovechado la coartada que les brindaba la campaña internacional antiterrorista para adoptar medidas drásticas con los inmigrantes extranjeros y los demandantes de asilo o refugio político.

Mary Robinson añadía en su artículo: "Se ha producido una confusión respecto a qué está y qué no está sometido a las Convenciones de Ginebra de 1949". La alta comisionada de la ONU denunciaba la actitud de Estados Unidos, sin nombrarlo, en relación con las cuatro Convenciones de Ginebra aceptadas por la comunidad internacional pocos años después del fin de la Segunda Guerra Mundial: "Se ha insinuado que los atentados del 11 de septiembre y su prolongación en el conflicto de Afganistán demostraban que las Convenciones de Ginebra estaban desfasadas".[181]

LOS PRISIONEROS DE GUANTÁNAMO

La alta comisionada de la ONU para los Derechos Humanos hacía así alusión a la fuerte polémica provocada por la decisión de Estados Unidos de confinar en el Campamento Rayos X, situado en su base de Guantánamo, a cientos de hombres detenidos por sus tropas en Afganistán sin reconocerles sus derechos como prisioneros de guerra. La administración Bush se arrogó el derecho de trasladar hasta esa base en aviones militares, encadenados a sus asientos, encapuchados y sedados, con unas pesadas gafas de piloto de goma con el cristal cubierto con cinta aislante negra, a cientos de sospechosos de pertenecer a las fuerzas talibanes o a la organización de Osama bin Laden, Al Qaeda.

El Comité Internacional de la Cruz Roja (CICR), con base en Ginebra, denunció el 21 de enero de 2002 a Estados Unidos por difundir el día anterior fotografías de los prisioneros, a los que se veía al aire libre frente a sus celdas de rejas, arrodillados y maniatados, con gigantescas gafas; con mascarillas sobre la boca, con las orejas cubiertas y con gruesos guantes de lona que les impiden tocar y agarrar objetos, vistiendo uniformes de color naranja.

Los primeros ciento cincuenta prisioneros fueron trasladados el 11 de enero al Campamento Rayos X de esa base y encerrados individualmente en celdas con rejas y al aire libre de cinco metros cuadrados, donde durante toda la noche se mantienen encendidas lámparas de neón.

Baltasar Garzón declaró, mientras se encontraba en Porto Alegre a fines de enero de ese año, que: "Las imágenes que conocemos (de los prisioneros) no se corresponden con el respeto de que se merecen sus derechos. Creo que se echa de menos una mayor respuesta por parte de los políticos, que lo mismo que estuvieron solícitos a la hora de responder al terrorismo, deberían serlo en defensa de los derechos de los presos".[182] Según el magistrado español, "violentar los derechos de las personas que están sometidas a proceso o incluso de las que no lo están, y todavía no sabemos la imputación a esas personas, no deja de ser un atentado flagrante a los derechos más fundamentales".

La presidenta de la Comisión de Derechos Humanos del Parlamento británico, Ann Cwyd, hizo un llamamiento al gobierno de Tony Blair para que se plantara con firmeza ante la administración Bush. "Ha llegado el momento de que nos pongamos firmes con los norteamericanos e insistamos en el cumplimiento de unos derechos humanos que ambos hemos firmado."[183]

Como toda respuesta, el gobierno británico, por boca de su ministro de Asuntos Exteriores, Jack Straw, dijo en el primer momento que "independientemente de su estatus técnico, deben ser tratados humanamente y en concordancia con la legislación internacional". Sin embargo, cuando Tony Blair habló sobre el tema no hizo alusión a la polémica sobre el estatus de los prisioneros, sino a que tenía "constancia" de que éstos estaban siendo "bien tratados". "Pueden ducharse, hacer ejercicio físico y recibir tratamiento médico y a los que lo solicitan se les proporciona un ejemplar del Corán." El titular de Defensa, Geoffrey Hoon, dijo por su parte que no había "ninguna duda" de que Estados Unidos se ajustaría a los tratados internacionales, al igual que lo que declaró en su momento el español Ramón de Miguel, secretario de Estado para Asuntos Europeos.

La postura del gobierno de José María Aznar ante este tema, como en todo lo relacionado con la "cruzada" antiterrorista internacional lanzada por Estados Unidos, ha sido en todo momento de apoyo incondicional a Bush. José A. Gimbernat Ordeig y otros juristas e intelectuales españoles como Juan F. Martín Seco, Carmen Laguna Gallego y Juan J. Tamayo Acosta, miembros de la Asociación Pro Derechos Humanos de España, criticaron la postura del gobierno.

"Nuestro ministro de Justicia está convencido de que Estados Unidos está respetando y respetará esos derechos (los derechos humanos) y al igual que nuestro ministro de Asuntos Exteriores no tiene la menor duda de que lo que hace Estados Unidos siempre está bien. La dejadez de nuestro gobierno en materia de derechos humanos, en éste como en otros asuntos, es más que preocupante", decían en un artículo.

"Rumsfeld está poniendo en peligro a los soldados españoles", advertía por su parte Kenneth Roth en una entrevista a la prensa española.[184] El director ejecutivo de Human Rights Watch daba el siguiente ejemplo: "Si España va a enviar tropas a Afganistán, ¿puede imaginarse lo que ocurriría si fuerzas enemigas capturan a un soldado español? El gobierno español diría que su soldado es un prisionero de guerra y que debe estar protegido como tal. Y el enemigo respondería: '¿De qué me está hablando? En Guantánamo no se está aplicando la Convención de Ginebra'".

De hecho, el grupo paquistaní que secuestró y luego asesinó al periodista estadounidense Daniel Pearl, dijo en la carta que envió junto a fotografías del enviado de *The Wall Street Journal*, que lo mantendría retenido en condiciones inhumanas "similares a las que experimentan los sospechosos detenidos en Guantánamo". El grupo sostenía que Pearl recibiría un mejor trato sólo si recibían un mejor trato los prisioneros de Guantánamo y se repatriaba a los detenidos de nacionalidad paquistaní. Más de cien paquistaníes a los que no se pudo acusar de nada fueron finalmente repatriados a su país, pero semanas después del asesinato de Pearl. El portavoz de la Cruz Roja Internacional, Darcy Christen, recordó, cuando se conocieron las primeras fotos de los presos de Guantánamo, que "la Tercera Convención de Ginebra sobre los prisioneros de guerra prohíbe exponer a los detenidos a la curiosidad pública".[185]

El responsable de asuntos médicos de Amnistía Internacional, Jim West, declaraba por su parte en enero de 2002: "Mi reacción inmediata ante la primera fotografía me recordó un método parecido que se empleaba como tortura o malos tratos en la década de los setenta en la Europa del este. Los presos no podían ver, oír ni tocar nada y los mantenían en posturas dolorosas durante largos períodos. Es una forma de malos tratos que, simplemente, constituye una transgresión de los derechos humanos".

Pero ésa no era ni la única ni la principal crítica que se hizo sobre el trato a los prisioneros. El problema principal no era indudablemente la difusión de las fotos, sino lo que ellas mostraban. ¿Qué organismo internacional había autorizado al Ejército estadounidense a trasladar a una lejana base militar a cientos de detenidos de diferentes nacionalidades, muchos de ellos incluso originarios de países aliados de Estados Unidos?

Las autoridades estadounidenses impidieron tanto a Arabia Saudita como a Egipto, Gran Bretaña, Francia y a la propia España, que pudieran asistir legalmente a esos prisioneros. Las autoridades de la base de Guantánamo impidieron, por ejemplo, que el CESID y la Policía españoles interrogaran al ciudadano ceutí Hamed Abderrahaman Ahmed, alias *Hmido*, detenido en esa base por su supuesta pertenencia a Al Qaeda, tras haber sido capturado por soldados estadounidenses en Afganistán.

Los dos agentes, uno del CESID y el otro del Cuerpo Nacional de Policía, viajaron a la isla con el objetivo de interrogarlo acerca de la implantación de células de la organización de Osama bin Laden en España.

En noviembre de 2001 había sido desarticulada en España una célula dirigida por Abu Dahdah y los investigadores sospechaban que éste había estado en contacto con Hmido. Hamed Abderrahaman Ahmed habría viajado a Afganistán en agosto de 2001, pocas semanas antes de los atentados del 11-S. Pero los agentes españoles que se trasladaron a la base naval de Guantánamo no tuvieron posibilidad de interrogar al detenido. Las autoridades estadounidenses les impidieron todo contacto con el prisionero y tuvieron que contentarse con hacerle llegar a éste un cuestionario por escrito que él respondió por el mismo medio.

Otro tanto sucedió con los servicios de inteligencia de otros países europeos que quisieron interrogar a sus nacionales detenidos en Guantánamo. Arabia Saudita reclamó a Estados Unidos en vano la extradición de los sauditas detenidos en la base. La administración Bush rechazó desde el primer momento otorgarles a los detenidos el estatus de prisioneros de guerra y, por lo tanto, los derechos que les reconocen las Convenciones de Ginebra de 1949.

LOS TRIBUNALES MILITARES

La postura de la administración Bush sobre los prisioneros de Guantánamo, así como sobre los cientos de personas detenidas en su propio territorio, a las cuales se les ha negado sus derechos más elementales, responde a la peligrosa nueva doctrina impuesta por George W. Bush: la vuelta de los tribunales militares. El último había tenido lugar a inicios de los años cuarenta, contra varios saboteadores nazis, y su secretismo permitió graves irregularidades. En aquella época, un tribunal militar condenó a muerte a siete agentes alemanes que habían llegado en submarino a Nueva York y Long Island con el objetivo de cometer atentados contra instalaciones militares. La octava persona juzgada y a la que se condenó a cadena perpetua, en realidad no era un agente nazi, sino precisamente la principal fuente del FBI con cuya información se pudo capturar a los agentes alemanes.

Sin embargo, en ese momento se quiso plantear el éxito policial como un mérito propio y se abandonó a su suerte al colaborador, que era un declarado antinazi. Este sólo consiguió pactar su liberación tras ocho años de cárcel, bajo la promesa de guardar silencio de por vida.

En este caso, los tribunales militares han vuelto a través de la Orden Militar firmada por George W. Bush el 13 de noviembre de 2001 y titulada "Detención, Tratamiento y Juicio de ciertos no-ciudadanos en la Guerra contra el Terrorismo".[186] En esta orden militar del Presidente, en su carácter de comandante en jefe, se dictaminan normas particulares de actuación de los tribunales militares, previstos inicialmente sólo para aquellos detenidos en Estados Unidos o en el extranjero que no sean de nacionalidad estadounidense y que estén o hubieran estado vinculados de alguna manera a Al Qaeda y hubieran ayudado de algún modo a preparar o cometer atentados contra ciudadanos o intereses norteamericanos.

En la Sección 3 de esa Orden Militar se establece que los detenidos deben ser "tratados humanamente" sin discriminación por su raza, color o religión; que deben recibir "alimentación adecuada", "agua potable", "vestimenta" y "atención médica".

En su Sección 7 se aclara que el detenido en cuestión no tendrá en ningún caso derecho a recurrir personalmente o por intermediarios a ningún otro tribunal, "ni en Estados Unidos, ni en ningún otro país ni ante un tribunal internacional".

El tribunal, al que el presidente Bush autoriza, en su Sección 4, a condenar al detenido a cadena perpetua o pena de muerte si cuenta con el voto favorable de dos terceras partes de sus miembros, puede, de existir razones de seguridad nacional, obviar la presentación de documentos o pruebas decisivos para decidir la sentencia del enjuiciado. Los derechos de defensa del acusado, que se mencionan sólo en unas pocas palabras del apartado 5 de esa sección, son los más breves de este documento de seis páginas y niega al detenido cualquier derecho de apelación. La sentencia podrá ser ejecutada en un plazo de semanas o meses y puede ser ocultada a la opinión pública durante años.

Las conversaciones del detenido con su abogado (cuando se le permita tenerlo, que no es el caso de los presos de Guantánamo y de muchos otros en Estados Unidos) pueden ser escuchadas por los carceleros. En este tipo de juicio no existe un jurado, sino una "comisión" integrada por oficiales militares en actividad o retirados, con poderes omnímodos, sobre los cuales sólo está el secretario de Defensa y el propio presidente de Estados Unidos.

Esta orden militar, que no se fija un período límite de vigencia, es la que regula no sólo los juicios militares a los detenidos en la base de Guantánamo, sino que, tal como dice en su Sección 3, es potestad del secretario de Defensa decidir dónde se aloja al individuo, "fuera o dentro de Estados Unidos". Esta normativa, por lo tanto, permite al gobierno aplicarla para juzgar a cualquiera de las personas detenidas como sospechosas tras el 11-S en Estados Unidos y que se encuentran en una indefensión jurídica total.

De esta manera, la administración Bush hace caso omiso a las críticas recibidas y habla en otro lenguaje, en su particular lenguaje unilateralista una vez más, en el que antepone la propia orden militar del Presidente a las Convenciones de Ginebra, con lo cual es imposible cualquier tipo de diálogo.

En dichas convenciones, que todos los países están obligados a respetar, y principalmente la primera potencia mundial, la misma que blande siempre en alto la bandera de la democracia y la libertad, se establece por ejemplo que todos los prisioneros "deben ser tratados con humanidad" y que tienen el derecho a beneficiarse de "garantías fundamentales", como las judiciales, en el caso de ser procesados.

En las Convenciones de Ginebra se detallan incluso las condiciones de alojamiento a las que tienen derecho, de alimentación y vestimenta, así como el respeto a sus derechos religiosos, a su actividad intelectual y deportiva. La Tercera Convención dispone igualmente que los prisioneros de guerra tienen derecho en todas circunstancias al respeto de su persona y dignidad y que "su evacuación se efectuará siempre con humanidad y en condiciones similares a las puestas en práctica para los desplazamientos de las tropas de la potencia en cuyo poder se encuentran".

Asimismo, se establece que todos los datos relacionados con la identidad de los prisioneros deben ser comunicados de inmediato a la Cruz Roja Internacional, autorizando a los detenidos a recibir periódicas visitas de sus familiares.

Según dijo el secretario general de Defensa estadounidense, Donald Rumsfeld, los hombres de Al Qaeda son "combatientes ilegales" y no "soldados", sosteniendo que "no representan a ningún país" y que además "tampoco llevan uniforme", por lo que, según su particular interpretación, no podían gozar de los derechos reconocidos en las Convenciones de Ginebra. Sin embargo, en éstas no existe la categoría de "combatiente ilegal".

En las Convenciones de Ginebra se sostiene que "Todo miembro de las Fuerzas Armadas de una parte del conflicto es un combatiente y todo combatiente capturado por la parte adversa es un prisionero de guerra". En cuanto a los prisioneros hechos durante un conflicto bélico, el derecho internacional sólo reconoce la división entre "civiles" y "combatientes".

En la Tercera Convención se reconoce que prisioneros de guerra son no sólo aquellos miembros regulares de las Fuerzas Armadas de otro país capturados, sino también los miembros de milicias y cuerpos de voluntarios que toman parte en un determinado conflicto bélico.

Tras la presión de organizaciones humanitarias y medios de comunicación de todo el mundo, algunos gobiernos europeos reclamaron y obtuvieron, parcialmente, que Bush aceptara dar a los talibanes, a los miembros de las fuerzas regulares del ex régimen de Kabul, el estatus de prisioneros de guerra contemplado por las Convenciones de Ginebra. Sin embargo, se ha negado a aplicar ese estatus a los miembros de Al Qaeda capturados, al considerarlos "combatientes irregulares" y "terroristas" y, por lo tanto, sin derecho no sólo a defensa legal, sino a cualquier reivindicación de tratamiento humano elemental que merece cualquier prisionero en un país democrático.

"Al Qaeda es un grupo terrorista internacional que no puede considerarse protegido por ningún tipo de acuerdo internacional", dijo el portavoz de la Casa Blanca, Ari Fleischer, el 7 de febrero de 2002.

La divisoria legal hecha por el gobierno de Estados Unidos era totalmente ficticia. El régimen de Kabul era reconocido sólo por un puñado de países y sus tropas no controlaban la totalidad del territorio afgano, por lo que difícilmente se podía hacer una distinción semejante entre los milicianos talibanes y los de Al Qaeda.

La debilidad de los argumentos esgrimidos por Washington provocaba contradicciones entre los propios miembros de la administración Bush. En la misma semana que Colin Powell aseguraba que se aplicarían las Convenciones de Ginebra a los prisioneros, Donald Rumsfeld hacía la distinción entre "soldados talibanes" y "combatientes ilegales", y el número dos del Departamento de Estado, Richard Armitage, sostenía que Estados Unidos no reconocía a ninguno, en realidad, el estatus de prisioneros de guerra.

"No los consideramos prisioneros de guerra. Incluso los talibanes eran terroristas que actuaban contra los civiles."[187] Según Armitage, "la Convención de Ginebra concierne a los miembros de fuerzas regulares, representando un gobierno que hace la guerra, respetando las leyes y las reglas. Ciertamente ése no era el caso de los talibanes".

En Estados Unidos, el periódico *The New York Times* replicó a esas declaraciones, recordando que las Convenciones de Ginebra "confieren el estatus de prisioneros de guerra a los capturados como parte de las Fuerzas Armadas de un país, independientemente de que su gobierno tenga o no tenga reconocimiento diplomático por parte del país que los capturó".[188]

Según este periódico, "los miembros de las fuerzas irregulares también pueden calificarse como prisioneros de guerra si operaban bajo algún tipo de insignia de identificación, o bajo una clara cadena de comandos en una unidad que se atuvo a las reglas de guerra reconocidas internacionalmente".

El editorial de *The New York Times* concluía que "la suerte de los presos de Guantánamo no puede depender del capricho del Pentágono". En cuanto se conocieron las humillantes fotografías de los detenidos en la base naval de Guantánamo, el radical ex secretario de Justicia estadounidense, Ramsey Clark, y un grupo de abogados, clérigos y activistas defensores de los derechos humanos, denunciaron esa situación y presentaron en Los Ángeles una querella ante el juez federal, A. Howard Matz.

Los demandantes reclamaban ya en ese entonces, a fines de enero de 2002, que el gobierno norteamericano presentara a los detenidos ante los tribunales y argumentara los cargos que tenía contra ellos.

El presidente del Parlamento Europeo en ese momento, el irlandés Patrick Cox, calificó a su vez la situación de los detenidos en Guantánamo como una forma de tortura. "Deberíamos hacernos la pregunta de si esas privaciones (las de los detenidos, para ver, oler, escuchar, ver y tocar) no constituyen una forma de tortura", declaraba Cox a la radio francesa BFM.[189] Cox reclamó entonces que se protegieran los derechos de los prisioneros y estimó que la Unión Europea tenía un papel que desempeñar, insistiendo a Estados Unidos acerca de la necesidad de "basar la lucha contra el terrorismo sobre valores".

Por su parte, el comisario europeo de Asuntos Exteriores, el británico Chris Patten, advirtió esos mismos días que la coalición antiterrorista internacional corría el riesgo de perder la paz si no respetaba una serie de valores en el tratamiento de los prisioneros de Guantánamo.

En respuesta a preguntas hechas en el Senado de Estados Unidos sobre la situación de los detenidos, el fiscal general del Estado, el "halcón" John Ashcroft, dijo irónicamente: "Cuando capturamos en Afganistán a responsables de atentados, ¿deberíamos leerles sus derechos, proveerles un abogado estrella y traerlos a Estados Unidos para crear una nueva red de televisión de cable, Osama TV?".[190]

Cuando un periodista de *Le Monde* preguntó al secretario de Estado adjunto cómo era posible que siendo una coalición la que libraba la guerra contra el terrorismo, no fuera ésta sino Estados Unidos, en solitario, quien pretendía juzgar con sus propias leyes a los detenidos, el funcionario respondió: "Por el momento estamos en la etapa de conseguir información, queremos explotar toda información que puedan tener esos prisioneros, a fin de impedir otros ataques terroristas y saber en qué dirección actuar en las etapas siguientes".

En Washington, los abogados de dos británicos y un australiano detenidos en Guantánamo intentaron llevar adelante una querella judicial por la falta total de derechos que seguían sufriendo sus defendidos meses después de su confinamiento.

El Departamento de Justicia les informó que "en tanto que todavía están en curso las hostilidades que han conducido a su captura, los tribunales no tienen ni jurisdicción ni existe norma jurídica para evaluar la conducta del presidente y del Ejército".[191] Y es que, según la administración Bush, esos prisioneros están detenidos por orden del presidente y comandante en jefe de Estados Unidos, "en virtud de las leyes y usos de guerra", aunque, paradójicamente, no se los reconozca como prisioneros de guerra. Las Convenciones de Ginebra establecen, sin embargo, en su artículo 118, que "los prisioneros de guerra serán liberados y repatriados, sin demora, tras concluir las hostilidades".

En la medida en que la guerra de Afganistán no ha sido, no es una guerra declarada como tal por Estados Unidos, que aún continúan las escaramuzas y que los líderes enemigos no han sido capturados, el Pentágono no da tampoco por cerrado el conflicto. El propio hecho de que los detenidos hayan sido trasladados a la base de Guantánamo, incluso antes de que ésta estuviera dotada de unas celdas permanentes, no fue casual. En la medida en que no se trata de una base situada en territorio estadounidense propiamente dicho, las autoridades de Estados Unidos podrían argumentar que los prisioneros no se hallan amparados por la Constitución de este país y que por lo tanto no tienen derecho a contar con una asistencia letrada ni un juicio por parte de jurados imparciales como ésta establece.

"Según Washington, en ese caso la Constitución de Estados Unidos no se aplica. De esta manera, las jurisdicciones de derecho común quedan relegadas, en beneficio de los tribunales militares."[192]

Human Rights Watch señaló en un amplio informe sobre los prisioneros de Guantánamo[193] que "las Convenciones de Ginebra no excluyen el procedimiento, la convicción y la sentencia de los prisioneros de guerra". La organización humanitaria estadounidense advertía: "El gobierno de Estados Unidos no puede escoger hacer la guerra de Afganistán con armas, bombas y soldados, para después imponer que las leyes de guerra no se aplican".

Kenneth Roth, su director ejecutivo, sostuvo: "Decir que las Convenciones de Ginebra no se aplican a la guerra contra el terrorismo es particularmente peligroso y es fácil prever que esta 'excepción' pudiera ser contraproducente para las fuerzas de los Estados Unidos en conflictos futuros".

Oliver Audeoud mostraba la paradoja en la que había caído el gobierno Bush: "Estados Unidos podría haberse referido al protocolo adicional (de las Convenciones de Ginebra de 1949) de 1977, que niega a los 'mercenarios' el estatus de prisioneros de guerra. Pero no aceptaron el protocolo. Además, la definición de mercenario está ligada a la obtención de un beneficio personal, lo que parece aquí pertinente. Sin embargo, el estatus de mercenario otorga a los detenidos los derechos de los acusados comunes".

A mediados de julio de 2002, seis meses después del traslado a Guantánamo del primer grupo de prisioneros capturados en Afganistán, eran ya 534 los hombres detenidos, pertenecientes a 39 nacionalidades distintas, y a finales de 2002 la cifra rozaba los 500. Después de las protestas y denuncias que provocaron en numerosos países las primeras fotografías conocidas de los presos de Guantánamo, Estados Unidos optó por continuar los traslados con mucha mayor discreción. Los detenidos siguieron siendo interrogados día y noche, ignorándose qué métodos se aplicaban contra ellos en la medida que no se les ha permitido tener visitas ni asistencia jurídica ni comunicación alguna con el exterior. Los presos fueron trasladados a celdas fijas que dificultan aún más la comunicación entre ellos. Ignoran por completo si serán sometidos a procesos ante un tribunal civil o una corte militar norteamericana, si serán repatriados a sus países de origen o liberados.

En marzo de 2002, al menos 200 de los prisioneros de Guantánamo realizaron una huelga de hambre en protesta por el trato que recibió uno de los detenidos durante la oración. Dos guardias de la Infantería de Marina –cuerpo responsable de la vigilancia– irrumpieron en una de las celdas para obligar a un detenido a quitarse de la cabeza una especie de turbante que se había hecho con una sábana.

Según las estrictas medidas que funcionan en la base, está prohibido a los detenidos utilizar otro atuendo que no sean los monos rojos, y los gorros blancos exclusivamente durante la oración.

Los prisioneros fueron desprovistos de sus turbantes y rapados cuando fueron detenidos en Afganistán. Las Convenciones de Ginebra establecen, sin embargo, en su artículo 18: "Todos los efectos y los objetos de uso personal –excepto las armas, los caballos, el equipo militar y los documentos militares– quedarán en poder de los prisioneros de guerra". Cuando en octubre de 2002 los medios de comunicación pudieron entrevistar a un puñado de ancianos afganos –uno de ellos con demencia senil– liberados tras permanecer detenidos en Guantánamo cerca de diez meses sin ningún cargo contra ellos, éstos declararon que no habían sufrido torturas pero sí habían padecido unas durísimas condiciones durante su cautiverio. "Tan sólo nos permitían salir de las celdas dos veces por semana durante media hora", aseguraba uno de ellos.

Para el profesor Olivier Audeoud, "según las Convenciones de Ginebra, los prisioneros tienen derecho a un proceso justo y recto, a una defensa y a la posibilidad de recurso". Y recuerda que "los Estados que cuentan con ciudadanos detenidos en Guantánamo tienen derecho a ejercer su protección diplomática y a exigir el respeto del derecho común por parte de Estados Unidos. Dependiendo de sus inculpaciones, que aún están por determinarse, éstos países pueden pedir su extradición para juzgarlos en su territorio".

En abril de 2003 se conocían otros dos nuevos elementos preocupantes en relación con los prisioneros de la base de Guantánamo. El Pentágono reconocía que al menos 6 de los 660 confinados en el Campo Rayos X son menores de edad. Por otro lado, mandos militares anunciaban que se ampliarían las instalaciones para acoger a nuevos prisioneros, capturados durante la guerra en Irak. Esto viene a confirmar la decisión de Washington de convertir en una práctica común la aplicación de sus leyes de excepción con los prisioneros que haga en cualquier parte del mundo, sean de la nacionalidad que sean. Estados Unidos ya advirtió desde antes incluso del comienzo de la última guerra contra Irak, que podría enjuiciar por crímenes de guerra a personalidades clave del régimen de Saddam. Es paradójico sin duda ese anuncio, desde el momento en que la Corte Penal Internacional será el único organismo a nivel mundial capaz de juzgar ese tipo de delitos; pero Estados Unidos rechazó su autoridad al no ratificar el Tratado de Roma, por el cual fue fundada.

POLÉMICA SOBRE LA PENA DE MUERTE

El secretario de Defensa Donald Rumsfeld llegó a decir en una entrevista concedida a la prensa británica que "cuando hayamos obtenido de ellos (los prisioneros) la información que consideremos apropiada, con toda probabilidad dejaremos que todos los países que lo deseen puedan recuperar a sus ciudadanos y llevar a cabo su juicio".[194]

Con su soberbia habitual, Rumsfeld, uno de los máximos "halcones" de la administración Bush, se permitía dudar de cómo podrían ser juzgados incluso en el Reino Unido –principal aliado de Estados Unidos– los cinco ciudadanos británicos detenidos en Guantánamo. "Aceptaríamos enviarlos al Reino Unido si se los trata de la manera adecuada en lugar de ponerlos en libertad, dejarlos en la calle y permitir que se suban a más aviones y los dirijan contra el Pentágono y el World Trade Center de nuevo."

Rumsfeld ponía aún más condiciones para una eventual entrega de ciudadanos extranjeros detenidos en Guantánamo a sus países de origen: "Tendríamos que tener garantías de poder dar marcha atrás e interrogar a esas mismas personas si fuera necesario, en el marco de las investigaciones abiertas" tras los atentados del 11-S. Dijo que Estados Unidos sólo entregaría prisioneros a "países interesados en juzgar a las personas que deban ser juzgadas", sosteniendo que los demás podrían ser juzgados por una comisión militar y en algunos casos, condenados a muerte.

Esa amenaza de condenar a detenidos en Afganistán a la pena de muerte provocó malestar en el seno de la Unión Europea. La UE tiene como principio acordado unitariamente que ninguno de sus países miembros accederá a entregar a Estados Unidos a presuntos terroristas que detengan en sus propios territorios si los presos pueden ser condenados a muerte. En octubre de 2001 George W. Bush enviaba precisamente una carta al presidente de la Comisión Europea, Romano Prodi, en la que le sugería que se levantaran esas "prácticas discriminatorias" contra Estados Unidos en el tema de las extradiciones.

La tensión entre los países de la Unión Europea y Estados Unidos creció cuando en varios de ellos, incluida España, se produjeron detenciones de individuos acusados de formar parte de células de Al Qaeda. A pesar de las presiones norteamericanas, hasta fines de septiembre de 2002 al menos, ningún país europeo había cedido en el tema de las extradiciones.

Los dos coordinadores con que cuenta la Audiencia Nacional de Madrid para aquellos casos ligados al terrorismo islámico, Jesús Alonso y

Pedro Rubira, tuvieron ciertos roces con oficiales del FBI a fines de noviembre de 2001, cuando estos últimos llegaron a Madrid para interesarse por los supuestos miembros de Al Qaeda detenidos en España, a los cuales el juez Baltasar Garzón relaciona con los atentados del 11-S.

Alonso y Rubira tuvieron que aclarar al FBI que España sólo aceptaría extraditar a los detenidos a Estados Unidos de aceptar este país una serie de condiciones: que no fueran enjuiciados por tribunales militares, ni por juicios sumarísimos; que en ningún caso fueran condenados a la pena de muerte ni a una pena de cárcel que supere los treinta años.

El propio ministro británico de Defensa, Geoffrey Hoon, dijo que si alguien como Osama bin Laden fuera detenido por soldados del Reino Unido, sólo sería entregado a Estados Unidos si el gobierno de este país se comprometía formalmente a no ejecutarlo.

Una declaración similar hizo en su momento Francia, en relación con Zacharias Moussaoui, el francés detenido el 16 de agosto de 2001 en Minnesota por problemas de inmigración y que luego fue acusado de complicidad con los autores de los atentados del 11-S. La ministra de Justicia francesa, Marlyse Lebranchu, declaraba a fines de ese año: "Ninguna persona beneficiaria de la protección consular francesa debe ser ejecutada. El señor Moussaoui debe poder beneficiarse de todos los derechos de defensa previstos por la legislación norteamericana y no debe ser ejecutado. Esto se desprende de nuestra posición general sobre la pena de muerte".[195]

A pesar de que los ciudadanos estadounidenses no pueden ser juzgados por los nuevos tribunales militares, en Estados Unidos su creación ha provocado una fuerte polémica tanto entre los juristas como en los medios de comunicación. Más de trescientos profesores de Derecho de Estados Unidos firmaron a comienzos de diciembre de 2001 una carta dirigida a la Casa Blanca y al Comité Judicial del Senado en la cual advertían de los peligros que suponían los tribunales militares para las libertades democráticas.

Asimismo, en la carta recordaban que la Casa Blanca no podía mencionar como antecedentes de ese tipo de práctica las decisiones tomadas en su momento por los gobiernos tanto de Abraham Lincoln como luego por Franklin Roosevelt, porque, en ambos casos, los presidentes estadounidenses habían pedido y obtenido el apoyo explícito del Congreso antes de constituir los tribunales militares.

Al mismo tiempo, el congresista demócrata Dennis Kucinich, al frente de un grupo de unos cuarenta parlamentarios, entre ellos al menos dos republicanos, Bob Barr y Bernie Sanders, denunció en un documento los juicios militares: "Nos oponemos a la creación de una "justicia paralela", basada en procesos secretos, que amenaza con minar los fundamentos de nuestro propio sistema".

El columnista del *New York Times*, William Safire, crítico con los juicios militares, se preguntaba: "¿En qué se apoyará ahora Estados Unidos cuando China condene a muerte a un estadounidense tras un juicio militar, desprovisto de un abogado elegido por el acusado?".[196]

El ex fiscal federal de Estados Unidos, James Orenstein, rechazaba en estos términos la defensa que Bush hacía de los juicios realizados por militares frente a los jurados civiles: "El Presidente sostiene que los tribunales militares protegerán a los jurados civiles de las represalias por parte de los terroristas, pero los agentes federales han dado plena satisfacción a jueces, jurados y testigos en numerosos procesos que han planteado ese peligro".[197] Y rebatía otro de los argumentos a favor de los tribunales militares esgrimidos por el gobierno, el del control de la información que afecte a la seguridad nacional: "La información clasificada está también protegida por la Ley de Procedimiento de la Información Clasificada, para evitar su descubrimiento en procesos civiles".

LA EXCEPCIÓN DE JOHN WALKER

Estados Unidos hizo una única excepción con los prisioneros capturados por sus fuerzas en Afganistán. Fue el caso del joven John Walker Lindh, al que se comenzó a llamar el "talibán norteamericano" aunque no formaba parte, sin embargo, de las fuerzas regulares del régimen de Kabul. A pesar de ello, John Walker, un joven de 20 años de familia acomodada y criado en California, que fue capturado en Masar-i-Sharif, no fue trasladado como los demás prisioneros a la base de Guantánamo, sino a Estados Unidos. El joven "combatiente ilegal" no fue enjuiciado tampoco por un tribunal militar, sino por uno federal.

En algunas iniciales declaraciones el propio fiscal del Estado, John Ashcroft, no excluía que se pidiera la pena de muerte para John Walker, pero la Justicia estadounidense terminó buscando la fórmula más blanda posible para procesarlo. El gobierno desistió de acusarlo de "traición" a su país, lo que hubiera dado lugar a un proceso en el que tendrían que haber declarado miembros de la CIA y de las fuerzas especiales que participaron en la polémica represión contra una revuelta de los prisioneros talibanes y de Al Qaeda en Masar-i-Sharif. Como se reveló en investigaciones periodísticas posteriores, numerosos prisioneros murieron asfixiados por las altas temperaturas y la falta de ventilación existentes dentro de los gigantescos contenedores metálicos en los que fueron trasladados y alojados.

La rebelión se saldó con la muerte de cientos de los detenidos que habían sido trasladados allí por fuerzas de la Alianza del Norte, ante quienes se habían rendido en distintas partes del país. Walker fue localizado por las fuerzas estadounidenses entre los pocos supervivientes que quedaron, cuando se dirigió a ellos en un perfecto inglés.

Tras una negociación extrajudicial, Walker se reconoció "culpable" de haber ayudado como "soldado" a los talibanes y de portar armas y explosivos. En el momento de su detención portaba un fusil de asalto y varias granadas de mano.

Como recordaba *Time*,[198] durante los interrogatorios a los que lo sometió el FBI en diciembre de 2001, declaró que había viajado inicialmente a Yemen y luego a Pakistán para estudiar el Corán y la lengua árabe y que luego se trasladó a Afganistán para combatir junto a los talibanes, siendo entrenado en un campamento de Al Qaeda. Según el FBI, John Walker dijo haber recibido cursos de combate, pero que cuando un lugarteniente de Osama bin Laden le había preguntado si aceptaría cometer acciones terroristas en Estados Unidos, él dijo que prefería combatir en Afganistán. Tras luchar contra las fuerzas de la Alianza del Norte aliadas con Estados Unidos, Walker terminó acorralado por éstas y se rindió junto a otros compañeros.

El joven norteamericano resultó herido de bala en la pierna durante la represión a la revuelta de los prisioneros con los que se encontraba en la cárcel de Qala-i-Jangi, donde murió el agente de la CIA Mike Spann. Según sus abogados defensores, "nunca disparó contra fuerzas norteamericanas". En un principio su defensa había denunciado el hecho de que hubiera sido interrogado en Afganistán mientras se encontraba herido y bajo los efectos de la morfina y que durante semanas no se le aceptara su reclamo de un abogado, pero finalmente retiró su protesta ante el acuerdo logrado con la Fiscalía. Estados Unidos quiso presentar a John Walker como un joven idealista y despistado, que había caído inocentemente en manos de los malvados talibanes y miembros de Al Qaeda. John Walker consiguió ser condenado a "sólo" veinte años de prisión. Su situación, similar a la de cualquier preso, o mejor, desde el momento en que fue trasladado a Estados Unidos y que su padre le puso como abogado a un hombre como James Brosnahan, ex fiscal en el caso Irán-Contras, contrastaba así a todas luces con la total indefensión del resto de los prisioneros hechos en Afganistán y que se encuentran desde hace meses en Guantánamo.

El gobierno Bush logró, por otro lado, lanzar su propio mensaje "moral" y religioso a los padres liberales estadounidenses. "Johnny" es hijo de padres liberales divorciados. La madre era católica y luego se pasó al budismo. Los padres del joven no pusieron ningún reparo a sus inquietudes por viajar a Yemen a "conocer el mundo musulmán", toda una serie de "pecados" que le han llegado en bandeja a los republicanos para despotricar un poco más contra la educación liberal.

Ha sido distinto el tratamiento dado al otro ciudadano norteamericano capturado en Afganistán por fuerzas de la Alianza del Norte, Yasser Esam Hamdi, nacido en Baton Rouge, quien combatía junto a los talibanes. Hamdi fue trasladado por las fuerzas especiales a una nave de guerra anclada en Norfolk, Virginia, negándosele el derecho a ver a un abogado y a conocer los cargos que pesan sobre él. El *Herald International Tribune* protestó por su situación en un editorial[199] en el que denunciaba que la política de Bush estaba minando los más de dos siglos de vida de la Constitución de Estados Unidos. Hassan Hamdi, saudita y padre del detenido, denunció el distinto tratamiento recibido por su hijo y por él mismo con respecto al dispensado al joven John Walker, cuyos padres son norteamericanos.

EL NEOMACCARTHISMO

A pesar del grave golpe al derecho internacional que supone la detención en la base de Guantánamo de cientos de prisioneros capturados en Afganistán, meses antes incluso de que se produjeran esos hechos, a partir de enero de 2002, en el propio suelo de Estados Unidos la "campaña contra el terrorismo" servía de justificación al gobierno Bush para provocar el mayor cercenamiento de las libertades democráticas desde la siniestra época del maccarthismo, medio siglo atrás.

Parafraseando a Gore Vidal: "El daño físico que Osama y sus amigos nos pueden causar, terrible como ya hemos visto, no es nada comparado con lo que él nos está haciendo en el terreno de nuestras libertades".[200]

En plena euforia patriótica y belicista, el 26 de octubre de 2001, pocos días después de que se iniciaran los demoledores bombardeos contra el régimen de Kabul y las milicias de Bin Laden, el gobierno norteamericano sacaba adelante una legislación de emergencia, la US Patriot Act (Ley Patriótica), un escandaloso paquete de medidas que restringen gravemente las libertades individuales.

Al amparo de esta ley John Ashcroft ordenó, entre otras cosas, la detención de cerca de 5.000 inmigrantes, la mayoría originarios de países de Cercano Oriente, muchos de los cuales vivían y trabajaban en Estados Unidos en forma legal desde décadas atrás. Con la US Patriot Act en la mano, nacida casualmente en momentos en que el Museo de Appleton, Wisconsin, inauguraba la exposición "Joseph McCarthy, una tragedia moderna", la policía y los servicios de Seguridad –en especial el FBI– practicaron arbitrarias detenciones a lo largo y ancho de Estados Unidos.

A los detenidos, contra los que mayoritariamente no se pudieron presentar cargos, se les negó todo tipo de asistencia jurídica y régimen de visitas. Muchos de sus familiares los denunciaron a las autoridades como "desaparecidos", ya que ninguna autoridad pública reconocía haberlos detenido o tenerlos presos. Seis meses después de iniciarse esos procedimientos, se calculaba que seguían estando en las prisiones estadounidenses alrededor de 1.200 detenidos en esas condiciones. Estaban desaparecidos, paradójicamente, en "la tierra de la libertad". A finales de 2002 al menos quedaba la mitad.

En agosto de 2002 la Casa Blanca hizo manifiesto su gran malestar por el hecho de que la juez federal Gladys Kessler, del distrito de Washington, reclamara al gobierno que revelara la lista de todas las personas detenidas como sospechosas de terrorismo y que se mantenían en un limbo judicial. La juez daba así la razón a una demanda presentada por organizaciones defensoras de los derechos civiles. Un portavoz gubernamental dijo que era imposible cumplir la orden judicial y a la vez garantizar la seguridad de los estadounidenses. El Departamento de Justicia terminó apelando ante el Tribunal Supremo, que al final, en junio de 2002, autorizó temporalmente al gobierno a juzgar a puerta cerrada a los extranjeros detenidos tras el 11-S, sin presencia de público o de medios de comunicación, aunque el caso debe ser visto todavía por un tribunal federal de apelaciones.

Meritxell Mir recogió los testimonios personales de algunos de esos detenidos. A mediados de junio de 2002 logró visitar en la prisión de Passaic County, en Nueva Jersey, a Salim Nayid, un palestino católico de 40 años, detenido desde el 8 de octubre de 2001, quien hasta ese momento al menos debía compartir celda con delincuentes comunes, algunos de ellos criminales declarados.

Su delito: ser de origen árabe y, por lo tanto, sospechoso de terrorismo. En ese mismo artículo[201] Meritxell Mir recogió las declaraciones de un paquistaní de 38 años, Syed Alí, un hombre casado y con hijos, que llevaba más de quince años viviendo en Estados Unidos y de clase media alta, que al igual que Salim Nayid fue detenido por el FBI y encarcelado sin cargos hasta que un juez decidió liberarlo harto de que no se presentara contra él ninguna acusación ni prueba. Syed Alí, que también tuvo que convivir con criminales en la prisión, fue liberado tras permanecer varios meses detenido.

La organización Human Rights Watch recogió decenas de testimonios similares de personas de origen árabe, casi todos hombres, que fueron liberados recién después de pasar semanas y semanas en prisión sin que se presentara formalmente contra ellos ningún cargo.

El 10 de julio de 2002, la prensa estadounidense[202] revelaba que el gobierno de Estados Unidos había deportado en secreto a 131 paquistaníes detenidos sin cargos tras el 11-S. Se calcula que la comunidad paquistaní en Estados Unidos fue la más afectada. Unos 250 paquistaníes pudieron ser detenidos tras el 11-S. En un informe de Human Rights Watch de agosto de 2002 se recoge, entre otros, el testimonio hecho por uno de los paquistaníes deportados, Muffed Khan, a la BBC:[203] "Para mí Norteamérica fue la tierra de mis sueños. Yo acostumbraba decir que era afortunado por vivir en un país liberal y democrático. Pero la tierra de mis sueños se convirtió en infierno para mí después del 11 de septiembre".

En los únicos casos en que se presentaron cargos contra algún detenido, antes de proceder a su deportación, fue por haber violado de alguna manera las leyes de inmigración, algo por otro lado sumamente habitual en un país como Estados Unidos. Pero en ningún caso, hasta octubre de 2002 al menos, las autoridades habían presentado cargos de terrorismo contra alguno de los detenidos en esas redadas.

Las únicas personas a las que se acusó delante de un tribunal de tener alguna vinculación con grupos terroristas, además de Zacharias Moussaoui, fueron los integrantes de una supuesta "célula durmiente" de Al Qaeda detenidos en Buffalo. Las personas consideradas de "especial interés" por parte de los servicios de seguridad fueron, según un cuadro oficial del Departamento de Justicia del 11 de enero de 2002, las provenientes del sur de Asia (al menos había reconocidos 292 detenidos a esa fecha); seguidas por las de Cercano Oriente (203); las del norte de África (162); de Europa (19); de América latina (15); de África subsahariana (12); de Norteamérica (6); y otros cinco sin indicación de origen. En esa lista no se aportaban ni la identidad ni el lugar de detención de esas personas.

El Departamento de Justicia, dirigido por John Ashcroft, justificó en todo momento el secretismo acerca de los detenidos en cuestiones de "máxima seguridad". Según ese Ministerio, de presentarse cargos precisos y realizarse audiencias públicas, se correría el riesgo de aportar al "enemigo" datos de las investigaciones antiterroristas en curso.

El jefe de policía de Portland, Oregon, Andrew Kirkland, fue el primero en resistir la nueva legislación antiterrorista, sumándose luego a él jefes policiales de otros Estados opuestos a cumplir las órdenes de Ashcroft. "Las leyes de Oregón no nos autorizan a interrogar de forma arbitraria, como se nos reclama ahora, a un gran número de personas por el único hecho de ser inmigrantes de origen árabe", dijo Kirkland. Algunas de las personas críticas con las órdenes de Ashcroft recordaron que éstas violaban las cláusulas más básicas de la propia Constitución de Estados Unidos, como la Primera Enmienda, la Cuarta, Quinta, Sexta y Octava, así como también resoluciones importantes aprobadas por la ONU en la última década.[204]

La US Patriot Act no sólo permite mantener a cualquier ciudadano extranjero sospechoso detenido durante al menos siete días sin presentar cargos contra él, como medida "preventiva". A su amparo el superfiscal John Ashcroft dictó una serie de normas complementarias que, entre otras cosas, permite a las autoridades policiales registrar viviendas y oficinas sin autorización judicial, así como "pinchar" los teléfonos de cualquier sospechoso de estar vinculado a alguna actividad terrorista, controlar su correspondencia y su correo electrónico. Por esta polémica ley los agentes del FBI están ahora legitimados también a entrar en una biblioteca, una iglesia o una mezquita sin que lo hagan como parte de una investigación abierta, o "hurgar" en las cuentas bancarias de un sospechoso o en las fichas médicas que haya sobre él en un hospital.

John Ashcroft envió en noviembre de 2001 a todos los Estados de la Unión modelos de una misiva para "invitar" a los ciudadanos árabes a pasar por comisaría para interrogarlos. En las misivas de "invitación" se aclara al ciudadano en cuestión que su nombre atrajo la atención de las autoridades por ser originario de un país que apoya o financia el terrorismo internacional. Los interrogatorios a los que cada Estado debe someter a esos ciudadanos incluyen preguntas tendientes a aclarar cosas como éstas: si estuvo en el extranjero, en qué fechas y por qué motivos; personas que conoce en ellos y su relación de parentesco o amistad; si está como turista en Estados Unidos, qué monumentos, museos o lugares públicos visitó y cuánto tiempo piensa permanecer aún en el país; si conoce a alguien de su entorno o no, del cual sospeche que pueda estar relacionado con actividades terroristas, gente "rara", o que conozca que tenga armas de grueso calibre o explosivos.

En esos interrogatorios se debe preguntar al potencial sospechoso acerca de dónde estaba el 11-S y cómo reaccionó ante los atentados. La comunidad árabe en Estados Unidos, que tras el 11-S apoyaba mayoritariamente las medidas antiterroristas decididas por Bush, pasaron con los meses a denunciar cada vez con más periodicidad las graves discriminaciones de las que eran objeto y muchos de ellos, con años viviendo en ese país, se planteaban volver a emigrar ante el clima hostil imperante.[205]

Según informaba *The Washington Post*, Estados Unidos pondrá en marcha un sistema informático que permitirá a las autoridades de aviación civil de ese país conocer todo acerca de cada pasajero de avión que salga de sus aeropuertos o llegue a ellos. Este sistema permitirá saber, por ejemplo, los antecedentes policiales del pasajero, si frecuenta asociaciones, clubes o restaurantes sospechosos de ser utilizados por terroristas, si también pagó el boleto de otros pasajeros y si viajan juntos o reservaron asientos en distintos lugares del avión, etcétera.

EL NUEVO SUPERMINISTERIO DE SEGURIDAD

Como resultado de la lluvia de críticas que cayeron sobre el gobierno por su demostrada ineficacia para desarticular los más que anunciados actos terroristas en Estados Unidos, George W. Bush anunciaba el 7 de junio de 2002 la creación de un superministerio de Homelad Security (Seguridad de la Patria) para coordinar la labor de un sinfín de agencias y departamentos dedicados al tema.

El nuevo organismo, que fue finalmente ratificado por los parlamentarios a fines de noviembre, cuenta con un presupuesto anual de 38 mil millones de dólares y reunirá a 170 mil agentes y empleados, buena parte de ellos provenientes de los distintos departamentos y agencias que se fusionarán en él. "Es la mayor reorganización gubernamental desde la llevada a cabo por Truman en 1947, y su propósito es proteger el territorio de ataques terroristas", sostuvo el portavoz de la Casa Blanca, Ari Fleischer, al presentarlo. Truman creó ese año el Departamento de Defensa, a partir de los antiguos ministerios de Marina y de Guerra.

Paradójicamente, ni el FBI ni la CIA –dos agencias de inteligencia clave en las que se verificaron graves fallas– formarán parte del nuevo organismo creado, dado que seguirán dependiendo del Ministerio de

Justicia, aunque tendrán al nuevo superorganismo creado, llamado Departamento de Seguridad Nacional, como "cliente", al que suministrarán información.

Por oposición expresa del secretario de Defensa, Donald Rumsfeld, tampoco los servicios secretos de las Fuerzas Armadas quedarán dentro de la estructura del nuevo superministerio, para cuya dirección ha sido nombrado Tom Ridge. El nuevo departamento pasó a aglutinar tanto las tareas que desde hacía pocos meses realizaba la Oficina de Seguridad Nacional, dirigida por el propio Ridge, como muchas de las del Servicio de Inmigración, del Servicio de Aduanas y la Guardia Costera; competencias sobre la guerra antibacteriológica, química y nuclear; la infraestructura de análisis de información sobre prevención de ataques de los servicios secretos, al tiempo que se crea una Agencia de Emergencia ante posibles ataques terroristas.

En los mismos días en que los máximos responsables del FBI y la CIA estaban siendo criticados públicamente con dureza por las graves negligencias cometidas en sus respectivas agencias, John Ashcroft les aportaba un poco de oxígeno al anunciar de modo rimbombante desde Moscú –donde se encontraba de visita– que los servicios de inteligencia habían detenido a un hombre que pretendía atentar con una "bomba sucia" contra algún edificio importante de Washington.

El individuo, José Padilla, un estadounidense nacido en Brooklyn de origen hispano y convertido al islam con el nombre de Abdullah al-Mujahir. De 32 años, fue detenido por el FBI en el aeropuerto O'Hare, de Chicago, al regresar de un viaje a Afganistán y Pakistán. Según Ashcroft, Padilla había sido delatado por Abu Zubaydah, supuestamente ex jefe de operaciones de Al Qaeda tras los interrogatorios a los que lo sometió la CIA después de su detención. El gran éxito policial que pretendía reivindicar Ashcroft se mostró, sin embargo, totalmente inconsistente, una muestra más de la campaña de intoxicación realizada por Estados Unidos durante su batalla contra el terrorismo.

A José Padilla, un hombre que había pasado por dos cárceles norteamericanas tras ser condenado por delitos menores, en realidad no se le descubrió ningún material posible de ser utilizado para elaborar una "bomba sucia", ni armas ni documentos comprometedores de ningún tipo. Tras haberse negado a participar como testigo en un juicio contra activistas de Al Qaeda, el FBI lo acusó de haber recibido entrenamiento para la producción de ese tipo de armas en Lahore (Pakistán).

Pocos días después, en junio de 2002, el subsecretario de Defensa, Paul Wolfowitz, trataba de rebajar las acusaciones, sosteniendo que en realidad a Padilla se lo había capturado "muy a tiempo" y que por ello aún no tenía ningún objetivo definido al cual atacar, ni los medios para hacerlo. "En estos casos siempre hay una tendencia a pensar inicialmente en la peor de las hipótesis (*worstcase scenario*)", dijo Wolfowitz para tratar de disculpar las infundamentadas declaraciones de Ashcroft. El término de "bomba sucia" (compuesta por lo general de cesio-137 o cobalto-60) dejó de ser mencionado y varios medios de comunicación estadounidenses aseguraron que las declaraciones hechas por el fiscal del Estado durante su visita a Rusia habían sido exageradas.

A pesar de ser un ciudadano norteamericano, Padilla fue trasladado a la prisión naval de Charleston, en Carolina del Sur, y semanas después de su detención su abogada de oficio, Donna Newman, denunciaba que aún no había sido autorizada a ver a su defendido. "Como ciudadano norteamericano –dijo la letrada– tiene garantizados sus derechos constitucionales y debe ser puesto de inmediato a disposición judicial. Además, aún no lo han acusado de nada." Las autoridades lo catalogaron rápidamente como "combatiente enemigo", aunque según la Orden Militar firmada por Bush, Padilla no puede ser juzgado por los tribunales militares contemplados en ella al ser de nacionalidad estadounidense. Meses después de su detención, la revista *Newsweek* sostenía que el "caso Padilla" estaba provocando fuertes dolores de cabeza al gobierno de Estados Unidos porque el FBI ya dudaba sobre la culpabilidad de ese hombre.

George W. Bush rompió también con uno de los grandes tabúes del sistema político norteamericano, al proponer, como parte de la política de "seguridad por la patria", que se termine con las limitaciones históricas que hasta ahora impiden a los militares inmiscuirse en problemas típicos de la sociedad civil. Bush pretende revisar una ley de 1878, la Posse Comitatus Act, que restringe claramente el papel que pueden desempeñar los militares dentro del propio territorio nacional.

El Pentágono pidió a Bush a inicios de 2002 que nombrase a un general de cuatro estrellas como comandante de las tropas federales en el propio territorio de Estados Unidos y que se cree un nuevo mando militar unificado (en la actualidad existen nueve), dependiente directamente del Presidente y del secretario de Defensa. El Pentágono estudia restablecer un sistema de defensa de sus principales ciudades más sofisticado que el que tenía durante los años de la Guerra Fría. Éste consistía en un anillo que protegía las ciudades con cerca de trescientas baterías antiaéreas de misiles nucleares Nike, una medida en apariencia muy poderosa, pero ineficaz para enfrentarse a ataques como los del 11-S.

Son muchas las presiones existentes para que se vaya hacia una sociedad más militarizada. Dos republicanos de la Cámara de Representantes, Curt Weldon y Nick Smith, presentaron por ejemplo en febrero de 2002, un proyecto de ley al que llaman Acta para el Servicio Militar Universal, para que se reimplante el servicio militar obligatorio en Estados Unidos. Weldon y Smith proponen que sean reclutados todos los hombres de entre 18 y 22 años, que a los objetores se los fuerce a hacer al menos un entrenamiento básico y que se estimule a las mujeres jóvenes para alistarse voluntariamente.

Por ahora la propuesta no consiguió demasiados apoyos, pero la militarización de la sociedad es notoria hasta entre los adolescentes. Desde que llegó al poder George W. Bush dio un gran impulso a la estructura de los *Junior* Reserve Officer Training Corps (JROTC), un viejo programa del Ejército para "reclutar" niños a partir de los 11 años, uniformándolos y preparándolos para servir en el futuro en el Ejército.

Bush logró que los JROTC se conviertan en una fuerza de casi medio millón de adolescentes imbuidos en el espíritu patriótico, decidida a transmitir esos valores entre la juventud. La decisión del gobierno de introducir vigilantes armados en buena parte de los vuelos comerciales provocó una gran polémica en Estados Unidos y entre los colectivos de pilotos y personal aéreo de todo el mundo. "Nuestro objetivo es que los aviones vuelvan a volar sobre el país. Que la gente suba a un avión, que todos puedan regresar a sus negocios habituales", fue la explicación que dio el presidente Bush el 27 de septiembre de 2001, eligiendo como escenario nada menos que el aeropuerto O'Hare de Chicago, uno de los más importantes del mundo.

Bush quiere que tanto sus ciudadanos como los de todo el mundo vuelvan a confiar en las compañías norteamericanas, después de que cuatro de sus aparatos fueran secuestrados y estrellados el 11-S. Los aviones estadounidenses contarán también con cabinas blindadas para impedir el acceso a ella de secuestradores y los pilotos tendrán cámaras que les permitirán ver movimientos anormales entre los pasajeros. Ante las críticas recibidas por estar convirtiendo a Estados Unidos en un país policíaco, John Ashcroft dijo ante el Comité Judicial del Senado: "A aquellos que alarman a la gente que ama la paz con fantasmas de libertades perdidas, mi mensaje es éste: sus tácticas sólo ayudan a los terroristas, erosionan nuestra unidad nacional y disminuyen nuestra resolución. Ellos aportan munición a los enemigos de Norteamérica y paralizan a los amigos de Norteamérica. Ellos alientan a personas de buena fe a permanecer silenciosos frente al demonio".[206] Ésta fue la forma en que la administración Bush respondió a cada uno de aquellos que se atrevieron a criticar sus excesos en la aplicación de las medidas de seguridad. La campaña gubernamental de exaltación del patriotismo trató de mostrar cada protesta como una forma irresponsable de favorecer al enemigo.

Human Rights Watch recordó que en la historia estadounidense del siglo XX hay al menos dos precedentes peligrosos de los excesos del gobierno al aplicar leyes de emergencia nacional. Cita,[207] por ejemplo, la situación que se vivió tras la Primera Guerra Mundial, cuando después de una ola de bombas en suelo norteamericano, el gobierno decidió llevar a cabo redadas masivas de miles de personas sospechosas de actividades comunistas o anarquistas, sin respetar los derechos más elementales de los detenidos. Otro momento similar se vivió durante la Segunda Guerra Mundial, tras el ataque a Pearl Harbor, cuando 110 mil personas fueron detenidas en campos de reclusión por el simple hecho de ser de origen japonés.

¿LICENCIA PARA MATAR?

Veintiséis años después de que el presidente Gerald Ford eliminara la "licencia para matar" que tenían los agentes de la CIA, el tema volvió a discutirse como parte de las nuevas herramientas de las que quería dotarse a la cruzada antiterrorista. Aunque públicamente se desconoce si el gobierno ha dado de nuevo esa autorización de forma secreta, son muchos los que aseguran que la veda ya fue levantada.

Las constantes denuncias hechas durante años sobre asesinatos cometidos en el extranjero por la CIA, decidieron a la administración Carter a actuar, aunque los asesinatos se siguieron realizando a través de mercenarios hasta inicios de los noventa. Cada uno de los presidentes que se sucedió en el poder desde Ford, empezando por Carter, ratificó la prohibición de cometer asesinatos políticos, aunque esa prohibición no incluyó en ningún momento el "uso de fuerza letal" si con ella se podía evitar a su vez una muerte por asesinato. Fue Bill Clinton el que decidió prohibir ese método, tras el escándalo que supuso el asesinato de un ciudadano norteamericano en Guatemala por parte de un oficial guatemalteco reclutado por la CIA. A pesar de que compete a la Cámara de Representantes decidir los criterios de contratación y forma de actuación de los servicios de inteligencia de Estados Unidos, tanto esa Cá-

mara como el Senado habitualmente dan carta blanca a éstos para utilizar sus propios criterios.

El presidente de Estados Unidos tiene en sus manos el derecho de
otorgar la "licencia para matar" a través de una simplísima orden ejecutiva y posiblemente ya lo hizo. La misma recompensa de 25 millones
de dólares ofrecida por Bush a quien le lleve "vivo o muerto" a Bin Laden o alguno de sus principales lugartenientes es una invitación a cometer una ejecución extrajudicial, algo que está prohibido por la ley.
Cuando una semana después del 11-S la prensa le preguntó a Bush si
quería que le llevaran la cabeza de Bin Laden, contestó: "Quiero justicia", pero tras unos segundos añadió: "...Y hay un viejo cartel en el
Oeste que yo recuerdo, aquel que decía 'Se busca, vivo o muerto'".

Al dar a conocer las barajas con las fotos, nombres y cargos de los
55 personajes del régimen iraquí más buscados por sus fuerzas –una
hábil medida de gran valor mediático–, el Pentágono no tuvo reparo en
decir que las instrucciones que tenían las tropas norteamericanas eran
"matarlos o detenerlos". Ningún país ha levantado, sin embargo, su voz
para exigir a Estados Unidos que explique en virtud de qué mandato
de la ONU o disposición del Derecho internacional se arroga el derecho de invadir un país, ordenar la captura y muerte de sus dirigentes o
prever su enjuiciamiento por crímenes de guerra.

POLÉMICA SOBRE LA TORTURA

El uso de la tortura física y psíquica contra los detenidos ha sido
también, tras el 11-S, otro motivo de fuertes debates en Estados Unidos. En noviembre de 2001 el historiador Jay Winik se mostraba partidario del uso "limitado" de la tortura contra los detenidos en un artículo publicado por The Wall Street Journal. En él ponía como ejemplo
que gracias a la tortura se logró que un terrorista detenido en Filipinas revelara un plan de Al Qaeda para estrellar en 1995 once aviones
estadounidenses sobre el Pacífico y uno contra los cuarteles generales de la CIA, en Langley, Virginia, lo que permitió impedirlo a tiempo. Como decía The Observer: "Si usted autoriza el asesinato, por
qué no la tortura".[208]

Un profesor de Derecho de Harvard, Alan Dershowitz, sugirió el uso
de la tortura para un número limitado de casos, en especial para aquellos en los que "la urgencia de la información a obtener del detenido
sea fundamental".[209]

A pesar de que el gobierno no abrió un debate público sobre el tema, varios congresistas pusieron como ejemplo que "países democráticos como Israel" autorizan legalmente una "presión física moderada" contra los detenidos, un eufemismo para la tortura que aplica a diario y de forma sistemática desde hace años contra los palestinos detenidos, y que ha sido denunciado en vano numerosas veces por prestigiosos organismos internacionales defensores de los derechos humanos.

Algunos funcionarios del FBI llegaron al punto de proponer que si no les autorizaban utilizar la tortura contra terroristas detenidos, podría al menos estudiarse la alternativa de extraditarlos a regímenes dictatoriales amigos que tuvieran menos dificultades internas para realizar interrogatorios "eficaces". "El terror no nos debe llevar a la tortura", escribía en una tribuna de opinión en la prensa española el escritor y periodista británico Anthony Sampson.[210] "Tendremos que asegurarnos de que, en nuestra guerra contra enemigos brutales, no nos brutalicemos nosotros también", decía Sampson, para quien, además de "ejercer una mayor vigilancia sobre terroristas potenciales", también "deberemos permanecer vigilantes para defender esos derechos humanos sobre los que descansa nuestra civilización".

El analista norteamericano Bruce Shapiro advertía poco después del 11-S que el verdadero debate de fondo no era tanto tal o cual medida que adoptara el gobierno contra el terrorismo, sino definir realmente qué se entendía como "terrorismo". "Tal vez al gran peligro del paquete de Ashcroft no se le prestó mayor atención en el clima creado tras el 11-S. Es una cuestión de definición. ¿Qué es el terrorismo y qué es un terrorista?", se preguntaba Shapiro en su artículo.[211] "Con el World Trade Center todavía humeante la respuesta parece obvia", dijo Shapiro, para luego añadir: "La historia enseña que la definición de terrorismo es mucho más una cuestión de tiempo y lugar y de quién es el que habla de ella".

Y así muestra las dos caras existentes sobre el tema: "En épocas tan recientes como 1980, el FBI espió al Comité de Solidaridad con el Pueblo de El Salvador. El Congreso Nacional Africano (CNA) de Nelson Mandela fue considerado durante décadas como una organización terrorista y Bill Clinton escandalizó al establishment por quitar al norirlandés Sinn Fein de la lista de grupos terroristas, otorgándole incluso una visa para viajar a Estados Unidos a Gerry Adams".

Shapiro concluía que "el tema es simplemente que terrorismo es más un término político que de precisión legal", y advertía que el peligro de las medidas ordenadas por Ashcroft suponen un golpe contra la cultura de las libertades en Estados Unidos.

Lamentablemente, una buena parte de la población ha apoyado con firmeza la política antiterrorista del gobierno. En una encuesta de la CNN, el 45 por ciento de los ciudadanos entrevistados no veía mal el uso de la tortura si "ese método" permitía conseguir con más facilidad información sobre personas o grupos terroristas. Ante las nuevas polémicas sobre el uso de la tortura o la legitimación de los asesinatos, era inevitable que se discutiera el espinoso tema del reclutamiento de agentes de la CIA. Aunque para ser miembro de la CIA hay que ser ciudadano norteamericano, según aclara esa agencia en su web a los interesados,[212] es bien sabido que esa cláusula se salta a menudo no inscribiendo a un agente extranjero en el registro "A" sino en el "B".

La nueva lucha contra un enemigo atípico, difícil de identificar y de localizar, como la red Al Qaeda, ha hecho que no sólo entre los directivos de la inteligencia norteamericana, sino también entre los parlamentarios y gobernantes, se comenzaran a revisar las limitaciones que existían para el reclutamiento de personajes envueltos en asesinatos o violaciones de los derechos humanos como agentes de la CIA. "Si sólo trabajamos con agentes buenos, agentes oficiales, no vamos a saber nunca qué están haciendo los malos. Éste es un negocio sucio, peligroso, perverso; tenemos que movernos en ese escenario." Esas palabras no son de ningún parlamentario exaltado. Fueron dichas por el propio vicepresidente de Estados Unidos, Dick Cheney, en declaraciones a la cadena de televisión NBC en septiembre de 2001. "Vamos a volver a analizar de qué manera trabajamos y con qué gente, pero puede que nos haga falta meter en nómina, en el lado oscuro, a algunos individuos muy indeseables", añadió. En esos días una encuesta de la CBS y *The New York Times* revelaba que casi un 65 por ciento de los entrevistados estaba de acuerdo con que los agentes secretos estadounidenses tuvieran licencia para matar a quienes promueven o realizan actos terroristas.

UN EJÉRCITO DE ESPÍAS CIVILES

Tras el 11-S el Presidente hizo un llamamiento a todos los ciudadanos a participar en algunos de los programas de servicios públicos ligados a la seguridad: el de los voluntarios para colaborar con la policía; el de los que ayudan a la vigilancia de su barrio; el de los médicos "de reserva", los CERT, equipos de respuesta comunitaria ante emergencia y el TIPS (Sistema de Prevención e Información contra el Terrorismo).[213]

"Hago un llamamiento a todos y cada uno de los norteamericanos para que dediquen al menos dos años, 4.000 horas de servicio, a la nación. El USA Freedom Corps es mi esfuerzo personal para crear una cultura de servicio, de ciudadanía y de responsabilidad, que reforzará y ayudará a que puedan defender nuestra patria, apoyar nuestras comunidades y extender la compasión norteamericana alrededor del mundo", dijo Bush.[214]

Dentro de esas medidas, la creación del TIPS es la que ha provocado más polémicas, dentro y fuera de Estados Unidos. El TIPS, más conocido como "Operación Soplos" por la Población, podría ser considerado por el genial George Orwell como una variante imaginativa de su famoso *1984,* pero pensada por John Ashcroft.

"Necesitamos contar con la ayuda de gente que se mueva por el país o desarrolle su trabajo en contacto con el público", dijo Ashcroft ante comités de las dos Cámaras al explicar su proyecto para contar con un millón de confidentes en Estados Unidos. "Gente como los camioneros, capaces de detectar situaciones anormales y ver lo que otra gente no ve." El fiscal sostuvo que "Al Qaeda está en nuestro país y dispuesta a actuar en cualquier momento", por lo que es fundamental que uno de cada veinticuatro ciudadanos norteamericanos, al menos, se dedique a advertir a las autoridades policiales de cualquier anomalía que encuentre en el comportamiento de su vecino, compañero de trabajo o comerciante. Los viajantes de comercio, conductores de camiones, o simplemente los albañiles, electricistas, fontaneros, antenistas o carteros que van de casa en casa para realizar su trabajo y que se quieran apuntar en el TIPS, tendrán un teléfono de contacto para denunciar sus sospechas. La escandalosa propuesta del *Big Brother* Ashcroft puede dar lugar a un Estado policíaco en el que tanto un amante despechado, un vecino envidioso o un trabajador expulsado puede aprovechar cualquier característica peculiar de una persona odiada que se pueda prestar a equívocos para denunciarla y hacerle pasar como mínimo un mal momento en manos del FBI o la Policía.

La amplia asociación de trabajadores de Correos se pronunció en contra de colaborar con la red de espías civiles. El congresista Dennis Kucinich, líder del *caucus* de los demócratas progresistas, sostenía: "Estamos pasando de ser una sociedad informada a una de informantes". El propio líder de la mayoría republicana en la Cámara de Representantes, Dick Armey, le advirtió a Ashcroft: "No permitiremos que el gobierno haga que los ciudadanos se espíen unos a otros".

Ante las numerosas críticas recibidas el gobierno decidió, en agosto de 2002, contentarse con una red de delatores más reducida, mucho menor que el millón de "soplones" previstos en un inicio, de la que, al menos oficialmente, no formarían parte aquellos profesionales que por lo general desarrollan su trabajo en la vivienda de otras personas, de manera de no provocar el temor de estas últimas a una violación de su intimidad, según sostuvo la vicefiscal general para los Programas de la Oficina de Justicia, Deborah Daniels. En cambio, se estimulará la colaboración activa con el TIPS de los conductores de autobuses, trenes, camiones, basureros y un largo número de actividades desarrolladas por personas que se desplazan habitualmente de una zona a otra de la ciudad o del país. Aún antes de ponerse en marcha el TIPS, en enero de 2002 el FBI se jactaba de estar investigando a personas sospechosas de "antinorteamericanismo", a partir de las 435 mil denuncias recibidas hasta ese momento.

SE EXTIENDE LA LEGISLACIÓN ANTITERRORISTA

La presión ejercida por el gobierno Bush tras el 11-S sobre sus aliados europeos llevó a la UE a debatir una serie de medidas comunes contra el terrorismo, como la agilización de las órdenes de detención y extradición de los acusados, el bloqueo de fondos económicos sospechosos de ser usados con fines terroristas; la batalla contra el lavado de dinero de grupos terroristas; la creación de un grupo permanente para coordinar un plan de defensa frente a eventuales ataques con armas biológicas, químicas y nucleares, y un largo etcétera.

Aparte de las medidas comunes adoptadas por los quince, varios países europeos adoptaron medidas legales contra el terrorismo siguiendo en mayor o menor medida las líneas generales de la US Patriot Act. El caso de *Gran Bretaña* es el más claro ejemplo. Argumentando la existencia de un estado de emergencia, el ministro del Interior, David Blunkett, presentó en noviembre de 2001 al Parlamento la Anti-Terrorism, Crime & Security Act (Ley de Seguridad contra el Crimen y el Terrorismo), leyes que han hecho retrotraer la situación de las libertades civiles a los años setenta.

Fue en 1971 cuando el gobierno británico aplicó una durísima legislación antiterrorista que incluía los campos de reclusión para los sospechosos y la abolición durante años de los más elementales derechos de defensa legal de los detenidos. En noviembre de 2001 el gobierno británico llegó a pedir al Parlamento Europeo la suspensión temporal en su territorio del artículo 5° de la Convención Europea de Derechos Humanos, en el cual se garantiza precisamente el derecho a la libertad y la prohibición de mantener a una persona detenida sin ser juzgada. El argumento principal esgrimido por el ministro del Interior, David Blunkett, fue "el peligro cierto" de ataques terroristas en el Reino Unido.

El ministro se apoyó para hacer la solicitud en el artículo 15 de esa Convención, que prevé que en tiempos de guerra o de emergencia pública, se puede revocar lo regulado en el artículo 5°. La nueva legislación antiterrorista británica, al menos en lo formal, va más lejos incluso que la estadounidense. Ella permite mantener detenido por tiempo indefinido a cualquier extranjero sospechoso de realizar alguna actividad terrorista, sin obligación de las autoridades policiales de presentar cargos contra él ni de someterlo ante la Justicia. Las autoridades británicas pueden igualmente detener a presuntos terroristas que hagan escala en alguno de sus aeropuertos, sin tener que informar de ello tampoco a ningún juez, así como han quedado facultadas para mantener en prisión por un plazo de hasta seis meses a toda persona sospechosa de pertenecer a algún grupo armado y que se resiste a ser deportado a un tercer país. El hábeas corpus es uno de los derechos civiles suspendidos a partir de la nueva legislación antiterrorista en el Reino Unido.

El Home Office (Ministerio del Interior) ha sido autorizado a incautar los pasaportes de aquellos musulmanes que tengan pasaporte británico y que pretendan viajar a Afganistán o a algún otro país, con el declarado propósito de unirse a grupos radicales armados.

Las autoridades policiales británicas además podrán revisar en bancos y hospitales todos los antecedentes de un sospechoso y, a pesar de que el gobierno lo niega, algunos diputados de la oposición denunciaron que esos datos podrían ser compartidos con los servicios de inteligencia de otro país, según interpretan las ambigüedades incluidas en la polémica cláusula 17.

En su documento especial "Liberty watch", el periódico *The Observer*[215] sostenía que la nueva legislación supone "el mayor ataque al sistema judicial en Inglaterra y Gales desde el fin de la pena de muerte".

El grupo británico de defensa de los derechos civiles Liberty, heredero del National Council of Civil Liberties creado en 1934, sostenía en 2002 que ya sólo faltaba que organizaciones como la suya fueran consideradas "sospechosas" de terrorismo, como lo fueron en los años cincuenta, de ser "comunistas", al igual que sucedía en esos años de maccarthismo en Estados Unidos. En una carta secreta del MI5 (servicio de espionaje interior) de 1951 dirigida al Home Office y recientemente revelada,[216] se puede ver una muestra de la "caza de brujas" de esos años, que muchos temen se repita ahora.

Durante el debate en la Cámara de los Comunes algún diputado recordó que cuando se impuso en 1974 la Ley Antiterrorista para combatir al Ejército Republicano Irlandés se cometieron graves excesos, así como cuando se aplicó muchos años antes la siniestra Ley de Orden Público (de 1937), diseñada para combatir supuestamente a los militantes fascistas, pero que terminó usándose para perseguir incluso a los homosexuales.

La nueva legislación antiterrorista británica permite ser utilizada a través de siete ministerios, autorizando a sus altos funcionarios a exigir de compañías telefónicas, servidores de Internet y un largo etcétera, que les proporcionen información confidencial precisa sobre determinado cliente suyo.

El gobierno británico ha instado a sus socios de la Unión Europea a homologar su legislación para limitar al mínimo los casos de concesión de asilo o refugio; para poder expulsar con agilidad a los inmigrantes extranjeros, así como para ampliar el tiempo de detención legal de todos aquellos sospechosos de desarrollar algún tipo de actividad terrorista.

En el caso de *Italia*, el Consejo de Ministros aprobó en octubre de 2001 un decreto-ley en el cual se equiparan los procedimientos policiales y judiciales contra el terrorismo con los que hasta ahora se aplican para combatir a la Mafia. Así, se autorizan desde las escuchas telefónicas preventivas, hasta la ampliación del tiempo de detención sin presentación del acusado ante el juez, el control patrimonial y hasta las operaciones policiales encubiertas.

En *Alemania*, el paquete de medidas adoptado a partir de noviembre de 2001 autoriza, por ejemplo, al Departamento Federal de Investigaciones Criminales (BKA) a llevar a cabo un levantamiento parcial de la protección de datos, así como acceder a información confidencial de las tarjetas de crédito de un sospechoso y a sus datos hospitalarios o financieros, sin que medie la denuncia de ningún fiscal.

En *Francia* se ha unido en un mismo paquete de medidas de seguridad aquellas relacionadas directamente con el terrorismo, con las que afectan a la seguridad cotidiana de la calle, con gran permisividad para la realización de registros domiciliarios, de automóviles e incluso chequeos corporales. Con la vuelta al poder de los conservadores y con el nombramiento de Nicolas Sarkozy como ministro de Interior, el gobierno francés dotó de mayores poderes a las Fuerzas de Seguridad, en detrimento de los jueces. La Policía ha pasado a tener acceso directo a todos los datos personales con que cuenta la Seguridad Social y otros organismos sobre cualquier individuo. El fichero de huellas genéticas, que hasta el momento había estado limitado a los protagonistas de delitos sexuales, está ya también a disposición de los agentes. La nueva Ley de Seguridad suprimió el derecho que tenía cualquier persona a contar con un abogado desde el mismo momento de su detención. Con la nueva legislación, el detenido no tendrá asistencia legal durante las primeras treinta y seis horas y se han eliminado los controles judiciales sobre las operaciones e investigaciones policiales.

En agosto de 2002 la presidencia danesa de la *Unión Europea* presentó a los quince países miembros una propuesta para que por motivos de seguridad se guarde el registro de las llamadas telefónicas y correos electrónicos de todos los ciudadanos europeos, durante un plazo de un año. En el caso español, ya la Ley 34/2002 de Servicios de la Sociedad de la Información y de Comercio Electrónico (LSSI), del 11 de julio de 2002, establece en su artículo 12 el "deber de retención de datos de tráfico relativos a las comunicaciones electrónicas" de los ciudadanos que tienen los operadores y proveedores de comunicaciones electrónicas y de acceso a redes de telecomunicaciones.

En su informe anual de 2002, de casi 700 páginas, Human Rights Watch, que analiza la situación en 66 países, sostiene, como antes Mary Robinson, que la lucha antiterrorista encabezada por Estados Unidos ha dado lugar a más violaciones de los derechos humanos en numerosos países. Así se dice, por ejemplo, que Vladimir Putin ha seguido cometiendo atrocidades en *Chechenia* tras el 11-S, pero que ahora lo hace justificando ante Occidente que es parte de la misma lucha contra el terrorismo que se viene librando en numerosos países.

Durante años distintas organizaciones humanitarias y disidentes rusos han venido denunciando la política ultrarrepresiva ejercida por las tropas rusas contra la población de Chechenia, con constantes violaciones de mujeres, atropellos arbitrarios, torturas y ejecuciones sumarias de sospechosos. A partir de ese hecho, Putin aprovechó el clima antiterrorista reinante en el mundo para anunciar su rechazo a cualquier tipo de negociación con los separatistas y el inicio de una vasta ofensiva contra éstos. Imitando discursos de Bush, el presidente ruso advirtió que perseguiría a los independentistas chechenos hasta el último rincón de la Tierra donde se escondieran, ordenando al Estado Mayor del Ejército un nuevo plan de acción antiterrorista para actuar "preventivamente". El *Kremlin* impuso también una censura informativa total para todas las noticias relacionadas con esa lucha.

En el informe de Human Rights Watch se cita el ejemplo de *Uzbekistán*, nuevo aliado de Estados Unidos, cuyo gobierno practica sistemáticamente detenciones y torturas de opositores islámicos que practican su fe fuera de las mezquitas controladas por el Estado. *China* es otro de los países que ha justificado su política represiva contra las protestas que tuvieron lugar en la provincia de Xinjiang, como parte de la "batalla contra el terrorismo".

La excusa de la lucha contra el terrorismo ha sido esgrimida asimismo por el gobierno de *Israel* para justificar tanto las masivas detenciones de palestinos y las torturas a las que se los somete en las prisiones israelíes, como para presentar como "medida preventiva" sus siniestros "asesinatos selectivos", vistos ya por la comunidad internacional como algo rutinario, "natural".

El primer ministro de *Egipto*, Atef Obeid, justificó el uso de la tortura contra los opositores detenidos, como parte del combate antiterrorista mundial, y hasta el presidente de *Zimbabwe*, Robert Mugabe, dijo que los periodistas que lo acusaban de violar los derechos humanos eran "simpatizantes del terrorismo".

En el esfuerzo por comprometer en su cruzada antiterrorista al mayor número de países posible, Estados Unidos ha decidido hacer más oídos sordos que nunca respecto de sangrientos regímenes de todo el orbe. Así, se ha planteado, por ejemplo, la reanudación de las relaciones diplomáticas con el régimen de Indonesia, congeladas desde las masacres que su ejército practicó en Timor Oriental tras la declaración de independencia de este Estado en 1999. En este país de población mayoritariamente islámica (el 90 por ciento) y cuarto en todo el mundo en número de habitantes, la dictadura de Suharto (quien fue aliado de Estados Unidos) provocó una radicalización cada vez mayor de los musulmanes.

En países tan diferentes como *Australia* y la *India* se han producido igualmente restricciones en las libertades democráticas. En Australia, el primer ministro John Howard hizo buena parte de su campaña electoral para la reelección en noviembre de 2001 prometiendo que expulsaría del país a los inmigrantes extranjeros, violando las más elementales leyes sobre asilo y refugio. En la India, el gobierno ha dotado a la policía de nuevos poderes para arrestar a sospechosos de acciones terroristas, que en realidad están sirviendo para cubrir las detenciones de numerosos opositores políticos, activistas sociales y defensores de los derechos humanos.

En *España*, uno de los bastiones fundamentales de la cruzada Bush en Europa, no sólo el gobierno de José María Aznar pudo sacar adelante la reforma de los partidos políticos, que contempla por primera vez la expulsión del Parlamento de todas aquellas formaciones políticas parlamentarias que representen de una u otra manera a la rama política de una organización armada, como es ETA. Aznar también logró que la Justicia ilegalice esas formaciones políticas supuestamente "pantallas", como Batasuna, prohibiendo a su vez a sus militantes presentarse como candidatos de nuevos partidos. En España la oposición denunció con preocupación a fines de abril de 2003 el anteproyecto de ley del futuro Código Penal Militar, encargado por el gobierno de Aznar al general Juan Gonzalo Martínez Mico, en el que se prevé castigar con penas de uno a seis años de cárcel a quien se manifieste en público contra un "conflicto armado internacional" en el que participe España.

La UE está imponiendo cada día más limitaciones a la entrada de inmigrantes a su territorio. Al tiempo que abre sus fronteras internas, Europa erige un alto muro defensivo para impedir que lleguen crecientes oleadas de inmigrantes extranjeros.

6 | Los talibanes y Al Qaeda, criaturas de Estados Unidos

Tras las guerras anglo-afganas del siglo XIX, Afganistán fue considerado durante mucho tiempo como un simple Estado "tapón" llamado a impedir una guerra entre los dos imperios acechantes en sus fronteras: en el norte, el imperio ruso; desde la India, el británico. Estados Unidos estaba todavía lejos de tener algún interés por esa región disputada por otros imperios. Rusia, convertida en superpotencia tras la Segunda Guerra Mundial, reforzó su peso en la región e intentó durante años en vano estrechar las relaciones con el régimen de Kabul.

Sin embargo, Moscú encontraría su gran oportunidad para poner un pie en Afganistán durante el reinado de Zahir Shah (1933-1973), cuando su jefe de gobierno, el general Mohammed Daud Jan, acudió en busca de la URSS para que le ayudara a modernizar su ejército. Daud lo había intentado antes, sin resultado, nada menos que con Estados Unidos. La URSS sabría aprovechar esa posibilidad que se le presentaba y no sólo acudió solícita a brindar formación al ejército afgano, adiestrado inicialmente por los británicos, sino que aprovechó la puerta abierta por Daud para ofrecer miles de becas a los afganos que quisieran seguir cursos superiores en la URSS y a los militares que desearan aprender alguna especialidad. Como explica Manuel Coma, esa "generosidad" soviética "le permitió formar a gran parte de la elite militar, administrativa e intelectual del país",[217] y con ello aumentar enormemente su influencia política.

Esa influencia se traduciría en las primeras formaciones políticas afganas de corte comunista, como el Partido Democrático Popular de Afganistán, cuyos principales líderes se habían educado en la Unión Soviética. Divididos en distintas tendencias, a partir de los años sesenta los comunistas lograron llegar al poder en 1973, aliados con el príncipe Daud —cuyas reformas habían provocado su caída en 1963—, a través de un golpe de Estado que echó por tierra la monarquía de su primo Zahir Shah e instauró la república. Los pro soviéticos provocarían, sin embargo, sólo cinco años más tarde, otro golpe de Estado contra Daud —que fue asesinado—, preocupados por sus estrechas relaciones con países islámicos

vecinos. Pero los intentos del nuevo presidente, Noor Muhammad Taraki, por imponer una profunda reforma agraria e instaurar la educación obligatoria para las mujeres, habrían a su vez de encontrar pronto una tenaz resistencia de las tribus y clanes desplazados del poder, que
se organizaron rápidamente en guerrillas.

Taraki fue a su vez asesinado por su vicepresidente, Hazifullah Amin,
quien tres meses más tarde corrió la misma suerte.

"El orden fue restablecido al precio de entre 3.000 y 5.000 muertos civiles", recuerda Coma, quien dice que "en el momento de la invasión (soviética) 23 de las 28 provincias estaban ya bajo control de guerrillas locales".

La Unión Soviética decidió intervenir desplazando a cuatro de
sus divisiones mecanizadas, e impuso por la fuerza como presidente
al principal líder del Partido Democrático Popular Afgano, Babrak Kar-
mal, que se había exiliado en Moscú. La URSS lanzó allí su última gran
invasión terrestre de un país antes de su propia desintegración y se vio
envuelta en una guerra abierta. La URSS terminó retirando sus miles
de soldados de Afganistán en febrero de 1989 sin haber logrado doblegar la resistencia de los mujahidines. La derrota política y militar
sufrida en Afganistán, sumada a la *perestroika* de Mijail Gorbachov
que avanzaba cada día más, sellarían el certificado de defunción de
la URSS.

La URSS calculó mal las consecuencias de su invasión a Afganistán.
En los momentos más duros de la Guerra Fría, sus tropas habían invadido Hungría y Checoslovaquia sofocando a sangre y fuego la resistencia
civil en las calles de sus principales ciudades, sin que Estados Unidos –Occidente en general– reaccionara. La Casa Blanca se ocupaba, por su
parte, de "compensar" el expansionismo soviético llevando a cabo la terrible matanza que supuso la Guerra de Vietnam, la invasión de Guatemala y la República Dominicana; el frustrado ataque en Bahía de Cochinos (Cuba), al tiempo que promovía golpes de Estado y la instauración
de dictaduras militares en gran parte de América latina.

Pero Afganistán no era ni Hungría ni Checoslovaquia. En ese país
ya había poderosas guerrillas controladas por "señores de la guerra"
dispuestos a aceptar de buen grado la ayuda de quien fuese para enfrentarse al invasor del Norte. Las tropas rusas no se limitaron a respaldar al gobierno de Kabul, sino que, tras muchas reticencias, sus altos mandos decidieron entrar en combate directo contra las fuerzas
guerrilleras.

La primera gran operación del Ejército ruso contra la guerrilla se

libró en marzo de 1980 cerca de la frontera con Pakistán, en las proxi-
midades de Peshawar. No estaban acostumbrados a ese terreno mon-
tañoso, lleno de cuevas y grutas, donde el enemigo se esfumaba para
volver a aparecer en cuanto habían partido los blindados. El Ejército
ruso terminó empantanándose en esas montañas, a pesar de que después de las victorias militares conseguidas los altos mandos daban por
seguro que pronto acabarían la "operación de limpieza" y podrían volver con orgullo renovado a la URSS.

ESTADOS UNIDOS AUSPICIÓ EL PRIMER JIHAD CONTEMPORÁNEO

Pero la URSS no contaba con que en Afganistán tendría que hacer
frente al Jihad contemporáneo. Nunca habría podido imaginar que sería Estados Unidos el que lograría diseñar una compleja estrategia que
no sólo comprendía su apoyo económico y militar a los mujahidines afganos. Washington lograría también que participaran en el conflicto como aliados suyos el más poderoso país fundamentalista islámico del mundo, Arabia Saudita, y el coloso asiático, China.

A través de la CIA, Washington tuvo en realidad la oportunidad de
llevar a cabo su gigantesca "operación encubierta" en Afganistán gracias a la inestimable ayuda de sus socios del "Safari Club", creado en 1976.

En él participaban, en primer lugar, el creador original de esa "criatura", el conde Alexandre de Marenches, jefe del Service du Documen-
tation et de Contre-Espionage (SDECE, el servicio de inteligencia exterior
de Francia); el jefe de los servicios de inteligencia del rey Faisal, Kamal
Adham; el general Akhtar Abdel Rahman Khan, director del Inter-Services Inteligence (ISI), el espionaje paquistaní; los servicios secretos del
sha de Irán, el pro norteamericano Reza Pahlevi; los espías de Anwar el
Sadat y los del rey Hassan II. La existencia del "Safari Club", que tenía
como objetivo una actuación coordinada contra el comunismo en Cercano Oriente y África especialmente, sería descubierta con posterioridad y desvelada por primera vez por un ex consejero del presidente
Nasser, Mohamed Haseini Haikal.[218]

El "Safari Club" serviría pocos años después a la Dirección de Operaciones de la CIA de plataforma fundamental para llevar a cabo la
parte más importante y difícil de la operación, el reclutamiento de decenas de miles de hombres fogueados en el combate y dispuestos a dar
la vida en la "liberación" de Afganistán.

Así nació el primer Jihad del siglo, una "guerra santa contra el ocupante infiel", cuyos combatientes forjarían una sólida red hermanada en la sangre y en una intransigente, excluyente y violenta interpretación del islam. En ella se enrolaron muchos jóvenes de madrazas (escuelas coránicas subvencionadas por Riad) de Afganistán y Pakistán –que en 1994 crearían el movimiento talibán– y miles de hombres provenientes de los más diversos confines de Cercano Oriente, el Golfo, de repúblicas de la propia URSS como Chechenia, de China Occidental, malasios y hasta los filipinos que luego crearían en las islas del sur el grupo de Abu Sayyaf.

Washington tuvo el control de esta gigantesca "operación encubierta". Estados Unidos tendió una estudiada emboscada a la URSS, que ese país no supo ver a tiempo. El entonces consejero de Seguridad Nacional de Carter calificaría posteriormente de "trampa afgana" la emboscada, y reivindicaba con orgullo los resultados obtenidos. Fue, después del escenario de Vietnam, el único gran combate militar indirecto entre las dos superpotencias de entonces. Para los intereses de Estados Unidos, la guerra de Afganistán le supuso una gran victoria. Tras ella, su principal contendiente mundial quedó "tocado". Ya sólo faltarían dos años para que desapareciera como superpotencia.

Fue, además, la primera guerra de importancia estratégica en la que Estados Unidos no arriesgaba tropas propias ni aviones. La carne de cañón eran los aliados locales. El Pentágono volvería a repetir esa experiencia muchos años después en el mismo teatro de operaciones, Afganistán, a la que Bush llamó "la primera guerra del siglo XXI".

Esta vez se trataba, paradójicamente, de derrocar a los mismos que antes encumbró en el poder, y la carne de cañón usada en esta ocasión, los rivales nacionales, serían los miembros de la variopinta Alianza del Norte, a los que, tras años de combates contra los talibanes sin apoyo occidental, se reconoció de un día para el otro como "legítimos representantes del pueblo afgano".

Para Estados Unidos fue una gran victoria, pero también fue una victoria del Jihad, de la cual alardearían las decenas de miles de combatientes islámicos que intervinieron en él, y entre ellos Osama bin Laden. La gigantesca y descentralizada red tejida por el millonario saudita, Al Qaeda, marcó en esa guerra un mojón, un antes y un después de ella.

Años después, a días de cumplirse el primer aniversario del 11-S, el escritor Salman Rushdie advertía del peligro de que George W. Bush, con su más que anunciado plan para terminar la guerra contra Saddam

Hussein que no pudo completar su padre en 1991, podía provocar una nueva guerra islámica. "Sería una trágica ironía que la temida guerra islámica no la causara Al Qaeda, sino el presidente de Estados Unidos y sus asesores más cercanos", escribió.[219]

Durante los últimos años de la guerra contra los soviéticos en Afganistán, Bin Laden y el mullah Mohamed Omar –quien años más tarde se convertiría en jefe supremo de los talibanes y mil clérigos musulmanes lo nombrarían "Príncipe de los Creyentes"– no eran para Occidente unos "malvados", sino "luchadores por la libertad", aliados insustituibles sin los cuales no se habría podido ganar la guerra. Estados Unidos estaba lejos aún, muy lejos, de poner un precio millonario por sus cabezas; no necesitaban esconderse en cuevas o en las grutas de las montañas de Tora Bora o entre las tribus pastunes paquistaníes.

Así recordaba el escritor uruguayo Eduardo Galeano la actitud de Estados Unidos ante Bin Laden aquellos años: "La CIA le había enseñado todo lo que sabe en materia de terrorismo; Bin Laden, amado y armado por el gobierno de Estados Unidos, era uno de los principales 'guerreros de la libertad' contra el comunismo en Afganistán. Bush padre ocupaba la vicepresidencia cuando el presidente Reagan dijo que estos héroes eran 'el equivalente moral de los Padres Fundadores de América'".[220] "Hollywood estaba de acuerdo con la Casa Blanca", añade Galeano. "En esos tiempos se filmó *Rambo III*: los afganos musulmanes eran los buenos. Ahora son malos malísimos, en tiempos de Bush hijo, trece años después."

Pero tanto la administración Carter primero (1977-1981), como la de su sucesor, Ronald Reagan, fueron sin duda los principales promotores del Jihad contra los soviéticos. Las cintas con mensajes grabados de Bin Laden circulaban entre los más recónditos reductos de los radicales islámicos; para los periodistas europeos y estadounidenses era accesible conseguir entrevistas cara a cara con Bin Laden, el hombre que sólo unos años más tarde, aún sin haber cambiado sus ideas, su discurso, se convertiría en el "enemigo público número uno".

Sadat, decidido a contribuir a la lucha contra el comunismo, aceptó montar en Egipto, en la zona de Helwan, una fábrica de armamento secreta que copiaba modelos de fusiles ametralladores rusos para armar a los mujahidines, que inicialmente utilizaban como santuario el territorio paquistaní. De esta forma se imposibilitaba que los mandos rusos en Afganistán pudieran mostrar a la prensa armamento capturado a los rebeldes que fuera de origen extranjero. Israel contribuyó también a esa misma táctica, aportando miles de armas rusas capturadas a

Egipto, Siria y la Organización para la Liberación de Palestina (OLP) durante las guerras de 1945, 1967 y 1973.

El veterano periodista norteamericano John K. Cooley explica cómo Israel pagó un alto precio por esa ayuda a la formación de un ejército islámico que se enfrentara a las tropas rusas en Afganistán: "Los guerreros santos incluían a palestinos, que se convirtieron en fundadores y motores del movimiento de resistencia Hamas en Gaza y la Franja Oeste y que se abrió camino a tiros y bombazos hasta el escenario público mundial en la década de 1990".[221]

Tras el encuentro entre Zbigniew Brzezinski y Sadat en El Cairo, en 1980, los AWACS, F-4 Phantom y otros aviones de las Fuerzas Armadas estadounidenses pudieron utilizar por primera vez las bases aéreas e instalaciones militares egipcias, fundamentales para las operaciones de abastecimiento de la guerrilla en Afganistán. Las armas "rusas" fabricadas masivamente en Egipto eran trasladadas a las bases de los rebeldes en su retaguardia de Pakistán a través de aviones norteamericanos C-5 Galaxy y C-130.

El jefe de la estación de la CIA en Islamabad, John J. Reagan, se quejó más de una vez ante el dictador paquistaní, Zia ul-Haq, por el alto porcentaje de armas con las que su ejército se quedaba habitualmente para renovar su propio armamento, antes de entregarlas a los jefes de las distintas guerrillas que operaban en Afganistán.

La fiebre islámica radical desatada en numerosos países por el aliciente del Jihad contra las tropas rusas, comenzó a provocar cada vez más malestar, en especial en Egipto, al punto de terminar con el asesinato de Sadat en 1981, acusado de "traidor" e "infiel" por haber firmado meses antes el tratado de paz con Israel. Ayman Zawahiri, el ideólogo egipcio y brazo derecho de Bin Laden desde que se conocieron en 1980 en Afganistán, permaneció detenido en su país tres años tras el asesinato de Sadat, al ser considerado cómplice del magnicidio cometido por miembros de su organización, el Jihad Islámico de Egipto.

A Al-Zawahiri, que firmó en 1998 junto a Osama bin Laden aquella proclamación de "guerra santa contra judíos y cruzados", muchos le atribuyeron una mayor formación religiosa y más conocimiento militar que al propio Bin Laden. La no tan conocida participación de China en la variopinta coalición que ayudaba a los guerrilleros en Afganistán fue lograda por Estados Unidos después de años de contactos iniciados por aquella visita de Henry Kissinger (durante el gobierno de Gerald Ford) a Pekín en 1971 y que a inicios de los ochenta consolidaría el secretario de Defensa de Carter, Harold Brown. La ruta de la seda entre China y Pakistán pasaría a constituir otra de las vías importantes de abastecimiento de armas y pertrechos de los mujahidines.

Cientos de oficiales del Ejército Popular de Liberación chino entrenaron en territorio paquistaní a miles de combatientes islámicos.

A cambio del apoyo de Pekín, Estados Unidos autorizó la venta de aviones de transporte y helicópteros a China, así como se fortalecieron los acuerdos de cooperación militar entre ambos países.

Esa incorporación de China al frente antirruso en Afganistán también se convertiría en un bumerán para el coloso asiático, al alimentar el sentimiento independentista de los uigures. Cooley data en esa fecha, comienzo de los ochenta, la propagación de la revuelta de los uigures, pueblos musulmanes de la provincia de Xinjiang-Uigur, situada en el extremo occidental chino. "Muchos de ellos anhelaban la independencia y tener su propio Estado musulmán –analiza Cooley– como los seis Estados musulmanes ex soviéticos de Asia central, que obtuvieron la independencia tras la descomposición del imperio a comienzos de la década de los noventa."

Todos los países, con una mayor o menor proporción de población musulmana, sintieron al final de la guerra de Afganistán 1979-1989 en sus propios territorios las consecuencias de la radicalización con que volvían del frente afgano los voluntarios que habían combatido allí.

"Los miles de voluntarios musulmanes que se unieron a "los luchadores de la libertad", tal como los bautizó Estados Unidos, se convirtieron en los apóstoles de la "buena nueva" cuando, derrotados los soviéticos, regresaron a sus países de origen. Ésa es la principal razón por la que un modelo tan extremista y minoritario como el talibán está encontrando apoyos dentro del mundo musulmán, un universo muchísimo más complejo y plural que lo que esta empobrecedora interpretación del islam nos quiere transmitir",[222] analizaba Manuel Martorell.

Esa nueva y no prevista situación afectaría la vida política y religiosa de países tanto del Golfo, como del Magreb, países africanos como Somalía y Sudán, Cercano Oriente, la propia URSS, China, Filipinas y Malasia. Ya nada sería como antes.

LA MAYOR "OPERACIÓN ENCUBIERTA"

Pese al pretendido carácter de "operación encubierta" que tenía originalmente la actividad de numerosos países de corte ideológico dispar en apoyo a los mujahidines, las capturas de armamento realizadas por el Ejército ruso puso al descubierto el origen chino, británico y francés de muchas de las armas, municiones y elementos de infraestructura. Pero la maquinaria propagandística lanzada a nivel mundial durante ese conflicto por Estados Unidos y sus peculiares aliados presentaba a los guerrilleros como unos harapientos y mal armados afganos, agrupados "espontáneamente" en guerrillas para combatir al opresor soviético.

Cuando los mandos rusos denunciaban haber incautado armas procedentes de diversos países, la respuesta era que habían sido compradas a traficantes de armas particulares, no a países. Esta versión se intentó mantener incluso cuando, en 1985, en los momentos en que llegó Mijail Gorbachov a la cúspide del Kremlin y su país tenía ya en suelo afgano a 150 mil soldados, aparecieron en escena los primeros Stinger.

Los pequeños misiles personales tierra-aire norteamericanos, que pueden ser disparados por un solo combatiente apoyándolo sobre su hombro, habrían de dar un vuelco a la guerra de Afganistán. Una vez que miles de guerrilleros fueron entrenados en Pakistán para utilizarlos eficazmente, los poderosos helicópteros artillados soviéticos perdieron su eficacia.

Tras las primeras semanas de uso en las inaccesibles montañas afganas, los rebeldes lograron derribar varios aparatos soviéticos que acostumbraban volar a baja altura para detectar y atacar columnas o pequeños grupos de guerrilleros. Se calcula que más de 250 helicópteros soviéticos fueron derribados en Afganistán por medio de los Stinger.

Se asegura que fue Osama bin Laden quien, tras leer catálogos de fabricantes norteamericanos, inició las gestiones para que Estados Unidos facilitara una gran cantidad de esas armas. "Bin Laden sentía una predilección especial por esta arma", asegura la periodista y escritora Eliane Landau, autora de una de las biografías del líder de Al Qaeda,[223] quien afirma que "el archivo en poder del Departamento de Estado con los antecedentes y actividades detallados de Bin Laden contiene incluso una fotografía tomada en 1986 y en la que aparece con un misil Stinger apoyado en el hombro".

Paradójicamente, las fuerzas aerotransportadas tendrían que protegerse de esos viejos Stinger cuando, años después, a partir de octubre de 2001, volvieron sobre el terreno afgano, esta vez para bombardear a sus viejos aliados talibanes, esos hombres que irrumpieron con fuerza en el escenario afgano en 1994 y que lograron ser, en poco tiempo y encarnizadas batallas, el grupo más poderoso.

El armamento del ejército talibán en 2001 era tan variado como variados habían sido los países que participaron en aquella guerra contra los rusos. Había armas rusas, tanto originales como de las "copiadas" en Egipto, armas chinas, británicas, francesas y norteamericanas.

Para evitar agudizar las tradicionales rivalidades entre las distintas tribus afganas, tanto las armas como el sueldo de los combatientes (equivalente a entre 100 y 300 dólares, dependiendo de su jerarquía) eran entregados por los responsables paquistaníes y estadounidenses a los líderes máximos de los siete grandes grupos que componían la mayoría de las fuerzas guerrilleras.

FINANCIACIÓN DE LA GUERRA CONTRA LA URSS

Partiendo de la base generalmente aceptada por los expertos de que durante la guerra contra los soviéticos en Afganistán participaron al menos 100 mil combatientes (el ex jefe de los servicios secretos paquistaníes entre 1987 y 1989, Hamid Gul, asegura que fueron 150 mil)[224] y que todos ellos cobraban un sueldo, el costo del conflicto bélico, que duró diez años, ascendió a billones de dólares, si se suma a las erogaciones el inmenso volumen de armas transportadas y la infraestructura, logística y fuerzas de miles de hombres en la sombra que aportaron Estados Unidos y sus aliados.

Ésa fue una de las razones por las que Ronald Reagan, poco después de llegar al poder en 1981, decidió multiplicar por cuatro el *dark budget*, los fondos reservados asignados al Departamento de Estado para atender, entre otras cosas, "operaciones encubiertas" como la de Afganistán.

Pero Estados Unidos no fue el único que pagó ese tremendo costo económico; ni siquiera el mayor. Los petrodólares de Arabia Saudita, monarquía deseosa de que un régimen islámico enrolado en el wahhabismo se instalara en Kabul, pagaron buena parte de la cuenta.

Otra parte provino del tráfico de drogas. Mientras la Drug Intelligence Agency (DIA, la agencia antidroga norteamericana) gastaba miles de millones de dólares en sus programas para combatir la entrada de droga llegada a Estados Unidos proveniente, entre otros, de países como Pakistán y Afganistán, la CIA acordaba con los contrabandistas de la zona que introdujeran las armas y avituallamiento a los guerrilleros en suelo afgano que ella entregaba, cobrándose el "servicio" con la particular mercancía con la que vendrían cargadas sus mulas: opio y hachís.

Como escribía Giulietto Chiesa: "Los Estados Unidos están empeñados con la mano izquierda de la DEA a deshacer lo que la mano derecha de la CIA ha tejido durante años".[225] En las zonas controladas por la guerrilla se cultivaban estas drogas, que eran entregadas a los contrabandistas a cambio de las armas que les hacían llegar.

"Los servicios especiales paquistaníes (ISI) tenían el monopolio de las entregas de armas a los mujahidines afganos, con los financiamientos asegurados por Arabia Saudita y Estados Unidos", sostiene el director del Observatorio Francés de Drogas y Toxicomanías (OFDT), Alain Labrouse. "Los camiones de armas paquistaníes volvían de Afganistán cargados de opio. El dinero del tráfico servía también para financiar a grupos disidentes en la India, a los islamistas activos en Cachemira, y, en los años ochenta, a los sijs del Punjab."[226]

Al finalizar la guerra contra los soviéticos, el tráfico de drogas siguió siendo un medio de financiación fundamental de los distintos grupos armados que se repartían el país. La producción y exportación fue cada vez más en aumento. "Desde 1994, Afganistán pasó a ser el principal productor mundial de opio del mundo –2.800 toneladas anuales–, batiendo todos los récords en 1999 –4.600 toneladas–, según el Observatorio Francés de Drogas y Toxicomanías."[227]

Afganistán logró desplazar en ese momento del primer puesto a otro gran productor de opio, Birmania.

El informe del Programa de Naciones Unidas para el Control Internacional de Drogas (PNUCID), de septiembre de 1999, advertía que "las superficies cultivadas han aumentado un 43% con respecto a 1998, pasando de las 64.000 hectáreas de ese año a las 91.000 hectáreas de 1999". Según Labrouse, numerosos testimonios aseguraban que los talibanes no se contentaban con el impuesto islámico que aplicaban a los productores de opio (un 12,5%), sino que además imponían tasas a los que fabricaban heroína (70 dólares por kilo) y a los que la transportaban (250 dólares por kilo), lo que les reportaba pingües beneficios.

A finales de 1998, cuando el tráfico de drogas llevado a cabo por los talibanes se había convertido en una de las acusaciones que la comunidad internacional hacía al régimen de Kabul, el mullah Omar declaró a la heroína como "antiislámica" y ordenó cerrar numerosas "cocinas" (laboratorios), cada una de las cuales producía un promedio de entre 10 y 12 kilogramos de heroína por día, en especial la catalogada internacionalmente como número 3, o *brown sugar,* y número 4, la *white sugar.*

La medida adoptada por el "Príncipe de los Creyentes", preocupado por la generalizada corrupción de funcionarios y miembros de las fuerzas de seguridad a causa del manejo de un producto tan valioso, y por la imagen exterior que estaba adquiriendo el gobierno que pretendía crear el "Emirato Islámico de Afganistán", hizo bajar abruptamente la producción de opio, aunque no la eliminó. Los fuertes intereses de "señores de la guerra" locales, acostumbrados a esos importantes ingresos, sumados a los intereses de narcotraficantes internacionales y a los funcionarios y militares de países vecinos como Pakistán, hicieron que la producción y exportación fuera más oculta, pero que siguiera. Curiosamente, hasta pocos meses antes del 11-S, Estados Unidos premiaba al régimen talibán por su "lucha contra el narcotráfico". Robert Scheer recordaba en la prensa estadounidense que el propio Colin Powell anunció el 17 de mayo de 2001 una ayuda de 43 millones de dólares al gobierno de Kabul, elogiando a los talibanes por su "ayuda en la lucha contra el narcotráfico".[228]

La tolerancia de Estados Unidos con el tráfico de drogas, primero de los mujahidines antisoviéticos y luego de los talibanes en el poder, no debe sorprender. No ha sido la primera ni será la última vez que las Fuerzas Armadas o los servicios de inteligencia norteamericanos utilicen la droga para diversos objetivos. Muchas veces, incluso la misma droga incautada por la DEA a traficantes fue usada como moneda de cambio para comprar aliados locales en distintos países, como se hizo en Laos, entre las tribus opuestas al régimen comunista, o aun para introducirla entre las filas del enemigo, como hicieron entre las tropas rusas en Afganistán, intentando con ello provocar adicción y desmoralización entre sus soldados.

EL "MECENAS" BIN LADEN

Pero, a pesar de que la guerra antisoviética de Afganistán fue financiada fundamentalmente por Estados Unidos, Arabia Saudita y complementariamente por el tráfico de drogas, éstas tampoco fueron las únicas fuentes utilizadas para cubrir la abultada factura que supuso ese conflicto bélico que duró casi diez años.

Hubo también un importante "mecenas" que se sumó enseguida a la tarea, aportando, según algunas fuentes, el equivalente de unos 45 millones de dólares por año. Sus hábitos austeros, su devoción por el islam al igual que su padre, su generosa actitud ante sus trabajadores y los pobres, elevaron cada vez más el nombre y el prestigio de Osama bin Laden y su familia.

El ex jefe de los servicios secretos paquistaníes (1987-1989), Hamid Gul, recordaba después del 11-S: "Cuando yo no había oído aún hablar de Bin Laden, la CIA me lo describió como un gran musulmán, un mujahidín heroico que gastaba su propia fortuna en ayudar a Afganistán y construía carreteras para el pueblo. Era el aliado estadounidense".229

Bin Laden no sólo sería uno de los financiadores del Jihad en Afganistán en los ochenta, sino que a mediados de esa década, cuando todavía se encontraba ésta en su apogeo, ya comenzó a organizar Al Qaeda. Los lazos establecidos con los distintos líderes de grupos radicales provenientes de otros países le serían vitales para el futuro. A través de esa amplia red internacional que fue tejiendo y financiando durante años, y a la que Occidente no prestó atención aun conociendo su existencia, Osama bin Laden pudo llegar a montar una organización capaz de desestabilizar gobiernos y realizar ataques terroristas espectaculares, como los que ha venido cometiendo desde, al menos, 1993.

Pero Estados Unidos y las principales potencias occidentales en general estaban, tras la derrota del Ejército soviético en Afganistán y, dos años después, la atomización de la URSS, demasiado exultantes como para percibir lo que estaba gestando Bin Laden ante sus propias narices.

El axioma "el enemigo de mi enemigo es mi amigo" parece haber seducido a Estados Unidos y sus aliados en esa guerra. El planteamiento de Bin Laden era evidentemente distinto. "Aprovecho la rivalidad entre dos o más países infieles para hacer frente común con uno de ellos y aniquilar al otro; luego me ocuparé de mi aliado circunstancial", podría asegurarse que ha sido su razonamiento.

Poco después de que los soviéticos se retiraran dejando un gobierno títere en Kabul, se desataba una cruenta guerra entre las distintas tribus y facciones rivales afganas. Mientras los talibanes se hacían más fuertes frente a las fuerzas mujahidines encabezabas por el carismático líder Ahmed Massud, el "León de Panshir" (asesinado dos días antes del 11-S), Al Qaeda comenzaba sus ataques contra intereses o fuerzas norteamericanos. El primero fue en las Torres Gemelas, en 1993, con un atentado en el que murieron 6 personas y cerca de 200 resultaron heridas.

En 1994 Hosni Mubarak reclamaba a Arabia Saudita que pusiera freno a las actividades de Bin Laden, quien apoyaba a los grupos más extremistas egipcios y yemeníes contra sus respectivos gobiernos. El rey Fahd le quitó a Bin Laden su ciudadanía saudita, lo que obligó a éste a trasladarse a Sudán, desde donde siguió coordinando las actividades de Al Qaeda, cada vez más extendida por distintos países.

A pesar de provenir de la misma corriente islámica suní dominante en Arabia Saudita, el wahhabismo, Bin Laden criticó duramente a esa monarquía por permitir la instalación de tropas "infieles" norteamericanas en su territorio, contra las que llevó a cabo atentados terroristas en varias ocasiones.

El brusco cambio en las relaciones entre Bin Laden y el reino saudita se produjo a causa de la guerra que libró la coalición multinacional liderada por Estados Unidos contra Irak en 1991. "Cuando el presidente iraquí, Saddam Hussein, invadió Kuwait en agosto de 1990", recordaba Dilip Hiro en un artículo publicado en *The Nation*,[230] Bin Laden propuso al rey Fahd, de Arabia Saudita, un plan de defensa frente a Saddam Hussein, basado en la movilización popular.

El monarca lo descartó totalmente. En cambio, decidió invitar a su país a las tropas de Estados Unidos, desoyendo el argumento de Bin Laden y otros de que bajo la ley islámica estaba prohibido que fuerzas extranjeras, infieles, se instalasen en Arabia Saudita bajo su propia bandera. Ellos tomaban como referencia las palabras del profeta Mahoma dichas en su lecho de muerte: "No debe haber dos religiones en Arabia".

Coincidiendo con un atentado cometido por sus hombres en junio de 1996 cerca de la base militar norteamericana de Dharan, en Arabia Saudita, en la que murieron diecinueve soldados estadounidenses, Bin Laden advirtió: "La presencia de los cruzados norteamericanos en Estados islámicos del Golfo es un gran peligro y amenaza las mayores reservas petroleras del mundo".

El líder de Al Qaeda comenzó a criticar con mayor dureza la corrupción y los privilegios de la casa real saudita y de otros monarcas del Golfo. En aquel mensaje dijo que "el ciudadano saudita común sabe que su país es el mayor productor de petróleo del mundo, pero, a pesar de ello, debe soportar fuertes impuestos y malos servicios".[231]

"Nuestro país se ha convertido en una colonia de Norteamérica y los sauditas saben ahora que su enemigo real es Norteamérica", añadió el líder de Al Qaeda. El hecho de ser un multimillonario austero en su vida personal y que "kalashnikov" en mano combatía al igual que cualquiera de sus hombres, hicieron que el incendiario discurso de Bin Laden ganara cada vez más adeptos en el mundo musulmán.

Ese mismo año nacería en realidad como fuerza guerrillera lo que luego sería el movimiento talibán, el cual fue conocido por la opinión pública mundial un año más tarde, cuando comenzó su arrollador avance hacia Kabul. Según Michael Griffin, mientras Afganistán estaba dividido en cuatro miniestados, en la primavera de 1994 se produjo un incidente que se toma como el nacimiento real del movimiento talibán. "Dos adolescentes del pueblo kandaharí de Sang Hesar fueron secuestradas por mujahidines y violadas repetidamente en el puesto de control local. Mohamed Omar, un antiguo mando *harakat* (del partido tradicionalista islámico Harakat-i Inqilab-i Islami) que se había retirado de él para convertirse en un *talib* (estudiante del Corán) en el cercano pueblo de Maiwand, oyó hablar de su odisea y reunió a treinta de sus compañeros talibanes para organizar el rescate."[232]

"Tras un breve tiroteo –añade– las muchachas fueron liberadas y los mujahidines fueron colgados del cañón de un tanque que ascendía lentamente. Las peticiones de ayuda empezaron a multiplicarse por todo el distrito y así nació el movimiento talibán."

En una de las raras entrevistas concedidas por el que luego sería el mullah Omar, éste explicaba: "Luchábamos contra musulmanes que se habían apartado del camino recto. ¿Cómo podíamos permanecer sentados al ver los crímenes cometidos contra las mujeres y los pobres".[233] En el primer manifiesto del juvenil movimiento de los talibanes se hacía hincapié en su lucha del Bien contra el Mal, pero no anunciaba todavía que una vez en el poder iban a prohibir trabajar a las mujeres, como luego hicieron, que cerrarían las escuelas de las niñas, que fuerzas especiales controlarían con fusta en mano, como en Arabia Saudita, cualquier violación al estricto código de costumbres e indumentarias a utilizar.

Cuando por fin los talibanes conquistaron el poder en Kabul, controlando el 90 por ciento del territorio afgano, se dio una curiosa y doble paradoja. Por un lado, Bin Laden fue acogido por ellos cálidamente, permitiéndole que se instalase junto a cientos de sus hombres, estableciendo campos de entrenamiento para militantes radicales llegados de todo el mundo. Bin Laden era ya para ellos un veterano y venerado combatiente del Jihad contra los soviéticos y un aliado vital en la lucha contra sus adversarios, al que seguían miles y miles de hombres provenientes de distintos países.

Por otro lado, aportaba ingentes sumas de dinero a las exiguas arcas de los talibanes –quienes habían surgido después del nacimiento de Al Qaeda– y se hacía cargo de importantes obras de infraestructura.

Por su parte, Arabia Saudita, uno de los tres países –junto a los Emiratos Árabes Unidos y Pakistán– que mantuvo hasta el último momento relaciones diplomáticas con los talibanes, sabía que tenía en Bin Laden, inquilino de éstos, a un adversario interno peligroso, capaz de desestabilizar su régimen.

Según informaciones de prensa aparecidas a finales de agosto de 2002[234], la monarquía saudita llegó a pagar el equivalente a 312 millones de dólares a Al Qaeda y a los talibanes para que no cometieran atentados en su territorio. Según esa versión, la primera reunión tuvo lugar en 1996 y en ésta, como en las anteriores, representó a la familia real el príncipe Turki al-Faisal al-Saud, jefe del Istakhbarat (servicios de inteligencia sauditas) en ese momento. Al parecer Turki conocía bien a Bin Laden, porque había sido precisamente quien le encargó la tarea de reclutar a miles de mujahidines de distintos países para combatir en Afganistán en los ochenta contra las tropas rusas.

Michael Griffin hace alusión al tema en su libro sobre el movimiento talibán:[235] "El 6 de julio (de 1999) llegó de El Cairo el primero de un flujo de "informes" filtrados, según los cuales Bin Laden se había mantenido, durante sus meses de necesidad, con unos cincuenta millones de dólares de destacadas familias del Golfo, entregados sobre todo por el propietario de la mayor agencia de publicidad de Arabia Saudita". Griffin citaba también un programa de ABC News del 9 de julio de 1999 en el que se decía: "Hay fondos del gobierno (saudita) que se están blanqueando con la intención de mantener a Bin Laden fuera de Arabia Saudita".

Griffin recuerda que luego un hombre fue detenido en relación con esas transferencias de dinero a Bin Laden. El nombre no era desconocido ni para el propio Bush: "Fue Jalid bin Mahfuz, propietario del Banco Comercial Nacional de Arabia Saudita y, por coincidencia, de Nimir Petroleum, socio menor de Unocal en el gasoducto transafgano".[236]

Al mismo tiempo, uno de los enemigos declarados principales de Al Qaeda, Estados Unidos, hacía como que no veía lo que Bin Laden estaba haciendo en Afganistán, mientras intentaba cerrar negocios con su protector: el régimen integrista de Kabul.

A pesar de que durante la Guerra Fría todo lo que supusiera debilitar al enemigo comunista era prioritario, a Washington no sólo le interesaba eliminar la presencia soviética y de sus aliados locales de Afganistán por temas políticos y militares. Estados Unidos necesitaba un gobierno aliado en Kabul para poder controlar un gasoducto y un oleoducto que uniera Asia Central con el océano Índico, pasando por territorio afgano.

La terrible guerra entre tribus y facciones rivales que se desató en Afganistán poco después de la derrota de los soviéticos retrasaba año tras año el proyecto. Cuando por fin los talibanes lograron imponerse sobre sus enemigos en 1996 y tras ahorcar a Haji Najibulá declararon creado el "Estado islámico de Afganistán", Estados Unidos no encontró precisamente a un gobierno dócil.

A Washington no le importaba que los nuevos gobernantes hubieran implantado la ley del terror sobre la población, que hicieran retroceder en poco tiempo décadas al país, que cercenaran los derechos más elementales de las personas, empezando sobre todo por los de la mujer, que prohibieran los juegos, el deporte, la televisión, todo. En definitiva, Arabia Saudita era, es, la cuna y el difusor por excelencia del fundamentalismo musulmán en el mundo entero y, sin embargo, ha sido un fiel aliado de Washington durante décadas.

Según Hamid Gul, "los enviados de Washington me comunicaron en tres ocasiones su total apoyo a los talibanes. Dijeron que se trataba de buenos musulmanes, que estaban terminando con las guerras y construyendo un gobierno centralizado". Para Estados Unidos un gobierno fuerte y centralizado que pudiera controlar a las indómitas guerrillas de los distintos "señores de la guerra" era algo vital para poder poner freno a la presencia de Rusia y del Irán de Jomeini en la zona y para tener luz verde para sus planes de explotación de los recursos energéticos de la región.

Ya en 1996 medios de prensa norteamericanos criticaban la opción que había elegido el gobierno de Estados Unidos, apoyando al régimen de Kabul. Anthony Lewis, del *International Herald Tribune*, sostenía que si bien el gobierno satélite impuesto por los soviéticos tras su retirada de Afganistán era un régimen burocrático y autoritario, al menos tenía instituciones, escuelas, universidad, estructuras sociales, se respetaba el derecho de la propiedad; pero armando a grupos marginales e incontrolados, Estados Unidos contribuyó a minar definitivamente ese Estado.

"Actualmente no hay nada. Ésta es una sociedad –decía cuando ya los talibanes habían tomado el poder, citando a un experto, a Barnetti R. Rubin, director del Centro de Acción Preventiva del Consejo de Relaciones Internacionales– donde toda institución que hubiera avanzado algo en tecnología hoy ya está destruida. Excepto el hecho de que aquella gente, con algo de educación o sin ella, tiene las más sofisticadas armas personales. Un 'kalashnikov' es el único acceso al mundo moderno."[237]

El artículo de Anthony Lewis recuerda que Estados Unidos habla de que Irán es el ejemplo máximo de extremismo islámico, pero que el fundamentalismo de los talibanes que ellos ayudaron a crear es mucho más extremo, son mucho más puritanos.

"Los talibanes no dejan que sus mujeres vayan a la escuela, a la universidad, al trabajo, mientras que Irán sí." Irán apoyaba en esa época (1996) a otros grupos en Afganistán, pero no a los talibanes.

El autor aseguraba en aquel artículo de 1996 que había una responsabilidad moral de los norteamericanos por destinar 3.000 millones de dólares para armar a los grupos opuestos a los pro soviéticos. "Ahora son precisamente los talibanes los herederos de aquellos mujahidines, los que se han beneficiado de aquella ayuda. Se los estuvo ayudando durante siete años."

UNA RELACIÓN ESQUIZOFRÉNICA

La postura que mantenía Estados Unidos con relación a los talibanes y, sobre todo, con respecto a Bin Laden y Al Qaeda, era verdaderamente esquizofrénica.

A pesar de que el líder integrista nunca había ocultado su odio contra Occidente, y en particular contra Estados Unidos, y que su organización ya había comenzado a atentar contra ese país, Washington seguía haciendo frente común con él ante los nuevos enemigos comunes.

El intermediario clave en esa relación antinatural era el Inter-Services Intelligence paquistaní (ISI), el que, por su parte, colaboraba activamente con Al Qaeda en el entrenamiento de los separatistas de Cachemira que combatían –y siguen combatiendo– en la zona disputada entre la India y Pakistán.

En 1997, un comité del Partido Republicano norteamericano publicó un documentado informe sobre la errática postura del entonces presidente Clinton en Bosnia y los curiosos aliados que tenía,[238] acusándolo de haber ayudado a que esa ex república yugoslava se convirtiera en un Estado islámico y que se fortaleciera la influencia iraní y también la de Osama bin Laden.

El documento muestra cómo la política sobre Bosnia aprobada por Bill Clinton en 1994 fue cómplice de la violación del embargo de armas que había impuesto la ONU, al no sólo permitir, sino incluso alentar, la entrada masiva de armamento y de combatientes provenientes de Irán, país considerado uno de los mayores enemigos de Estados Unidos desde la revolución islámica del ayatolá Jomeini en 1979.

Los Guardias Revolucionarios iraníes y los servicios de inteligencia del régimen de Teherán, el Vevak, fueron uno de los canales vitales para la llegada al frente bosnio musulmán de miles de combatientes islámicos provenientes de Arabia Saudita, Brunei, Sudán, Turquía, Malasia y de otros países, muchos de los cuales habían participado ya antes en el Jihad en Afganistán. El entonces embajador norteamericano en Croacia, Peter Galbraith, había reconocido en 1996 a la prensa británica[239] que el gobierno Clinton había autorizado que se hiciera la "vista gorda" para que llegaran las armas a la "Armija" en Sarajevo, vía Croacia. Según Galbraith, la operación comenzó en abril de 1994, cuando el gobierno bosnio solicitó al presidente croata, Franco Tudjman, autorización para hacer entrar armas y hombres a través de su república. Tudjman consultó inmediatamente a la embajada de Estados Unidos, y ésta, tras consultar con la Casa Blanca, le transmitió que mirarían para otro lado.

El vicesecretario de Estado, Strobbe Talbott, y el asesor de Seguridad Nacional de Clinton, Anthony Lake, habrían sido los diseñadores del plan que violaba flagrantemente las disposiciones previstas en la Ley de Seguridad Nacional, según la cual la CIA debe ser informada de todas las operaciones secretas.

Las revelaciones de Albright se produjeron en mayo de 1996 y hasta dos meses antes, durante la conferencia de rearme de Bosnia que tuvo lugar en Ankara en marzo de ese año, Estados Unidos, representado en esa reunión por el emisario especial para los Balcanes, James Pardew, proponía a la Unión Europea que el grueso de la ayuda que se diera para Bosnia fuera militar. Pardew anunció allí que su país concedería 100 millones de dólares en ayuda al Ejército bosnio, la "Armija", valorando que el costo total del entrenamiento y suministros de tanques de guerra, helicópteros, artillería pesada, radares y misiles tierra-aire, se elevaba a 800 millones de dólares. Los Estados europeos, sin embargo, defendieron en ese encuentro el argumento de que esos 800 millones de dólares estarían mejor gastados en inversiones para el desarrollo estructural de Bosnia.

Ese período fue la etapa más dura para Clinton desde que había llegado a la Casa Blanca en 1992. Clinton tuvo su propio Irangate con esa permisividad para que llegaran armas iraníes –y con ellas muchos combatientes–, siendo atacado duramente por ello por la oposición republicana. Poco antes había vivido, por otro lado, su Watergate. Tanto Bill Clinton como su esposa Hillary se habían visto salpicados por el caso de la inmobiliaria Whitewater. En mayo de 1996 la Justicia encontró culpables de estafa a los que habían sido socios de los Clinton en la inmobiliaria Whitewater, que quebró dejando cuantiosas pérdidas y para la cual Bill Clinton habría conseguido importantes préstamos bancarios abusando de su cargo de gobernador de Arkansas. En esa misma época convulsiva la prensa revelaba extraños vínculos de la CIA con radicales islámicos. La CIA mantenía relaciones con la organización "humanitaria" con base en Sudán llamada Third World Relief Agency (TWRA), que desempeñó un papel clave en el abastecimiento de armas y pertrechos para los mujahidines de Bosnia. Según publicaron en 1996 algunos medios de prensa norteamericanos,[240] la TWRA estaba directamente ligada al jeque Omar Abdel Rahman, el hombre al que se acusó más tarde de ser el cerebro de la primera acción terrorista que se conoce de Al Qaeda en suelo estadounidense: el atentado contra las Torres Gemelas de 1993.

El profesor Michel Chossudovsky, de la Universidad de Ottawa, que publicó semanas después del 11-S un análisis retrospectivo de la política de Clinton sobre el tema,[241] corrobora que durante los noventa Estados Unidos también colaboró en el reclutamiento de mercenarios mujahidines de Cercano Oriente y Asia Central para combatir en las filas del ELK (Ejército de Liberación de Kosovo) contra las tropas serbias.

Según Chossudovsky, "la tarea de armar y entrenar al ELK fue llevada a cabo en 1998 por la Agencia de Inteligencia de Defensa (DIA) de Estados Unidos y el MI6, Servicio Interior de Inteligencia británico, conjuntamente con miembros en actividad y retirados del Britain's 22nd Special Air Services Regiment (SAS), fuerzas especiales del Reino Unido, además de compañías privadas de seguridad británicas y norteamericanas".

En los entrenamientos a los nuevos miembros del ELK que se llevaban a cabo en la vecina Albania, participaban instructores militares de Turquía y Afganistán.

"Bin Laden en persona visitó Albania. El suyo era uno de los muchos grupos fundamentalistas que enviaron unidades a combatir en Kosovo", según una información publicada por The Sunday Times el 29 de noviembre de 1998.

La red de Bin Laden no sólo confluyó nuevamente en el mismo bando que Estados Unidos y otros países occidentales al operar en Kosovo. La misma situación se plantearía luego en Macedonia, a donde extendió sus actividades militares el ELK bajo la sigla de ELN, Ejército de Liberación Nacional. Tanto en el caso del ELK como del ELN, Estados Unidos volvió a mirar hacia otro lado, como en Afganistán, cuando esos grupos comenzaron a financiar parte de sus actividades con el tráfico de drogas.

Pero Washington, aun en los noventa, no parecía haber tomado conciencia del tipo de enemigos que estaba ayudando a crecer desde que auspiciara el Jihad en Afganistán. Actuaba a piñón fijo, sin prever a mediano y largo plazo las consecuencias que podrían tener sus peculiares alianzas.

NEGOCIOS POR ENCIMA DE TODO

Estados Unidos quería sacar partido del régimen de los talibanes, a los que había ayudado con tanto esfuerzo a llegar al poder. La siguiente parte de su plan consistía en conseguir el visto bueno de los difícilmente tratables líderes talibanes, para comenzar a diseñar un gigantesco oleoducto y un gasoducto que pasaran por su territorio. El creador original de la idea fue en realidad Carlos Bulgheroni, presidente de una de las compañías de energía más importantes de América latina, Bridas, con sede central en Buenos Aires, pero con delegaciones también en otros países. Fue desde su delegación en Islamabad desde donde se comenzó a informar a Bulgheroni de las posibilidades que se abrían en Asia Central tras la atomización de la Unión Soviética.

Luego de varios años de exploración del terreno y de unos primeros acuerdos limitados con el gobierno de la ex república soviética de Turkmenistán, país con grandes reservas de gas y petróleo de más de 6.000 millones de barriles, Bulgheroni comenzó a diseñar un ambicioso proyecto de oleoducto y de gasoducto, que debería comunicar Turkmenistán –que tiene frontera tanto con el norte como con el oeste de Afganistán– con uno o varios puertos paquistaníes, pasando por el territorio de Afganistán, para evitar el paso por Irán.

Tampoco se descartaba la posibilidad de extender el recorrido hasta la India. Sólo el gasoducto podría transportar anualmente entre 15 mil y 20 mil millones de metros cúbicos, según cálculos de los expertos. Mientras que en Europa existe un aumento del consumo de petróleo lento y la competencia es durísima, en el sur de Asia la demanda aumenta día tras día y la competencia, al menos por ahora, es menor. De ahí la importancia de los recorridos previstos para los oleoductos y gasoductos de la zona.

Una vez que logró reunir funcionarios de Pakistán y Turkmenistán, Bulgheroni comprendió que el proyecto superaba las posibilidades de su compañía y buscó la participación de socios de envergadura. De modo que decidió invitar a otra importante compañía del sector energético para que participara en su plan: la poderosa Union Oil Company of California (Unocal) de Estados Unidos. El presidente de Unocal, Roger Beach, comprendió rápidamente la importancia estratégica del plan diseñado por Bulgheroni y decidió no sólo comprometerse con ese proyecto, sino incluso prescindir del empresario argentino.

Bridas llevó el caso ante la Justicia norteamericana en 1996, pero dos años más tarde un tribunal de Texas desestimó la causa.

En 1997 acudían a Houston varios mullah talibanes para reunirse con ejecutivos de Unocal y mantener contactos con el Departamento de Estado.

Unocal, una de las empresas productoras de gas y petróleo con excelentes relaciones con el poder político en Estados Unidos, buscó su propio aliado en la región, la sociedad saudita Delta Oil, con la que creó un consorcio llamado Central Asia Gas Pipeline (Centgas), al cual luego se añadirían nuevos socios. Centgas quedó conformado con un 46,5% del capital en manos de Unocal Corporation; un 15% de Delta Oil Company Limited y Nimir Petroleum;[242] un 7% del gobierno de Turkmenistán; un 6,5% de Indonesian Petroleum, Ltd. (Inpex); el 6,5% de la japonesa Itochu Oil Exploration Co., Ltd. (Cieco); un 5% de la coreana Hyundai Engineering & Construction Co. Ltd., y un 3,5% de The Crescent Group, de Pakistán.

La nueva empresa logró arrancar, ya en 1995, un primer compromiso con el presidente de Turkmenistán, Saparmurad Niyazov. El propio Henry Kissinger asistió a la firma del acuerdo para comenzar a construir el gigantesco oleoducto de 1.271 kilómetros y 48 pulgadas de diámetro, desde la frontera turcomana-afgana, atravesando por Kandahar hacia Herat, Quetta y Multan, en Pakistán.

Los talibanes estaban en ese momento a un año de hacerse con el poder, luego de tres de cruenta guerra con las guerrillas enemigas, que prosiguió incluso después de su entrada en Kabul.

Michael Bearden, uno de los máximos responsables de la CIA en Afganistán durante la guerra de los ochenta contra las tropas soviéticas, veía con satisfacción la llegada de los talibanes al poder: "Esos chicos (los talibanes) no eran los peores, jóvenes un poco fogosos, pero era mejor que la guerra civil. Ahora controlan todo el territorio entre Pakistán y los campos de petróleo de Turkmenistán. Quizá es una buena idea porque podremos construir un oleoducto a través de Afganistán y llevar el gas y las fuentes de energía al nuevo mercado que se va a crear. Por lo tanto, todo el mundo está contento".[243]

Poco tiempo bastaría para ver de qué tipo de régimen se trataba.

Mientras, la Rand Corporation y organizaciones como la US Agency for International Development (USAID), senadores ligados a Unocal o prestigiosos organismos especializados como el Council on Foreign Relations, diplomáticos norteamericanos y un amplio abanico de funcionarios, se ocuparon de desmentir ante la opinión pública mundial las crecientes acusaciones que pesaban sobre los gobernantes de Kabul. Así, se intentó presentar a los talibanes como un símil afgano del régimen imperante en Arabia Saudita, gran aliado de Estados Unidos, calificando a ambos como moderados, frente a los "extremistas iraníes". Distintos organismos estadounidenses se preocuparon del día a la noche por fomentar estudios sobre Afganistán en Estados Unidos, la formación de afganos en Estados Unidos, ayudas a proyectos civiles de los talibanes y un largo etcétera. Se trataba de estrechar las relaciones con Kabul a todo precio. Era una pieza clave en el estratégico proyecto de Centgas. La imposibilidad de los talibanes para garantizar la paz y la estabilidad política en Afganistán no permitían arrancar con el proyecto.

Estados Unidos no dudó en nombrar como embajador en Kabul al propio vicepresidente de Unocal, John Maresca, a fin de tratar de desbloquear el plan. Pero la situación cada vez se tornó más embarazosa para Estados Unidos. La expulsión de las ONG de Afganistán por parte de los talibanes, más las visitas a ese país de comisarios de la Unión Europea que volvían alarmados por las violaciones de los derechos humanos, no permitían seguir encubriendo lo que sucedía con el gobierno de Kabul. Organizaciones feministas denunciaron en Estados Unidos la complicidad de una compañía norteamericana como Unocal con el retrógrado y dictatorial régimen fundamentalista.

Las protestas arreciaron cuando se supo que Unocal había firmado un contrato de un millón de dólares con la Universidad de Omaha, en Nebraska, para formar a 137 trabajadores afganos en las técnicas de construcción de gasoductos y oleoductos.

El gobierno Clinton decidió actuar. Madeleine Albright denunció a los talibanes por sus violaciones de los derechos humanos y en particular por la vejación que sufrían sus mujeres, y reclamó a su régimen la extradición de Osama bin Laden. Paradójicamente, en 1995, el Consejo de Seguridad de la ONU no había podido aprobar una resolución de condena al régimen talibán, a causa de la oposición de China e Indonesia... y la abstención de Estados Unidos.

Poco después, en 1998, fuerzas especiales del Ejército norteamericano atacaban con escaso éxito bases de Al Qaeda en territorio afgano. Unocal se vio obligada a congelar al menos públicamente toda actividad en Centgas.

KARZAI Y KHALILZAD, ALIADOS DE ESTADOS UNIDOS

Hasta agosto de 1998 Unocal había seguido participando en ese consorcio como socio mayoritario, empeñado en construir ese gigantesco gasoducto que debía atravesar Turkmenistán, Afganistán, Pakistán, el mar de Arabia y el océano Índico.[244] En una intervención ante el Comité de Relaciones Internacionales de la Cámara de Representantes de Estados Unidos del 12 de febrero de 1998, el vicepresidente internacional de Unocal, John J. Maresca, afirmó que "la única ruta posible del oleoducto para unir Turkmenistán con Pakistán es a través de Afganistán".

Al menos dos de los influyentes consultores afganos que contrató Unocal para negociar con el régimen de Kabul durante la era Clinton, tendrían luego un importante papel en el "asunto afgano" durante la administración Bush *Junior*.

Uno de ellos era Hamid Karzai, actual presidente de Afganistán, impuesto por Estados Unidos a la *Loya Yirga*, escoltado día y noche desde que asumió su cargo por fuerzas de elite norteamericanas.[245]

Karzai, un mujahidín en los ochenta, tenía desde esa época buenas relaciones con la CIA y el Departamento de Estado. El otro consultor afgano, Zalmay Khalilzad, muy relacionado con él, es un hombre que estuvo en el Departamento de Estado durante la administración Reagan y en funciones dentro del Pentágono durante el gobierno de George Bush *Senior*. Fue nombrado en mayo de 2001 por Bush *Junior* consejero para Asia del Consejo de Seguridad Nacional de la Casa Blanca, dependiendo directamente de Condoleezza Rice.

Miembros de la CIA y diplomáticos estadounidenses como el entonces embajador ante la ONU, Bill Richardson, que viajó en abril de 1998 a Kabul, intentaron convencer a los talibanes de que, si entregaban a Bin Laden, Estados Unidos les ayudaría a conseguir que su gobierno fuera reconocido por la ONU y que Unocal siguiera con sus proyectos, que tantos beneficios podrían reportar a su régimen.

Pero los talibanes siguieron dando largas a la cuestión sobre Bin Laden, un hombre con el que compartían una misma visión del islam y que al mismo tiempo les aportaba fuertes sumas de dinero y financiaba costosas obras de infraestructura en Afganistán.

Por otro lado, la creación formal por parte de Bin Laden en febrero de 1998 del Frente Internacional Islámico (con apoyo talibán) y su *fatwa* llamando a realizar atentados contra intereses norteamericanos, y los nuevos atentados de Al Qaeda contra las embajadas de Estados Unidos en Nairobi (Kenya) y Dar es Saalam (Tanzania) del 7 de agosto de 1998 –con un saldo de más de 250 muertos–, comenzaron a provocar polémicas y contradicciones en el seno del Pentágono y la Casa Blanca. Los pedidos de explicación al gobierno de parte de los medios de comunicación fueron cada vez más fuertes. Estados Unidos ofreció 5 millones de dólares por la cabeza de Bin Laden y los talibanes se ofrecieron a juzgarlo en Afganistán. Poco tiempo después el régimen de Kabul lo declararía "inocente".

Tuvo que pasar todavía un año más, en 1999, ya en las postrimerías de la administración Clinton, después de que los talibanes anunciaran que Bin Laden había "desaparecido", para que Washington decidiera congelar todo tipo de relación diplomática y comercial con el régimen de Kabul.

Junto a Rusia, promovió por primera vez en el Consejo de Seguridad de la ONU el embargo a la venta de armas a los talibanes –no así a los grupos de la Alianza del Norte– y el congelamiento de sus fondos en el exterior. Como se comprobaría más tarde, esa última medida no se llegó a concretar hasta después de los atentados del 11-S.

Michael Griffin recuerda en su riguroso libro cómo se vivió en Kabul el día en que la ONU resolvió el embargo contra los talibanes: "Por primera vez desde que los talibanes se hicieron con el control de la capital tres años atrás, pudo oírse resonar misteriosamente el eco de la música en los hogares de Kabul el día 15 de noviembre de 1999. Como respuesta a la proclama de sanciones de la ONU, Radio Sharia se permitió transmitir la actuación de un cantante acompañado de instrumentos musicales tradicionales. Su cántico rezaba así: 'Norteamérica, eres enemiga del islam, pero aún no has escuchado su rugido'".[246]

Era una de las primeras veces en las que el régimen talibán –y no Osama bin Laden– amenazaba a Estados Unidos. La influencia de Al Qaeda sobre el gobierno de Kabul era cada vez más fuerte. En los duros combates que libraron los talibanes contra las otras organizaciones guerrilleras rivales, participaban activamente miles de combatientes extranjeros reclutados y trasladados a Afganistán por Al Qaeda.

En su libro, Griffin recoge unas declaraciones de Massud en las que estimaba que "el 40% de los hombres que combaten en las filas talibanes proviene del extranjero".

A pesar de la actitud con la que el régimen talibán reaccionó ante el cambio de postura de Estados Unidos y de la ONU, los contactos tanto del gobierno norteamericano como de Unocal con Kabul no se rompieron nunca en realidad, aunque fueron más secretos, especialmente con la llegada de George W. Bush a la Casa Blanca. Es más, el 27 de septiembre de 2000 todavía pronunciaba una conferencia en los locales del Middle East Institute de Washington nada menos que el adjunto del ministro talibán de Asuntos Exteriores, Abdur Rahmin Zahid.

Hasta el último momento Estados Unidos intentó deshacerse de Bin Laden y sus hombres sin tener que derrocar al régimen talibán. Según revelaba a inicios de agosto de 2002 la revista *Time*, la administración Clinton traspasó a la de Bush un plan diseñado por uno de los principales expertos en terrorismo de los demócratas, Richard Clarke, para atacar y destruir a Al Qaeda.

Ese plan habría consistido en operaciones encubiertas de las fuerzas especiales norteamericanas para atacar los santuarios de Al Qaeda en Afganistán, con el objetivo de eliminar sus células y campos de entrenamiento y detener o matar a sus principales cabecillas, entre ellos, a Osama bin Laden. De acuerdo con esa versión, desmentida sin demasiada convicción por la administración Bush, el plan proponía atacar también las fuentes de financiación de Al Qaeda en el extranjero y ofrecer ayuda económica a otros países donde actuara y cuyos gobiernos colaboraran en su eliminación. El proyecto de Richard Clarke, que en definitiva proponía que Estados Unidos hiciera lo que hizo tras el 11-S, habría estado meses en cajones de distintos funcionarios de la administración Bush, sin que la Casa Blanca le diera luz verde, hasta el 4 de septiembre de 2001, exactamente una semana antes del trágico Martes-11.

7 | Los intereses económicos y geoestratégicos de Estados Unidos

INFLUENCIA SOBRE LA POLÍTICA EXTERIOR

Aun con todos estos antecedentes, los negocios con los talibanes de la época Clinton habrían de continuarse con la llegada de su sucesor a la Casa Blanca, George W. Bush. A pesar del talante agresivo de la nueva administración republicana, de su marcado unilateralismo y la poca propensión al diálogo con sus adversarios, el olor a petróleo y gas que le llegaba de Afganistán era demasiado fuerte como para no ser flexibles. Con un gabinete con fuerte presencia de personajes provenientes de la industria energética, empezando por el propio Presidente y su vicepresidente, los negocios de esa rama contaban demasiado para ser excesivamente escrupulosos con los principios.

Los últimos meses de vida del régimen de Kabul habían estado marcados por la destrucción de los gigantescos Budas de Bamiyán, catalogados como patrimonio histórico y artístico de la humanidad; por la expulsión de las ONG de Afganistán y la detención de colaboradores extranjeros acusados de "difundir el cristianismo"; y por una creciente tensión con Washington y la ONU. Por ello, las conversaciones tuvieron que desarrollarse con más secretismo que nunca. Aunque no se había producido aún el traumático 11-S, Al Qaeda había cometido ya numerosos atentados contra intereses de Estados Unidos en el exterior, e incluso, uno de ellos, en pleno suelo norteamericano, el de las Torres Gemelas de 1993. La opinión pública, empezando por la estadounidense, no habría comprendido ni aceptado esas negociaciones si se hubieran hecho a plena luz y con taquígrafos.

En su libro, *Forbidden Truth*, Jean-Charles Brisard y Guillaume Dasquié revelan los distintos encuentros que representantes de la administración Bush *Junior* mantuvieron, en algunos casos en forma directa y en otras indirecta, con enviados del mullah Omar entre febrero y agosto de 2001. Es decir, hasta un mes antes de los atentados del 11-S. Esa revelación, nunca desmentida, muestra el importante papel de intermediario que en varias ocasiones durante esos meses desempeñó Francesc Vendrell, enviado especial del secretario general de la ONU para Afganistán, quien viajó con ese objetivo al menos cinco veces a Kabul y Kandahar, el feudo del "Príncipe de los Creyentes".

La administración se encontraba en una situación embarazosa ante su propio Congreso, ante el Consejo de Seguridad de la ONU y sus aliados europeos. Su postura en esas negociaciones habría sido la de intentar convencer a los talibanes de que podrían ser reconocidos por Estados Unidos, la ONU, por la comunidad internacional, si aceptaban cumplir con una serie de condiciones: 1) firmar un armisticio con la Alianza del Norte y formar un gobierno de unidad nacional; 2) autorizar la extradición de Osama bin Laden; 3) comprometerse con el proyecto de Centgas para hacer pasar por su territorio un importante oleoducto y un gasoducto.

Además de obtener su retorno a la comunidad internacional, el gobierno afgano podría ingresar fuertes sumas de dinero por su colaboración con el programa de Centgas.

Los talibanes siguieron dilatando su respuesta. En realidad, ni estaban dispuestos a formar un gobierno de unidad nacional ni a detener y extraditar a Bin Laden. Washington comenzó a advertirles a través de intermediarios que la paciencia se acababa. George W. empezó a mover rápido sus piezas. Con los talibanes no se avanzaba y al mismo tiempo la credibilidad del gobierno se ponía en discusión.

Después de años de denuncias y advertencias, Estados Unidos se decidió a preparar, por primera vez, el cambio de los talibanes: ya no podían ser más útiles, era hora de acabar con ellos. En una carrera contrarreloj se empezó a discutir con líderes de la Alianza del Norte la posible fórmula alternativa de poder. Se logró forzar un consenso entre los distintos "señores de la guerra" para proponer la vuelta a Afganistán del ex rey Zahir Sha.

El Pentágono inició el despliegue de buques de guerra en la zona; en Pakistán y Afganistán se empezó a hablar de guerra. Las armas y pertrechos occidentales comenzaron a llegar fluidamente a los distintos "señores de la guerra" de la Alianza del Norte, varios de los cuales habían cometido graves violaciones de los derechos humanos durante el corto período de los noventa en el que las guerrillas afganas lograron poner en pie un gobierno de coalición.

Los talibanes y Osama bin Laden con sus huestes cerraron filas y se prepararon, por un lado, para resistir un ataque norteamericano, mientras que, por otro, el líder de Al Qaeda ordenó "despertar" a sus "célu-

las durmientes" en Estados Unidos para adelantar los atentados plani-
ficados desde años antes. Se trataba de golpear antes. Y Al Qaeda gol-
peó antes, el 11-S, sólo semanas después de las últimas negociaciones y
cuando el ataque de Estados Unidos ya parecía inevitable.

Nuevamente en esa ocasión se vio la diferencia existente entre los
dos contendientes, Estados Unidos y Al Qaeda. Mientras que la Guerra
Fría había hecho auspiciar a Estados Unidos un Jihad de consecuencias
incontrolables en el tiempo, y la avidez por controlar importantes recursos energéticos mundiales lo había llevado luego a tener una postura constantemente contradictoria frente a los talibanes, tanto éstos como Al Qaeda y su principal cabeza visible, Osama bin Laden, tuvieron a
lo largo de los años objetivos inalterables. Se trataba de construir un
Estado islámico "puro" en Afganistán, y luego en otros países, y para
ello estuvieron dispuestos a librar una "guerra santa" tanto contra los
"infieles" soviéticos, como contra los "desviados" musulmanes de otras
tribus afganas, y contra su "Satán" por excelencia: Estados Unidos.

Bush hijo fue en definitiva el que recibió en plena cara, en dos de
los símbolos del poder de Estados Unidos, el World Trade Center y el
Pentágono, ese bumerán que lanzaron muchos años antes sus predecesores en la Casa Blanca y con el que él también quiso jugar desde el
mismo momento en que llegó a sentarse en el sillón presidencial.

Tendría que pasar la trágica jornada de aquel Martes-11, tendría
que lanzarse luego una cruel venganza contra Afganistán, en la que murieron miles de inocentes, para que Bush consiguiera cumplir finalmente una parte importante de su objetivo: lograr que su hombre de confianza, el ex consultor de Unocal, Hamid Karzai, llegara a ser nada menos
que presidente de Afganistán.

Bush pudo respirar tranquilo. Puede que ese país arruinado por más
de veinte años de guerra quede estancado por muchos años si no existe una voluntad real de la comunidad internacional por ayudarlo; puede que miles de personas sigan muriendo de enfermedades curables,
que gran parte de la población siga siendo analfabeta, que no se respeten las libertades democráticas, pero Estados Unidos está satisfecho
con que, por fin, toneladas y toneladas de petróleo y miles de metros
cúbicos de gas podrán pasar en no mucho tiempo por suelo afgano.
Mientras que Unocal anunciaba en la misma semana del 11-S que mantendría congelado su proyecto de gasoducto y oleoducto, los negocios
en la zona del mar Caspio siguieron su ritmo. El 27 de noviembre Spen-
cer Abraham, secretario de Energía de Estados Unidos, viajaba a Rusia

para terminar la última etapa de construcción y apertura del oleoducto del Caspian Pipeline Consortium (CPC), una de las grandes operaciones realizadas en la zona por las compañías Exxon Mobil, Texaco y Chevron, por un valor de 2.500 millones de dólares.

LA PREOCUPACIÓN ENERGÉTICA

Para los primeros mandatarios norteamericanos, el Plan Nacional de Energía (PNE) ha sido siempre mucho más que una gran partida presupuestaria. Consideran que afecta directamente su propia seguridad nacional y que tiene un papel clave en su política exterior. A pesar de que, según datos del propio Departamento de Energía,[247] Estados Unidos producía, al menos hasta fines de 2000, un 73% de su consumo energético total, el 35% del cual lo representa el petróleo, resultado de la resistencia interesada de sus gobiernos a utilizar fuentes energéticas alternativas, el mismo organismo estatal reconocía al mismo tiempo que el consumo energético norteamericano tiende a ser mayor, previéndose que será mayor la distancia entre el consumo y la producción energética nacional a pesar de la luz verde obtenida por Bush para perforar Alaska,[248] por lo que la necesidad de importación de energía crecerá.

"Si prosigue la tendencia actual –dice el informe del PNE– de aquí a veinte años Estados Unidos importará casi dos de cada tres barriles de petróleo, y dependerá cada vez más de potencias extranjeras que no siempre toman en cuenta los intereses estadounidenses.[249] En términos prácticos, esto significa elevar el consumo de petróleo importado en un 50%, de 24,4 a 37,1 millones de barriles (mdb) por día. Sin estas importaciones adicionales, al país le resultaría difícil en extremo sostener el crecimiento económico y alimentar su inmensa flota de automóviles, camiones, autobuses y aviones."[250]

Para Michael T. Klare, "Estados Unidos tendrá que gastar aproximadamente 2,5 billones de dólares en petróleo importado de aquí a 2020 –suponiendo que los precios se mantengan en su actual nivel moderado– más una suma comparable en gas natural". Este experto sostiene que para garantizar esas reservas, las empresas norteamericanas tendrían que trabajar conjuntamente con los productores extranjeros "y como muchos de estos productores están ubicados en zonas de conflicto e inestabilidad, el gobierno tendrá que brindarles apoyo en materia de seguridad, que en algunos casos puede implicar el despliegue de fuerzas de combate estadounidenses".[251]

La concatenación de causas y consecuencias que hace Klare es clave para entender la íntima relación entre las necesidades energéticas de Estados Unidos y su constante avidez por controlar los regímenes existentes en aquellas áreas del mundo donde se encuentran los principales países proveedores de "oro negro" y gas natural. Esas regiones son fundamentalmente el golfo Pérsico y la cuenca del mar Caspio y, en menor medida, zonas de América latina y África.

El control de esos preciados "grifos" justifica para Estados Unidos en algunos casos el apoyo tanto a democracias como a dictaduras, y en otros, una política de acoso y desgaste de gobiernos; el fomento de rebeliones, guerrillas y las más sangrientas guerras. Sin tomar en cuenta lo que se juega en la "petropolítica" mundial es imposible entender muchas posturas de la política exterior de Estados Unidos desde hace más de un siglo.

No es casual el hecho de que prácticamente todos los responsables de Relaciones Exteriores norteamericanos desde la Segunda Guerra Mundial provengan de la industria petrolífera.[252] El actual secretario de Estado, Colin Powell, tampoco escapa a esa tradición, o el propio presidente Bush, cuya familia ha sido una de las principales dedicadas a la industria del "oro negro" en Texas. Como vimos en el primer capítulo, después de varias experiencias empresariales frustrantes, George W. por fin pudo hacerse con un respetable capital tras su paso por la Harken Energy Corporation.

LOS ESCÁNDALOS SALPICAN A LA CASA BLANCA

La información privilegiada con que contaba en tanto que alto ejecutivo le permitió a George W. vender sus acciones a cuatro dólares por unidad en 1990 –mientras su padre era presidente de Estados Unidos– "casualmente" pocos días antes de que su valor cayera a 1,25 dólar y la empresa registrara pérdidas por 23 millones de dólares.

Un documento confidencial interno de Harken Energy del 6 de junio de 1990 revelado por la prensa[253] advertía sobre las negras perspectivas financieras de la firma. El 22 de junio George W. Bush vendió 212.140 acciones, que le reportaron 848.560 dólares. El 30 de agosto la compañía declaró públicamente que las pérdidas en el segundo trimestre del año eran muy superiores a lo previsto, lo que provocó su hundimiento inmediato en la Bolsa.

Esta turbia página del pasado empresarial de George W. salió a relucir en las dos ocasiones en las que se presentó como candidato para las elecciones a gobernador de Texas. Sin embargo, en ambos casos Bush logró que no enturbiara su triunfo. Según la oposición demócrata, el hecho de que su padre fuera el presidente de Estados Unidos hizo que la Comisión del Mercado de Valores (SEC) evitara investigar más el caso. En 2002 las cosas fueron bien distintas.

Tras los escándalos financieros del gigante de la energía Enron, la telefónica Worldcom (con activos de 100 mil millones de dólares y cuya quiebra fue la mayor de la historia); la farmacéutica Merck, Global Crossing, Adelphia y otras importantes empresas norteamericanas acusadas de graves fraudes financieros en beneficio de sus directivos, Bush se vio obligado a dar la cara. La empresa Enron fue durante años el principal contribuyente de las campañas electorales del Partido Republicano, y su director hasta el momento en que estalló el escándalo, Kenneth Lay, es un gran amigo de Bush desde hace años. En agosto de 2002 el Departamento de Justicia estadounidense comenzó a investigar las distintas acusaciones existentes contra Enron, por los supuestos millonarios sobornos que habría pagado a gobiernos de países como la India, Nigeria, Bolivia, la República Dominicana y otros, para poder conseguir que se le asignaran en condiciones muy favorables importantes proyectos de construcción de oleoductos, plantas generadoras de electricidad y de agua.

Catherine Sauviat explicaba las características del grupo Enron y su relación con Bush y Cheney: "Este grupo texano, con base en Houston y con más de 21.000 asalariados en el mundo, fue producto de una fusión operada en 1985, entre dos empresas de distribución de gas natural, Houston Natural Gas e Inter North, bajo la dirección de Kenneth Lay. Abanderado de la desreglamentación del sector de la energía, este amigo personal del presidente Bush *Junior* y del vicepresidente Dick Cheney, hizo sus primeras armas en la Comisión Federal de la Energía y en el Pentágono durante la guerra de Vietnam".[254]

La relación de Kenneth Lay con los Bush viene de lejos: "Kenneth Lay era ya en los años ochenta uno de los más fervientes apoyos de George Bush padre y lo ha seguido siendo del hijo. Enron no es sólo el grupo que más ha contribuido a las campañas del presidente George W. Bush, sino que además ha acogido a varios miembros de alto nivel de la administración Bush en sus filas. A cambio, el ex gobernador de Texas favoreció la desreglamentación del mercado energético del Estado en 1999 y permitió a las industrias contaminantes, como Enron, que no

se sometieran a las leyes sobre la reducción de las emisiones de gas".
Catherine Sauviat recuerda que cuando Bush *Junior* se hizo cargo de la
administración Lay fue el único dirigente recibido en privado por Dick
Cheney para discutir las directrices de la política energética. Cheney, por
otro lado, fue subsecretario de Estado para la Energía durante el gobierno de Ronald Reagan.

En julio de 2002 Bush anunció la creación de una fuerza especial para investigar y perseguir fraudes financieros y pidió duplicar de cinco a
diez años las penas de cárcel para los máximos responsables de falsifi-
cación de documentos.

Entre el paquete de medidas que propuso Bush para acabar con
los escándalos que habían provocado una brutal caída de las Bolsas y
falta de credibilidad en el sistema financiero norteamericano, figuraba
el control estricto de las millonarias "compensaciones" que reciben habitualmente los ejecutivos de las grandes empresas, buena parte de ellas
gracias a información privilegiada y créditos blandos para aumentar su
participación en el capital accionario. Los medios de comunicación críticos con el gobierno y la oposición demócrata vieron así servidos en
bandeja los elementos necesarios para hacer que esas medidas anuncia-
das por Bush para perseguir a "unas pocas ovejas descarriadas", se le
convirtieran en un verdadero bumerán.

Así, la misma opinión pública que desde el 11-S había puesto a su
Presidente en un altar y que mayoritariamente le seguía siendo fiel, aun
después de conocer que su gobierno había hecho caso omiso a las aler-
tas sobre atentados inminentes en Estados Unidos de sus agencias de seguridad, volvía a recibir un duro golpe.

Al mismo tiempo que Bush anunciaba sus medidas de choque contra la corrupción financiera, los medios de comunicación revelaban
que él mismo había cometido algunas "irregularidades" semejantes
cuando era ejecutivo de la Harken.

Periódicos como *The New York Times* y *The Washington Post* re-
velaron que no sólo Bush se había beneficiado de esa valiosa información privilegiada para vender a tiempo sus acciones en la Harken
antes de que ésta se hundiera, sino que además el voluminoso paquete de acciones que tenía de esa empresa lo había comprado gracias a los créditos a bajísimo interés que se le concedieron. A finales
de los ochenta George W. obtuvo al menos en dos ocasiones préstamos de la Harken a un interés del 5 por ciento, muy inferior al precio
del mercado en ese momento, para la compra de acciones de la empresa, siguiendo la misma "tradición" empresarial que después, co-

mo presidente de Estados Unidos, señaló con el dedo acusador como una práctica a combatir.

Es más, el Centro para la Integridad Pública sostuvo que la SEC (Comisión del Mercado de Valores) tuvo que insistir repetidamente en aquellos años a George W. para que entregara la documentación sobre la venta de las acciones de Harken. En un memorando de 1991 un funcionario de la SEC se quejaba por las trabas que ponían a la investigación tanto la Harken como Bush. "Bush ha dado muy pocos datos adicionales –sostenía–, escasísimos detalles sobre qué tipo de información interna de Harken controlaba él."

Al producirse esas revelaciones a sólo cuatro meses de las elecciones legislativas de noviembre de 2002, un sondeo de la empresa Gallup para la CNN y USA Today, difundido el 14 de julio, mostraba que el 46 por ciento de los estadounidenses encuestados estimaba que el Presidente velaba más por los intereses de las grandes corporaciones que por los de los ciudadanos. A nadie se le escapa el dato de que siendo nada menos que hijo del presidente de Estados Unidos, Harken mimaba al entonces ejecutivo George W. mucho más que a cualquier otro de sus directivos. En otro sondeo realizado sólo un día antes para la revista *Time* y la CNN se comprobaba que el 72 por ciento de los ciudadanos estaba convencido de que los casos de corrupción empresarial que vieron la luz pública indicaban "un síntoma del nivel de fraude que cometen buena parte de las empresas".

En esa misma encuesta aparecía que el 44 por ciento de los entrevistados creía que la oposición demócrata ofrecía más garantías para combatir el fraude, mientras que el 33 por ciento le seguía otorgando más confianza a los republicanos.

Los demócratas encontraron en estos escándalos un filón de oro para poder minar el alto índice de popularidad de Bush antes de las elecciones de noviembre. Máxime cuando los escándalos no sólo afectaron al Presidente, sino también en similar o mayor medida a su vicepresidente. Porque Dick Cheney supo aprovechar muy bien las importantes relaciones que mantuvo con los jeques árabes durante la guerra contra Irak de 1991, cuando era ministro de Defensa de Bush *Senior*, para, cuatro años después, entrar por la puerta grande de la industria petrolera. Cheney pasó a ocupar en 1995 uno de los principales puestos directivos de la principal empresa del mundo que presta servicios a la industria del petróleo, Halliburton, presente en 130 países y que cuenta con más de 100 mil empleados.[255]

Cheney, que se llevó a esa empresa a estrechos colaboradores que habían trabajado con él en el Pentágono, como Gribbin o el almirante retirado Joe López, logró que Halliburton se hiciera aún más poderosa, con fuerte presencia tanto en la cuenca del mar Caspio como en el mar del Norte, en el golfo Pérsico, África occidental y Venezuela. El precio de la acción de Halliburton pasó de 21 a 60 dólares tras sólo dos años de la llegada de Dick Cheney a la firma, puesto que oficialmente tuvo que abandonar al ser nombrado vicepresidente del gobierno de George W. Bush.

Cheney tampoco pudo ocultar por más tiempo algunos aspectos oscuros de su pasado empresarial, una vez que el mundo financiero puso sus ojos en los escándalos financieros de grandes compañías de Estados Unidos. ¿De qué se acusó a Dick Cheney? Nada menos que de realizar, años antes, una serie de prácticas empresariales similares a las que su gobierno pretendía perseguir en 2002 con todo el peso de la ley.

La organización Judicial Watch, entre otras, acusó a Cheney de "conspirar para defraudar a los accionistas" de Halliburton, urdiendo una trama con la auditora Arthur Andersen para ocultar pérdidas multimillonarias e inflar así la situación financiera en más de 400 millones de dólares.

The Wall Street Journal añadió más leña al fuego al dar a conocer un video de Cheney haciendo propaganda a favor de Arthur Andersen, la misma auditora cuyo prestigio internacional de muchos años se vino abajo cuando se descubrió que había destruido gran cantidad de documentos comprometedores de las cuentas de Enron para obstruir la acción de la Justicia y que había certificado las oscuras cuentas de Worldcom, Merck y otras grandes compañías.

"La gente de Arthur Andersen me da buenos consejos sobre cómo hacer negocios y trabajamos juntos mucho más estrechamente que lo que se hace con una auditora normal", decía un pasaje del video promocional de 1996 en el que Cheney aparecía como "presidente de Halliburton". El mensaje de cuatro minutos de Cheney fue utilizado por Arthur Andersen incluso después de su incorporación a la administración Bush *Junior*.

En su declaración de la renta de 2001, el vicepresidente Cheney y su esposa Lynne tuvieron que pagar 1,7 millón de dólares en impuestos, según información oficial de la Casa Blanca.[256] En agosto de 2000 Dick Cheney se habría embolsado 18,5 millones de dólares al vender acciones de Halliburton Corporation a 52 dólares por título, en el momento que más alto estuvo su valor, y dos meses después bajaron en un solo día un 11 por ciento.[257]

Dos años más tarde las acciones de Halliburton se compraban por tan sólo 13 dólares. "En 2001, Cheney, cuyo sueldo como vicepresidente asciende a 174.475 dólares (anuales), recibió más de 1,6 millón de dólares en forma de compensaciones diferidas y bonos de la compañía Halliburton."[258] Cheney cobró además en 2001, ya siendo vicepresidente de George W. Bush, 1,4 millón de dólares en efectivo por los resultados de Halliburton del año 2000 y cerca de 1,2 millón de dólares más en *stock options* y otros pagos diferidos de compañías de cuyos consejos de dirección había formado parte.

A Cheney podría abrírsele también otro frente más por su pasado como directivo de la Halliburton. Esa sociedad, asociada a Unocal, es una de las empresas petrolíferas más importantes en Birmania. Víctimas de la dictadura birmana han denunciado a mediados de 2002 por primera vez ante la Justicia estadounidense haber sido forzados a trabajar en la planta de ese consorcio en la zona de Yadana. Hasta el momento los tribunales de Estados Unidos habían evitado condenar a cualquier empresa norteamericana por acusaciones hechas sobre sus actividades en el extranjero, pero algunas asociaciones de derechos humanos, como la Earth Rights International, están dispuestas a respaldar legalmente ese tipo de denuncias.

Dick Cheney, que siempre criticó las sanciones económicas impuestas al régimen militar birmano por el gobierno de Clinton, podría verse citado a declarar en caso de ser aceptada a trámite la denuncia hecha en Estados Unidos.

Pero los escándalos que persiguen a Cheney van más allá aún. Brown & Root, una sociedad de servicios subsidiaria de Halliburton, es casualmente la empresa que, entre otras cosas, se encarga de acompañar a las tropas estadounidenses a cualquier conflicto bélico para construir sus barracones (incluidos las del Campamento Rayos X de Guantánamo), preparar el "rancho" de los militares y limpiar sus letrinas. Brown & Root consiguió esa jugosa concesión a pesar de que la propia Oficina de Control del Congreso advirtiera al Pentágono que esa empresa había pasado facturas infladas por sus servicios a las tropas estacionadas en Kosovo.

Los directivos de Brown & Root negaron que Dick Cheney hubiera mediado con el Pentágono para otorgarles la concesión, pero, casualmente esa empresa, la única proveedora de servicios privados para las Fuerzas Armadas contratada para los próximos diez años, consiguió su primer contrato sólo semanas después de que el actual vicepresidente abandonara en 1992 el Ministerio de Defensa, durante la administración Bush *Senior*.

Durante la administración Clinton, Cheney trabajaba como consejero delegado de Halliburton, y en 1995 la sociedad Brown & Root, subsidiaria de ésta, consiguió la concesión para brindar el apoyo logístico de las tropas desplazadas a Kosovo, sin haber pasado por ninguna licitación y a pesar de que esa empresa estaba siendo investigada en California por fraude. Con posterioridad, en 2000, con Cheney ya como vicepresidente de Bush *Junior*, el Pentágono contrató los servicios de la Brown & Root tanto para la Armada como para el Ejército, a pesar de que había sido precisamente ese ministerio el que había advertido que dicha empresa había inflado sus facturas en miles de millones de dólares. El propio Cheney elogiaba las "virtudes" de Brown & Root en un discurso que pronunció en 1998 en el Cato Institute, uno de los más importantes centros de los *think tank* republicanos de Washington. Al intervenir en esa "Collateral Damage Conference",[259] en la que recordó que Halliburton "fue fundada setenta años atrás por un hombre y un camión", reivindicó que esa compañía hubiera comprado a Brown & Root Engineering, empresa de una antigüedad similar y con actividades muy diversas.

"Brown & Root está en el negocio de construir plataformas *offshore*, oleoductos marinos, refinerías y también está involucrada en operaciones de mantenimiento", dijo Cheney. "Actualmente tiene contratos de logística para el Ejército en Bosnia y opera en todos los campamentos de nuestras tropas desplegados allí." En aquella conferencia Dick Cheney reivindicó con orgullo que "cerca del 70% o 75% de nuestro negocio está en el sector energético, sirviendo a clientes como Unocal, Exxon, Shell, Chevron y muchas otras grandes compañías alrededor del mundo". En una conferencia que tenía como objetivo discutir la relación entre política exterior y comercio, Cheney dijo que no siempre se puede pensar en explotar el petróleo y el gas "donde haya gobiernos democráticos y amigos de Estados Unidos". "Ocasionalmente –añadió– tenemos que operar en lugares donde, considerando todos los aspectos, uno normalmente no elegiría, pero nosotros vamos donde haya negocio."

Cheney y el *holding* para el que trabajaba, Halliburton, fueron coherentes con esas declaraciones. En muchos casos los *businesses* los llevaron a negociar no sólo con regímenes dictatoriales amigos de Estados Unidos, como con la Indonesia de Suharto, sino que incluso en más de una ocasión trataron con países "enemigos", que estaban sometidos a sanciones aprobadas por el propio Congreso. Son varios los casos. Uno de los más llamativos fueron los negocios hechos por Halliburton con Irán en 1997; con Libia, Nigeria, Turkmenistán o Azerbaiján. En el caso de Libia, Halliburton venía trabajando desde 1993 y siguió haciéndolo cuando Cheney se convirtió en su consejero delegado. En el Congreso se acusó en aquella época a la compañía de "minar la política exterior norteamericana". El *lobby* de Cheney presionó durante años para que se levantaran las sanciones a varios de esos países, algunos de los cuales tachó paradójicamente de "enemigos" una vez en el cargo de vicepresidente.

En el caso de Irak, a pesar de que Cheney siempre justificó las sanciones, una rama de Halliburton vendida poco antes de asumir su cargo en el gobierno Bush, la Dresser-Rand and Ingersoll-Dresser Pump Co., realizó trabajos de reconstrucción de la industria petrolera iraquí, bajo el programa de Naciones Unidas "Petróleo por Alimentos".

El nombre de Halliburton volvió a ser noticia no bien iniciada la guerra contra Irak, el 20 de marzo de 2003. Sólo cinco días después de haber penetrado en territorio iraquí desde Kuwait, y cuando aún se combatía en el estratégico puerto de Um Qasr, cercano a la frontera, comenzaba el reparto del botín de guerra. La Agencia de Ayuda Internacional de Estados Unidos (USAID) se autoarrogó rápidamente la facultad de licitar los primeros contratos para la "reconstrucción de Irak", por un valor de 900 millones de dólares (cuyo costo será pagado con la propia explotación del crudo iraquí), que fueron asignados exclusivamente a empresas norteamericanas, por razones de "seguridad nacional". Según la USAID, las sociedades involucradas en esas tareas debían tener acceso a "documentos confidenciales relativos a las operaciones militares", por lo que no podían fiarse más que de empresas estadounidenses.

La USAID entregó, en primer lugar, la gestión del importante puerto de Um Qasr a la empresa Seattle SSA y, acto seguido, concedió a Kellogg Brown and Root (del "holding" Halliburton) el contrato para la extinción de los incendios de los pozos de petróleo del sur de Irak provocados por las fuerzas de Saddam en retirada, o por los propios combates; y para el mantenimiento de la infraestructura del crudo. Después de doce años de embargo, las instalaciones petrolíferas iraquíes están totalmente obsoletas, por lo que su reparación requerirá una gigantesca inversión. Algunos medios financieros internacionales evaluaban que su presupuesto se elevará a más de 3.000 millones de dólares. Otras firmas norteamericanas que saldrían sumamente beneficiadas en las tareas de reconstrucción de Irak son constructoras y empresas de ingeniería como Bechtel, Parson, Fluor o Louis Berger, todas ellas "casualmente" donantes habituales del Partido Republicano.

UN GABINETE MUY "PETROLERO"

No sólo George W. Bush y su vicepresidente Dick Cheney han estado fuertemente ligados a la industria del petróleo: en la actual administración norteamericana hay varios más impregnados de "oro negro". Entre los otros miembros del Gabinete se encuentra, por ejemplo, la consejera de Seguridad Nacional de George W. Bush, Condoleezza Rice. Ella fue administradora y accionista de Chevron-Texaco[260] desde 1991 hasta 2000. Chevron es la nueva denominación de Standard Oil of California, creada por John D. Rockefeller. Chevron y Texaco se fusionaron en 2001, convirtiéndose en la segunda multinacional de Estados Unidos después de Exxon-Mobil.[261] El secretario de Comercio, Donald Evans, viene también de la industria petrolera, así como la secretaria de Interior, Gale Norton, que representa a su vez en la administración Bush los intereses de BP-Amoco, y de la compañía saudita Delta Oil.

Los demócratas han acusado en varias ocasiones a Bush de defender más los intereses de las empresas privadas estadounidenses que los de los ciudadanos comunes. La propia decisión de Bush de no querer ratificar el Protocolo de Kioto beneficia claramente a la industria energética, así como haber atenuado las condiciones impuestas a las empresas durante la era Clinton a través de la Agencia de Protección Ambiental, para que emplearan una "tecnología limpia".

El presidente George W. ha propuesto suprimir, asimismo, la Superfund Cleanup Tax, la ecotasa, para trasladar a los ciudadanos esta carga fiscal que en la actualidad afecta fundamentalmente a las compañías petrolíferas y a los grandes laboratorios farmacéuticos.

LA CUENCA DEL MAR CASPIO

Las tensas relaciones existentes entre Estados Unidos e Irán desde el derrocamiento de su hombre de confianza en la región, el sha Reza Pahlevi, por la revolución islámica del ayatolá Jomeini de 1979, sumadas al cambio de actitud de Washington hacia Bagdad a partir de su invasión de Kuwait en 1990, hicieron comprender a Estados Unidos los peligros que le suponía perder parte del control de una de las fuentes más ricas de petróleo del mundo.

Irán e Irak, dos "demonios" para Estados Unidos desde hace años, están entre los primeros países del mundo en reservas y producción de petróleo. El apoyo dado por Arabia Saudita y la mayoría de los otros países del Golfo a la gigantesca coalición multinacional encabezada por Estados Unidos que en 1991 lanzó los demoledores bombardeos contra Irak, le daba todavía entonces a Estados Unidos garantías de que no se vería alterada la producción y exportación de petróleo hacia Occidente a precios normales de mercado.

Aún en ese momento se estaba muy lejos de prever la crisis en las relaciones entre Estados Unidos y Arabia Saudita que se desataría diez años más tarde, en 2001. Fue cuando George W. Bush reclamó a esa monarquía que se sumara a la cruzada "Libertad Duradera" contra un país islámico, el Afganistán de los talibanes, y que autorizara además al Pentágono a utilizar sus bases militares existentes en territorio árabe, como en 1991. Poco tiempo después Bush recibía otro desaire de su tradicional aliado saudita, al negarse a participar y prestar apoyo logístico en una segunda cruzada contra Irak. Los desacuerdos entre ambos países se completaban con las posturas cada vez más antagónicas sobre el conflicto palestino-israelí.

A pesar de que al final de la Guerra del Golfo Estados Unidos diseñaba un supuesto Nuevo Orden Mundial, en el que ninguno de estos últimos incidentes con su principal aliado en el Golfo estaba siquiera contemplado, Washington puso ya entonces sus ojos en la cuenca del mar Caspio. En esas fechas precisamente se producía la desintegración de la Unión Soviética y era la primera gran oportunidad de penetrar en una zona hasta entonces feudo de la URSS. Esa región, rica en petróleo y gas, de 1.127 kilómetros cuadrados de extensión, comprende las ex repúblicas soviéticas de Azerbaiján, Kazajstán, Turkmenistán y Uzbekistán, además de áreas adyacentes de la propia Rusia y de Irán. Rusia controla actualmente el 19% del mar Caspio, Irán el 13%, Kazajstán el 29% y Azerbaiján el 21%, y el restante 18% se lo reparten Turkmenistán y Uzbekistán, en proporción, en todos los casos, a la longitud de sus respectivas costas.

Irán propuso ya hace años convertir el mar Caspio en una suerte de condominio separado en cinco segmentos nacionales iguales para aumentar su 13% hasta el 20%, pero Rusia rechazó tal proposición. Irán consiguió como aliado en las negociaciones de los países ribereños a Turkmenistán, mientras que Rusia apoyó a Azerbaiján en sus disputas con ese Estado. Por su parte, Estados Unidos ha intentado obstruir esa alianza de Rusia con Azerbaiján, por lo que desde 2002 se ha propuesto "ayudar" a esa ex república soviética para que incremente –en palabras de la secretaria asistente de Defensa de Estados Unidos, Mira Ricardel, durante su visita a Bakú– "su capacidad naval para proteger el mar territorial y su zona económica". Azerbaiján tiene reservas estimadas en 20 mil millones de barriles de petróleo, un volumen similar al que posee Nigeria. En septiembre de 1994 el gobierno de Bakú firmó un importante acuerdo de explotación de sus reservas petroleras *off shore* con varias empresas extranjeras y por valor de 8.000 millones de dólares, conocido como "el acuerdo del siglo", dando nacimiento a la Azerbaiján International Operating Company (AIOC). De la AIOC forman parte, en primer lugar –cómo no– la Unocal, Exxon, Amoco, la BP, la estatal Socar y la rusa Lucoil.

El contrato firmado prevé un período de treinta años para explotar tres grandes yacimientos: el Azerí, el Chirag y el Gunashli, este último en aguas profundas del mar Caspio.

El periodista y escritor afgano Ahmed Rashid,[262] uno de los más acreditados expertos de la región en aportar datos contundentes tras el 11-S sobre los intereses económicos y geoestratégicos en la guerra de Afganistán y en el diseño del futuro de este país, recuerda que Rusia y Gran Bretaña compitieron durante años para extender sus respectivos imperios por el continente asiático, y que finalmente las regiones de Asia central cayeron una a una bajo dominio ruso.

Al ser un mar interior (en realidad, más parecido a un lago que a un mar) no se ha regido nunca por la ley marítima internacional, lo que permitió a los dos principales países de la zona, Rusia y Persia (actual Irán), firmar dos importantes tratados. El primero fue rubricado el 26 de febrero de 1921, y luego se precisaría aún más con el Convenio de Comercio y Navegación del 25 de marzo de 1940, en el que ya se fijó una frontera marítima imaginaria entre los dos países, que atravesaba el mar Caspio desde Gasankouli hasta Astara. Sin embargo, décadas después, una vez desmoronado el régimen soviético e independizadas de Rusia varias de sus ex repúblicas asiáticas, las grandes potencias, especialmente Estados Unidos, China y la propia Rusia, volvieron a poner sus ojos en ellas.

La importancia de esta zona está dada por la impresionante reserva de gas y petróleo que tiene en sus territorios. Los expertos estiman que la reserva petrolera de esa región es de más de 40 mil millones de barriles de petróleo, y que nuevas exploraciones podrían permitir descubrir aun más yacimientos, con una capacidad superior a los 200 mil millones de barriles, lo que, de confirmarse, la convertiría en la segunda mayor reserva de hidrocarburos del mundo, tras el golfo Pérsico y antes de la riquísima región de Siberia. Se calcula que el volumen de reservas de gas de la zona del mar Caspio es de cerca de 180 trillones de metros cúbicos.[263]

Turkmenistán, con 101 trillones de metros cúbicos, y Kazajstán, con entre 65 y 70 trillones, están entre los veinte principales países del mundo en términos de reservas de gas natural y petróleo.

Desde la desaparición de la URSS, Rusia ha mantenido una importante disputa con tres de las ex repúblicas soviéticas ribereñas del Caspio: Azerbaiján, Kazajstán y Turkmenistán. Mientras que Moscú sostiene que el mar Caspio es un lago interno y que por lo tanto no se puede regir por las normas del Derecho Internacional del Mar, los tres nuevos Estados sostienen que es un mar y que por lo tanto ellos tienen derecho a reivindicar una salida al mar (ninguno de ellos la posee).

De acuerdo con la visión de estos tres Estados, Rusia tendría que aceptar discutir un régimen jurídico para compartir con ellos el acceso al mar a través del delta del Volga, algo vital para poder exportar el crudo. Estados Unidos no tardó en entrar con sus empresas en la zona en cuanto se desmoronó la URSS. "Las compañías petroleras de Estados Unidos estaban entre los primeros grupos internacionales que se dieron cuenta de la importancia de la región", sostiene Ahmed Rashid. "Incluso antes de que Estados Unidos hubiera establecido embajadas en cada una de las nuevas repúblicas –añade–, las principales compañías petroleras de Estados Unidos ya habían llegado para planificar las posibilidades de energía, estimuladas por los primeros hallazgos de petróleo y gas por Chevron, en Kazajstán."

Kazajstán cuenta con tres grandes yacimientos, el de Karachaganak, el de Tengiz y el Kashagan. Este último es considerado el más importante yacimiento descubierto de los últimos treinta años. Chevron lidera el Consorcio del Oleoducto del Caspio (CPC) por el cual desde octubre de 2001 se transporta petróleo desde Tengiz, en la costa de Kazajstán del mar Caspio, hasta la terminal rusa de Novorossik, en el mar Negro, desde donde se exporta a Occidente. Dicho oleoducto tiene una longitud de 1.580 kilómetros.

Otras empresas extranjeras como la Agip, Shell, BP-Amoco, Exxon Mobil, British Gas, Philips, TotalFinaElf, Impez, Eni y Statoil, agrupadas en la Agip Kazakhstan North Caspian Operating Company, explotan a su vez el yacimiento de Kashagan.

Ya en 1993 el ex secretario de Estado Alexander Haig formó un consorcio para construir un oleoducto que partiera de Turkmenistán y atravesara Irán, al que registró en las Islas Vírgenes y no en Estados Unidos para evitar cualquier conflicto con el gobierno de Clinton por negociar con el régimen iraní de los ayatolás.

Las empresas norteamericanas no sólo están en primera fila en Azerbaiján y Kazajstán, sino también en Turkmenistán. La siempre presente Unocal, como hemos visto anteriormente, era la principal accionista del consorcio Centgas, que proyectaba, con el apoyo de los talibanes, llevar gas y petróleo desde Turkmenistán hasta Pakistán.

Hasta fines de los años setenta, cuando comenzó la guerra de los mujahidines contra las tropas soviéticas en Afganistán, ese país exportaba a la URSS, a través de Uzbekistán, entre el 70% y el 90% de su gas natural. Todavía en 1992, tres años después de la salida de las tropas soviéticas, se negociaba un nuevo tratado de exportación de gas afgano a Rusia. A finales de los años ochenta, cuando terminó la guerra, la URSS era el primer productor mundial de petróleo. "Tuvo entre 1987-1988 una producción de 11.400 millones de barriles, para caer luego a sólo 6.200 millones en 1996 (cifra correspondiente a Rusia; ya se había producido la descomposición de la URSS). En los últimos cinco años, la producción ha remontado hasta 7.300 millones de barriles a causa del aumento de los precios en 1999-2000, la reorganización del sector de hidrocarburos iniciada en 1992-1993 y la devaluación del rublo tras la caída financiera de agosto de 1998."[264] Rusia tiene reservas por 48.600 millones de barriles de petróleo, lo que supone un 4,6% del total mundial.

Según una declaración del Comité de Solidaridad con la Causa Árabe de España (CSCA)[265] el régimen talibán había realizado importantes reparaciones desde 1999 en el gasoducto de Mazar-i-Sharif y en los campos de Khowaja Gogerak, con lo cual había obtenido un aumento de la producción de gas, controlado por la Agencia de Gas Natural del régimen de Kabul. De acuerdo con esa fuente, "el proceso de reparaciones de instalaciones productoras de gas se había extendido igualmente al campo de la exploración petrolífera".

Coincidiendo con otras evaluaciones de institutos especializados, el CSCA sostenía que "las estimaciones de la época soviética hablan de reservas de 95 millones de barriles de petróleo en suelo afgano, así como de enormes reservas de carbón". Con el fin de la Guerra Fría, la atención de las grandes potencias en esa región disminuyó, y en el caso de Estados Unidos, volvió a centrar sus ojos en ella en los noventa, tras los sobresaltos vividos en el suministro de combustible durante la Guerra del Golfo. Estados Unidos comenzó a proyectar oleoductos y gasoductos para poder transportar gas y petróleo desde Azerbaiján hasta Turquía. En julio de 1997 el secretario de Estado adjunto, Strobe Talbott, aseguró que los Estados centroasiáticos tenían "la ocasión de olvidar para siempre la experiencia de ser peones de un tablero de ajedrez mientras las grandes potencias compiten por su riqueza e influencia a sus expensas".

Pese a esa intervención tan poco habitual, desde el comienzo mismo de la primera administración Clinton y coincidiendo con el proceso de independización de cada una de las ex repúblicas soviéticas ribereñas con el mar Caspio, Estados Unidos comenzó a tomar un inesperado "interés" en la zona. Cuando el Movimiento Islámico de Uzbekistán (relacionado con Al Qaeda, según aseguran ahora los servicios de inteligencia norteamericanos) declaró el Jihad al gobierno de ese país en 1999, las alarmas sonaron en la Casa Blanca y la administración Clinton se dotó por primera vez de una política hacia Asia central, centrada en el fortalecimiento militar de sus regímenes (independientemente de que fueran, o no, violadores de los derechos humanos) para combatir a las organizaciones armadas locales.

Talbott descubrió en parte el juego de Estados Unidos cuando dijo sobre esa región: "Si la reforma económica y política no tiene éxito, si los conflictos internos y entre los países fronterizos fermentan y estallan, entonces la región puede ser un caldo de cultivo del terrorismo, un semillero de extremismo político y religioso y un campo de batalla para una guerra total". Y acotó: "Preocuparía profundamente a Estados Unidos que esto sucediera en una zona en la que se ocultan 200 mil millones de barriles de petróleo. Esta es otra de las razones por la que la solución del conflicto debe ser la tarea número uno de la política de Estados Unidos en esta región".[266]

A pesar de las declaraciones de Talbott, las "reformas políticas" de los gobiernos de la región no fueron en ningún momento motivo de preocupación para Estados Unidos. Como analiza Ahmed Rashid: "Estados Unidos podría haber estabilizado la economía de Tayikistán con fondos para el desarrollo", o hecho de mediador en el conflicto entre Azerbaiján y Armenia, o entre el MIU y el gobierno uzbeco. Pero no hizo nada de eso y centró su principal preocupación en lo que hicieran sus dos principales competidores y adversarios en la zona: Rusia e Irán. Ahmed Rashid recuerda que el entonces director de la CIA, George Tenet, reconoció que "en Asia central la corrupción, la pobreza y otros males sociales proporcionan un caldo de cultivo para el extremismo islámico, las redes terroristas y los traficantes de armas y drogas".

A pesar de haber sido identificados los problemas, la administración Clinton centró toda su política en la zona fundamentalmente en la represión de los fenómenos terroristas, sin atender a ninguna de las causas sociales que habían sido correctamente señaladas por Tenet como el normal "caldo de cultivo".

La crítica situación de las relaciones entre Irán y Estados Unidos impidió a Washington programar el transporte del petróleo y el gas de la región atravesando territorio iraní, la vía más lógica, más directa y más barata según los expertos. Tampoco se quería que los posibles oleoductos y gasoductos llegaran a Occidente tras pasar por Rusia, para evitar que este país pudiera ejercer algún eventual control en el flujo de las energías necesitadas por países occidentales.

Arundhati Roy recordaba después del 11-S unas célebres palabras de Cheney sobre la zona del Caspio dichas en 1998, cuando aún era consejero delegado de la petrolera Halliburton: "No me viene a la cabeza ningún otro momento en el que hayamos asistido a la aparición, así, de pronto, de una zona tan importante, desde el punto de vista estratégico, como el mar Caspio. Es algo así como si las oportunidades hubieran surgido de la noche a la mañana".[267]

Clinton dio finalmente su respaldo a un plan orientado a transportar el gas y el petróleo desde Bakú, en Afganistán, a Ceyhan, en Turquía, y vía Tiflis, en la república de Georgia.[268] Antes de abandonar su cargo, Bill Clinton viajó a Turquía para la firma del acuerdo regional que permitiría la construcción de un oleoducto Bakú-Tiflis-Ceyhan (BTC), con un costo de 3.000 millones de dólares.

La llegada del gobierno de George W. Bush no cambió en lo esencial la política de Estados Unidos con respecto a las repúblicas de Asia central, sino que profundizó en la misma línea. A pesar de ello, en el caso concreto del oleoducto Bakú-Ceyhan, que tendría que estar terminado en tres o cuatro años, no parecen estar tan interesadas las empresas petroleras ligadas a la actual administración Bush, que apuestan fundamentalmente por los que pasarían por territorio afgano. Esa ruta está atravesada por regiones sumamente explosivas desde hace años, como Nagorno Karabaj, la Turquía kurda y la propia Georgia.

Pocos días antes del 11-S un informe del Departamento de Energía estadounidense volvía a refirmar la importancia estratégica de Afganistán: "La importancia de Afganistán desde el punto de vista de los recursos energéticos está dada por su situación geográfica, que le permitiría ser ruta de paso de los sistemas de conducción de las exportaciones tanto de petróleo como de gas desde Asia central hasta el mar de Omán".

Durante la administración Clinton se hicieron cada vez con mayor periodicidad las maniobras conjuntas de fuerzas especiales norteamericanas con tropas de Uzbekistán, Kazajstán y Kirguizistán. Tras el 11-S, y ante la negativa saudita para facilitarle el uso de sus bases para atacar Afganistán, Estados Unidos estableció por primera vez bases militares en Tayikistán y Uzbekistán. Rusia y China, por razones bien diferentes, apoyaron y coordinaron con Estados Unidos una estrategia antiterrorista común en la zona. Rusia pretendía con ello eliminar a enemigos radicales en países fronterizos, que podrían coordinar sus acciones con los separatistas chechenos, mientras que China a su vez intentaba evitar que el integrismo islámico de esas ex repúblicas soviéticas hiciera frente común con los uigures separatistas de fe islámica.

El régimen chino, cuyo crecimiento industrial le supone un consumo mayor de petróleo y gas, veía ya en los noventa con temor la carrera en que estaba inmerso Estados Unidos en Asia central para apoderarse de las principales fuentes energéticas.

"El capital monopolista internacional lucha agresivamente por obtener los recursos de los países de la antigua URSS. Con toda seguridad, todos tratarán de impedir que las compañías chinas obtengan esos recursos energéticos. Tenemos que formular nuestra propia estrategia lo más rápidamente posible: la solución fundamental es la producción interna", sostenía en agosto de 2000 Xia Yishan, un investigador del Instituto de Asuntos Exteriores chino.[269]

La preocupación china aumentó mucho más después del 11-S. Zhu Xingshan, subdirector del Instituto de Investigación del Centro Económico de Energía, lo expresaba así: "Habíamos previsto instalar oleoductos para aumentar nuestro aprovisionamiento desde Asia central y Rusia, y ya habíamos llegado a acuerdos con los rusos. Pero, a raíz de los atentados del 11 de septiembre tenemos que modificar esta estrategia. Objetivamente, los ataques han proporcionado un proyecto a Estados Unidos para entrar en Asia Central".[270] Estados Unidos siempre vio con recelo el nacimiento del llamado "Grupo de Shangai", conformado por China, Rusia, Irán, Kazajstán, Tayikistán, Kirguizistán y Uzbekistán, creado con el objetivo de potenciar su cooperación económica y enfrentarse unidos al extremismo islámico. Henry Kissinger también advirtió sobre los peligros que podrían suponer para la estrategia norteamericana en Asia central los intentos de China y Japón por crear una zona de libre comercio.

"Un bloque hostil que combine las naciones más pobladas del mundo con grandes recursos y alguno de los países más industrializados sería incompatible con el interés nacional norteamericano."[271]

"Por estas razones –alertaba el ex secretario de Estado norteamericano– Estados Unidos debe mantener una presencia en Asia y uno de sus objetivos geopolíticos debe ser impedir la transformación de Asia en un bloque hostil, lo que muy probablemente ocurriría bajo la tutela de una de sus grandes potencias."[272]

LA IMPORTANCIA DEL GOLFO PÉRSICO

Desde que fueron descubiertas las reservas petroleras en Oriente Medio, en los años veinte, hasta bien entrados los treinta, fueron las compañías petroleras francesas y británicas las que se repartieron el grueso del botín, mientras que las estadounidenses sólo controlaban cerca de un 10 por ciento. La situación habría de cambiar radicalmente a partir de esa época, cuando se conocen las importantes reservas de crudo que contiene Arabia Saudita. Estados Unidos empieza a competir abiertamente con Gran Bretaña, mientras que Francia queda desplazada, pero Washington habría de sacar beneficio de los importantes créditos que había concedido a Londres durante la Primera Guerra Mundial.

Como recuerda Phyllis Bennis en su libro *Before & After*, "los términos de los préstamos eran durísimos; el Reino Unido había hipotecado su imperio por los gastos de guerra, por lo que Estados Unidos estaba muy bien situado para reclamarle sus deudas".[273]

Esa posición de fuerza le permitió a Estados Unidos obtener de Riad la concesión exclusiva para explotar su petróleo, a través de la empresa Aramco, integrada por las norteamericanas Socal, Mobil, Esso y Texaco. En la dura batalla que hubo entre las grandes potencias mundiales tras la Segunda Guerra Mundial para repartirse las áreas más apetitosas del mundo en el plano económico, político y militar, Estados Unidos se apresuró a ofrecer "desinteresadamente" todo su apoyo en materia de seguridad a países de dos zonas clave desde el punto de vista energético: el golfo Pérsico y América latina, resignándose a que aquellos de la zona del mar Caspio quedaran bajo la zona de influencia soviética. Mientras Europa se lamía las graves heridas sufridas y trataba de superar su profunda crisis económica, Washington hacía sus planes sobre un mapamundi.

En el caso de Cercano Oriente, al finalizar la Segunda Guerra Mundial las empresas estadounidenses ya controlaban más del 40 por ciento del proceso de producción y exportación de petróleo. El entonces presidente de Estados Unidos, Franklin Roosevelt, no dudó en firmar rápidamente contratos de venta de armas y entrenamiento, junto a acuerdos de cooperación militar en caso de ataques de terceros países, con los gobernantes de aquellos Estados incluidos en dos zonas de importancia estratégica: el golfo Pérsico y América latina. Estados Unidos celebró así acuerdos con los gobiernos de Arabia Saudita, Emiratos Árabes Unidos, Kuwait, Bahrein e Irán, aunque con este último país se rompieron las relaciones a partir de la revolución islámica del ayatolá Jomeini, que acabó con el régimen pro occidental del sha Reza Pahlevi en 1980.

Se calcula que los países del Golfo custodian reservas cercanas a los 700 mil millones de barriles de petróleo (dos terceras partes de las existentes en el mundo), suponiendo su producción anual un 30 por ciento aproximadamente del monto total a nivel mundial.

Estados Unidos, sin embargo, no ha logrado convencer en décadas a la monarquía saudita para que aceptase abrir su sector petrolero –nacionalizado en los setenta– a inversiones sustanciales de compañías norteamericanas. Washington ha intentado en vano tener un control más directo de la producción saudita, a fin de poder asegurarse con mayores garantías sus propias necesidades energéticas futuras.

El Departamento de Energía norteamericano estima que Arabia Saudita podría llegar en los próximos veinte años a duplicar su actual producción de petróleo, que es de 11,4 millones de barriles diarios. Según ese organismo, cinco de los países miembros de la OPEP[274] (Organización de Países Exportadores de Petróleo), Arabia Saudita, Emiratos Árabes Unidos, Kuwait, Irán e Irak, deberían alcanzar a producir en conjunto 30,5 millones de barriles diarios en 2010 (el 32% de la producción mundial estimada) y 46,7 millones en 2020 (el 41%) para poder satisfacer el nivel de demandas previsible.[275]

Guiadas por sus importantes intereses energéticos, las distintas administraciones norteamericanas han intentado durante décadas mantener relaciones económicas, políticas y militares inmejorables con la monarquía feudal saudita. Estados Unidos ayudó decisivamente a la creación de las Fuerzas Armadas árabes en 1940 y el Pentágono se ocupa desde 1948 de su formación y entrenamiento. Además, cuentan con miles de soldados y varias bases militares y centros logísticos regionales en territorio saudita. En los años ochenta, en los momentos en que se libraba la guerra contra los soviéticos en Afganistán y que Irán había caído en manos de los chiítas, Arabia Saudita accedió a que Estados Unidos se hiciera cargo totalmente de la defensa de su territorio. Ya en ese momento el Pentágono calificó a la zona de importancia militar estratégica y asentó el comando central de una fuerza de desplazamiento rápido.[276]

A pesar de las profundas diferencias religiosas, de estilo de vida y de modelo de sociedad existentes entre Estados Unidos y Arabia Saudita, ese noviazgo de conveniencia funcionó durante décadas sin grandes crisis. Arabia Saudita fue un aliado clave en la región. Ambos países hicieron frente común también en los ochenta, durante la guerra contra las tropas soviéticas en Afganistán, y en la Guerra del Golfo contra el régimen de Saddam Hussein.

Pero Arabia Saudita es un aliado complejo y el estable romance que pudo mantener Estados Unidos con su monarquía comenzó a desgastarse a ritmo acelerado cuando Washington decidió lanzar por primera vez un ataque contra un régimen islámico integrista, el de los talibanes, al que Riad amamantó durante años. Fue Estados Unidos el que cambió de postura frente a los talibanes, y no Arabia Saudita.

La ruptura de la alianza estratégica entre Arabia Saudita y Estados Unidos, si llega a concretarse con toda la profundidad de los temas en conflicto, permite augurar un brusco cambio cuyas consecuencias son todavía difíciles de prever.

8 | Arabia Saudita, el "Eje del Mal", y el Cercano Oriente

Después de décadas de estrecha relación económica, política y militar, Estados Unidos, sus servicios de inteligencia y buena parte de sus medios de comunicación parecen haber descubierto sorprendidos que Arabia Saudita es la cuna del fundamentalismo islámico y su más poderoso difusor en todo el mundo. En julio de 2002 se filtró interesadamente información de una reunión en el Pentágono, en la que un alto cargo de la influyente Rand Corporation llegó a calificar a Arabia Saudita –país del que eran originarios quince de los diecinueve kamikazes que actuaron el 11-S– de "Estado enemigo", lo que provocó el primer roce diplomático importante visible entre Estados Unidos y Arabia Saudita. El propio presidente Bush se vio obligado a tranquilizar los ánimos de Riad, asegurando públicamente en Washington a su ministro de Relaciones Exteriores, el príncipe Saud al-Faisal, que su gobierno seguía considerando a Arabia Saudita un importante aliado.

Poco después, los servicios de inteligencia estadounidenses filtrarían también a los abogados defensores de los familiares de las víctimas del 11-S abundante información recogida durante años, sobre las vinculaciones financieras y políticas del régimen saudita con los talibanes y con un sinfín de organizaciones financieras y religiosas repartidas por todo el mundo, que tienen como objetivo la difusión del islamismo más radical.

Los abogados de seiscientos familiares de las víctimas del 11-S aprovecharon ese material, que Estados Unidos nunca antes quiso sacar a la luz, para incluir en sus demandas de trillones de dólares de compensación por aquellos atentados, a bancos y empresas árabes, a instituciones oficiales, organizaciones de caridad y a tres miembros de la familia real, incluido el ministro de Defensa, el príncipe sultán Bin Abdel Aziz. En la demanda se los hace responsables últimos de los atentados terroristas.

Grandes medios de comunicación estadounidenses desempolvaron al unísono gran cantidad de información sobre las características del régimen saudita, que jamás antes habían publicado y que desconocía el gran público. Una amplia y orquestada campaña mediática se puso en marcha para "poner al descubierto" hipócritamente al enemigo que, supuestamente, se ocultaba tras la más poderosa monarquía de Cercano Oriente. Esas acusaciones provocaron una airada respuesta entre los poderosos empresarios árabes, que tienen invertidos cerca de 750 mil millones de dólares en Estados Unidos. El *Financial Times*[277] informó que, por temor a que sus capitales fueran congelados por orden judicial para responder a la demanda, los inversores sauditas habían comenzado a retirar de ese país entre 100 mil y 200 mil millones de dólares. Esos fondos no habrían sido repatriados a Arabia Saudita, sino invertidos en Suiza, el Reino Unido y Francia. Después, fuentes árabes sostuvieron que la retirada de capitales se venía produciendo en realidad desde meses antes, a causa de la recesión económica estadounidense.

En Riad, medios de comunicación controlados por la monarquía comenzaron a publicar opiniones y editoriales llamando a una ruptura de relaciones con Estados Unidos. Entre los dos países se hizo evidente un brusco cambio en las relaciones. A pesar de que el 15 de septiembre de 2002, su canciller, Saud al-Faisal, insinuaba que su país podría cooperar de alguna manera en un nuevo ataque contra Irak, un mes más tarde, su titular de Defensa, el sultán Bin Abdel Aziz, negaba tajantemente esa posibilidad. "El reino saudita no ofrecerá asistencia ni ayuda en caso de un ataque a Irak. El reino tiene un estatuto especial en el mundo árabe-musulmán, alberga dos lugares santos (La Meca y Medina) y no lo sacrificará por el interés de cualquiera", dijo.

La afrenta recibida por parte de Riad con su negativa a apoyar primero el ataque contra el régimen de los talibanes y luego la nueva guerra contra Irak, sumado a su plan para solucionar el histórico conflicto palestino-israelí, que se convirtió en el primer programa común del dividido mundo árabe, llevaron a Estados Unidos a iniciar un cambio en su postura ante esa monarquía de corte feudal. Riad negó a Washington a partir de 1997 el derecho a utilizar las bases norteamericanas en su suelo para sus cotidianos ataques conjuntos con el Reino Unido contra Irak, en la zona de exclusión aérea definida tras la Guerra del Golfo.

Los ciudadanos estadounidenses pasaron así a conocer por primera vez que el gran aliado de su país, el régimen cuyas Fuerzas Armadas crearon, entrenaron y a las que vienen vendiendo desde años armamento por valor de billones de dólares, estaba en realidad en el campo de los "malvados". Descubrieron que en Arabia Saudita, muchos años antes de que los talibanes hubieran siquiera nacido, existía ya un régimen totalitario, que no cuenta con otra Constitución o ley que no sea la *sharia*, prohíbe los partidos políticos, niega todas y cada una de las libertades democráticas, incluida la libertad de culto (reprimiendo a la comunidad chiíta, mayoritaria en Irán), sojuzga brutalmente a las mujeres, castiga con la muerte el aborto y el adulterio; practica con amparo legal las flagelaciones, amputaciones y ejecuciones públicas; tortura a los detenidos y viola sistemáticamente los más elementales derechos humanos, tratando como ciudadanos de segunda clase a los inmigrantes extranjeros. Con una población nacional de cerca de veinte millones de personas, Arabia Saudita alberga también a siete millones de trabajadores extranjeros. Riad se negó a firmar, entre otros tratados internacionales, la Convención Internacional para los Refugiados, de 1951, y su Protocolo, de 1967.

Arabia Saudita, sin embargo, no figuró nunca en la lista de países denunciados regularmente por el Departamento de Estado norteamericano por sus violaciones de los derechos humanos y las libertades democráticas. "Arabia Saudita no aparece mencionada en la presentación al Congreso (de Estados Unidos) del presupuesto del Departamento de Estado, en relación con programas para promover los valores democráticos, la sociedad civil y los derechos humanos",[278] aseguró Human Rights Watch. La única alusión que hizo Estados Unidos sobre las violaciones de los derechos humanos en Arabia Saudita fue durante la LV sesión de la Comisión de Derechos Humanos, al decir que "las mujeres en Arabia Saudita continúan haciendo frente a la discriminación institucional que afecta su derecho a un trato igualitario en el empleo y la educación".[279] Eso fue todo.

Basta ver las detalladas denuncias de graves violaciones en Arabia Saudita que año tras año venían haciendo organizaciones como Amnistía Internacional o Human Rights Watch, para comprobar la abrumadora cantidad de pruebas que existen sobre las características del régimen saudita. Informes similares pueden encontrarse sobre otras monarquías, emiratos y sultanatos del Golfo, como los Emiratos Árabes Unidos, Qatar, Bahrein o Kuwait, todos ellos tradicionales aliados de Estados Unidos y de las principales potencias occidentales.

Pero, a pesar de todas estas evidencias, nunca Estados Unidos ni la ONU propusieron un embargo de armas o sanciones contra esos países. Es más, Arabia Saudita sigue siendo el mayor comprador de armamento de alta tecnología que tiene Estados Unidos y el que mantiene más contratos firmados con este Estado de mantenimiento de dichas armas y de entrenamiento de sus tropas.

Human Rights Watch alertaba en su informe anual de 2000 que el monto de contratos en venta de armas a Arabia Saudita, 10.500 millones de dólares entre 1991-1994, había aumentado a 16.500 millones en el período 1995-1998.[280]

Pero ¿es que Arabia Saudita ocultó realmente alguna vez la esencia de su régimen? Por supuesto que no. Los intereses de Riad coincidieron con los de Estados Unidos durante la Guerra del Golfo y antes contra las tropas soviéticas en Afganistán, pero en los dos casos por razones y objetivos muy diferentes que jamás desconocieron ni la Casa Blanca ni sus aliados europeos. Arabia Saudita fue uno de los tres únicos países en el mundo (junto a Pakistán y los Emiratos Árabes Unidos) que reconoció formalmente el régimen talibán y que sólo tras las grandes presiones recibidas de Washington terminó aceptando a regañadientes cortar sus relaciones diplomáticas con Kabul, el 25 de septiembre de 2001. Fue pocos días antes de que comenzaran los ataques estadounidenses contra Afganistán y después de que los Emiratos Árabes Unidos tomaran la iniciativa de romper relaciones con el régimen talibán.

Estados Unidos lo supo desde el mismo momento en que contó con la vital complicidad saudita y paquistaní para coordinar el Jihad contra las tropas soviéticas en los años ochenta. Riad fue para Washington un intermediario fundamental, al igual que Pakistán, para mantener su relación con los talibanes desde su llegada al poder hasta semanas antes de que se produjeran los atentados del 11-S. La actitud que mantuvo Riad durante la operación "Libertad Duradera" contra el régimen talibán no fue en realidad nada sorprendente. Se encontraba entre dos fuegos. Por un lado estaban sus sólidos lazos económicos y financieros con Estados Unidos, su voluminosa exportación de petróleo a Occidente, de la cual proviene su gran riqueza. Pero, por otro, estaba su gran peso dentro de ese mundo musulmán que aglutina a más de mil millones de personas en el planeta y donde se alzaban muchas voces en defensa del régimen talibán y de Bin Laden frente a la cruzada de los "infieles".

LA CUNA DEL WAHHABISMO

En definitiva, ¿no es Arabia Saudita la cuna del fundamentalismo islámico más intransigente? Mientras Saddam Hussein estaba en el ojo de mira de Estados Unidos como nuevo "demonio número uno", que pasaba a su vez a desplazar en protagonismo a sus predecesores en ese estatus —en una época el ayatolá Jomeini, en otra el coronel Muammar el Gaddafi, el general panameño Manuel Antonio Noriega, el régimen sandinista nicaragüense,[281] sin olvidar al "demonio" más antiguo, el comandante Fidel Castro–, la monarquía saudita exportaba su fundamentalismo a todo el mundo.

Al centrarse en septiembre de 2001 la atención sobre el régimen talibán, unos pocos analistas recordaron que éste tenía su origen en las madrazas, las escuelas coránicas de Pakistán, donde se impartían las enseñanzas de la rama islámica wahhabita, la más conservadora del mundo musulmán.

Sin embargo, cuando los ojos del mundo occidental concentraron sus iras en el régimen talibán al comprobar la destrucción de los monumentales Budas de Bamiyán en 2000, cuando se difundió la detención de colaboradores extranjeros acusados por Kabul de "hacer propaganda del cristianismo", y por último, cuando se los corresponsabilizó del 11-S por albergar los santuarios de Osama bin Laden, poco se habló sobre el origen del wahhabismo y acerca del país que actúa como su principal propagador en el mundo.

En 1990 recordábamos ya el origen del wahhabismo y el papel de Arabia Saudita. "Muhammad ibn Abd al-Wahhab, a cuyas doctrinas se debe la existencia de la actual Arabia Saudita, fue uno de los integristas más radicales de la historia del islam. El Jihad fue el medio utilizado por los wahhabíes para expandirse hasta el siglo XIX. Su intransigencia los llevó a luchar no sólo contra los no musulmanes, sino también contra todos aquellos musulmanes opuestos a las muy particulares doctrinas de al-Wahhab. Su intolerancia les hizo intentar reconstruir exactamente la vida del profeta Mahoma, rechazando muchos preceptos islámicos implantados después del siglo VII, entre ellos la prohibición de entrar en guerra contra otro país musulmán."[282]

Al-Wahhab, en alianza con Muhammad ibn Saud (que muere en 1765), conquista las ciudades de La Meca y Medina, y los otomanos envían a Mehmet Alí para frenar los exterminios cometidos en el nombre del wahhabismo.

A pesar de que Al Wahhab muere en 1792, sus seguidores y sus aliados, los Ibn Saud, seguirán su camino y convertirán la ciudad de Riad en la capital donde habrían de construir un poderoso Estado (1820-1891). "Después de algunos años, Abdel Aziz Ibn Saud reconquista diferentes regiones de la península (arábiga) y funda en 1932 el reino de Arabia Saudita."[283] ¿Qué significa en esencia el fundamentalismo islámico? No quiere decir más que "el retorno al islam", a un islam puro, ortodoxo, a la construcción de un Estado regido por la "ley divina", con multitud de variantes internas, pero todas ellas enfrentadas a la liberalización de la religión y las costumbres impulsada por el nacionalismo árabe que representó el propio partido Baas sirio e iraquí, esencialmente laicos.

Los billones de dólares al año obtenidos por Arabia Saudita con su exportación de más del 80 por ciento del petróleo que se consume en el mundo permiten mucho más que alimentar a los cerca de 4.000 miembros de su familia real y a los otros pocos privilegiados que viven en su territorio.

Petrodólares y fundamentalismo

El rey Fahd, con sus poderosos "petrodólares", convirtió a su reino en el verdadero banquero del islam en el mundo. Desde mucho antes de la Guerra del Golfo, una de las grandes preocupaciones de esta monarquía, de corte medieval, ha sido asegurarse la difusión de un islamismo retrógrado e intolerante. Riad no dudó en financiar la campaña municipal del islámico FIS argelino –y posteriormente apoyar al Grupo Islámico Armado (GIA) en ese país–, a los tunecinos del Movimiento Islámico Tunecino (MTI), y a numerosas organizaciones ultrarradicales, tanto en el mundo musulmán como en Occidente.

"Dos organismos financieros se encargan de centralizar las finanzas sauditas destinadas a difundir el islam en el mundo: el Banco Islámico de Desarrollo (BID), y la sociedad de inversores Dar al-Maal al-Islami (DMI). El BID (sin relación alguna con el Banco Interamericano de Desarrollo, que tiene las mismas siglas) fue creado en 1975 por 44 países musulmanes, cuenta (1990) con un capital de 2.500 millones de dólares, del cual Arabia Saudita ostenta el 26%. Muchas veces se ha denunciado el chantaje al que Riad somete a países a los que ayuda económicamente. Muchos de los proyectos están condicionados a la autorización de construcción de mezquitas y difusión del fundamentalismo wahhabita."[284]

Los petrodólares del rey Fahd han servido desde hace muchos años para controlar la casi totalidad de las organizaciones islámicas internacionales importantes: el Congreso del Mundo Musulmán, La Liga Árabe, la Liga Islámica Mundial, la Federación Mundial de Misiones Islámicas; la Organización Islámica para la Educación, Ciencias y la Cultura (Isesco); la Organización de la Conferencia Islámica, o el Consejo Supremo de las Mezquitas.

Millones de dólares son invertidos en la construcción de mezquitas, centros de estudio del Corán y publicación de libros religiosos en todo el mundo. Arabia Saudita también estuvo presente desde el primer momento en el Comité de Acción anti-Rushdie, organismo que ya en octubre de 1988 pidió públicamente en Gran Bretaña la prohibición del polémico libro *Versos satánicos*, tres meses antes de que Jomeini condenara a muerte en una *fatwa* a su autor, Salman Rushdie.

Tras la Guerra del Golfo, el posicionamiento de Arabia Saudita al lado de la cruzada multinacional antiiraquí le valió duras críticas de muchos de los grupos radicales islámicos a los que financiaba. La corrupción de su régimen fue considerada por muchos sectores, no sólo por Osama bin Laden, como opuesta a los principios del islam. A pesar de que oficialmente se produjo un cierto distanciamiento entre la monarquía saudita y varias de esas organizaciones, importantes hombres de negocios árabes, con la complacencia del régimen, siguieron financiando muchas de sus actividades.

"La Guerra del Golfo ha tenido graves consecuencias internas en las llamadas tierras del islam. Los sentimientos empezaron a ser cada vez más de musulmanes contra Occidente. El islam pasó a ocupar la base ideológica de movimientos políticos reemplazando el sentimiento nacionalista o panarabista que dominó la primera mitad del siglo XX",[285] recordaba Abdel Hamid Beyuki.

Arabia Saudita, un país en el que trabajan decenas de miles de ciudadanos norteamericanos y europeos, fundamentalmente en su sistema bancario, financiero, tecnológico y en la industria del petróleo; que mantiene fuertes relaciones militares con Occidente, en especial con Estados Unidos, es, paradójicamente, la cuna del fundamentalismo islámico más intransigente y extremista.

ALIANZA ESTRATÉGICA EN PELIGRO

Estados Unidos confiaba en lograr una postura comprometida de la monarquía saudita contra los talibanes tras el 11-S, lo cual supondría a su vez la definitiva ruptura de Arabia Saudita con grupos extremistas islámicos en todo el mundo. Pero no lo logró, como no logró su complicidad para atacar a Irak tal como había hecho en 1991. Pero, pese a las crecientes fricciones con Riad, Washington es consciente de que debe actuar con tacto, es una alianza de importancia estratégica la que está en juego. El régimen saudita es hoy mucho más vulnerable que hace diez años. La lucha abierta por la sucesión del rey Fahd –en estado semicomatoso desde 1995– que se ha abierto en el seno de la familia real, sumada a un descontento social provocado por el aumento del desempleo y el descenso en el nivel de vida de los sauditas, ha creado una situación de inestabilidad política que bien podría ser aprovechada por Bin Laden u otros líderes de organizaciones islámicas sauditas de la oposición.

A pesar de que el rey Fahd está apartado de las tareas de gobierno desde 1994, es él quien según la Ley Básica debe nombrar a su heredero, eligiéndolo entre los veinticinco varones descendientes del rey Abd al-Aziz (muerto en 1953) que todavía viven.

Fahd es el mayor de los siete hijos que el rey Abd al-Aziz tuvo con Hasa al-Sudairi y que conforman el clan de los Sudairi. A pesar de que Abdullah, medio hermano del rey Fahd, fue designado a fines de 1995 para reemplazarlo tras sufrir un ataque de apoplejía, éste cuenta ahora con setenta y nueve años, por lo que el problema de la sucesión no está resuelto por mucho tiempo.

El mesiánico líder de Al Qaeda, de origen saudita como la mayoría de los kamikazes que se autoinmolaron el 11-S, venía realizando duras críticas contra la corrupción de la monarquía y su insensibilidad ante las demandas populares. La Casa Blanca también está preocupada sobre el futuro de esa relación porque en los últimos tiempos se alzaron más voces en el propio entorno de la familia real a favor de reclamar a Estados Unidos la retirada de sus tropas. Para los radicales islámicos la presencia de fuerzas extranjeras en el país que tiene el privilegio de albergar los lugares santos del islam es una gravísima ofensa al profeta. A fines de enero de 2002 se añadía un incidente más a la presencia de las tropas estadounidenses en Arabia Saudita. Una oficial de las Fuerzas Aéreas, Martha McSally, destacada como otros cientos de colegas en territorio saudita, ganó una muy particular batalla en los tribunales de Estados Unidos contra el mismísimo secretario de Defensa. La piloto militar lideró un movimiento para rechazar que las mujeres militares tuvieran que llevar la *abaya* (túnica negra) en Arabia Saudita para todos sus contactos con la población civil, en vez de poder usar el uniforme como todos sus compañeros varones.

McSally consiguió finalmente tirar abajo esa disposición de "respeto con las costumbres del país anfitrión" y anunció que seguiría después la batalla para que las mujeres militares norteamericanas también pudieran conducir un coche así como salir de su base sin compañía obligada de un hombre. En esa misma fecha precisamente la Casa Blanca confirmaba que el régimen saudita había pedido una vez más a Estados Unidos que redujera la presencia militar en su territorio. An-

drew Card, jefe del Gabinete de la Casa Blanca, reconocía el 28 de enero que Riad "viene pidiéndolo desde hace tiempo". Según Card, Estados Unidos necesitaba mantener su presencia en la zona, "por muchas
razones y una de ellas es para controlar el cumplimiento del embargo
contra Irak". A pesar de los intereses comunes que los unen, muchos sauditas temen que si Riad no se distancia más claramente de la política de
Washington para la región, no sólo comenzará a perder peso político
en el mundo árabe, sino que también deberá enfrentarse en el propio
reino con una generalización de las protestas y de los atentados contra
las fuerzas norteamericanas.

Son muchos los que opinan que Osama bin Laden –si aún vive como cree la CIA después de escuchar una grabación suya transmitida
por la cadena qatarí de televisión Al Jazeera en noviembre de 2002–
puede encontrar en ese clima de descontento un terreno favorable para desarrollar su labor en su propio país de origen. A él y a grupos clan-
destinos de oposición sauditas se les atribuye una serie de atentados
en Arabia Saudita contra las tropas estadounidenses desde inicios de
los noventa.

"En febrero y marzo de 1991, los soldados norteamericanos fueron objeto de un ataque con armas de fuego por parte de desconocidos. Un atentado más grave tuvo lugar contra un inmueble que albergaba a consejeros norteamericanos y a la Guardia Nacional en noviembre
de 1995, que provocó siete muertos, cinco de ellos norteamericanos, y
unos sesenta heridos. Pero la acción más espectacular y más sangrienta
ha sido el atentado con un camión-bomba perpetrado el 27 de junio
de 1996, contra Khobar, cerca de Dahran, donde están estacionadas las
fuerzas internacionales encargadas de vigilar a Irak, con un resultado
de 19 muertos y más de 500 heridos."[286] Los 19 muertos eran estadounidenses, al igual que 109 heridos.

En esa época ya medios de prensa estadounidenses acusaron al Pentágono de "incompetente"[287] por no haber tomado más precauciones
de seguridad en el perímetro alrededor de las Torres Khobar, un complejo de departamentos donde vivía personal militar norteamericano.
"Muchas vidas se habrían salvado si el Pentágono hubiera aprendido
la lección después de sus fallas en proteger la vida de las fuerzas norteamericanas estacionadas en Oriente Medio, incluyendo el ataque de
1983 contra las barracas del Cuerpo de Marines en Beirut, en el que
murieron 241 personas."

El duro editorial del *Herald Tribune* sostenía que en tres ataques cometidos en Oriente Medio desde 1982 ya habían muerto 265 militares

norteamericanos, "más que los muertos en el mismo período en operaciones de combate en el mundo, incluyendo Granada, Panamá, Somalía y la Guerra del Golfo".

Aunque el régimen saudita quiere evitar fricciones internas del fundamentalismo islámico, que debilitarían a nivel mundial el frente contra los "infieles", necesita que Bin Laden, si está vivo, u otro líder de sus características, no se convierta en un nuevo "faro", un mito popular, que termine tomando cada vez más fuerza dentro del mundo fundamentalista.

La tendencia islámica personalizada en Osama bin Laden y antes también en el régimen talibán "está vinculada con las teorías salafistas de Muhamad Abduh, gran *mufti* de Egipto muerto en 1905, quien, a su vez, actualizó el pensamiento de Ibn Taymiya (1263-1328)", según Martorell.[288] Para este experto: "Es la tesis del renacimiento de un movimiento panislamista, que borra de la faz de la Tierra a todos los regímenes corruptos y heréticos, incluidas las actuales monarquías, emiratos, califatos y regímenes nacionalistas, producto, en definitiva, de esa decadencia".

Las monarquías del Golfo, y no sólo la saudita, prestan atención a ese tipo de mensajes, temen que el discurso de personajes carismáticos y mesiánicos cale en el seno de sus respectivos pueblos, y por ello han mantenido, al igual que Riad, una actitud distinta frente a la guerra contra los talibanes que la adoptada durante la Guerra del Golfo frente a Irak.

El Consejo de Cooperación del Golfo Pérsico (CCG, constituido por Bahrein, Omán, Qatar y Emiratos Árabes Unidos, además de Arabia Saudita), reunido en Yeda días después del Martes-11, se pronunció a favor de "la lucha antiterrorista", pero se preocupó muy especialmente de denunciar "los actos del terrorismo de Israel contra los palestinos", y se negó a prestar sus bases a Estados Unidos para atacar a Afganistán. Semanas después, el 10 de octubre, eran los 57 países de la Conferencia Islámica, reunidos en Qatar, los que exigían a Estados Unidos que limitara a los autores de los atentados del 11 de septiembre sus ataques contra Afganistán y le advertían que no se tentara con la idea de atacar a ninguna nación árabe islámica "con el pretexto de la lucha contra el terrorismo".

La Guerra del Golfo y la guerra Irán-Irak

Tanto para Arabia Saudita como para la mayoría de las monarquías, emiratos y sultanatos del Golfo, el escenario que se presentó con la operación "Tormenta del Desierto" de 1991 contra Irak fue distinto no sólo frente del que luego se dio contra un régimen islámico como el talibán, sino incluso del existente para atacar nuevamente a Saddam Hussein.

En 1991 la hipócrita justificación para atacar Irak era la represalia ante su invasión, meses antes, de un país soberano, como el emirato de Kuwait. Ahora obedece a un peligroso cambio de doctrina militar del Pentágono: la del ataque "preventivo" frente a una supuesta amenaza de desarrollo de armas de destrucción masiva, en la que nadie cree realmente.

Para Arabia Saudita, su compromiso en 1991 con la mayor coalición militar multinacional desde la Segunda Guerra Mundial estaba justificado. Se trataba de poner freno a las ambiciones expansionistas de otro importante país petrolero, que, con la invasión de Kuwait, se colocaba con miles de soldados ante sus propias fronteras. Irak, además, había Estado hasta poco tiempo antes en guerra con otro país islámico, aunque chiíta, como es Irán.

El régimen iraquí era una verdadera oveja negra en la zona. Su gobierno era laico y el grupo político de Saddam Hussein, el partido Baas, surgido del mismo tronco que el partido gubernamental sirio, en 1943, fue creado por un intelectual de izquierda nacido en Damasco, Michel Afluq, de origen greco-cristiano ortodoxo, formado en la Sorbona. Encarcelado cuatro años en Siria, Afluq fue secretario general del Baas hasta 1965, un partido que pretendía construir una nación árabe unida, como Gamal Abdel Nasser, aunque ambos líderes nunca llegaron a congeniar. El Baas llegó a tener estructuras partidarias, la mayor parte de las veces clandestinas, no sólo en Siria e Irak sino también en Jordania, Líbano y Yemen.[289]

Paradójicamente, fue la CIA la que ayudó en febrero de 1963 a encumbrarse en el poder al partido Baas —hasta ese momento con una fuerza insignificante en el país—, a través de un golpe contra el coronel Abdul-Karim Qasim, el hombre que cinco años antes había liderado a su vez el derrocamiento de la monarquía del rey Feisal. Pero el apoyo no era fortuito. Abdul-Karim-Qasim había emprendido importantes reformas, llevando a cabo una política con gran apoyo popular, que fue respaldada cada vez más por la Unión Soviética, algo que preocupaba enormemente a Estados Unidos.

El 17 de julio de 1968, fue Saddam Hussein, junto con Ahmed al-Bakr, quien lideró una nueva asonada en Irak, desplazando a sus aliados y pasando a detentar todo el poder. Arabia Saudita no podía dejar de ver con preocupación un régimen de tales características que, por otro lado, era un gran competidor en la producción y exportación de petróleo a Occidente. Pero Estados Unidos, Gran Bretaña y las principales potencias occidentales veían con buenos ojos a Saddam. Él había reprimido y expulsado de la escena política iraquí al hasta entonces influyente Partido Comunista y se había logrado imponer también sobre las facciones internas más radicales del propio partido Baas. En 1979 Saddam había recibido el Premio Unesco por su gran campaña de alfabetización en Irak. El gran "enemigo" de la zona era en ese momento Jomeini, opositor acérrimo del sha Reza Pahlevi, que volvió del exilio en París tras su derrocamiento, dispuesto a implantar en Irán un régimen islámico.

Mohamed Reza Pahlevi, quien murió exiliado en El Cairo en 1980, sólo un año después de la revolución islámica, era hijo de Reza Khan, un coronel de la Brigada Cosaca y ministro de Guerra que se autoproclamó sha de Irán en 1925, abdicando a favor de su hijo en 1941. Éste a su vez se vio obligado a exiliarse en 1951 ante el golpe encabezado por el Frente Nacional que dirigían el hijo del aristócrata Mosaddeq y el ayatolá Abul Kasem Kashani.

Mosaddeq, nombrado primer ministro tras el asesinato en una mezquita de su predecesor, el general Razmira, cometió –al igual que Nasser en Egipto en aquella década– un "delito" imperdonable para Occidente y en particular para el Reino Unido y Estados Unidos: nacionalizó el petróleo. La empresa petrolera Anglo-Iranian, con más de 50 mil empleados, pasaba así a manos del Estado. El Reino Unido acudió al Tribunal Internacional de La Haya y al final terminó rompiendo relaciones diplomáticas con Irán.

Sólo dos años más tarde el sha Mohamed Reza Pahlevi volvía a ocupar su cargo tras abrirle el camino el cruento golpe de Estado protagonizado por el general Zahedi y organizado sin demasiado ocultamiento por la CIA. Comunistas e islamistas fueron reprimidos brutalmente por igual con la recuperación del poder por parte del sha.

"La SAVAK, la temible policía secreta, se organizó como una sucursal de la CIA y 15.000 oficiales del Ejército fueron enviados a Estados Unidos para realizar largos cursos."[290] El sha contaba en aquellos años con un consejero cuyo apellido sonaría muchos años más tarde, durante la Guerra del Golfo contra Irak. "En aquella época el consejero y más tarde jefe de la gendarmería (policía rural) era el coronel Norman H. Schwarzkopf, padre del general que se haría célebre en la operación 'Tormenta del Desierto' durante la Guerra del Golfo de 1991."[291]

El petróleo, que antes de las medidas tomadas por Mosaddeq estaba controlado monopólicamente por el Reino Unido, pasó a manos de un consorcio en el que este país se quedó con un 60% y Estados Unidos, el 40%.

Cuando en 1964 el ayatolá Ruhollah Jomeini, que se había convertido en el líder indiscutido de la oposición al monarca, fue expulsado de Irán, se exilió en la ciudad santa chiíta de Nayerf, en Irak, pero Saddam Hussein lo expulsó en 1978, debiendo emprender un nuevo exilio, en Francia.

Jomeini mantendría durante los años de exilio un fluido contacto con los mullah del interior de Irán. Su hijo Mustafá, que servía de intermediario, fue asesinado en 1977 por la SAVAK. Jomeini "excomulgó" entonces al sha, calificándolo de taghut, una suerte de delegado del Diablo en la Tierra. La rebelión terminó estallando en las calles de las principales ciudades y Jomeini llegaría a Teherán aclamado por la multitud. Días después declaraba creada la República Islámica y no sólo comenzaría la represión contra los hombres fieles al sha sino también contra los comunistas, que habían sido durante años aliados en la lucha.

Miles de soldados estadounidenses tuvieron que abandonar el país y el petróleo volvió a ser nacionalizado, afectando ahora no sólo los intereses del Reino Unido, sino los del consorcio anglo-norteamericano.

Había nacido un nuevo demonio para Occidente... y no sólo para Occidente. Un año después de la llegada al poder de Jomeini, el 23 de septiembre de 1980, las fuerzas armadas iraquíes, pertrechadas con armamento norteamericano, británico, francés, alemán, español, brasileño y soviético, atravesaban por sorpresa la frontera iraní en un plan orquestado para acabar con el régimen hostil de Jomeini.

Pero la resistencia fue tenaz. "El 5 de enero de 1981 Irán lanzó el primer contraataque. Con una población que triplicaba la de su adversario, mandaba al frente inmensas masas de jóvenes *pasdaran* que, con la promesa del paraíso para el que muere en combate, se enfrentaban a los campos de minas, nidos de ametralladoras y a los helicópteros artillados Bo-105 alemanes, comprados a través de la empresa española CASA, y a los potentes helicópteros soviéticos Mi-24 Hind."[292]

OCCIDENTE ARMA A IRAK

Las relaciones entre Arabia Saudita y Occidente se tensaron cuando Estados Unidos, otros países occidentales, e incluso la URSS, decidieron armar hasta los dientes al régimen de Saddam Hussein para que librara una terrible y larga guerra –se calcula que murió un millón de personas– contra Irán. Arabia Saudita veía cómo el poderío militar iraquí aumentaba año tras año. En 1985, Irak se había convertido ya en el principal importador de armas del mundo, con un presupuesto militar mensual de 1.000 millones de dólares.

En el período 1981-1985 (Washington y Bagdad reanudaron sus relaciones diplomáticas en 1984) importó 24 mil millones de dólares en equipamiento militar, parte del cual eran elementos para fabricar armas químicas. En septiembre de 2002 *The New York Times* sacaba a la luz algunos detalles de un histórico "secreto a voces": cómo el gobierno de Ronald Reagan destinó a sesenta oficiales de la Agencia de Inteligencia de Defensa (AID) para proporcionar a los mandos militares de Saddam Hussein todo tipo de información sobre las tropas iraníes, así como para preparar en forma conjunta las tácticas que se debían utilizar en las batallas.

En la información del *Times*, varios de esos oficiales estadounidenses testimoniaron que conocían perfectamente que el Ejército iraquí estaba utilizando armas químicas contra sus enemigos, pero que lo consideraban "legítimo" en tanto que era "una guerra por su supervivencia". "El enemigo declarado de Estados Unidos era Irán y nosotros éramos el Gran Satán", declaró uno de esos hombres de la AID, añadiendo que "la caída de Irak habría tenido un efecto catastrófico sobre Kuwait, Arabia Saudita y toda la región del Golfo Pérsico". Días más tarde se ampliaría aún más esa información y la acusación sería todavía mucho más grave. El senador demócrata Robert Byrd, que logró tener acceso a decenas de documentos clasificados de la era Reagan, denunció que Irak creó su arsenal biológico con cepas de ántrax y botulismo enviadas por Estados Unidos. En esa época, el actual secretario de Defensa, Donald Rumsfeld, era el enviado especial de Ronald Reagan para Oriente Medio y se llegó a reunir personalmente con Saddam Hussein en 1983. Durante ese mismo año, Saddam ya habría utilizado armas químicas contra las tropas iraníes, según Kenneth M. Pollack, un analista militar norteamericano especializado en el golfo Pérsico que trabajó siete años para la CIA durante la administración Clinton y que ahora dirige el National Security Studies for the Council on Foreign Relations.[293] "El propio Irak admitió haber utilizado más de 100.000 municiones químicas contra Irán, pero no las utilizó contra las fuerzas de la coalición durante la Guerra del Golfo, aunque estaba preparado para hacerlo", asegura Pollack. Según este experto, Irak tenía previsto hacer frente a las fuerzas de la coalición multinacional también con armas biológicas, en el caso de que ésta hubiera decidido marchar sobre Bagdad.

Paradójicamente, buena parte de esas armas habían sido suminis tradas por Estados Unidos y otros países occidentales. Los letales envíos a los que hacía referencia el senador Byrd fueron hechos a través del Centro para el Control y la Prevención de las Enfermedades de Atlanta (CDC) y de la compañía American Type Culture Collection (ATCC). Rumsfeld dijo no acordarse de aquellos envíos al ser interrogado por el senador Byrd en una reunión a puerta cerrada del Comité de Servicios Armados del Senado. Robert Byrd se lo "recordó" distribuyendo parte de uno de los documentos en el que se detallaban las características de los envíos. En él se citan las tres cepas de ántrax enviadas en mayo de 1986 y cuatro en 1988 por medio de la ATCC con destino camuflado a la Universidad de Bagdad. Siete cepas de botulismo fueron remitidas igualmente por la ATCC a la universidad, así como muestras de toxina que llegaron al complejo al-Muthanna, el que siempre fue considerado como centro neurálgico del programa de armas biológicas de Saddam Hussein por los inspectores de armas de destrucción masiva enviados por la ONU a Irak tras la Guerra del Golfo.

Según los documentos mostrados por el senador Byrd, la misma compañía ATCC envió cepas de "Clostridium perfringens", la bacteria que se usa para fabricar el "gas gangrena", que provoca estragos en el organismo humano.

Pero no sólo Rumsfeld no se "acordaba" del tema, como hemos visto, sino nadie en el Pentágono ni en las eficacísimas agencias de seguridad de Estados Unidos. Por ello, a inicios de octubre de 2002, cuando la CIA publicó un documento de 25 páginas, el "Iraq's Weapons of Mass Destruction Programs"[294] con muchos gráficos e imágenes satelitales en las que supuestamente se "prueba" que Saddam tiene un arsenal de armas de destrucción masiva, incluyó un "revelador" apartado: el "Biological Warfare Program". El cinismo reflejado en ese informe es mayúsculo, pero la CIA sabe que puede jugar una y otra vez con éxito con la poca memoria histórica de la opinión pública.

En un recuadro de ese capítulo se nos muestra, por ejemplo, una relación de supuestas pruebas hechas por Irak al aire libre con misiles portadores de cabezas conteniendo peligrosos agentes biológicos. Lo más interesante de ese cuadro aparece en su primera columna, en *Location-Date*, porque ahí se asegura que de las catorce pruebas supuestamente realizadas con esas armas biológicas, tres al menos fueron hechas en 1988, es decir, cuando Irak estaba en guerra con Irán y eran precisamente Estados Unidos y otros países los que le suministraban todo tipo de armamento a Saddam Hussein, incluido el químico y el bacteriológico.

Otras siete pruebas habrían sido llevadas a cabo –siempre según el documento de la CIA– en 1989, es decir, cuando todavía no se había producido la invasión iraquí de Kuwait y Saddam Hussein aún mantenía buenas relaciones con Occidente y con Rusia. Las otras cuatro "pruebas" denunciadas por la CIA habrían sido hechas entre diciembre de 1990 y enero de 1991; por lo tanto, después de la invasión de Kuwait y antes de que la superpoderosa coalición multinacional liderada por Estados Unidos destrozara a golpe de miles y miles de bombas todos los objetivos militares, científicos y de infraestructura de Irak que quiso –labor completada luego por las distintas misiones de expertos de la ONU (UNSCOM), que visitaron el país hasta 1998–. La otra "perla" que muestra el cuadro de la página 15 del documento de la CIA citado es que varios de los agentes biológicos utilizados supuestamente en esas pruebas coinciden con aquellos enviados en forma de cepas por Estados Unidos entre 1986 y 1988, tal como denunció el senador Byrd.

La CIA vuelve a confiar en que la opinión pública mundial olvide el abierto apoyo que brindó Estados Unidos –como varios países occidentales y la URSS– cuando, en su apartado "Ballistic Missile Program", nos recuerda que "durante los años ochenta Irak compró 819 misiles Scud B a la URSS", sin mencionar, claro está, el gigantesco volumen de armas vendidas en esos mismos años por Occidente a Saddam Hussein.

A pesar de que Occidente y la URSS reponían a Saddam raudamente las pérdidas de aviones, tanques y barcos sufridas y que la superioridad aérea iraquí permitió a Bagdad hundir docenas de buques petroleros y destruir varias plantas de refinería iraníes, transcurridos ocho años de guerra no lograba doblegar al régimen de Teherán. La falta de moral de las tropas iraquíes era evidente; las incursiones iraníes en territorio iraquí cada vez más regulares.

Hasta ese momento, 1988, Estados Unidos y los restantes países que apoyaban logística y militarmente a Saddam Hussein limitaban su presencia física a escoltar con decenas de barcos de guerra a los petroleros iraquíes a su paso por el estrecho de Ormuz y a suministrar a Bagdad, desde aviones espías AWACS, información de gran importancia sobre la situación de las tropas iraníes.

Sin embargo, en febrero de 1988, fuerzas norteamericanas realizaron sus primeros ataques directos contra las posiciones iraníes desde las que se atacaban los petroleros kuwaitíes que transportaban el crudo iraquí. Unos meses después, en julio, desde el crucero *Vincennes* Estados Unidos lanzó misiles que alcanzaron en vuelo un avión comercial iraní, "confundiéndolo" con un avión militar, según dijo luego el Pentágono, incidente en el que murieron 290 personas.

Durante ese año Estados Unidos además había concedido a Irak 500 millones de dólares en subsidios para comprar productos agrícolas norteamericanos. Cuando los muertos superaban el millón, Irán e Irak firmaron un alto el fuego. El ayatolá Jomeini moriría un año después, tras una operación quirúrgica. Saddam Hussein salió de esa terrible guerra reivindicando de forma patética la "victoria", como haría después, en 1991, cuando su país fue devastado por los masivos bombardeos aliados.

CUANDO SADDAM SE CONVIRTIÓ EN "MALVADO"

El dictador iraquí no entendió que, con su apoyo, las principales potencias del mundo no habían respaldado sus ansias expansionistas ni pretendían que él fuera el nuevo gendarme regional. Lejos de comprender que sólo había sido un títere de las grandes potencias que querían eliminar por distintas razones a su molesto vecino, cuyo petróleo por otra parte codiciaban, Irak creyó que tocaba el cielo con las manos. Creyó que los poderosos de la Tierra reconocían por fin sus "virtudes" y que contaría con su fiel apoyo para emprender nuevas iniciativas. Saddam Hussein se equivocaba. Sus ambiciones de emperador preocupaban a los mismos países que poco antes le habían vendido en armas todo lo que Irak había ingresado por venta de petróleo durante esos años de guerra. En Irak se había llegado a acumular buena parte del armamento más sofisticado con que contaban en ese momento las grandes potencias.

Era un armamento muy peligroso en manos de un hombre muy peligroso, incontrolable. Dos años después de terminar la guerra con Irán, que desangró también a su propio país, Saddam Hussein buscaba nuevos objetivos. El que eligió, el vecino emirato de Kuwait, sería, según sus cálculos, un paseo militar comparado con la guerra contra Irán.

Pero Saddam comprendió demasiado tarde que la invasión de Kuwait no podría ser tolerada por Estados Unidos, aunque ya ahora parece no haber duda de que fueron precisamente diplomáticos de ese país los que le hicieron creer que la Casa Blanca miraría para otro lado si lo hacía. Washington, tal vez con conocimiento de la monarquía saudita y de otros países europeos, le tendió una trampa a Saddam. El líder iraquí no había servido para derrotar a Irán a pesar del gigantesco apoyo militar que se le brindó y se había convertido en un hombre inútil, peligroso y al que países como Arabia Saudita y las otras monarquías del Golfo temían por el gran poder militar que había alcanzado... gracias a Occidente. Cínicamente, cuando en octubre de 2002 se esgrimían argumentos para emprender una nueva guerra contra Saddam, se recordaba que éste había sido responsable de "haber iniciado dos guerras", la de Irán y la de Kuwait. Saddam sobrevaloró el apoyo que podría recibir de parte del mundo árabe.

Buscando un elemento aglutinador y movilizador que lo salvara, Saddam intentó hacer olvidar al mundo el carácter laico de su régimen y el 10 de agosto de 1991, por primera vez, hizo un llamamiento al Jihad. Sabía que era su última oportunidad, pero sabía asimismo que no podía contar con la solidaridad de gobiernos de peso, por lo que apostó a hacer un llamamiento a la inexistente "nación árabe" y a los musulmanes de todo el mundo: "Sus amos, los emires del petróleo, los han traicionado al entregar sus tierras a los extranjeros. Demuéstrenles a estos traidores que ya no hay sitio para ellos en nuestra comunidad musulmana", dijo entonces.[295] Saddam no logró el efecto buscado. A pesar de que en muchos países árabes hubo importantes manifestaciones de apoyo a Bagdad, el régimen iraquí tuvo que librar en solitario la que Saddam llamó la "madre de todas las batallas" contra la gigantesca maquinaria de guerra internacional montada en su contra.

En aquel momento, Saddam Hussein tuvo como enemigo incluso a Siria, un país gobernado, como Irak, por el partido Baas. El gobierno de Hafez al-Assad, tradicional enemigo acérrimo de Estados Unidos, decidió, sin embargo, en aquel momento ser pragmático y pensar más en el apoyo económico y financiero que necesitaba de Occidente que en la solidaridad de la "nación árabe". En un gesto inesperado, insólito, al-Assad decidió aportar tropas para la operación "Tormenta del Desierto", debiendo reprimir violentamente los crecientes movimientos integristas islámicos en su territorio e incluso a los críticos de sus propias Fuerzas Armadas.

Hoy por hoy Siria desempeña un papel muy distinto que en aquel entonces; es uno de los países que está enfocado por la lupa del Departamento de Estado y la Casa Blanca como un blanco no descartable de la operación "Libertad Duradera".

En el caso de Arabia Saudita, durante la Guerra del Golfo era precisamente uno de los países a los que denunciaba Saddam Hussein en su mal calculado intento por lograr una rebelión generalizada de los musulmanes.

9 La nueva guerra contra Irak

Cuando la administración Bush comenzó a preparar la segunda guerra contra Saddam Hussein en 2001 conocía perfectamente que Irak ya no representaba ningún peligro, ni para Estados Unidos ni para Occidente en general, y que, con sus menguadas fuerzas militares, sólo podía serlo para alguno de sus vecinos más débiles, como Kuwait.

El gobierno estadounidense sabía –sabe, como todas las potencias occidentales– que tras la Guerra del Golfo sus Fuerzas Armadas quedaron profundamente debilitadas. Según Kenneth Pollack, la derrota militar sufrida en la Guerra del Golfo y el efecto de las sanciones debilitaron enormemente la capacidad militar iraquí. Basándose en fuentes de los servicios de inteligencia norteamericanos, Pollack sostiene que el presupuesto de Defensa de Irak, que en 1989 era de 15 mil millones de dólares, ya había bajado a 2 mil millones a partir de 1999. "Como resultado de la Guerra del Golfo y las sanciones, Irak ha perdido buena parte de la modesta capacidad militar que tenía",[296] sostiene Pollack, quien asegura que los 430 mil hombres de sus Fuerzas Armadas, buena parte de ellos desmoralizados, suponen aproximadamente el 30 por ciento de los efectivos que tenía en 1989.

"Mientras no se le levante el embargo militar, la capacidad de recuperación (de sus Fuerzas Armadas) seguirá siendo muy limitada", añade el ex experto de la CIA. "Irak todavía es capaz de comprar de contrabando pequeñas cantidades de repuestos y nuevas armas, pero en un número militarmente insignificante." Pollack pone un ejemplo: "Irak puede comprar de contrabando 1.000 bujías para sus tanques T-72 de forma relativamente fácil, pero no puede comprar 1.000 tanques T-72, y son tanques lo que Irak necesita para reconstruir su poder militar". En cuanto a la Fuerza Aérea, calcula que contaba con cerca de 30 mil hombres (la mitad que en 1989) y sólo unos 150 aviones[297] "en condiciones de dar cobertura aérea a sus tropas de tierra sólo en una campaña contra un país vecino enemigo". El hecho de que Saddam, después de 1991, quitara de muchos altos cargos a experimentados profesionales, para introducir a sus propios fieles comisarios políticos en esos pues-

tos, debilitó aún más sus fuerzas. A esto se suma el hecho de que en los
últimos doce años, y a causa de la drástica reducción del presupuesto
militar, sus pilotos no hubieran podido llevar a cabo el número de horas de vuelo que normalmente se le exige a un piloto militar para poder estar en condiciones de actuar con eficacia en cualquier momento.
Un piloto militar norteamericano realiza al año más del doble de horas
de vuelo que un iraquí.

Para Pollack, Irak hubiera necesitado al menos cinco años después
de levantado el embargo y aumentada su producción y exportación
de petróleo, para poder recuperar la fuerza militar que tenía en 1989,
con la cual sólo podría haber enfrentado a algún país vecino menor,
pero en ningún caso podía suponer una amenaza para Estados Unidos
en muchísimos años.

Pero ninguna de estas valoraciones importaban en realidad al gobierno Bush. Había que deshacerse de Saddam de todas maneras. Como dice Eduardo Galeano: "Saddam Hussein era bueno y buenas eran
las armas químicas que empleó contra los iraníes y los kurdos; después se 'amaló' [se volvió malvado]. Ya se llamaba Satán Hussein cuando los Estados Unidos, que acababan de invadir Panamá, invadieron
Irak porque había invadido Kuwait."[298] "Bush Padre —añade Galeano— tuvo a su cargo esta guerra contra el Mal. Con el espíritu humanitario y compasivo que caracteriza a su familia, mató a más de cien
mil iraquíes, civiles en su gran mayoría." Durante la operación "Tormenta del Desierto", Estados Unidos y sus aliados arrojaron sobre
Irak cientos de miles de mortíferas bombas, destruyendo no sólo toda la maquinaria de guerra iraquí que había ayudado a montar durante el conflicto de este país contra Irán. Destruyeron también buena
parte de sus instalaciones petrolíferas, numerosas fábricas, hospitales,
escuelas, puentes, carreteras, infraestructura de comunicaciones, matando a decenas de miles de iraquíes.

Las sanciones aplicadas a Irak por los vencedores de la guerra le
impidieron durante doce años exportar su petróleo, a excepción de una
pequeña cuota, cuyos ingresos, según la Resolución 986 del Consejo de
Seguridad de la ONU de 1995 —que entró en vigor un año más tarde—,
sólo puede utilizar para comprar alimentos y medicamentos. En la práctica, es la propia ONU la que no cumple con el acuerdo de petróleo a
cambio de alimentos y medicinas.

Como denunciaba ya varios años atrás Paul-Marie de la Gorce,[299] el
Consejo de Seguridad entregaba en realidad a Irak una escasa cantidad de alimentos y medicinas a cambio de petróleo, dado que asigna

el grueso del monto obtenido por él a pagar el propio funcionamiento de la UNSCOM y la UNMOVIC (su sucesora, que recibió su mandato a través de la Resolución 1284 del Consejo de Seguridad de la ONU) y a indemnizar a países considerados víctimas de la Guerra del Golfo, mientras que otra parte se destina a las regiones kurdas iraquíes controladas por fuerzas enemigas del régimen de Saddam Hussein.

Esto hace que a los más de 100 mil iraquíes muertos bajo los bombardeos de Estados Unidos y sus aliados en 1991, se deban sumar los cientos de miles de personas, buena parte de ellos niños, que murieron después a causa de la malnutrición y la falta de equipamiento y medicamentos suficientes, causadas por el embargo.

El propio Kenneth Pollack, poco sospechoso de ser un propagandista de Saddam Hussein, sostiene en su libro que la cifra "más realista" sobre el número de niños iraquíes menores de cinco años muertos por malnutrición o falta de medicamentos desde el fin de la Guerra del Golfo en 1991, hasta fines de 1998, se sitúa entre los 135 mil y los 150 mil. Los científicos elevan mucho más esa cifra.

Un estudio hecho en Irak en 1995 por la FAO (Food and Agricultural Organization), dependiente de la ONU y publicado en *The Lancet* –la publicación de la British Medical Society–, llegó a la conclusión de que eran 567 mil los niños iraquíes muertos hasta esa fecha como consecuencia del embargo. Sin embargo, siguiendo los mismos métodos de análisis, otro experto de la Universidad de Columbia, Richard Gardfield, estimó en el año 2000 en aproximadamente 350 mil el número de niños iraquíes muertos.[300]

Una parte del petróleo iraquí sale a través del doble oleoducto que comunica los yacimientos petrolíferos de Kirkuk con la terminal turca de Yumurtalik, mientras que el resto lo hace a través del golfo Pérsico.

El país quedó desarticulado, en ruinas. El propio Pentágono admitió que durante los 42 días que duró la operación "Tormenta del Desierto" contra Irak, entre el 7 de enero y el 28 de febrero de 1991, los aviones aliados hicieron 110 mil salidas, arrojando un total de 88.500 toneladas de bombas. Este número supone una carga explosiva equivalente a cerca de ocho veces la utilizada en Hiroshima.

Aquellas fábricas y almacenes de armas de destrucción masiva que quedaron en pie fueron en los años posteriores destruidos por los inspectores enviados por la ONU.

Denuncia del ex jefe de los expertos

El ex jefe de la Misión de la ONU para la Inspección y Verificación del Desarme de Irak (Unscom), el norteamericano Scott Ritter, reconoció en septiembre de 2002 que la acusación hecha por Washington y asumida a pie juntillas por el Reino Unido, España, Italia y buena parte del resto de sus aliados, de que Saddam seguía teniendo capacidad para fabricar armas de destrucción masiva, era falsa.

"Ritter acusó al secretario de Defensa norteamericano, Donald Rumsfeld, de mentir al mundo afirmando que el régimen de Bagdad almacena armas de destrucción masiva."[301] Mónica G. Prieto recordaba que "Scott Ritter participó en el desarme de Irak desde 1991, al término de la Guerra del Golfo, y hasta 1998, cuando abandonó sus funciones tras acusar a Washington de utilizar su trabajo para nutrir de información a la inteligencia estadounidense".

Un artículo en The Nation de 2001 ya hacía una acusación similar: "Es bien conocido que Estados Unidos ha introducido a la CIA entre el equipo de inspectores de la ONU que controlan las instalaciones armamentísticas en Irak. Esa gravísima violación de las leyes internacionales ha dado el pretexto a Saddam Hussein para expulsar a los inspectores".[302]

Un experto como Ritter sostuvo que "tras la Guerra del Golfo, temimos que Irak almacenara armas de destrucción masiva, pero el miedo quedó disuelto cuando los inspectores las destruimos".[303]

Ritter viajó especialmente a Bagdad y habló ante la Asamblea Nacional, órgano legislativo junto con el Consejo de la Revolución, para pedir a los iraquíes que aceptaran la vuelta incondicional de los inspectores de la ONU, de manera que quitara una excusa a Estados Unidos. "Entre 1993 y 1998 yo era el responsable de encontrar ese tipo de armas", dijo Ritter también en una entrevista a un semanario suizo,[304] el Die Weltwoche. "Utilicé equipos especiales de la CIA con los que se puede buscar bajo la superficie terrestre y conmigo trabajaron geofísicos de la agencia estadounidense. Seguí todas las pistas que me proporcionaron los distintos servicios de espionaje y hasta 1998 no encontramos una sola de esas fábricas." Según declaraba el ex jefe de la misión de los inspectores de la ONU, "es imposible que Irak haya construido desde entonces fábricas subterráneas de ese tipo sin que los satélites estadounidenses las hubieran descubierto".

La importancia de las declaraciones de Ritter reside en que siempre fue republicano. "A Scott Ritter no se lo puede acusar precisamente de antipatriota: es un ex comandante de los marines; veterano de la

Guerra del Golfo, republicano hasta la médula y votante de George W. Bush."[305] Ritter, quien participó en catorce de las visitas de los inspectores de la ONU en Irak, aseguró que el equipo de inspectores había logrado neutralizar el 90 o 95 por ciento del arsenal químico de Irak.

Él fue testigo de la destrucción de la fábrica de gas nervioso VX de Saddam, reventada por bombas estadounidenses durante la Guerra del Golfo. "Sus equipos detectaron también laboratorios donde se habían fabricado sarín, tarun y ántrax de mala calidad, con una fecha de caducidad de tres a cinco años."[306] El ex inspector, que pidió al secretario general de la ONU, Kofi Annan, que propusiera el levantamiento del embargo a Irak si se permitía la vuelta sin restricciones de la misión de vigilancia, dijo que "la seguridad de Estados Unidos fue secuestrada por un puñado de conservadores que están aprovechando su posición de autoridad para conquistar sus propias ambiciones ideológicas y políticas".[307]

Ritter, como antes otros expertos, afirmaron que la extrema y cotidiana vigilancia a la que está sometido el territorio iraquí por los aviones espías estadounidenses y los satélites militares hace imposible fabricar armas de ese tipo sin ser descubiertas. Este experto no fue el único en tener tal postura. Basilio Martí Mingarro, el único experto español que participó durante años en las visitas de la ONU a Irak, mantiene la misma versión que Ritter. El capitán de navío e ingeniero declaraba a la prensa española[308] que nunca los iraquíes pusieron limitaciones a los expertos para controlar lo que quisiesen. "En zonas de en torno a doscientos kilómetros de Bagdad íbamos en coche y cuando visitábamos los grandes complejos del norte en Mosul, o los del sur en Basora, en helicóptero. Visitamos polvorines, acuartelamientos, bases aéreas, y los iraquíes nunca nos pusieron pegas [obstáculos]", afirmó. "Nuestra misión –sostuvo Martí Mingarro– era descubrir que no tuvieran componentes para hacer misiles prohibidos, que eran los de más de 150 kilómetros de alcance. Y si los encontrábamos, debíamos destruirlos poniéndoles una carga explosiva. Pero nunca encontramos nada."

El capitán de navío español respaldó la versión de Ritter de que entre las misiones de expertos de la ONU había espías, como denunció Saddam Hussein. "La entrada y la salida de Irak la hacíamos con grandes equipajes que nunca eran inspeccionados por nadie. Alguien se llevó papeles y contó demasiadas cosas a los servicios de inteligencia en su país", dijo Martí Mingarro, en clara alusión a los expertos norteamericanos y británicos que pasaban su información a la CIA y al MI6 respectivamente.

Las denuncias hechas tanto por Scott Ritter como por Martí Mingarro tuvieron un cierto eco en medios de comunicación estadounidenses y europeos, pero ningún peso a la hora de los posicionamientos políticos en la UE y en Estados Unidos.

LA ACEPTACIÓN DE SADDAM

El hecho de que Irak aceptara finalmente, en septiembre de 2002, el regreso de la nueva misión de expertos, la UNMOVIC, sin poner ningún tipo de condiciones o limitaciones al menos en el plano formal, desbarató por un momento los planes belicistas a corto plazo previstos por Estados Unidos y apoyados por el Reino Unido y España. Pero la contraofensiva no tardaría en llegar. La administración Bush trató de hacer olvidar al mundo que durante meses había batallado sobre todo para mostrar la necesidad de la vuelta de los inspectores, y empezó a variar y radicalizar sus posiciones.

La nueva misión de control de armamento, compuesta por expertos de veinticuatro nacionalidades distintas, hacía más difícil la inclusión de agentes de la CIA y del MI6 (servicio de espionaje exterior británico) en ella y resultaba menos manipulable que antes a la hora de rendir cuentas de su labor ante la ONU. Por ello, el nuevo discurso tanto de Bush como de su consejera de Seguridad Nacional, Condoleezza Rice, y del secretario de Defensa, Donald Rumsfeld, se centró en desvalorizar la labor que pudieran hacer los inspectores. A pesar de la sofisticada tecnología que utilizan los expertos en ese tipo de misiones, apoyados por el relevamiento del terreno que vienen haciendo desde hace años diariamente aviones espía AWACS, aviones pilotados y no pilotados de Estados Unidos y el Reino Unido y satélites militares, la administración Bush intentó convencer al mundo entero de que el "malvado" y "cruel" Saddam podía "engañar" a los especialistas, ocultando en lugares insólitos sus supuestas armas de destrucción masiva.

Por ello, cuando, pocos días después de que el Consejo de Seguridad de la ONU votara la resolución que exigía a Irak la aceptación del regreso de los expertos, Bagdad dio su conformidad, desarmó temporalmente el plan de Bush y lo obligó a iniciar una nueva batalla para que se votara otra resolución mucho más dura. El verdadero objetivo de Bush se evidenció con nitidez: el derrocamiento de Saddam Hussein.

El nuevo borrador presentado por Estados Unidos imponía condiciones que parecía imposible que aceptara Saddam, cláusulas draconianas en las que se incluía veladamente la luz verde para que cualquiera de los miembros del Consejo de Seguridad lanzara la guerra contra Irak si consideraba que este país había obstaculizado la tarea de la misión.

La consigna dejó de ser "la vuelta de los expertos" para convertirse en "desarmar a Saddam". "Si Saddam no se desarma, nosotros lo desarmaremos", amenazó Bush.

Pero, en realidad, su más grave ultimátum fue dirigido a la propia ONU: "Si la ONU no desarma a Irak nosotros lo haremos con algunos de nuestros aliados", sostuvo Bush. La gravísima amenaza unilateralista provocó gran malestar en el seno del Consejo de Seguridad, aunque la respaldaron inmediatamente Tony Blair y José María Aznar, sin intentar añadirle siquiera la mínima matización. Cuando el encargado de Negocios de la Embajada de España en Irak, Fernando Valderrama, renunció en octubre de 2002 a su cargo por sus diferencias con la postura del gobierno español sobre Irak, la ministra de Asuntos Exteriores, Ana Palacio, intentó restar importancia al tema, presentándolo como un simple "problema personal". La ministra adujo que la decisión del diplomático se debía a las "condiciones extraordinariamente difíciles en que se desarrolla la labor en Bagdad".

Por su parte, Francia abogó en el Consejo por aprobar dos resoluciones: una dando un mandato aún más claro a los expertos que el realizado con la resolución, y una segunda aprobando el uso de la fuerza sólo en el caso de que se evaluara en conjunto, a la vuelta de los expertos, que Irak les había impedido realizar su inspección.

Rusia se unía a esa propuesta, mientras que Estados Unidos insistía en que todo quedara incluido en una, de forma de no tener que volver a reunir al Consejo para decidir un ataque, pudiéndolo hacer de manera unilateral, de acuerdo con su libre interpretación de la misión.

La propuesta de Washington reclamaba a Irak con visible intencionalidad condiciones draconianas: que los expertos viajaran escoltados por fuerzas militares; que pudieran reunirse libremente con científicos y militares e incluso que se autorizara a éstos a abandonar el país si lo querían (una verdadera invitación a desertar); que se obligara a Saddam a entregar una lista de todo el armamento que reconocía tener y que se pudiera registrar hasta la última habitación de sus palacios presidenciales. Scott Ritter aseguró en una entrevista a *Newsweek* en la primera semana de octubre de 2002, que cuando él estuvo al frente de la misión de expertos en control de armamento que actuó durante años en Bagdad, los agentes de la CIA y el MI6, que iban con ellos camuflados de expertos de la ONU, querían a cualquier precio visitar los palacios presidenciales sólo con el objetivo de detectar cómo y por dónde se movía Saddam. Su finalidad era proporcionar a sus superiores datos vitales para localizar y matar a Saddam Hussein y sus principales lugartenientes.

Aunque inicialmente el jefe de la nueva misión de expertos, Hans Blix, se negó a esperar la votación de una nueva resolución, en la medida que ya habían sido mandados por la anterior y que ya habían acordado con representantes de Irak en Viena la vuelta a ese país el 15 de octubre de 2002, al final las presiones de Estados Unidos fueron muy fuertes y terminó aceptando posponer la vuelta de su misión hasta que hubiera una nueva resolución.

George W. ya venía recibiendo desde septiembre un aluvión de críticas por su anunciada nueva guerra contra Irak, tanto por parte de líderes europeos –en particular de Alemania y Francia– como de destacadas personalidades de su propio país. Algunas de las críticas provinieron paradójicamente del seno del Partido Republicano gobernante. Personas tan poco sospechosas de pertenecer al campo progresista o pacifista como Henry Kissinger, James Baker, Brent Scowfrot, Lawrence S. Eagleburger y muchos otros, mostraron su rechazo hacia los nuevos planes guerreros de Bush.

Los argumentos principales de los opositores a la guerra contra Saddam variaban entre unos y otros, pero se podían sintetizar en dos puntos: la falta de una causa que lo justificara; el riesgo de provocar un mal mayor haciendo aumentar aún más el odio de Cercano Oriente hacia Estados Unidos, y el temor a que se disparara el barril de petróleo y se profundizara aún más la recesión económica.

En el campo demócrata fue Al Gore –con mucho atraso– quien estuvo más crítico con los planes belicistas de Bush, a quien instaba a ocuparse más de los graves problemas económicos de Estados Unidos en vez de embarcar al país en nuevas aventuras militares.

El aliado europeo que mantuvo una postura más crítica fue Alemania, que, por boca de su canciller Gerhard Schröder, criticó duramente el unilateralismo norteamericano y aseguró que su país no participaría en un nuevo ataque contra Irak, incluso si esta opción salía respaldada por el Consejo de Seguridad de la ONU. En alguna medida, ese distanciamiento de Berlín se explica como producto del buen rédito electoral que el canciller pudo sacar a su "independencia", sin subestimar tampoco los importantes lazos económicos existentes entre Alemania e Irak. Después de su triunfo electoral, tanto Schröder como su ministro de Relaciones Exteriores "verde", Joshka Fischer, refirmaron su decisión de no unirse a un ataque contra Irak. Para Estados Unidos fue un duro golpe recibir esa respuesta del país más poderoso de la Unión Europea.

Donald Rumsfeld acusó a Schröder de "envenenar" las relaciones con Estados Unidos y a causa de ello Bush ni se dignó a felicitar al canciller alemán por haber sido reelegido en su cargo en las elecciones de septiembre de 2002.

CAMPAÑA ELECTORAL

Pero el tiempo apremiaba. En plena carrera hacia las elecciones legislativas del 5 de noviembre de 2002, la administración Bush corría el riesgo de perder el gran apoyo popular conseguido tras el 11-S. ¿Las razones? 1) Los magros resultados obtenidos con la guerra contra Afganistán y contra el terrorismo en general; 2) la ineficacia demostrada por los servicios de inteligencia ante el 11-S y el hecho de que el gobierno Bush hiciera caso omiso a las advertencias de un ataque inminente en Estados Unidos; 3) los escándalos financieros de poderosas empresas norteamericanas, empezando por Enron, principal contribuyente privado de la campaña electoral republicana; 4) las graves irregularidades cometidas tanto por George W. Bush como por Dick Cheney durante su paso como directivos en empresas petroleras y que fueron ventiladas a la luz pública.

De hecho, un sondeo encargado por *The New York Times* y la cadena de televisión CBS y divulgado por éstos el 7 de octubre, mostraba que el 69% de los encuestados consideraba que Bush debería ocuparse más de la economía que de Irak, aunque el 67% aprobaba una intervención militar para derrocar a Saddam Hussein. A pesar de ese importante apoyo a una acción bélica, el 63% de las personas entendía que ésta debía producirse sólo si fracasaba la misión de los expertos de la ONU. Bush comprendió que hacía falta poner en marcha rápidamente la maquinaria propagandística de Estados Unidos: la intoxicación de la opinión pública mundial con orquestadas filtraciones a la prensa, algo fundamental para conseguir una predisposición favorable a la guerra en medios políticos, económico-financieros y de comunicación de masas.

Tal como se hizo en las semanas y los meses previos a la Guerra del Golfo de 1991, en 2002 se fue cumpliendo a rajatabla un plan para difundir supuestas pruebas que justificaran el nuevo ataque. Poco después del 11-S, y tras la aparición de cartas con esporas de ántrax en Estados

Unidos, Richard Buttler, el polémico y parcial jefe norteamericano de algunas de las comisiones de supervisión sobre el armamento iraquí, la UNSCOM, declaró –a pesar de que ya había encabezado más de setecientas inspecciones a Irak– que era posible que Bagdad estuviera detrás de esos atentados. Un día era alguna de las omnipresentes e influyentes cadenas de televisión estadounidenses la que difundía como *scoop* que tal o cual organismo de seguridad había descubierto que en una fábrica iraquí se experimentaba con armas bacteriológicas. Al otro día era un gran medio de la prensa escrita el que "revelaba" que el Pentágono tenía constancias de la presencia de fuerzas de Al Qaeda en zonas de Irak, donde experimentaban supuestamente con armas de destrucción masiva. La combinación perfecta: Al Qaeda e Irak. Luego se difundiría una versión similar con respecto a Irán. Además había "pruebas" de la presencia de gente de Al Qaeda en Irán. "No me cabe duda de que Al Qaeda y los talibanes han usado las fronteras porosas entre Afganistán e Irán para encontrar refugio en Irán", declaraba Donald Rumsfeld el 3 de febrero de 2002.

El círculo se completaba. Irán e Irak, esos tradicionales enemigos acérrimos entre sí, aparecían sin embargo en la versión oficiosa de Washington formando parte de una misma siniestra trama terrorista vinculada a Al Qaeda. Así se fue formando ese "poso" en la mente de millones de personas. En esa versión no se aclaraba por ejemplo que el propio Osama bin Laden propuso a Arabia Saudita en 1990 una movilización general de los musulmanes para parar la ofensiva del "infiel" iraquí en Kuwait. Tampoco se recordó que Arabia Saudita había reconocido en agosto de 2002 que el gobierno iraní le había entregado a decenas de miembros de Al Qaeda de origen saudita capturados en su territorio.

Eso no importaba, no importaba incurrir en contradicciones flagrantes: miente que algo queda. Pero Estados Unidos y el Reino Unido debieron dejar a un lado las iniciales acusaciones vinculando a Saddam Hussein con Al Qaeda, porque las "pruebas" eran realmente insostenibles. De hecho Tony Blair, que fue quien primero dio a conocer las supuestas "pruebas" contra Al Qaeda, con las cuales se pretendía justificar la guerra contra Afganistán, al presentar meses más tarde al Parlamento británico el informe de 55 páginas sobre las "pruebas" contra Irak, no hacía ninguna mención a la relación entre Saddam Hussein y la red terrorista de Bin Laden. Nadie le recordó tampoco su "olvido".

Tampoco se atrevieron a hacerlo ni la Casa Blanca ni la CIA ni el Pentágono. El tema se dejó de lado como se dejó de lado también, sin que la "comunidad internacional" lo recordara, la velada acusación contra Irak cuando surgieron los primeros sobres con esporas de ántrax en Estados Unidos. El mismo día en que Ritter pedía en el Parlamento iraquí que Bagdad aceptara por el bien de su país la vuelta de los inspectores de la ONU, el Pentágono se ocupaba de filtrar a la prensa nuevas "pruebas" contra Saddam.

"Una filtración a *The New York Times*, confirmada de inmediato por varios miembros del gobierno, indica que el régimen de Saddam Hussein ha incrementado sus esfuerzos para fabricar la bomba atómica",[309] informaba Julio A. Parrado desde Nueva York. Según decía Cheney esos días, recientemente se había "interceptado" un envío de tubos de aluminio que iban a ser utilizados en teoría como rotores en la construcción de centrifugadoras que enriquecen el uranio de baja intensidad para su uso en cabezas nucleares.

La acusación hacía recordar aquella otra que comenzó a circular meses antes del inicio de la Guerra del Golfo de 1991, según la cual, servicios de inteligencia occidentales habían "descubierto" que Saddam estaba importando, por partes en apariencia inofensivas, un poderoso y gigantesco cañón "capaz de alcanzar el territorio israelí".

Los mandos del Pentágono volvieron a mostrar en 2002, como en 1990 y 1991, imágenes tomadas por satélite –incomprensibles por otro lado para la opinión pública– que supuestamente mostraban esas fábricas de armamento. De nada valió al gobierno de Bagdad llevar a enviados especiales de medios de comunicación de todo el mundo a visitar cada nueva fábrica que mencionaba el Pentágono para mostrar que allí sólo se producían alimentos o medicamentos. ¿Cómo un ciudadano del mundo occidental, libre y cristiano, podría creer más al "malvado" Saddam que a sus propios líderes democráticos?

Algunas de esas acusaciones eran tan burdas, tan mal montadas, que quedaron desmentidas en cuestión de horas. El 8 de septiembre de 2002 y poco antes de reunirse con Tony Blair en Camp David, George W. Bush comentaba con la prensa, preocupado, las imágenes del informe que ese día le había presentado la Agencia Internacional de Energía Atómica (AIEA) y que, según el Presidente, probaban cómo Saddam estaba usando "viejas y aparentemente inocentes fábricas" para "encubrir lo que en realidad se hacía en ellas: fabricar armas nucleares". Las palabras del Presidente habrían provocado por sí solas que al día siguiente toda la prensa las reprodujera en grandes titulares, acompañando las supuestas "pruebas" gráficas. Pero en esa ocasión las evidencias fueron otras. El portavoz de la AIEA, Mark Gwozdecky, aclaró ese mismo día en declaraciones a la cadena NBC que dichas fotos no habían sido tomadas por los satélites de su agencia –dependiente de la ONU– sino por el de una empresa comercial privada y que en cualquier caso no habían despertado ninguna sospecha especial.

Ese mismo fin de semana, en una rueda de prensa conjunta de Bush y Blair, este último asentía cuando su homólogo y amigo citaba también a la AIEA para asegurar que Saddam podría tener una poderosa bomba nuclear en el plazo de seis meses. La propia AIEA se vio obligada a salvar su reputación y salir al paso de esa información, que había sido recogida por agencias de noticias internacionales. En el comunicado que emitió la AIEA desde su sede en Viena, recordó que desde 1998 no se habían podido realizar inspecciones a Irak, por lo que no había ningún elemento que le permitiera saber si ese país había desarrollado armas de destrucción masiva. Luego se sabría que el polémico informe citado por Bush con gran "preocupación" era uno realizado en 1998 y que sostenía que poco después de terminada la guerra contra Irán y antes de que se iniciara la del Golfo en 1991, Irak había llegado a estar "a seis meses de la fabricación de un arma nuclear". Pasado un tiempo Irak sería arrasado por los bombardeos aliados y durante los años posteriores los inspectores de la ONU se ocuparon de destruir toda instalación o material que pudiera ser utilizado para fabricar armas de destrucción masiva.

Un año después del 11-S, por arte de magia, el papel de "enemigo público número uno" volvía a Saddam Hussein. Como decía Raúl del Pozo:[310] "Ahora vuelve la brigada ligera invitándonos a cazar al enemigo público número 3 después de que el 1 desapareciera en combate y el 2 en motocicleta". En su columna titulada "*Yihad* Blanca", Del Pozo decía que a Saddam "no lo acusan de haber participado en el 11 de septiembre, sino de fabricar armas de destrucción masiva como los propios Estados Unidos, Israel, la India y así hasta diez o doce Estados entre vacilones [indecisos] y aliados". El veterano periodista y escritor español recordaba así la hipocresía occidental de acusar a Saddam –al que se suministró durante años y años armas de todo tipo– de tener armas de destrucción masiva, y no mencionar a los otros países –eso sí, del campo de los "buenos"– que las tienen.

Washington parece haber olvidado rápidamente a la dictadura paquistaní de Pervez Musharraf, a la que después del 11-S levantó el embargo que existía desde hacía años, no porque dejara de oprimir a su pueblo o porque dejara de desarrollar y probar armas nucleares –por el contrario, arreció con sus pruebas–, sino, lisa y simplemente, porque obtuvo su complicidad para atacar a los talibanes y a Al Qaeda en

Afganistán. Musharraf pasó a ser una pieza clave de la nueva coalición "antiterrorista".

LAS ARMAS QUÍMICAS Y BACTERIOLÓGICAS

El propio Pentágono reconoció a fines de octubre de 2002 que durante la Guerra Fría, en 1967, realizó en la selva tropical de Hawai maniobras militares en las que se probó la eficacia del gas sarín y de la bacteria *globigii*, relacionada con el ántrax. De los 7.100 hombres que participaron en los ensayos "Roble Rojo, fase 1", incluido personal civil, más de 50 denunciaron años después haber sufrido secuelas físicas. El Ejército de Estados Unidos citó en octubre de 2002 a 1.400 de aquellos hombres que participaron en el experimento para someterlos a chequeos médicos y comprobar si habían tenido secuelas. Aquellos ejercicios militares realizados en Hawai formaban parte del "Proyecto 112", un amplio programa de guerra bacteriológica y química desarrollado entre 1962 y 1973, que tuvo también como escenario Fort Sherman, en Panamá. En aquellas prácticas se probaron además proyectiles con otros agentes químicos y bacteriológicos, como el soman, el tabun y el VX. La elaboración de armas químicas y biológicas por parte de Estados Unidos no es sólo parte de la historia, resultado de la Guerra Fría.

A finales de octubre también, el experto Malcolm Dando, profesor de Seguridad Internacional de la Universidad de Bradford, y Mark Wheelis, profesor de Microbiología de la Universidad de California, adelantaron parte del informe que publicarían tiempo después en la prestigiosa revista científica *Bulletin of the Atomic Scientists* sobre el desarrollo en secreto por parte de Estados Unidos de una nueva generación de armas químicas y biológicas. Estos científicos, especialistas en guerra biológica y armas químicas, sostuvieron que el Pentágono, con ayuda del Ejército británico, estaba trabajando con armas similares al gas narcótico que utilizaron las fuerzas rusas al asaltar el teatro Dubrovka de Moscú, en el que un comando checheno había secuestrado a cerca de ochocientas personas. Dando interpretaba que el boicot de Estados Unidos a la Convención sobre Armas Químicas y Biológicas se debe fundamentalmente a que quiere tener libertad de acción en ese terreno. Según esos dos expertos, la CIA proyecta copiar una bomba "de racimo" soviética diseñada para esparcir agentes biológicos,[311] mientras que la Agencia de Inteligencia de Defensa trabaja para lograr por ingeniería genética una nueva variedad de ántrax resistente a cualquier tipo de antibióticos.

Los científicos denunciaron también que oficialmente el Pentágono ha dicho que su programa para producir esporas de ántrax secas y adaptadas a su uso como arma, tenía como objetivo "probar las biodefensas estadounidenses", pero el elevado número que se produjo de ellas los llevaba a dudar de que sólo se hubieran elaborado con esa finalidad.

A pesar de que Estados Unidos aseguró que tales programas se ajustaban a lo prescrito por la Convención sobre Armas Biológicas en la medida que sólo estaban previstos como medio de defensa, los dos expertos sostienen que en una cláusula de la Convención se establece claramente que los países firmantes tienen prohibido producir o desarrollar "armas, equipamiento o medios encaminados al uso de estos agentes o toxinas para fines hostiles o en un conflicto armado". Según recuerda Julian Borger en su artículo, "los signatarios acordaron hacer declaraciones anuales en relación con sus programas de biodefensa, pero Estados Unidos jamás ha mencionado en sus informes ninguno de los programas aludidos. Por el contrario, se han conocido por filtraciones e informes a la prensa".[312] Pero no importaba, la administración Bush no se dignó siquiera a dar algún tipo de explicación a esas informaciones que terminaron saliendo a la luz.

¿OSAMA BIN LADEN AÚN VIVO?

Si no fuera porque siguieron apareciendo videos, mensajes grabados y escritos de Osama bin Laden y de algunos de sus principales lugartenientes, buena parte de la opinión pública mundial podría haber terminado creyendo que el líder de Al Qaeda había sido, en definitiva, un simple ejecutor de las órdenes de Saddam. Tras el 11-S George W. había prometido a su pueblo llevarle la cabeza de Bin Laden. Un año después de haber dejado aún más en ruinas Afganistán, las "fuerzas especiales" norteamericanas no habían logrado, sin embargo, capturar ni matar a ninguno de los cuadros significativos de la cúpula de Al Qaeda. El Pentágono reconocía también que, entre los más de seiscientos detenidos que tenía en esa suerte de campo de concentración de su base de Guantánamo, no había dirigentes de Al Qaeda ni personajes relevantes del poder talibán. Otro tanto sucedía con los miles de personas de origen árabe detenidas en el propio territorio de Estados Unidos al amparo de la siniestra US Patriot Act, la nueva legislación terrorista.

En Afganistán, el gobierno de Karzai controlaba apenas Kabul, mientras que los ataques armados se seguían sucediendo en distintas zonas del país, como aquel producido en Kandahar, en septiembre de 2002, que casi termina con la vida del presidente. Poco se sabía sobre el origen de esos ataques, si eran bolsones de talibanes o miembros de Al Qaeda que seguían en territorio afgano, o si se trataba de algunas de las tantas milicias de "señores de la guerra" enfrentadas con el presidente Karzai. En octubre y noviembre de 2002 se difundieron audios supuestamente grabados por Bin Laden reivindicando los atentados terroristas de Indonesia, Filipinas y Yemen, y prometiendo nuevos "escarmientos" contra Estados Unidos y sus aliados, y los propios servicios de seguridad reconocieron que todo hacía pensar que eran auténticos, que se trataba de la voz del terrorista más buscado del mundo.

Sin embargo, para Estados Unidos lo importante ya estaba hecho: Karzai estaba en el poder en Afganistán y con él los planes petroleros seguirían su curso. El Pentágono pidió incluso a los países aliados que reforzaran sus contingentes militares en Afganistán para tomar el relevo de las tropas estadounidenses. Era fundamental liberar a éstas de tareas de "limpieza" para preparar la "segunda etapa" de la operación eufemísticamente llamada "Libertad Duradera": la guerra contra Irak.

Irak había sido incluido desde el primer momento por Bush en el "Eje del Mal", junto a Irán y Corea del Norte. Durante los ocho años de guerra que libraron entre sí Irán e Irak a ninguno de sus respectivos gobiernos se les podría haber ocurrido que más de una década después ambos países serían acusados conjuntamente por Estados Unidos de formar parte del "Eje del Mal".

La impresionante campaña mediática lanzada desde la Casa Blanca terminó dando sus frutos. Con elecciones en ciernes, los demócratas no podían dejar que Bush los acusara ante los potenciales electores de despreocuparse de la seguridad nacional dejando que Saddam, "el peligro mayor de nuestra era", como lo definió Bush, se armara y se convirtiera en una "potencia nuclear". Bush ganó el pulso y forzó a las dos Cámaras a darle luz verde para "usar todos los medios necesarios" a fin de desarmar a Saddam, aunque esto supusiera terminar de arrasar Irak y provocar miles de muertes de civiles inocentes. Los militares estadounidenses lograron introducir en la opinión pública del mundo su eufemístico término: "daños colaterales". Suena menos dramático que hablar de niños, mujeres y ancianos asesinados o mutilados por esas bombas supuestamente "inteligentes".

En la Cámara de Representantes de Estados Unidos, sólo 133 (de ellos 126 demócratas) votaron en contra de la resolución que le terminó dando plenos poderes de guerra a George W. Bush, mientras que 296 votaron a favor. En el Senado fueron 23 los que rechazaron la resolución, frente a 77 que la respaldaron.

GOBIERNO PARA LA ERA POST-SADDAM

No bien vio confirmada su victoria, al día siguiente de las votaciones en las dos Cámaras, George W. sacó una carta escondida en su manga. La Casa Blanca filtraba a medios de prensa norteamericanos sus nuevos planes para la era "post-Saddam". Después de haber convocado a Washington, en más de una ocasión en los últimos meses, a líderes de seis de los numerosos grupos que componen la variopinta oposición iraquí, tanto en los medios de comunicación como en medios políticos se daba por seguro que Bush armaría para Irak una suerte de Alianza del Norte como en Afganistán, estableciendo un "gobierno provisional" dirigido por éstos en la primera zona de territorio iraquí que se lograra "liberar" dentro de las áreas de exclusión aérea existentes tanto en el norte como en el sur del país. Pero los planes que se filtraron fueron otros.

Según ya adelantaba *The New York Times*[313] meses antes de iniciarse la guerra, George W. Bush planeaba que uno de sus generales, tal vez el propio Tommy Franks, jefe de las fuerzas de Estados Unidos en Oriente Medio,[314] gobernara temporalmente Irak después de la caída de Saddam Hussein. Finalmente no fue el propio Franks sino el general retirado Jay Garner. No era la primera vez que Estados Unidos usaba una alternativa de ese tipo. Tras la derrota militar del imperio japonés en 1945, el gobierno norteamericano nombró al general Douglas McArthur con poderes omnímodos para gobernar Japón.

Ya a fines de enero de 2002, Donald Rumsfeld adelantó ese tipo de posibilidad, durante un curso para oficiales en la Universidad de la Defensa Nacional. Allí el secretario de Defensa dijo también que las Fuerzas Armadas debían estar preparadas "para poder enfrentarse y vencer a dos agresores al mismo tiempo, conservando igualmente la capacidad para llevar adelante una contraofensiva de magnitud y de ocupar la capital de un enemigo para instalar allí un nuevo régimen".[315] Según medios estadounidenses,[316] abogados del Pentágono y del Departamento de Estado llevaban meses juntando "pruebas" contra Saddam con el fin de someterlo a un juicio por crímenes contra la humanidad, si sobrevivía a la nueva guerra contra su país.

Las razones principales para que la administración Bush decidiera cambiar la táctica utilizada en el "modelo afgano" son varias: la experiencia de Afganistán demuestra que Karzai no logra controlar todo el territorio; en el caso iraquí existe un ejército regular, más preparado que el que tenían los talibanes y al que habrá que desarmar; derrocado Saddam, podría desatarse una batalla abierta entre la minoría suní detentadora hasta ahora del poder político, los kurdos del norte y los chiítas del sur; el Ejército de Estados Unidos quiere impedir que sectores del Ejército de Saddam, una vez derrotados, se organicen como guerrillas y vuelen los pozos petrolíferos, esas preciadas joyas que en realidad constituyen el objetivo número uno de la campaña bélica de Bush.

Entre los opositores iraquíes en el exilio provocó gran preocupación la versión de que se preveía un gobierno militar interino para la etapa post-Saddam. Esto supondría para ellos no ser los protagonistas políticos principales del derrocamiento y por lo tanto, previsiblemente, tampoco lo serían en la conformación de un nuevo régimen. Varios de estos grupos siguieron golpeando las puertas de la Casa Blanca, pidiendo financiación y entrenamiento para preparar a miles de sus miembros.

Entre estos sectores predominaba la idea de que era mejor "liberar" desde el inicio la parte del territorio iraquí patrullada por aviones de Estados Unidos y el Reino Unido, para que el "gobierno provisional" pudiera ser reconocido enseguida como legítimo por la comunidad internacional.

"Los grupos iraquíes de oposición no son lo suficientemente fuertes como para culminar con éxito una labor como ésta", sostenía James Baker.[317] "El cambio de régimen no va a llegar a través de una insurrección interna. La única manera de forzar un cambio de régimen pasa por el empleo de fuerzas militares, entre las que ha de figurar un número de soldados de tierra suficiente para ocupar el país, Bagdad incluido, deponer a los actuales dirigentes e instalar un nuevo gobierno", añadía. Reflejando el pensamiento de muchos "pesos pesados" del Partido Republicano, Baker afirmaba en su artículo: "Vamos a tener que plantearnos durante cuánto tiempo mantendremos la ocupación y la administración de un país de grandes dimensiones y nada sumiso y a qué clase de gobierno habrá que dar paso". El ex secretario de Estado advertía que había que contar con sufrir muchas más bajas que en la Guerra del Golfo (cuando Estados Unidos movilizó a 500 mil soldados) y que si la operación no salía bien, se vería afectada la relación de Washington tanto con sus aliados europeos como con los países árabes. Por ello él se mostraba partidario de disminuir los riesgos políticos, económicos y militares, intentando formar una coalición internacional.

A pesar de que Baker dejaba claro que a su entender poco cabía esperar de los divididos grupos de la oposición iraquí, algunas de esas agrupaciones aseguraban que tenían el compromiso de Washington de que se formaría una fuerza militar con 10 mil de sus miembros para apoyar a las tropas norteamericanas en el terreno. *Los Angeles Times*[318] respaldaba esa versión. Según este periódico, la Casa Blanca pediría autorización al Congreso para destinar más de 90 millones de dólares al adiestramiento y pertrechamiento de 10 mil opositores iraquíes.

La presión del gobierno de Estados Unidos sobre los distintos grupos de la oposición kurda fue también decisiva para que el Partido Demócrata del Kurdistán (PDK), liderado por Masud Barzani, y la Unión Patriótica del Kurdistán (UPK) de Jalal Talabani decidieran en octubre de 2002 limar sus diferencias y reunir al Parlamento del Kurdistán iraquí en el exilio, para votar una Constitución.

Los 105 miembros de ese Parlamento, compuesto por 51 representantes del PDK, 49 de la UPK y 5 cristianos asirios, fueron elegidos en 1992, meses después del fin de la Guerra del Golfo, con el propósito de constituir una zona autonómica de hecho en la zona norte del país, fronteriza con Turquía. Sin embargo, los enfrentamientos entre los dos grupos impidieron llevar el proyecto a la práctica.

Entre los efectivos del brazo militar del PDK, el Ejército Risgari, como el de la UPK, las Fuerzas Peshmergas, controlan a decenas de miles de fogueados combatientes con experiencia tanto en guerra de guerrillas como en el uso de armamento pesado.

A pesar del interés de Estados Unidos por poder utilizar a esos miles de guerrilleros en su ataque contra Saddam, sus líderes tenían razones para escuchar con suma cautela cualquier invitación de ese tipo. "Masud Barzani y Jalal Talabani coinciden en sus recelos ante las reales intenciones de Estados Unidos, sobre todo porque todavía recuerdan cómo el padre del actual inquilino de la Casa Blanca los dejó a merced de la Guardia Republicana iraquí nada más acabar la Guerra del Golfo. Por eso, ambos rechazaban implicarse en esta aventura si no hay garantías de que Saddam vaya a ser derribado y de que se apoye una alternativa concreta de gobierno", sostiene Manuel Martorell.[319] Tanto Barzani como Talabani ponían como condición para participar en una ofensiva contra Saddam encabezada por Estados Unidos que se garantizara la protección de la población civil. Los dos líderes kurdos sabían que las tres provincias que hoy controlan serían las primeras en volver a sufrir las terribles represalias del Ejército de Hussein, como ya sucedió en el pasado.

Para el Pentágono, el apoyo de los "peshmerga" no era vital desde el punto de vista militar para abrir el frente norte en la guerra contra Irak. Sin embargo, utilizó esa relación como forma de chantaje al gobierno turco, sumamente preocupado porque un protagonismo de las fuerzas guerrilleras kurdas en la caída de Saddam implicaría con posterioridad una actitud benevolente hacia ellas de parte de Estados Unidos si decidían erigir un Estado independiente en el Kurdistán iraquí. El gobierno de Ankara teme desde hace años esa posibilidad, que podría animar a los 12 millones de kurdos que viven oprimidos y como ciudadanos de segunda clase en Turquía, a levantarse y unirse con los millones de sus hermanos que habitan del otro lado de la frontera, en una zona rica en petróleo.

Estados Unidos jugó con ese fantasma para presionar a Ankara a que permitiera el paso de 62 mil soldados norteamericanos por su territorio rumbo a Irak. Sin embargo, no lo logró; ni siquiera con la llegada al poder de su hombre de confianza, Recep Tayyip Erdogan. Con el 94 por ciento de la población en contra de la guerra, el Parlamento turco sólo terminó autorizando a Estados Unidos a transitar su espacio aéreo, pero no su suelo, por lo que el Pentágono tuvo que abrir el frente norte, días después de iniciada la invasión a Irak desde el sur, desde Kuwait, con tropas aerotransportadas. Los miles de vehículos militares norteamericanos que esperaban desde hacía días en los muelles turcos la luz verde del Parlamento, tuvieron que ser reembarcados y enviados con urgencia al Golfo, por mar.

Los ánimos independentistas de los kurdos pueden reavivarse ahora mucho más, tras la caída de Saddam, convirtiéndose en un foco potencialmente explosivo en la región.

A la administración Bush le preocupó en todo momento cualquier posibilidad de no llegar a controlar y centralizar férreamente el poder y, por ende, tampoco sus recursos energéticos, de vital valor estratégico. Bush ha jugado también con el petróleo para presionar a sus aliados europeos y a Rusia a participar de su cruzada contra Saddam. Como decía el ex director de la CIA, James Woolsey: "Francia y Rusia tienen empresas petroleras –Total Fina y Elf en el caso francés, y Slavneft y Lukoil en el ruso– e importantes intereses económicos en Irak. Debemos decirles que si nos ayudan a conseguir que Irak disponga de un gobierno decente haremos todo lo que esté en nuestras manos para que las nuevas autoridades de Bagdad y las compañías de Estados Unidos cooperen con sus empresas".[320]

El líder del Congreso Nacional Iraquí (CNI, el frente opositor más importante y con mejor relación con Washington), Ahmed Chalabi, un ex docente y ex banquero musulmán chiíta, en el pasado colaborador de la CIA y condenado en Jordania a veintidós años de cárcel por bancarrota fraudulenta, ya desde hace tiempo se veía encumbrado en el poder y advertía que el petróleo se confiaría a un consorcio de empresas exclusivamente estadounidenses, dando por anulados todos aquellos contratos firmados por el régimen de Saddam con cualquier empresa extranjera.

En la dirección del CNI, además del PDK y la UPK, participan grupos de ex miembros del Ejército de Saddam que desertaron, como el ex jefe del Estado Mayor, Nizar al-Khazraji, acusado de utilizar armas químicas contra la población kurda. En el CNI participan también organizaciones de empresarios e intelectuales, y en su ejecutivo se encuentran personajes como Sharif Alí Bin al-Hussein, jefe del Movimiento por la Monarquía Constitucional. Pretendiente a la corona de Irak, Bin al-Hussein es primo del rey Faisal II, derrocado y acribillado a balazos en 1958.

En enero de 2002, según *The Economist*,[321] la administración Bush suspendió el financiamiento del CNI ante la sospecha de una malversación de fondos, pero posteriormente habría continuado.

Washington juega con muchas piezas al mismo tiempo. Pero la gran preocupación de la administración Bush es que las nubes que han comenzado a aparecer en su histórica alianza con Arabia Saudita puedan extenderse a otros países productores de petróleo de la región. A esto se suma el hecho de que otro de los grandes productores, Irán, sigue en manos del "enemigo", formando parte del "Eje del Mal".

A mucha distancia de allí, otro importante miembro de la OPEP, Venezuela, uno de los países que abastece de petróleo a Estados Unidos, está gobernado por otro declarado adversario de Washington, Hugo Chávez. Los intentos de Washington por derrocarlo a través de la gran patronal petrolera, como hizo respaldando el fallido golpe de Estado liderado por su dirigente máximo, Pedro Carmona, en abril de 2002, fracasaron por el momento, aunque no cabe duda de que seguirá con su campaña de acoso y desgaste hasta lograrlo. Chávez es un hombre molesto para los planes de Estados Unidos, y la venta a precio preferencial que hace de su petróleo a Cuba, así como las relaciones que mantiene con Libia y otros "demonios", exasperan a Bush *Junior*. Venezuela exporta el 70 por ciento de su petróleo a Estados Unidos.

El flujo del petróleo colombiano también corre peligro. Por ello, tropas norteamericanas comenzaron a llegar en octubre de 2002 para entrenar a los soldados de Álvaro Uribe a defender los 1.400 kilómetros de oleoducto que repetidamente ataca la guerrilla del Ejército de Liberación Nacional (ELN). Esa intervención estadounidense en suelo colombiano forma parte vital –aunque no reconocida así oficialmente– del amplio y costoso Plan Colombia. El 15 de enero de 2003 Uribe pidió a Bush que Estados Unidos despliegue tropas en su país "con la misma contundencia que lo hace para enfrentar a Saddam Hussein".

Todos estos hechos que en distintos puntos del planeta afectan el fluido regular de crudo, hacen que Estados Unidos tenga cada vez menos garantías de poder seguir controlando firmemente las codiciadas fuentes energéticas del mundo. Esa incertidumbre explica que Estados Unidos deposite tantas expectativas en la nueva situación abierta tras la caída del régimen iraquí. Para sus planes necesita controlar férreamente el gobierno provisional –y el que le siga a éste–, sofocando cualquier conato de resistencia militar o civil. Washington necesita de esa paz, aunque sea la "paz de los cementerios", para que sus empresas petroleras tomen en sus manos el control del crudo iraquí. Estados Unidos, sabiéndose el gran vencedor de esta guerra, se siente ahora con fuerza para negarse a repartir al menos la parte más voluminosa del botín con Rusia[322] y Francia, países que han visto afectados sus acuerdos con Irak por el embargo, a causa de su postura de rechazo a la guerra. Por boca de Donald Rumsfeld, antes del comienzo de la guerra contra Irak, y por medio de Colin Powell, una vez caído el régimen de Saddam Hussein, Estados Unidos dejó claro a Francia que tendría "graves consecuencias" el hecho de haberse opuesto frontalmente a que el Consejo de Seguridad de la ONU diera luz verde al ataque a Irak. Francia, al igual que Rusia, llegó a advertir que estaba dispuesta a utilizar su derecho de veto para impedir esa medida, razón por la cual tanto Bush y Blair como Aznar desistieron de presentar a votación su nuevo proyecto de resolución, y acordaron unilateralmente comenzar los bombardeos sobre Irak.

Washington pretende compartir parte del botín sólo con aquellos países que lo han secundado en su guerra contra Saddam (aunque en el caso español fuese fundamentalmente un apoyo político, no militar), a la hora de controlar la producción y exportación del petróleo iraquí y las tareas de reconstrucción del país. Mientras Francia, Rusia y Alemania insisten en que también en esta nueva etapa la ONU debe jugar un papel vital para supervisar el futuro político y económico de Irak, Estados Unidos pretende que Naciones Unidas se limite a un rol fundamentalmente humanitario.

El gobierno y las empresas norteamericanas pretenden aumentar rápidamente la producción y exportación de petróleo iraquí, el país que tiene las mayores reservas de petróleo del mundo después de Arabia Saudita.

Se calcula que Irak puede contar con reservas de más de 110 mil millones de barriles y de otras aún mayores no descubiertas. Desde el fin de la Guerra del Golfo en 1991 Irak produce al mínimo de su capacidad como consecuencia de las sanciones, y sólo 24 de sus 73 pozos se mantienen en actividad. Antes de la Guerra del Golfo Irak producía 3,5 millones de barriles diarios.

Con tal arma en la mano, que le permitiría ya de por sí tener asegurado todo el petróleo que necesita importar, más el control de buena parte de los gasoductos y oleoductos que pasen por territorio afgano,[323] Estados Unidos se encontraría en una situación diametralmente distinta. Ya no estaría totalmente desarmado ante la eventualidad de que los países petroleros miembros de la OPEP decidieran, por intereses políticos en determinado momento, castigar a Occidente reduciendo su producción para provocar un aumento artificial del precio del barril de crudo.

El importante respaldo de las dos Cámaras obtenido por Bush para atacar a Irak le permitió superar el principal escollo interno que tenía para poder presionar con fuerza al Consejo de Seguridad de la ONU a votar su propio proyecto de nueva resolución contra Saddam Hussein.

LA RESOLUCIÓN 1441

George W. Bush logró salirse con la suya, como cabía esperar. Tras haber conseguido llegar a la votación de la Resolución 1441 con el apoyo previo de las Cámaras de su país para que actuara contra Irak como lo entendiera necesario, Bush ya tenía parte de la batalla ganada.

El hecho de que antes de esa votación se hubiera producido el asalto al teatro moscovita Dubrovka, por parte de un comando checheno, incidió no poco en la postura que habría de mantener Rusia.

El apoyo abierto y total de Estados Unidos y la UE a Putin, tanto por la forma expeditiva en que éste resolvió el secuestro de más de ochocientos rehenes, como por el endurecimiento de su política represiva contra los rebeldes chechenos, ayudaron a que Moscú se viera necesitado de corresponder a sus aliados en el Consejo de Seguridad en la votación sobre Irak.

A pesar de que tanto Moscú como París trataron de reivindicar su independencia a la hora de votar la nueva resolución, la 1441, lo cierto fue que Estados Unidos pudo imponer su proyecto de resolución suavizando sólo algunas de las cláusulas más agresivas. Siria, único país árabe miembro del Consejo de Seguridad, terminó votando –de forma oportunista– a favor. Fue una votación unánime de los quince miembros, sin ninguna abstención ni voto en contra.

El contenido de la nueva resolución, cuya ambigüedad en algunos apartados permitiría luego a Estados Unidos interpretar que era libre para actuar militarmente contra Bagdad, al entender que Saddam no había cumplido con su desarme, fue rechazado por unanimidad por el Parlamento iraquí, desoyendo el llamamiento de Uday Hussein, hijo mayor del dictador, que abogaba por aceptarla.

Saddam daría finalmente su última palabra. Tras acusar a Estados Unidos de imponerle condiciones draconianas con el evidente objetivo de que no las aceptara, pudiendo así justificar una intervención militar, el líder iraquí aceptó que los expertos de la UNMOVIC viajaran a Irak "sin ningún tipo de limitaciones".

Saddam volvió a reiterar que la misión demostraría que su país no albergaba armas de destrucción masiva. Antes incluso de la llegada a Bagdad –el 18 de noviembre– de la avanzada de expertos de la UNMO-VIC, ya el Pentágono insinuaba que Saddam había "violado" la Resolución 1441 al responder con fuego de sus baterías antiaéreas (sin dar en el blanco) a una escuadrilla de aviones estadounidenses y británicos que acababan de destruir uno de sus radares militares y que arrojaban cientos de miles de panfletos contra Saddam sobre la ciudad de Rumaitha, a unos 150 kilómetros al sudeste de Bagdad.

Fue sólo la primera demostración práctica de que a Estados Unidos no le interesaba en absoluto que los expertos pudieran realizar sin limitaciones su trabajo en Irak, sino que buscaba con lupa cualquier actuación iraquí que pudiera ser presentada ante el mundo como una "violación" de la Resolución 1441 del Consejo de Seguridad, para justificar una represalia militar a gran escala. Según Estados Unidos, se trataba de un "acto hostil" por parte de Irak, hecho que según su interpretación estaba contemplado por esa resolución. En realidad, la única mención sobre el particular se encuentra en el artículo 8°, que dice así: "Irak no debe realizar o amenazar con ningún acto hostil contra cualquier representante de las Naciones Unidas o contra un Estado miembro que tome parte en la ejecución de cualquiera de las resoluciones del Consejo".

Sin embargo, como aclararía poco después el propio secretario general de la ONU, Kofi Annan, ningún incidente entre Irak y los países que impusieron las zonas de "restricción aérea" en su territorio –Estados Unidos y el Reino Unido– puede considerarse incluido en la Resolución 1441 por la simple razón de que ellos lo hicieron sin ningún tipo de autorización de Naciones Unidas.

Los ataques de la aviación estadounidense y británica contra Irak fueron cada vez más potentes y provocadores desde el comienzo de la segunda mitad de 2002. El viernes 6 de septiembre, según reconocía el Ministerio de Defensa británico, fueron cien los cazabombarderos F-15 Strike Eagle, Tornado GR4, F-16 Falcon y Tornado GF3 los que participaron de madrugada en el ataque contra la base militar aérea H3, situada a 390 kilómetros al oeste de Bagdad. Ese ataque, el vigésimo quinto realizado en la zona de mayoría musulmana chiíta desde inicios de 2002, se sumó a los diez realizados también por la coalición anglo-norteamericana en la zona norte, de mayoría kurda.

A George W. Bush sólo le faltaba un acontecimiento importante para completar su excitación ante la nueva guerra que estaba tratando ansiosamente de iniciar: que su partido triunfara en las elecciones legislativas parciales del 5 de noviembre. Y no sólo las ganó, sino que reforzó su distancia de los demócratas tanto en la Cámara de Representantes como en el Senado. A pesar de haber cosechado apenas 80 mil votos más que el Partido Demócrata (sobre un censo de 200 millones de personas), el Partido Republicano consiguió hacerse con la mayoría de las dos Cámaras.

¿POR QUÉ ESTADOS UNIDOS NO OPTÓ POR ASESINAR A SADDAM?

Ante las dificultades que Estados Unidos encontró tanto en su propio país como en el Consejo de Seguridad de la ONU y por parte de gobiernos aliados, para que lo apoyaran en el derrocamiento violento de Saddam Hussein, en medios "halcones" se había propuesto en más de una ocasión el asesinato del líder iraquí. Bush lo había insinuado de forma poco velada en más de una oportunidad, como lo hizo en relación con Osama bin Laden. Siguiendo su lógica, ¿por qué no optó por la vía aparentemente más sencilla, económica y con menos "daños colaterales" del asesinato?

En su "biblia" para "halcones", *The Threatening Storm, The Case for Invading Iraq*,[324] el ex agente de la CIA Kenneth M. Pollack planteaba abiertamente los pros y los contras de optar por esa solución. "Si Estados Unidos pudiera asesinar a Saddam o derrocarlo con un golpe palaciego, probablemente eliminaría la mayoría de nuestros problemas en Irak", sostiene Pollack en su libro, quien especula con que sus potenciales sucesores podrían ser pragmáticos, decidiendo entenderse con Estados Unidos.

Pollack analiza en primer lugar los problemas legales para llevar a cabo ese asesinato político. Para ello recuerda que en 1976, el entonces presidente Gerald Ford emitió la Executive Order 11.905, prohibiendo a todo el personal del gobierno de Estados Unidos cometer asesinatos. La decisión fue tomada tras la revelación de que la CIA había estado desde los años sesenta detrás de varios intentos de asesinato de líderes políticos extranjeros. El caso más conocido fue el plan para asesinar a Fidel Castro por medios ultrasofisticados (incluyendo el de los habanos explosivos) ordenado por Kennedy. La medida de Ford fue muy criticada en su momento por los "halcones".

Durante la administración Carter, éste controló de cerca que la orden ejecutiva dictada por su predecesor se cumpliera a rajatabla. Al llegar al poder Ronald Reagan, suplantó la decisión de Ford por otra de características similares, la Executive Orden 12.333, que es la vigente todavía. Los párrafos más importantes de ella dicen:

"2.11. Prohibición de asesinar. Ninguna persona empleada o actuando en nombre del gobierno de Estados Unidos debe comprometerse en asesinatos o conspirar para que se cometan.

"2.12. Participación indirecta. Ninguna agencia de la Comunidad de inteligencia debe participar en actividades prohibidas por esta orden o requerir a cualquier persona para que lo haga."

Para Pollack, esa normativa no es en realidad un obstáculo serio. "Una orden ejecutiva puede fácilmente ser modificada o rescindida por otra orden ejecutiva, algo que no es difícil de realizar para la Casa Blanca", sostiene. Por otro lado, recuerda que, a pesar de existir esa orden desde 1976, Estados Unidos intentó asesinar al coronel Muammar el Gaddafi en 1986, durante los ataques aéreos contra Libia, que alcanzaron su *jaima* y mataron a uno de sus hijos; también al "señor de la guerra" Mohammed Farah Aidid, en la fallida operación en Somalía en 1993; y a Osama bin Laden durante los bombardeos contra sus campos de entrenamiento en Afganistán en 1998.

Bill Clinton reconoció que en 1998 pidió a sus hombres la cabeza de Bin Laden, vivo o muerto: "Autoricé la detención y, en caso necesario, la muerte de Bin Laden, y llegamos a contactar con un grupo en

Afganistán que debía encargarse de ello. También preparamos comandos para una posible acción terrestre, pero no dispusimos de la información necesaria para ejecutar correctamente la operación".[325]

El 15 de diciembre de 2002 *The New York Times* revelaba que la Casa Blanca había autorizado a la CIA a matar sin autorización previa a cualquier sospechoso de pertenecer a Al Qaeda. La Casa Blanca había suministrado incluso una lista de sus "favoritos" para ser asesinados, compuesta por entre 22 y 24 nombres. En ella estaba Qaed Salim Sinau al-Harethi, supuesto jefe de Al Qaeda en Yemen, a quien ya mató la CIA con un misil disparado desde un avión no tripulado Piedator.

Pollack recuerda que en la legislación internacional sólo hay una divisoria entre guerra y paz, pero que ni la Carta de la ONU ni ningún organismo reconocido de la comunidad internacional prohíbe específicamente un asesinato político individual. Ni siquiera la nueva Corte Penal Internacional.

Por todo ello, el ahora director del Council on Foreign Relations, llega a la conclusión de que, bajo el paraguas del "estado de guerra", George W. Bush podía ordenar el asesinato de Saddam Hussein sin que eso provocara demasiadas críticas ni en Estados Unidos ni entre los países aliados.

A pesar de considerar fácilmente superable ese obstáculo, Pollack sostenía que la gran dificultad para asesinar al líder iraquí estaba en el terreno práctico. En primer lugar, veía serias dificultades a la hora de matar a Saddam, haciendo una detallada descripción de las rigurosísimas y obsesivas medidas de seguridad que éste adoptaba a diario para moverse. Saddam, además de tener supuestos varios "dobles" para representarlo en lugares públicos de cierto peligro; de dormir cada día en un lugar distinto, decidiendo en el último minuto cuál usaría, y de hacer probar a colaboradores la comida que iba a ingerir, siempre se había asegurado de que sus numerosos escoltas fueran de una fidelidad probada, incondicionales miembros de su propio clan.

A los ojos de Pollack, todo ello hacía muy difícil acercarse a Saddam, lo cual explica que un grupo opositor iraquí, el Nahdah, decidiera contentarse con atentar contra uno de sus hijos, Uday, en diciembre de 1996, en un operativo que finalmente falló. El ex miembro de la CIA sostenía que la única posibilidad de asesinar a Saddam era a través de un opositor iraquí, debidamente entrenado por esa agencia de seguridad y provisto de una sofisticada tecnología. Pero no era el único problema.

El problema político no era menor. Aunque esa última posibilidad hubiera sido factible, Pollack temía que al dejar el resto del sistema político y militar iraquí intacto, Saddam fuera sustituido por su hijo Uday, por su sobrino Ali Hassan al-Majid, o por su secretario personal, Abid Hamid Humud, todos ellos tan peligrosos como el propio líder iraquí.

¿Era imposible un golpe de Estado?

Ésa es la siguiente pregunta que se hacía Kenneth Pollack, quien veía en esa opción la solución para evitar los problemas que implicaba el asesinato de Saddam. Con un golpe de Estado no sólo Saddam sería eliminado, sino que podrían cambiarse todas las figuras clave de su sistema político.

Durante la Guerra del Golfo, Washington creyó que los masivos bombardeos que realizó sobre Bagdad serían suficientes para provocar la caída del régimen de Saddam Hussein, pero se equivocó. Un año después de terminada la guerra y ya con Bill Clinton en la Casa Blanca, la CIA comenzaba a probar otra variante.

Empezó apoyando financiera y militarmente a uno de los grupos de la oposición, el Congreso Nacional Iraquí, con base en la zona kurda de Irak, dentro de las zonas de exclusión aérea, espacios en los que los vencedores de la Guerra del Golfo habían vetado a la aviación iraquí sobrevolar y que controlaban diariamente aviones espía y cazas de combate norteamericanos y británicos. El objetivo era apoyar a ese gran frente opositor al régimen de Saddam para desatar una gran revuelta popular, pero el CNI fracasó en su intento.

Luego se apostó por otro grupo, el Acuerdo Nacional Iraquí (al-Wifaq), compuesto en su mayor parte por desertores del Ejército y de la administración iraquíes. Su intento de golpe de Estado en junio de 1996 fue también un gran fracaso.

El Pentágono seguía dando mucha importancia a la deserción de oficiales del Ejército iraquí y para ello se diseñaron especialmente las denominadas "psyops", operaciones psicológicas tendientes tanto a sabotear las computadoras de las fuerzas armadas como a tratar de convencer a sus miembros a cambiar de bando. Los mensajes intentaban demostrar a los oficiales que el enemigo al que se enfrentaban era muy superior y que sería inútil cualquier tipo de defensa, por lo que se los instaba a deponer sus armas en cuanto comenzara la ofensiva militar.

Los "halcones" temían que una nueva guerra contra Irak fuera mucho más compleja militarmente que la librada contra los talibanes en

Afganistán, y más arriesgada en el plano político, por las consecuencias que podía provocar en todo Cercano Oriente.

UN ESCENARIO DISTINTO DEL DE 1991

El plan militar que siguió el Pentágono para la nueva guerra contra Irak conservó en líneas generales las características que ya se venían filtrando a la prensa en noviembre de 2002, cuando aún el Consejo de Seguridad de la ONU seguía debatiendo si debía haber guerra o no. Estados Unidos utilizó en esta ocasión menos de la mitad de los efectivos de tierra que había empleado en 1991. El cambio fundamental fue que ante la negativa de Turquía a facilitar la entrada de soldados norteamericanos a través de su frontera con Irak, el frente norte jugó un rol mucho menos relevante que el previsto.

Las fuerzas especiales tampoco tuvieron un papel tan determinante como en Afganistán para señalar a la aviación los objetivos a atacar. En la medida que los avances tecnológicos en el terreno militar han sido espectaculares en relación con los que existían en 1991 (en esa época las bombas "inteligentes" usadas fueron un 5% del total, mientras que en 2003 más del 90%), el tiempo de duración de la guerra fue mucho menor y sus efectos, mucho más devastadores. En 1991 los bombardeos de los B-1 y B-2 norteamericanos más la acción de sus propios cazabombarderos y los del Reino Unido y Francia duraron cuarenta y tres días.

El escenario para una nueva guerra contra Irak sería no sólo totalmente distinto del de la guerra de Afganistán, sino incluso del de la propia Guerra del Golfo de 1991. La primera gran diferencia entre Irak y Afganistán es que el primero es un país esencialmente urbano, con más del 70 por ciento de la población viviendo en las ciudades, mientras que el 80 por ciento de los afganos vive en zonas rurales. Sin embargo, los estrategas militares iraquíes no supieron aprovechar esas características en ningún momento. Por el contrario, ofrecieron blancos perfectos a los cazabombarderos aliados en 1991 al desplazar largas columnas de blindados y vehículos de transporte de tropas en medio del desierto en trayectos de cientos de kilómetros que demoraban horas y horas. Los pilotos norteamericanos, británicos y franceses podían permitirse pasar una y otra vez sobre sus objetivos antes de disparar sus misiles o bombas, sin riesgo de que sus blancos se ocultaran. Las gigantescas distancias que durante la Guerra del Golfo separaban a las divisiones de infantería iraquíes situadas en la línea del frente, de las ciudades donde debían abastecerse de suministros, añadían más dificultades para las fuerzas de Saddam y las hacían más vulnerables ante la ya de por sí gigantesca coalición militar a la que se enfrentaban, dotada de los últimos adelantos de la alta tecnología militar.

Saddam Hussein había aprendido la lección de aquella "madre de todas las batallas" y se especulaba que sus soldados se venían entrenando desde hacía tiempo para llevar adelante una guerra esencialmente urbana.

En 1991, exactamente el 13 de febrero de aquel año, 408 civiles iraquíes, de los cuales 300 eran mujeres, 43 niños menores de cinco años, entre ellos 12 bebés y 57 de entre 5 y 18 años, murieron mientras dormían en un moderno búnker de cemento de 1.500 metros cuadrados, como consecuencia de las bombas lanzadas por un B-52. Se la conoció como "la masacre de Al-Amiriyah"; el refugio de Bagdad había sido construido por una firma finlandesa, supuestamente a prueba de ataques nucleares durante la guerra de Irak contra Irán, es decir, cuando Saddam estaba todavía en el bando de "los buenos". Mónica G. Prieto[326] visitó el lugar, conservado por el régimen de Bagdad tal como quedó después del bombardeo y habló con su cuidadora, Emtesar Ahmed, y algunas de las únicas personas que sobrevivieron al ataque.

En las ciudades es más difícil la actuación de las fuerzas especiales y también la utilización de bombarderos. Un experto como Kenneth M. Pollack preveía que si la Guardia Republicana y otras fuerzas de elite de Saddam combatían con la dureza con que lo habían hecho en 1991 en un terreno tan adverso, Estados Unidos podría llegar a perder un mínimo de 10 mil efectivos antes de conseguir la victoria en las ciudades, en particular en Bagdad. Esta cifra supondría el mayor número de bajas estadounidenses desde la Guerra de Vietnam.

El Pentágono llevaba tiempo estudiando la táctica militar a emplear en una nueva guerra que tuviera lugar en zonas densamente pobladas y en las que pudieran camuflarse las fuerzas militares de Saddam. *The Sunday Times*[327] aseguraba que los altos mandos militares norteamericanos habían estudiado detenidamente algunas importantes batallas del pasado que tuvieron como escenario grandes ciudades. Es el caso de Stalingrado en 1942, y el de Grozni de 1995. Las tropas rusas tardaron dos meses en tomar el control de la capital de Chechenia –que se encontraba en manos de los rebeldes independentistas– y perdieron en esa batalla a 2.800 soldados, mientras que otros 10 mil resultaron heridos.

Se temía que la indudable superioridad en tecnología militar de Estados Unidos sobre el Ejército de Saddam se viera drásticamente reducida en una batalla esencialmente urbana, por lo que el Pentágono probó previamente todo tipo de potentes sensores para detectar la presencia de tropas escondidas entre la población civil, así como robots y otros medios ultrasofisticados. Otro factor importante que se tenía en cuenta era la imprevisible actitud de la población civil ante un nuevo ataque exterior. La gente podía odiar a Saddam pero también a un invasor extranjero.

No es casual que, mientras las principales potencias mundiales discutían en el Consejo de Seguridad de la ONU la resolución a adoptar sobre Irak, Saddam Hussein decidiera por primera vez en sus muchos años en el poder liberar a todos los prisioneros que se encontraban en las cárceles iraquíes, a excepción solamente de aquellos que hubieran colaborado con Estados Unidos o con Israel. En cuanto a los autores de delitos de sangre, el régimen iraquí decidió liberarlos también, pero siempre y cuando los familiares de las víctimas dieran su consentimiento. La medida de gracia fue extensiva incluso para todos aquellos iraquíes que optaron por el exilio y sobre los cuales pesaba algún tipo de cargo judicial.

Con gestos de ese tipo Saddam intentaba lograr más apoyos a su régimen de parte de la población.

Difícil disyuntiva para Bush

A pesar de haber obtenido que el Consejo de Seguridad aprobase por unanimidad su proyecto de Resolución 1441 con sólo ligeras matizaciones, George W. tenía ante sí una difícil disyuntiva. Algunos de sus aliados, particularmente Francia, Rusia y Alemania, intentaban frenar su urgencia por atacar a Irak y querían que se priorizara la valoración de los inspectores para tomar una decisión. Éstos, por su parte, querían que la misión se prolongase varios meses más. Los generales norteamericanos parecían estar muy nerviosos de sólo pensar en esa posibilidad. El calor reinante en Irak a partir de marzo es altísimo, lo que impone condiciones de combate desfavorables para las tropas atacantes aunque sean "aclimatadas" previamente en maniobras militares en algún lugar de semejantes características atmosféricas.

¿La solución? Las opciones eran varias, según Rachel Bronson[328]: o Bush se decidía a actuar y lanzaba una acción militar unilateral contra Irak antes de que se iniciara la primavera en este país; o se arriesgaba a esperar el informe de los expertos, corriendo el riesgo de tener que iniciar el ataque más tarde, a pesar de la situación adversa para sus tropas. Una tercera opción era esperar al otoño. Ninguna de ellas parecía la ideal para Bush.

Colin Powell salió al paso de esas elucubraciones. En una entrevista a la CBS[329] el secretario de Estado dijo que "si Saddam Hussein cree que el paso del invierno (septentrional) le hará sentirse seguro por un año más, se equivoca. Ésa puede ser una falsa esperanza. Muchas batallas se han librado en pleno verano y las fuerzas estadounidenses son muy eficientes durante la noche, cuando es mucho más fresco", añadió. Algunos analistas entendían que las declaraciones de Powell, lejos de ajustarse a la realidad, tenían el objetivo de mantener la tensión y la presión sobre Bagdad. El antecedente de la Guerra del Golfo es ilustrativo sobre el tema.

A pesar de que Irak invadió Kuwait el 2 de agosto de 1990 (en pleno verano), la coalición internacional liderada por Estados Unidos esperó al invierno, enero de 1991, para comenzar sus ataques.

El presidente de Estados Unidos confía tal vez excesivamente en que su victoria militar en Irak le garantizará la reelección. Sin embargo, su propio padre perdió el poder en manos de Bill Clinton en los momentos en que estaba en la cima de la popularidad y poco tiempo después de haber salido victorioso de la Guerra del Golfo.

Por ello, no está tan claro aún el saldo político que obtendrá la administración Bush de esta guerra. Lo que está claro es que el presidente de Estados Unidos se ha apuntado varios puntos a su favor frente a su pueblo. Por un lado, puede reivindicar haber acabado con el régimen de Saddam con una guerra muy corta, de menos de un mes, gracias, indudablemente, a que era falsa la capacidad militar que tanto él como Blair y Aznar le atribuían. Esa escasa capacidad militar, la evidente falta de armas de destrucción masiva en condiciones operativas, hizo también más débil la resistencia y con ello no sólo Estados Unidos y Gran Bretaña tuvieron muchas menos bajas que las previstas (no llegaron a 200 en total, contando las numerosas víctimas de "fuego amigo" y de accidentes), sino que además fueron innecesarios más bombardeos sobre las ciudades, que habrían elevado enormemente el número de víctimas civiles. A pesar de ello, cientos, si no miles, de civiles iraquíes fueron muertos como consecuencia de los bombardeos anglo-norteamericanos y el "gatillo fácil" que demostraron tener los soldados estadounidenses en los puestos de control ante todo aquel que les pareciera sospechoso.

A pesar de estos "méritos" reivindicados por Bush con orgullo ante su pueblo y ante el mundo, aún permanecen incógnitas sobre si todo seguirá en el futuro según sus planes.

La principal de esas incógnitas es saber si a pesar de la hostilidad que está encontrando Estados Unidos en Irak de parte de amplios sectores de la población, especialmente la mayoritaria comunidad chiíta, tanto para sus planes de supervisar el gobierno transitorio, como para controlar la producción y exportación del petróleo y la reconstrucción del país, Bush se saldrá con la suya.

Incidirá sin duda en ello la actitud que mantengan frente a sus proyectos en Irak y en la región en general, los países que rechazaron la guerra, especialmente Francia, Rusia y Alemania, y el papel que termine jugando la ONU, cuya de por sí frágil autoridad ha quedado aún más debilitada durante todo este proceso.

10 | El mayor presupuesto militar de la historia

El 30 de enero de 2002, cuatro meses después del 11-S, el presidente Bush, al tiempo que señalaba a Irak, Irán y Corea del Norte como los componentes de un "Eje del Mal", presentaba el ambicioso y costosísimo nuevo presupuesto militar de Estados Unidos. George W. Bush pidió 48 mil millones de dólares adicionales (finalmente rebajado a 37 mil millones) para el gasto militar, con lo cual el presupuesto total para 2003 dedicado a esta área quedó establecido en la astronómica cifra de 355.400 millones de dólares, amén de la utilización de la mitad de los 40 mil millones de los fondos nacionales de emergencia que ya habían sido destinados a la seguridad pocos días después de los atentados.

El aumento del 11% en el área militar con respecto al año anterior es el mayor desde la era Reagan. Al promulgar el decreto el 24 de octubre de 2002, Bush declaró que "Estados Unidos es y seguirá siendo fuerte" y que "las mayores fuerzas armadas del mundo siguen haciendo progresos en la primera guerra del siglo XXI y Estados Unidos mantendrá su curso porque estamos resueltos a responder al llamamiento de la historia". El nuevo presupuesto de defensa contemplaba además un incremento del 4,1% en los sueldos de los militares.

En el presupuesto nacional total de Estados Unidos, de 2,1 billones de dólares, hay partidas de otros ministerios que esconden también partes significativas dedicadas a temas relacionados con la seguridad. Así, la Secretaría de Salud, aunque aumentó formalmente su presupuesto en un 6,4%, parte de él, 14 mil millones de dólares, se destinará a la lucha contra el bioterrorismo. En el caso del Departamento de Justicia, que experimentó un 27% de aumento, deberá dedicar al menos 2.000 millones a la financiación del nuevo sistema de control de la inmigración.

El Departamento de Transporte es uno de los más afectados. Aunque en el nuevo presupuesto perdió un 3,2% del nivel que tenía, deberá destinar 8.000 millones de dólares para la Administración de Seguridad en el Transporte, una nueva entidad que será la que contrate a los 30 mil agentes que se ocuparán de controlar los aeropuertos estadounidenses.

El nuevo presupuesto militar de Estados Unidos supone un monto mayor que el presupuesto militar conjunto de los 16 países que le siguen en la lista a nivel mundial y, según los expertos, de seguir esta progresión, para el año 2005 será mayor que el de todas las otras naciones del mundo juntas. El Reino Unido dedica ahora al presupuesto militar 35.000 millones de dólares anuales; Rusia, 29.000 millones; Francia, 27.000 y Alemania, 23.100 millones.

A pesar de que Estados Unidos tiene 287 millones de habitantes y la Unión Europea de los quince (sin contar con su futura ampliación a veinticinco) en su conjunto 370 millones, gasta un 53 por ciento más que ella en el terreno militar. Estados Unidos cuenta con casi 1.400.000 soldados en actividad, mientras que las Fuerzas Armadas de toda la UE no superan los 560.000 efectivos. Según el SIPRI (Stockholm International Peace Research Institute), la capacidad militar norteamericana incluye actualmente cerca de 30.000 misiles de largo alcance aire-tierra y 10.000 aire-aire, más una flota de al menos 200 aviones de combate preparados para actuar en largas distancias, 100 radares de defensa aérea y cerca de 40 satélites militares de gran importancia para las labores de espionaje sobre territorios enemigos y apoyo logístico para la preparación de ofensivas militares.

En cuanto a la Unión Europea, ninguno de sus quince países miembros cuenta con B-52 u otros bombarderos que tengan autonomía para operar a grandes distancias de sus bases, ni tienen radares estratégicos de defensa aérea o satélites militares.

Aunque todavía está en sus primeras fases de desarrollo, el sofisticado programa de defensa con misiles antimisiles que prepara el Pentágono, conocido como "escudo antimisiles", pretende no sólo proteger totalmente el territorio estadounidense, sino también a sus propias tropas cuando actúen en el extranjero.

El "escudo antimisiles", que tiene un presupuesto de 60 mil millones de dólares, permitirá instalar en los grandes barcos de guerra de Estados Unidos repartidos en lugares estratégicos del planeta y en satélites en órbita, dispositivos de interceptación capaces de detectar misiles enemigos desde pocos segundos después de su lanzamiento, a fin de poderlos derribar cuando todavía estén en su etapa ascendente.

El 17 de diciembre de 2002, George W. Bush anunciaba orgulloso que en 2004 se pondrá en marcha desde Alaska la primera fase del programa, con la instalación de 10 misiles-automisiles en la base de Fort Greely, de un valor de 80 millones de dólares cada uno. A éstos se les añadirán otros 10 en 2005.

Por otro lado, la llamada Nuclear Posture Review de la administración Bush prevé, en un plan para los próximos cincuenta años, dotar a sus Fuerzas Armadas de un número menor de armas nucleares aunque más poderosas y sofisticadas. A pesar de que Paul D. Wolfowitz teorizaba que se dejaría de hacer tanto énfasis en el desarrollo de armas nucleares, para combinarlas con más y mejores armas convencionales de gran precisión, el ex secretario de Defensa, Robert McNamara, criticaba en marzo de 2002 el programa nuclear de Bush, advirtiendo que éste sólo podría fomentar la proliferación y provocar una mayor inestabilidad estratégica.

"En el plan se afirma que Estados Unidos tendrá cabezas nucleares de nuevo diseño, con capacidad de penetración terrestre, nuevas instalaciones para misiles en las que se remozarán cabezas nucleares; se fabricarán otras nuevas y se mantendrán más de 7.000 ojivas, con unas 2.200 más o menos desplegadas en operaciones, y se crearán tres nuevas plataformas de lanzamiento, con base en tierra para 2020, en el mar para 2030 y nuevos bombarderos para 2040."[330] Thomas Cochran, del Natural Resources Defense Council, sostiene, sin embargo, que el número de ojivas nucleares será aún mucho mayor: "La administración Bush proyecta conservar un potencial que le permita desplegar no más que entre 1.700 y 2.200 armas (como acordó con Rusia), pero también 15.000 ojivas nucleares".[331]

En ese informe confidencial del Presidente dirigido al Pentágono y que finalmente terminó filtrándose a la opinión pública, se sostiene que ante "acontecimientos imprevistos que requieran una respuesta militar", Estados Unidos utilizará bombas nucleares en el caso de que los objetivos a atacar sean capaces de resistir un ataque convencional. Bush da en ese documento instrucciones a los mandos militares para que desarrollen "a la mayor brevedad posible" un modelo de bomba nuclear pequeña para ser utilizada en "escenarios limitados" a fin de poder doblegar al eventual enemigo.

Antes de que se produjeran los atentados terroristas del 11-S habría sido impensable que la Cámara de Representantes y el Senado de Estados Unidos respaldaran semejante presupuesto y proyectos militares del Presidente, en pleno siglo XXI y sin que existiera ningún enemigo global aparente en el horizonte.

Bush lo había prometido en su campaña electoral de 2000 y lo volvió a hacer tras ser electo: "Haré que Estados Unidos recupere su poder militar". Y lo está cumpliendo.

EL *LOBBY* ARMAMENTÍSTICO

No eran pocos los economistas norteamericanos que temían que una nueva guerra contra Irak fuera insostenible para una economía en recesión como la norteamericana, estimando que Estados Unidos no tendría ahora la posibilidad que tuvo con la Guerra del Golfo de lograr que los altísimos gastos militares que supuso fueran sufragados como entonces por terceros países, como hicieron Arabia Saudita, Japón y los Emiratos Árabes Unidos.

Sin embargo, cuenta con cobrarse sobradamente esos gastos con la propia producción de petróleo iraquí. La administración Bush confía también en que la gran reactivación producida en la industria armamentística –en caída desde el fin de la Guerra del Golfo de 1991, a pesar del fuerte apoyo recibido de Clinton– le permitirá paliar el elevado déficit presupuestario que ya había acumulado a sólo un año de llegar al poder, a pesar de haber heredado un significativo superávit del gobierno demócrata.

Bush *Senior* no logró hacer salir a su país de la recesión a inicios de los noventa con la primera guerra contra Irak, pero su hijo parece empeñado en volver a intentarlo.

A pesar de que en la industria armamentística norteamericana se perdieron cientos de miles de puestos de trabajo entre 1992 y 1997, los siete principales fabricantes de armas en Estados Unidos emplean a más de un millón de trabajadores. Se supone que "gracias" al 11-S y a la cruzada "Libertad Duradera" se crearán muchísimos puestos de trabajo más en los próximos años.

El SIPRI calcula que de los 40 mil millones de dólares que se mueven al año en venta legal de armas (sin contar el voluminoso tráfico ilegal), Estados Unidos obtiene los mayores beneficios, al producir el 40 por ciento del total de armas a nivel mundial. Un informe monográfico sobre la industria de defensa a nivel mundial publicado por *The Economist*[332] recordaba que la compra y venta de armamento comenzó a dispararse aceleradamente a partir de 1961, cuando el gobierno de Estados Unidos decidió constituir el International Logistics Negotiations (ILN), un centro oficial destinado a promocionar los productos de la industria militar norteamericana.

El primer síntoma de recuperación de la industria armamentística tras la caída producida a partir de 1992 se hizo realidad sólo meses después del 11-S, con el nuevo presupuesto, cuando el Pentágono decidió adjudicar a la compañía Lockheed Martin, con un presupuesto de más de 200 mil millones de dólares, la fabricación del sofisticado Joint Strike Fighter X-35, un cazabombardero polivalente llamado a sustituir a la actual generación de F-14, F-15 y F-16. La construcción de 3.000 unidades de este aparato, que será a partir de 2010 la "estrella" de la Fuerza Aérea, de la Armada y del cuerpo de *marines*, salvará miles de puestos de trabajo que estaban a punto de perderse en la planta de Forth Worth (Texas).

La Lockheed Martin[333] es la compañía fabricante de armamento más grande del mundo, y su modelo de avión competía desde 1996 con el X-32 de Boeing.

La empresa Northrop Grumman,[334] por su parte, está fabricando los aviones espías Global Hawks (capaz de inspeccionar con sus sensores una superficie de 150 mil kilómetros cuadrados, un tercio del territorio español) y cerca de 60 aviones antirradar B-2, con un costo unitario de 545 millones de dólares. La Northrop Grumman es también el mayor constructor mundial de barcos de guerra. Para su presidente, Kent Kresa, los buques de guerra ya no son sólo plataformas para el despegue de aviones de combate o lanzadores de misiles, sino que igual tienen un papel protagonista para la guerra electrónica. Las naves de guerra actuales se han convertido en importantes "nodos" electrónicos que tienen la virtud de poder desplazarse constantemente, al igual que los aviones, reemplazando cada vez más a las centrales que tradicionalmente han cumplido esa labor en bases fijas en tierra.

El grupo Raytheon[335] firmó por su parte un contrato de 414 millones para fabricar versiones mejoradas de los misiles Tomahawk.

La Boeing,[336] a pesar de haber perdido su batalla para la concesión del Joint Strike Fighter frente a la Lockheed Martin, está produciendo aviones de control remoto C-9, que tienen un precio de 54 millones de dólares cada uno. El Pentágono seguirá utilizando sus peligrosísimas "bombas de racimo" a pesar de que su grado de imprecisión aumenta los peligros de que se produzcan "daños colaterales". "Claro que usamos bombas de fragmentación, queremos matar a los talibanes", dijo Donald Rumsfeld cuando la prensa intentó confirmar si usaba ese tipo de bomba.

El Pentágono se jactaba al término de la guerra de Irak, en abril de 2003, de que a pesar de las numerosas bombas de racimo arrojadas por sus aviones, "sólo" unas pocas habían provocado "daños colaterales", es decir, la muerte de civiles inocentes.

La bomba "de racimo" CBU-47, de unos 500 kilos de peso, después de ser arrojada se fragmenta en varias bombas más pequeñas, que a su vez dispersan 202 cargas del tamaño de un cartón de leche, dotadas de un miniparacaídas para caer suavemente sobre su objetivo. Varias ONG denunciaron que esas mortíferas submuniciones de color amarillo tienen un aspecto exterior muy similar a las raciones de alimentos lanzadas por Estados Unidos en algunos escenarios bélicos, como en Kosovo, por lo que pueden provocar muchas víctimas inocentes.

El Comité Internacional de la Cruz Roja denunció un año después de terminada la guerra de Kosovo que las submuniciones lanzadas por las bombas de fragmentación o "racimo" sin explotar eran, junto con las minas antipersonas, las principales causas de muerte.

El portavoz de la Agencia de Planificación para la Eliminación de Minas, Qadeem Khan Tariq, sostuvo que "entre el 10 y el 20% de los explosivos contenidos en una bomba de racimo no explotan al contacto con el suelo, por lo que pueden permanecer activos y con el paso del tiempo resulta más difícil detectarlos en el terreno".[337] Basta que una persona o vehículo las pise para que exploten. En la Guerra del Golfo de 1991 se arrojaron más de 10 mil bombas CBU-87.

El nuevo presupuesto militar norteamericano contempla también la inversión de cerca de 1.400 millones de dólares en bombas "inteligentes" (de alta precisión) de 500 kilogramos, llamadas JDQAM, que, según dijeron Donald Rumsfeld y el jefe del Estado Mayor Conjunto, general Richard Myers, se agotaron totalmente[338] en febrero de 2002, a pocos meses de iniciarse los bombardeos contra Afganistán.

Especial atención se le da a la compra de bombas antibúnker GBU-28, de dos toneladas de peso y capaces de penetrar en cuevas y grutas a grandes profundidades, para reventar una vez que están dentro; al misil aire-tierra AGM-130 guiado hasta las entradas de las cuevas; las GBU-8 guiadas por láser que pueden penetrar en la roca hasta seis metros o las poderosas BLU-82.

El Pentágono también ha invertido 400 millones de dólares para la compra de nuevos misiles Tomahawk, fabricados por Raytheon, que llevan nuevos sistemas de guía conectados a satélites.

Pero la economía estadounidense no sólo consigue que una parte nada despreciable se reactive por los multimillonarios contratos que concede a los grandes fabricantes de armas de Estados Unidos para pertrechar a sus propias Fuerzas Armadas.

Una buena parte de los beneficios de la poderosa industria armamentística proviene de las armas vendidas a infinidad de países aliados en el mundo. A menudo Estados Unidos le vende incluso a países potencialmente enemigos entre sí, como sucedió con Grecia y Turquía, dos grandes clientes de la industria armamentística norteamericana que durante décadas se han estado amenazando con ir a la guerra en su disputa por la isla de Chipre.

Según los datos del International Institute for Strategic Studies, en 2000, mientras Estados Unidos vendía al exterior 14.200 millones de dólares en armamento, el Reino Unido exportaba armas por valor de 5.000 millones de dólares; Rusia, 3.400 millones; Francia, 1.500 millones; Alemania, 900 millones; Suecia, 700 millones, y China, 500 millones. Paradójicamente, siete de los ocho países[339] miembros del G8 (la excepción es Japón), los más ricos y desarrollados del mundo, están entre los principales productores y exportadores de armas.

En los principales países productores y exportadores de armas (entre los que se encuentran después de los citados, Ucrania, Italia e Israel) la industria armamentística recibe fuertes subvenciones por parte de sus respectivos gobiernos, dado el alto costo invertido en la investigación, fabricación de prototipos y producción. En el plano formal, legal, la industria armamentística está sometida a controles estrictos por parte de los gobiernos para evitar que se venda a países enemigos y/o que estén sometidos a embargos por parte de las Naciones Unidas.

Es sin duda una de las pocas industrias que en teoría sólo abastece a gobiernos. Sin embargo, muy a menudo se comprueba que un gobierno ha autorizado clandestinamente la venta de armas a las autoridades de otro país con el que comparte intereses, aunque pese sobre él un embargo decidido por la ONU.

Estas operaciones, como aquellas otras por las cuales se suministra armamento a guerrillas en distintas partes del mundo, se realizan normalmente de forma no oficial, como parte del tantas veces anónimo tráfico de armas. Un gobierno no se hace responsable porque determinada organización guerrillera extranjera reciba armas fabricadas en su país, si la operación no ha sido realizada por un contrato oficial que lo comprometa.

Son numerosas las ocasiones en que las compañías norteamericanas fabricantes de armamento (como sucede con otros países exportadores) notifican ante el Departamento de Comercio una venta a un país aliado de Estados Unidos, pero con conocimiento de que ese país es sólo un intermediario, que revenderá las armas a un tercer país "vetado" al menos oficialmente por el gobierno estadounidense o por la ONU.

La organización Transparency International, que lucha para evitar la venta de armas a países en los que se violan sistemáticamente los derechos humanos, denunció en numerosas oportunidades ese tipo de operaciones "triangulares", como también las millonarias comisiones ilegales que pagan las empresas tanto a funcionarios de su propio país de origen, para facilitar operaciones de dudosa ética, como a los gobernantes o intermediarios locales en los países de destino, que median en importantes transacciones de compra-venta. El hecho de que las operaciones de compra-venta de armamento alcancen a menudo volúmenes de cientos, cuando no de miles de millones de dólares, hace disparar el monto de las comisiones ilegales.

Las guerras sirven a los fabricantes de armas tanto como excepcional "laboratorio de pruebas" (con muertos reales incluidos) para corregir o mejorar tal o cual aspecto de su "producto", como de "vitrina" para mostrar sus cualidades ante potenciales clientes. En las ferias internacionales de armas, al igual que en los catálogos de los fabricantes y las revistas especializadas, junto con las características técnicas de tal arma se presenta su "currículum vitae": en qué escenario de guerra fue utilizado, con qué resultados, etcétera.

Los gobernantes estadounidenses mantienen tradicionalmente una muy buena relación con los grandes fabricantes de armamento en Estados Unidos, y tanto el secretario de Estado como el secretario de Defensa, o incluso el propio Presidente, representan de hecho muchas veces a éstos al firmar acuerdos militares con tal o cual país, ante el que se comprometen a vender determinados productos.

Dada la dependencia que tiene esta industria del poder político, es tradición en Estados Unidos desde hace muchos años que esos productores y exportadores aporten fuertes sumas de dinero a las campañas electorales. Aunque las mayores sumas suelen ir a las arcas republicanas, los fabricantes no se privan de jugar a dos puntas, aportando ayudas económicas que oscilan entre los 500 mil y el millón y medio de dólares.[340]

Las principales compañías de armamento tienen departamentos especiales que se encargan de ese tipo de "donaciones" a los partidos políticos o a parlamentarios individualmente, llamados Political Action Committees (PACs), y a su vez el Departamento de Estado cuenta desde 1994 (durante la administración Clinton) con una estructura semioficial, el llamado Defense Trade Advisory Group (DTAG), compuesto por el *lobby* de la industria armamentística norteamericana. Este grupo de asesores que nombra el Departamento de Estado está compuesto por representantes de los más grandes fabricantes y exportadores de armas, como Lockheed Martin, Boeing, United Technologies, Hughes,

Allied Signal, Litton Industries, Raytheon, General Dynamics, Loral Space Systems, Electronic Industries Association y Aerospace Industries Association.[341]

El DTAG desempeña un papel de presión clave tanto en la política de seguridad de Estados Unidos como en los criterios de venta de armas al extranjero, influyendo como *lobby* tanto sobre la Cámara de Representantes y el Senado, como sobre el Pentágono, el Departamento de Estado y el propio gobierno. El primer presidente con que contó el DTAG, William Schneider *Junior*, ex asesor en temas de control de armas y de desarme de Ronald Reagan, abogó desde la primera reunión de ese organismo en 1994 por el levantamiento del embargo de venta de armas a América latina decretado años antes por Jimmy Carter, y reclamó la abolición de las tasas que afectaban a los exportadores de armas.

La era Carter supuso una pausa dolorosa en la buena relación que tradicionalmente tenían los traficantes legales de armas con el poder, y después de que la "normalidad" se restableciera con la llegada de Reagan a la Casa Blanca y después con la de Bush *Senior*, el *lobby* temió que su pesadilla volvería con el triunfo de otro demócrata, Bill Clinton. Sin embargo, sus declaraciones iniciales se demostrarían como pura retórica. La industria armamentística volvió a seguir tranquila su camino, aunque la falta de conflictos bélicos de magnitud y la recesión económica en Estados Unidos afectaron en los últimos años sus expectativas de ventas.

La persona clave que incidiría en Bill Clinton para levantar el embargo a América latina –decidido por Carter después que Estados Unidos armara e inspirara durante años las dictaduras militares– sería su secretario de Estado, Warren Christopher, quien había sido anteriormente nada menos que director de la Lockheed Martin. Christopher presionó a Clinton para el levantamiento de ese embargo con el respaldo de las cartas que en ese sentido le habían "escrito" más de 70 congresistas y cerca de 40 senadores.

El chantaje del *lobby* armamentístico fue ya entonces éste: si no vendemos nosotros las armas, lo harán nuestros competidores de otros países y en Estados Unidos se perderán miles de puestos de trabajo.

Ése fue el mismo argumento utilizado cuando el senador demócrata Russ Feingold propuso que no se vendieran más armas a Indonesia por su violación sistemática de los derechos humanos. El propio gobierno demócrata no lo respaldó y su enmienda fracasó.[342]

En 1993 Christopher, siguiendo la misma política que sus predece-

sores republicanos en los gobiernos de Reagan y Bush *Senior,* dio instrucciones a todas las embajadas para que ayudaran a las compañías
norteamericanas de armamento a promocionar sus productos. El *lobby*
armamentístico, que también cuenta con otro organismo "asesor" del
Pentágono, el Defense Policy Advisory Committee on Trade, igualmente compuesto por ejecutivos de las principales empresas exportadoras
de armas, desempeñó un papel clave en la política de Estados Unidos a
favor de la integración en la OTAN de países de la Europa del Este que
antes habían estado bajo el paraguas del Pacto de Varsovia.

Para el *lobby* armamentístico la llegada de George W. presagiaba
buenos tiempos, buenos negocios. Pero la "cruzada" antiterrorista internacional lanzada por Bush tras el 11-S y el gigantesco presupuesto
militar que logró sacar adelante superaron los cálculos más optimistas
que pudieron haber hecho los mercaderes de armas. La "primera guerra del siglo XXI", como la bautizó Bush, permitió probar muchos nuevos juguetes de la muerte y los nuevos frentes de combate que se atis-
ban en el horizonte prometen extender mucho más las necesidades de
una mayor capacidad militar, no sólo de Estados Unidos, sino también
de sus viejos y nuevos aliados en todo el mundo.

GUERRA DE NUEVO TIPO Y "DAÑOS COLATERALES"

A medida que las grandes compañías estadounidenses de armamento van fabricando modelos más sofisticados y precisos para las Fuerzas
Armadas de Estados Unidos, van intentando desembarazarse de aquellos aviones, tanques, barcos, misiles y todo tipo de armas que ya han
sido superados por los nuevos modelos, vendiéndolos en el extranjero.

El acceso al armamento norteamericano de mayor o menor desarrollo tecnológico por parte de otros países depende, en primer lugar,
del tipo de alianza militar e interés estratégico que tienen para el gobierno de Estados Unidos.

Las distintas administraciones estadounidenses siempre se han cuida-
do de reservar para sí en exclusiva el armamento tecnológicamente más
avanzado, a fin de tener asegurada su absoluta superioridad militar.

El nuevo tipo de guerra que Estados Unidos está llevando a cabo
en los últimos años, tanto en Kosovo, Afganistán o contra Irak, le permite exponer cada vez menos a sus propias tropas gracias al alto desarrollo tecnológico alcanzado. Sin embargo, la política de "ablandar" el

terreno con bombardeos masivos y de usar en tierra mayoritariamente fuerzas locales aliadas, está dando lugar a un altísimo número de bajas inocentes. Son lo que el Pentágono ha pasado a llamar eufemísticamente como "daños colaterales". El número de "daños colaterales" fue altísimo tanto durante la Guerra del Golfo de 1991 como en Kosovo y lo siguió siendo en Afganistán desde que los bombardeos se iniciaron en octubre de 2001.

En el caso de la guerra de marzo-abril de 2003 contra Irak, un mes después de terminada era aún imposible conocer el número exacto de muertos civiles provocados por los bombardeos, oscilando, según las fuentes, entre menos de mil y varios miles.

Fue una de las llamadas bombas "inteligentes" la que provocó el primer "daño colateral" de la guerra contra el régimen de Kabul y Al Qaeda, al matar por error el 8 de octubre de 2001 a cuatro empleados del Afghan Technical Consulting que se dedicaban a la desactivación de minas antipersona por encargo de la ONU. Cinco días después otra bomba se desviaba un kilómetro y medio de su objetivo y provocaba la muerte de cuatro civiles en un barrio de chozas en las afueras de Kabul. La muerte de civiles inocentes comenzó a crecer a un ritmo vertiginoso a medida que se acrecentó el lanzamiento de misiles y bombas.

El 18 de octubre otra de esas bombas "de precisión" cayó sobre viviendas del barrio de Quilazaman Khan, en Kabul, matando a cinco personas, mientras otra caía en el mismo barrio sobre un almacén de municiones, que al estallar en cadena provocó un número indeterminado de muertos.

El 21 fueron decenas las personas muertas al caer una bomba sobre un hospital de la ciudad de Herat; el 9 de noviembre eran veinticuatro los civiles afganos muertos cuando intentaban huir de la guerra por una carretera al norte de Kabul.

El 5 de diciembre tres soldados de Estados Unidos y cinco guerrilleros de la Alianza del Norte murieron por el ataque fallido de un bombardero B-52, cuya bomba de 900 kilos cayó sobre las posiciones pastunes que cercaban a los talibanes en Kandahar. En ese mismo incidente resultó herido levemente el que luego sería nuevo presidente de Afganistán, Hamid Karzai.

El 20 de diciembre, una caravana de ancianos notables de distintas tribus, que se dirigían por una carretera al sur del país a la ceremonia de inauguración del nuevo gobierno provisional afgano, fue atacada por la aviación estadounidense, que los confundió con un grupo de Al Qaeda. Varias decenas resultaron muertos. Cerca de ahí, los mismos aviones destruían veinte viviendas de los pueblos de Asmani y Pkharai, al parecer por confiar, lo mismo que en el ataque contra la caravana, en la denuncia del "señor de la guerra" Padsha Khan Zadran, quien aseguró a miembros de las fuerzas especiales en tierra que allí se escondían milicianos talibanes.

Los soldados norteamericanos avisaron a los pilotos de los aviones y pocos minutos después se producía la masacre. Zadran habría actuado en venganza porque los ancianos que viajaban a Kabul habían rechazado su petición de reclamar a Karzai que lo nombrara gobernador de Patkia. Nueve días después, helicópteros y cazabombarderos norteamericanos provocaron decenas de muertos al confundir los fuegos artificiales y los tradicionales disparos al aire con que se festejaba una boda en Niazi Kala, en la provincia de Uruzgán, con un ataque de baterías antiaéreas.

El 1º de julio de 2002 los bombarderos lanzaron su mortífera carga sobre cuatro aldeas cercanas al pueblo de Kakrak, matando a 54 personas, la mayoría mujeres y niños, y dejando más de 120 heridos.

Días más tarde la ONG estadounidense Global Exchange daba a conocer un informe en el que estimaba en 800 el número de víctimas mortales inocentes habidas hasta esa fecha. Según esta organización esos incidentes fatales eran producto no sólo de que Estados Unidos y el Reino Unido utilizaban bombas de exagerada potencia en zonas donde los dos bandos enfrentados se encontraban a escasa distancia entre sí, sino también al hecho de que para evitar pérdidas propias, los atacantes tenían en tierra sólo a unas pocas decenas de hombres de las "fuerzas especiales" que se confiaban demasiado en los datos de confidentes locales. Muchas veces eran desertores talibanes o "señores de la guerra" los que señalaban dónde estaba supuestamente el enemigo, a sabiendas de que allí había sólo pobladores de una etnia controlada por caciques a los que estaban enfrentados. Un estudio realizado por la prensa de Estados Unidos[343] llegaba a una conclusión similar: 812 civiles habían muerto ya en Afganistán hasta esa fecha, después de los primeros nueve meses de bombardeos.

EL PAPEL DE LAS "FUERZAS ESPECIALES"

Después del 11-S Estados Unidos pudo ampliar el número de sus bases en países antes impensables, como las ex repúblicas soviéticas de Uzbekistán, Tayikistán y Kirguizistán y en el propio Afganistán. Para preocupación de Rusia, Estados Unidos también extendió su presencia militar a otra de las ex repúblicas soviéticas con la que desde hace tiempo mantiene una tensa relación, Georgia. Como parte de la campaña "Libertad Duradera", se ha reforzado enormemente la presencia de "fuerzas especiales" y asesores militares norteamericanos en países como Filipinas, Yemen, Pakistán, Somalía e Indonesia.

Dada la importancia que tuvieron en el escenario de guerra afgano los destacamentos de las "fuerzas especiales", el general de la Fuerza Aérea estadounidense Charles R. Holland, jefe del Special Operations Command, propuso en una reunión a puerta cerrada con Donald Rumsfeld[344] dar mayor protagonismo a los US Navy SEALS, fuerzas de elite de la Armada norteamericana. El general Holland pidió apoyo político para que estas fuerzas pudieran abordar en cualquier parte del mundo naves sospechosas de realizar algún tipo de actividad relacionada con organizaciones o Estados terroristas. Desde el 11-S ese tipo de abordaje de naves sólo se realizó frente a las costas paquistaníes como parte de las acciones para intentar capturar a hombres de Al Qaeda durante los primeros meses de los ataques contra Afganistán. En años anteriores se practicó también en el golfo Pérsico, dentro de las medidas de control del cumplimiento del embargo contra Irak. El incidente que se produjo con el barco norcoreano *So San* en diciembre de 2002 y que analizaremos en el siguiente capítulo, fue parte de esa práctica seguida por la Armada de Estados Unidos y en la que se vio implicada España. El general Holland pidió igualmente a Rumsfeld más libertad para las fuerzas especiales de la Armada, para participar en combates en tierra durante misiones antiterroristas.

El Pentágono da cada vez más importancia a las operaciones encubiertas que pueden llevar a cabo las fuerzas especiales del Ejército y de la Armada, sin necesidad de recurrir a grandes despliegues de tropas de infantería, tanques y piezas de artillería pesada. La gran estructura militar con la que contaba Estados Unidos durante la Guerra Fría, con miles de tanques y armamento pesado preparados para intervenir en especial en el escenario europeo junto a cientos de miles de soldados, ha variado drásticamente.

Ahora se trabaja pensando en todo lo contrario, en suplantar esa pesada maquinaria de guerra con una estructura mucho más ágil para actuar en cualquier parte del mundo y dotada de nuevas armas de mayor precisión que requieran un menor despliegue de tropas de infantería. Las fuerzas especiales tienen una importante función en esa nueva concepción de la guerra.

A esas fuerzas especiales con que cuentan las tres armas, se suman también las integradas en la Special Activities Division de la CIA, compuestas en buena medida por veteranos militares norteamericanos. Se calcula que en Afganistán han operado u operan todavía unos ciento cincuenta hombres de esa división, en coordinación con el gobierno de Karzai y el gobierno de Musharraff, sobre todo en zonas fronterizas entre Pakistán y Afganistán, en corredores que pueden ser utilizados por los combatientes de Al Qaeda para desplazarse. La fuerza paramilitar de que dispone la CIA tiene sus propias ramas marítima, aérea y terrestre. Uno de esos hombres, John Mike Spann, de 32 años, murió durante la represión de la revuelta de prisioneros talibanes y de Al Qaeda en la prisión de Qala-i-Jangi, en Mazar-i-Sharif, entre los que se encontraba el llamado "talibán norteamericano", John Walker.

Spann, como su compañero "Dave", que logró escapar y pedir refuerzos a la aviación estadounidense, participaba en los interrogatorios de los prisioneros con el objetivo de descubrir el paradero de Osama bin Laden y sus lugartenientes. Los bombardeos de la aviación contra los amotinados, violando las convenciones internacionales, provocaron cientos de muertos.

Según The Nation,[345] "Bush y sus colaboradores han repetido muchas veces que las nuevas guerras serán montadas en secreto. Sin imágenes, sin palabras", parece ser la clave. El Pentágono tiene previsto informar sólo de aquellas operaciones encubiertas realizadas por sus fuerzas especiales (unos 40 mil hombres) que puedan ser bien recibidas por la opinión pública, ocultando aquellas que, en cambio, perjudiquen la imagen que se tiene de esos contingentes.

"Bajo la legislación actual, cuando el presidente ordena una acción encubierta debe notificar al Congreso; en algunos casos, a los comités de inteligencia o ante un pequeño grupo de letrados", dice David Corn, quien está convencido de que "Bush, actuando como comandante en jefe en tiempos de guerra, podría sentirse autorizado a ordenar operaciones militares encubiertas sin informar al Congreso".

Bush comenzó su mandato bajo el mote de "el aislacionista", tras prometer que retiraría "a nuestros chicos" de todas aquellas "innecesarias aventuras extranjeras", y asegurar que a nivel militar había que saltarse "una generación tecnológica". Pero, en poco tiempo, giró su timón 180 grados. Hoy las Fuerzas Armadas estadounidenses están más omnipresentes que nunca en el planeta y Bush se preocupa por no quedar atrás en el desarrollo tecnológico con fines militares.

Cinco semanas después del 11-S, el Departamento de Defensa "colgaba" en una web[346] un insólito documento de veinticuatro páginas, en el que hacía un llamamiento a toda persona o empresa que pudiera ayudar a enfrentar distintos aspectos del fenómeno terrorista.

En el texto, dividido en distintas secciones, se pedía ayuda específica tanto para "detectar a un terrorista", como para descubrir palabras clave en alguna lengua minoritaria en Cercano Oriente o en Asia, que pudieran ser utilizadas por terroristas a través de comunicaciones telefónicas o correos electrónicos, confiados en que nadie podría conocerlas. También convocaba a que se hicieran propuestas de cualquier tipo de artilugio funcional que pudiera ser beneficioso incluir en el equipamiento de pequeñas unidades de las fuerzas especiales al actuar en distantes escenarios de guerra. Era sólo una anécdota del comienzo de una búsqueda apresurada de recursos tecnológicos para el aparato militar.

En el gigantesco nuevo presupuesto militar de Estados Unidos, la parte dedicada a la I+D –la investigación y desarrollo de nuevos artilugios bélicos– se llevará 54 mil millones de dólares, lo que supone un aumento del 25 por ciento. Potenciando este apartado se pretende mejorar aún más los sofisticados medios utilizados por primera vez en Afganistán, que permitían, por ejemplo, a pequeñas unidades de las fuerzas especiales, que en algunos casos se desplazaban a caballo, señalar a los pilotos de los bombarderos, vía láser o con transmisores GPS, exactamente dónde se encontraba el enemigo. Sólo diez minutos después las bombas caían sobre el objetivo.

Los talibanes y milicianos de Al Qaeda comprobaron en carne propia la forma en que están preparados los soldados norteamericanos de elite del siglo XXI.

Las "fuerzas especiales", sean éstas de los Army Rangers, los Green Berets, Navy SEALS, Delta Force o USAF Special Ops, llevan normalmente un pequeño receptor-transmisor que se sujeta a su oreja, portan un fusil M4 (versión más corta del M16) que lleva adosado un lanzador de granadas y puede tener mira telescópica con visión nocturna, además de anteojos para ver en la oscuridad que les permiten desplazarse y operar durante la noche. Otro de los grandes ingenios tecnológicos que será de gran ayuda para las tropas de infantería es el Dragon Eye, el avión sin piloto más pequeño del mundo, de 1,14 metro por 0,92, que pesa dos kilos y se traslada en un maletín de 38 x 38 x 17 centímetros.

El Dragon Eye puede ser lanzado al aire por un soldado como un barrilete, vuela a 60 kilómetros por hora y puede desplazarse hasta 10 kilómetros de distancia, transmitiendo con sus sensores y su cámara información vital a las tropas (que puede ser recibida por éstas a través de una pequeña computadora adosada a la muñeca), para saber qué hay detrás de una colina o dentro de un bosque.

En el nuevo presupuesto se contempla también la sustitución de los superbombarderos B-52 que se estrenaron en los años cincuenta, durante la guerra de Corea.

La euforia belicista de la administración Bush, del *lobby* de la industria armamentística y de las grandes compañías petroleras norteamericanas mostraba a las claras que eran demasiado fuertes los intereses que estaban en juego en la guerra que finalmente tuvo lugar en marzo-abril de 2003, como para aceptar ser condicionados por tal o cual resistencia de países aliados o por tecnicismos del Consejo de Seguridad. La maquinaria militar se había puesto en marcha y ya nadie podía pararla.

11 | Nueva doctrina militar: la guerra preventiva

Fortalecida por los sucesos del 11-S y la cruzada antiterrorista impuesta al mundo, la administración Bush encontró una gran oportunidad para elaborar la nueva línea estratégica militar para Estados Unidos, que recoge los lineamientos principales que han venido aportando desde hace varios años los principales "halcones" del Partido Republicano. Fue así como la Casa Blanca dio a conocer en septiembre de 2002 su nueva doctrina militar, que supone un cambio drástico en la práctica que se venía aplicando desde la época de la distensión y la disuasión de la Guerra Fría.

En las treinta y dos páginas que tiene "The National Security Strategy of the United States of America"[347] el gobierno Bush ha sintetizado los aspectos teóricos centrales con los cuales intenta justificar su radical cambio de doctrina militar. En ese documento, tras reivindicar al inicio que "Estados Unidos posee un poder y una influencia en el mundo inigualados y sin precedentes", y recordar los tópicos sobre su supuesta "lucha por la libertad, la dignidad humana y el libre comercio", se centra en su núcleo: la justificación del ataque preventivo, la teoría del primer golpe.

"Mientras reconozcamos que nuestra mejor defensa es una buena ofensiva, estaremos reforzando la seguridad de Norteamérica para protegerla contra cualquier ataque", sostiene. "Nuestras fuerzas deben ser suficientemente fuertes –añade– como para disuadir a potenciales adversarios que pretendan desarrollar una capacidad militar capaz de sobrepasar o igualar el poder de Estados Unidos."

En ese documento se afirma además que "la presencia de fuerzas norteamericanas en el extranjero es uno de los más profundos símbolos del compromiso de Estados Unidos con sus aliados y amigos", tras lo cual plantea que para atender a la nueva realidad del siglo XXI "necesitaremos bases y estaciones en Europa occidental y el nordeste asiático, así como acuerdos para accesos temporales de las fuerzas de Estados Unidos desplazadas en regiones lejanas".

La concepción de la guerra preventiva, con la que Washington pretendió arropar teóricamente su ataque "en frío" a Irak, ya venía siendo defendida en el Pentágono desde una década atrás por una serie de republicanos como Paul Wolfowitz.

Él fue el coautor en 1992, junto a I. Lewis Libby, secretario adjunto de Defensa y consejero en cuestiones de seguridad de Dick Cheney respectivamente, de un informe confidencial titulado "Defense Policy Guidance 1992-1994". En él se pueden hallar conceptos muy similares a los que se encuentran en "The National Security Estrategy of United States of America", aparecido diez años más tarde. "Es necesario impedir que toda potencia hostil pueda dominar regiones donde los recursos le permitan acceder a un estatus de gran potencia", dice el texto. O también: "se debe disuadir a los países industrializados avanzados de cualquier intento tendiente a desafiar nuestro liderazgo o a revertir el orden político y económico establecido".[348]

La concepción del "primer golpe" a nivel militar viene siendo defendida asimismo desde hace tiempo por los principales "halcones" o "neoconservadores radicales" que se encuentran en la administración Bush.

Al presentar los nuevos objetivos del Pentágono para el año fiscal 2003, Donald Rumsfeld sostuvo que era necesario cambiar el tipo de planificación que se había hecho en los últimos cincuenta años, basada en quién podría amenazar a Estados Unidos, para pasar a centrarla en detectar "cómo nos pueden amenazar y qué necesitamos hacer para evitar ese peligro".[349] "En los años venideros es probable que seamos sorprendidos otra vez por nuevos adversarios que pueden golpear con métodos inesperados", advirtió en ese momento el secretario de Defensa norteamericano. Por ello, dijo, la defensa contra el terrorismo podía hacer necesarios ataques preventivos "para llevar la guerra hasta el enemigo, porque la mejor defensa es un buen ataque".

Rumsfeld explicó lo que para él eran beneficios complementarios pero importantes del vertiginoso aumento del gasto militar: "Influirá en gobernantes extranjeros que pueden decidir que, por mucho que inviertan en defensa, no conseguirán amenazar la seguridad del territorio estadounidense". Dijo asimismo que: "El despliegue de una defensa antimisiles eficaz puede disuadir a otros de gastar para obtener misiles balísticos, ya que no podrán darles lo que buscan: el poder de mantener rehenes a las ciudades de Estados Unidos y sus aliados".

Pero Estados Unidos no se contentó con modificar sus criterios de defensa, sino que ha logrado en buena medida que también los asuman sus aliados de la OTAN.

En junio de 2002, durante la tradicional reunión de primavera de los ministros de Defensa de países miembros de la OTAN en Bruselas, Donald Rumsfeld decía a sus homólogos que para hacer frente a las nuevas amenazas terroristas era necesario adelantarse a ellas. Rumsfeld se negó, sin embargo, a llamar "preventivas" u "ofensivas" a ese tipo de acciones.

"El único modo de defenderse contra individuos, grupos, organizaciones o países que tienen armas de destrucción masiva, y las pueden utilizar en tu contra, es hacer el esfuerzo de buscar esas redes globales y hacerles frente, como Estados Unidos hizo en Afganistán."[350] "¿Es ese tipo de acción defensiva u ofensiva?", preguntó.

Rumsfeld dijo una frase que sintetiza claramente la justificación de la administración Bush a la hora de proponer su "guerra preventiva". "La ausencia de evidencia no es evidencia de ausencia de armas de destrucción masiva", dijo el secretario de Defensa.

LA TRANSFORMACIÓN DE LA OTAN

Siguiendo esa lógica, meses más tarde el propio Rumsfeld proponía, en una reunión informal de ministros de Defensa de la OTAN en Varsovia, la creación de una superpolicía mundial antiterrorista que pudiera actuar rápidamente en cualquier parte del planeta. Francia y Alemania plantearon ciertas reservas a la propuesta, que implicará una reforma de la propia Carta fundacional de la OTAN, mientras que el ministro de Defensa español, Federico Trillo, fue uno de los que la defendió con más entusiasmo. Finalmente, el 21 de noviembre, Estados Unidos lograba vencer las últimas resistencias de sus aliados europeos y la Alianza Atlántica aprobaba unánimemente en su cumbre de Praga la creación de una Fuerza de Respuesta Rápida para combatir el terrorismo en cualquier parte del mundo. La creación de esa poderosa policía mundial antiterrorista, dotada previsiblemente de tres brigadas, unos 21 mil hombres, permitiría actuar con suma agilidad en cualquier parte del globo ante una amenaza o una acción terrorista.

En esa misma cumbre, la Alianza Atlántica aprobó la entrada, aunque recién para mayo de 2004, de Rumania, Bulgaria, Eslovaquia, Eslovenia, Letonia, Lituania y Estonia.

Creada en 1949 por doce países, la OTAN aceptó con posterioridad el ingreso de Grecia, Turquía, Polonia, España, la República Checa y Hungría. En la medida en que a los siete nuevos países miembros se les exige alcanzar los mismos niveles en materia de armamento de sus Fuerzas Armadas que los que ya tienen los diecinueve existentes en la Alianza, Estados Unidos encontró un inmejorable nuevo mercado para sus compañías armamentísticas, amén de la importancia política y militar de llegar por primera vez hasta las puertas mismas de Rusia.

De esta manera, Estados Unidos consiguió un triple objetivo. Por un lado, logró que la Alianza Atlántica –a la que controla tanto política como tecnológicamente– se convierta en una coalición poderosísima, a la que, pese a los choques habidos con Francia, Alemania y Bélgica, intentará usar para campañas como la guerra de Afganistán o en cualquier frente nuevo de la operación "Libertad Duradera", dado que esta última fue diseñada por Washington para "combatir el terrorismo", el mismo objetivo que tiene la nueva fuerza atlántica. El 15 de enero de 2003 Estados Unidos pedía formalmente a la OTAN su apoyo, fundamentalmente de medios y logístico, "para el caso" de que decidiera atacar a Irak.

En segundo término, la administración Bush consiguió romper las limitaciones geográficas de actuación con las que contaba la OTAN según su propia Carta fundacional, extendiéndola hasta el último rincón de la Tierra, lo que ayudará sin duda a seguir socavando la autoridad y competencia de la ONU ante los conflictos mundiales.

Por último, Estados Unidos consiguió por fin un compromiso por parte de al menos seis de sus aliados de la OTAN –el Reino Unido, Francia, Noruega, Portugal, Polonia y la República Checa– para aumentar considerablemente sus presupuestos de Defensa, lo que implicará, entre otras cosas, una mayor transferencia de tecnología militar de punta por parte de las poderosas empresas armamentísticas norteamericanas.

La entrada de nuevos socios refuerza igualmente la hegemonía política y militar de Estados Unidos. Ya con la entrada en la OTAN de Polonia, Hungría y la República Checa, Washington había conseguido tres nuevos aliados, posicionados siempre con las posturas norteamericanas y buenos compradores de armas. El ingreso, ahora, de otros siete no hará más que reforzar su liderazgo y los negocios estadounidenses.

EL PAPEL DE ESPAÑA

La decisión del gobierno Aznar de respaldar incondicionalmente a Estados Unidos en su particular cruzada puso en aprietos a España durante el incidente que tuvo lugar cerca de las costas yemeníes en diciembre de 2002. A petición de la Armada norteamericana, las dos fragatas españolas destacadas en la zona persiguieron durante cinco horas a un barco considerado sospechoso y, ante su negativa a detenerse y permitir ser inspeccionado, fue abordado por fuerzas especiales españolas tras disparar contra él varias ráfagas de ametralladora. Una vez que expertos militares estadounidenses se unieron a las fuerzas españolas para inspeccionar el buque, que resultó provenir de una fábrica norcoreana, descubrieron 15 misiles Scud y 85 bidones con productos químicos escondidos bajo una gran cantidad de bolsas de cemento. Tanto el ministro de Defensa español como los comandantes de las dos fragatas españolas que intervinieron en el operativo reivindicaron con gran orgullo el éxito alcanzado. Colin Powell felicitó públicamente a Aznar por el apoyo prestado.

El gobierno español sentía que con tan inusual actuación de las Fuerzas Armadas en el extranjero se demostraba el acierto de haber decidido cooperar con la administración Bush. La participación en la coalición antiterrorista arrojaba supuestamente frutos concretos. Era una buena manera de taparles la boca a los críticos de la oposición que denunciaban el servilismo de España ante Estados Unidos.

Sin embargo, las cosas cambiaron en cuestión de horas, cuando Estados Unidos descubrió que las armas incautadas al barco norcoreano iban dirigidas al dictador de Yemen, Ali Abdullah Saleh, quien habría pagado por ellas cerca de 40 millones de dólares. El líder yemení había dejado de ser considerado enemigo por Estados Unidos sólo dieciocho meses antes, cuando, oportunistamente, aceptó las presiones de Washington para que se uniera a la cruzada antiterrorista internacional y permitiera la instalación de tropas y logística militar norteamericanas en su territorio. Abdullah Saleh se había comprometido a no seguir comprando armamento a China, pero en esta ocasión adujo que la carga del *So San* era la última entrega de una partida contratada años antes. El presidente de Yemen, que fue durísimo con España, exigió la entrega de la mercancía... y le fue entregada. Estados Unidos agradeció sus servicios a los mandos de las dos fragatas españolas que intervinieron en la operación, pero les dijo que su trabajo ya había terminado y que había que dejar que el barco siguiera su camino hasta un puerto yemení.

El presidente Aznar consideró "normal" el desenlace de ese incidente y, al igual que su ministro de Defensa y su ministra de Relaciones Exteriores, se negó a cualquier tipo de autocrítica. Estados Unidos había violado el embargo de armas que pesa sobre Corea del Norte, país al que, por otra parte, considera pieza fundamental del "Eje del Mal";

había dado por buena la afirmación de su flamante aliado yemení de que la carga pertenecía a un viejo contrato y España respaldó la postura de Bush de dar por "legítima" la venta de misiles, dado que su destinatario se había incorporado hacía poco al bando de los "buenos".

El cuartel de Bétara, en Valencia, se convertirá previsiblemente en uno de los centros importantes de coordinación y dirección de las misiones de la nueva Fuerza de Respuesta Rápida de la OTAN.

A partir del 11-S, la colaboración de España con Estados Unidos se ha incrementado radicalmente. Después de esa fecha, el gobierno español ofreció y facilitó a Estados Unidos sin limitaciones de ningún tipo las bases de Rota y Morón para su guerra en Afganistán. Tanto el PSOE como Izquierda Unida criticaron al gobierno por haber enviado rápidamente, sin consulta alguna al Parlamento, dos fragatas y un buque de apoyo logístico al océano Índico occidental, en respaldo de las operaciones de Estados Unidos en la región, así como helicópteros de transporte Superpluma del Ejército de Tierra, para las acciones en el propio Afganistán.

A petición del Pentágono, España destacó también un avión de patrulla marítima P-3 Orion en la base francesa de Djibuti, situada en el estrecho que une el golfo de Adén con el mar Rojo, al norte de Somalía, otro de los países controlados con lupa por Estados Unidos dentro de la cruzada "Libertad Duradera". Desde el primer momento después del 11-S y sin que Estados Unidos hubiera presentado pruebas contundentes sobre la autoría de los atentados, España se puso a disposición de Bush. El entonces ministro de Relaciones Exteriores, Josep Piqué, admitía ante el Congreso, el viernes 5 de octubre de 2002, que la embajada de Estados Unidos se había limitado a leer "las pruebas" contra Kabul y Al Qaeda ante el secretario de Estado de Política Exterior español, Miquel Nadal, y el secretario general, Javier Garrigues, pero que en ningún momento se les proporcionó documentación alguna sobre el tema.

A pesar de ello, España se dio por satisfecha sin más con tales explicaciones verbales sobre un tema tan delicado, del cual habrían de depender miles de vidas.

El ministro de Defensa, Federico Trillo, se mostraba convencido esos días de que Estados Unidos reaccionaría sólo de una manera proporcionada al ataque sufrido y de que no habría guerra. "Hay un falso progresismo en decir que la respuesta de Bush será terrible. No es justo no reconocer que Estados Unidos debe hacer justicia",[351] declaraba en ese entonces. Cuando Washington cambió de blanco de sus

ataques y comenzó su campaña mediática y política contra Saddam
Hussein, España volvió a mostrar la misma postura de apoyo total a Estados Unidos, sin siquiera incorporar un mínimo matiz. "O con Bush o
con Saddam", llegó a decir José María Aznar el 12 de septiembre de
2002, emulando ese "o están con nosotros o están con los terroristas" dicho un año antes por el presidente de Estados Unidos ante el
Capitolio.

En esa misma intervención durante el foro organizado por el periódico *ABC*, Aznar dijo aceptar el derecho de Estados Unidos a iniciar una
guerra contra Irak, incluso si no contaba con el respaldo de Naciones
Unidas. Lejos estaban aquellas declaraciones de la ministra Ana de Palacio dichas sólo un mes antes, en las que aseguraba que "el gobierno
español no comprendería que Estados Unidos recurriera de forma inmediata a la fuerza para acabar con el régimen de Saddam Hussein", argumentando que era fundamental esperar el resultado de la presión diplomática sobre éste.

Aznar, como Blair y en parte Berlusconi, fue cambiando de posición
a la cola de los cambios de Bush. Mientras la diplomacia española machacaba inicialmente con conseguir a todo precio que Saddam Hussein
aceptara el retorno de los inspectores de la ONU, cuando la Casa Blanca radicalizó su postura, la imitó a pie juntillas, sin más demora. Así, en
cuestión de días y sin mediar paradójicamente más que la aceptación de
Irak para la vuelta de los inspectores, el gobierno español daba un paso más allá y llamaba a "terminar con la amenaza que supone Saddam
Hussein".[352] Sólo un día antes, el Partido Popular había impuesto su
mayoría en el Congreso para rechazar la iniciativa de la oposición, que
proponía que España no se comprometiera con una acción unilateral de
Estados Unidos contra Irak sin el respaldo de Naciones Unidas.

Aznar, cómo no, volvió a ofrecer a Bush, como antes contra Afganistán, el apoyo "sin condiciones" de España. En abril ya había dado otro
paso importante en el estrechamiento de las relaciones con Estados Unidos, al enmendar el Protocolo del Convenio de Cooperación existente
en materia de Defensa entre los dos países, para poder autorizar a servicios de investigación de la Fuerza Aérea y de la Armada norteamericanas a actuar en territorio español. Su misión estaría ligada directamente con la protección del numeroso personal con que cuenta el
gobierno estadounidense en España.

El presidente Aznar ha sido también un intermediario clave de Estados Unidos ante la UE para conseguir que ésta diera luz verde a sus
miembros para poder firmar contratos bilaterales con Washington dan-

do inmunidad a sus tropas y diplomáticos ante la Corte Penal Internacional. El gobierno español, por su parte, obtendría apoyo de los servicios de inteligencia norteamericanos en su lucha contra ETA, organización que fue incorporada el 2 de noviembre de 2001 a la lista de organizaciones terroristas confeccionada por Washington, a las que el Ministerio del Tesoro puede congelar sus bienes.

Previsiblemente, el abierto embanderamiento de José María Aznar al lado de Bush y Blair en la cruzada contra Saddam de 2003, será recompensado también por Estados Unidos con la concesión a España y sus empresas de una parte al menos de las numerosas y valiosas obras de reconstrucción de Irak y de la explotación de sus fuentes energéticas.

"GOLPEAR EN CUALQUIER OSCURO RINCÓN DEL MUNDO"

George W. Bush ya había dicho, en junio de 2002, en un discurso ante los cadetes de West Point, que Estados Unidos tenía el derecho de usar la fuerza militar contra cualquier país considerado hostil, o que fabrique o adquiera armas de destrucción masiva.

"Todas las naciones que se decidan por la agresión y el terror pagarán un precio", dijo Bush en West Point. "Los militares deben estar listos para golpear en cualquier momento y en cualquier oscuro rincón del mundo",[353] añadió.

Arthur Schlesinger *Junior*, historiador y ex asesor del presidente John F. Kennedy, sostiene que "la guerra preventiva unilateral no es legítima ni moral; es ilegítima e inmoral. Durante doscientos años no hemos sido esa clase de país".[354] Schlesinger recordaba en ese artículo que "durante la Guerra Fría, a los defensores de la guerra preventiva se los despachaba como una pandilla de chiflados. Cuando Robert Kennedy llamó a la idea de un ataque preventivo contra las bases de misiles cubanos "un Pearl Harbor al revés" y añadió que "durante 175 años no hemos sido esa clase de país", hizo que el ExCom, el grupo especial de asesores del presidente Kennedy, pasara de un ataque aéreo a un bloqueo".

El historiador y ganador de dos premios Pulitzer dijo que "la política de contención más disuasión ganó la Guerra Fría. Después de la caída de la URSS, todo el mundo daba gracias al cielo porque los chiflados de la guerra preventiva no hubieran llegado nunca al poder en ningún país importante. Hoy día, por desgracia, parece que están en el poder en Estados Unidos". Paradójicamente, cuando en 1981 cazabombarderos israelíes atacaron "preventivamente" el reactor nuclear iraquí de Osirak, fueron condenados por Naciones Unidas. Margaret Thatcher y la entonces embajadora de Estados Unidos en la ONU, Jeanne Kirpatrick, criticaron esa acción.

Pero eran otros tiempos. Israel había atacado a Saddam en un momento "inoportuno", cuando Occidente y hasta la URSS estaban asesorando y armando a sus Fuerzas Armadas para combatir al régimen iraní de Jomeini. Augusto Zamora, por su parte, analizando críticamente los planes belicistas de Estados Unidos con respecto a Irak, aclaraba que "el orden jurídico considera la guerra de agresión un crimen contra la paz internacional y que agresión es el primer uso de la fuerza armada de un Estado o grupo de Estados contra otro, y que no se admiten las guerras preventivas ni el derrocamiento de gobiernos".[355]

Para The Economist,[356] en cambio, "The National Security Strategy of the United States of America" no es algo nuevo, sino la teorización más completa hecha hasta ahora sobre la doctrina militar que Estados Unidos practica desde hace tiempo y que no es otra cosa que una continuidad de la política exterior de Bill Clinton. Para el semanario británico, la esencia del documento consiste en lanzar una advertencia a los regímenes antidemocráticos: "La nueva estrategia no es otra cosa que el estímulo de cambios que ya se vienen practicando no sólo en relación con Irak, sino también a Irán, Arabia Saudita y a quien sea. Que los autoritarios tomen nota".

Sin embargo, a pesar de que en la larga historia intervencionista de Estados Unidos es fácil encontrar ejemplos de acciones en el extranjero que podrían encuadrarse dentro de una política de acciones preventivas, la teorización hecha ahora por la Casa Blanca se inscribe sin duda en un contexto nuevo, más de diez años después de finalizada la Guerra Fría, del desmoronamiento de la Unión Soviética y de los regímenes burocráticos del "socialismo real" de la Europa del Este.

Estados Unidos ya contaba antes del 11-S con cerca de 250 mil soldados en el extranjero, situados en bases norteamericanas en las más remotas regiones del mundo, patrullando mares lejanos o sobrevolando zonas de gran importancia estratégica para sus intereses.

Desde esa fecha, el despliegue de fuerzas estadounidenses en el exterior ha aumentado al menos un 20 por ciento. Son más de 140 países los que cuentan en su suelo con fuerzas militares de Estados Unidos, incluyendo "asesores" militares y avanzadas de fuerzas especiales.

Estados Unidos camina a pasos acelerados para acortar los tiempos en que pueda hacerse con el poder militar absoluto a nivel mundial. La supremacía total a nivel militar le permitiría actuar de forma mucho más unilateralista aún de lo que lo hace ahora, pudiendo, en aras de sus intereses económicos y geoestratégicos, derrocar a todos aquellos gobiernos a los que tilde de *rogue states* (Estados bandidos) de forma "preventiva" y en cualquier parte del mundo.

Bush dijo en West Point[357] que "la guerra contra el terror no se puede ganar desde una postura defensiva. Tenemos que combatir al enemigo, destrozar todos sus planes y enfrentarnos a las peores amenazas, antes de que surjan. Nuestra seguridad nacional exige una transformación radical del Ejército, de modo que esté preparado para golpear en cualquier rincón del mundo sin aviso previo. Debemos dar la batalla al enemigo –añadió–, deshacer sus planes y enfrentarnos a sus peores amenazas antes de que surjan". Y el Presidente de Estados Unidos terminaba diciendo: "Hemos entrado en un mundo en el que la única vía para lograr la seguridad es la vía de la acción".

Cuando se cumplía el primer aniversario del 11-S, Donald Rumsfeld declaraba en una entrevista a *The New York Times* que "en Estados Unidos los ciudadanos demostraron que son capaces de respaldar grandes inversiones en asuntos de Defensa, incluso en tiempos de paz, para luchar contra amenazas serias y expansionistas, aunque invisibles". En realidad, como observó Francis Fukuyama en una conferencia en el Center for Independent Studies, en Sidney, fue al utilizar por primera vez el concepto de "Eje del Mal" cuando la administración Bush cambió radicalmente la política de distensión y disuasión que había predominado durante la Guerra Fría, por una política activa de "prevención" del terrorismo.

Tanto George W. Bush como Donald Rumsfeld advirtieron en numerosas ocasiones durante el segundo semestre de 2002, que con respecto a Irak respetarían el "paraguas" del Consejo de Seguridad de la ONU, siempre y cuando este organismo adoptase medidas que satisficieran a Estados Unidos, advirtiendo una y otra vez que, de lo contrario, actuarían por su propia cuenta junto a algunos de sus aliados, como terminó ocurriendo.

El haber cumplido esa amenaza unilateral parece presagiar el inicio de una serie imparable de intervenciones militares unilaterales en cualquier parte del mundo, fuera de cualquier control de la ONU, el único organismo representativo –a pesar de sus grandes limitaciones actuales– con el que cuenta la comunidad internacional.

Tras el 11-S ya pocos se atrevieron en Estados Unidos a oponerse a la vertiginosa carrera armamentística lanzada por George W. tras ver aprobado su presupuesto militar, diez veces superior al que tienen China y Rusia juntas.

Durante años los estrategas del Pentágono evaluaron si Estados Unidos tenía en verdad capacidad para llevar a cabo simultáneamente más de una guerra de importancia y larga duración, en escenarios distantes de su territorio. Hoy ya pueden estar tranquilos. Con la gigantesca maquinaria de guerra puesta en marcha, las posibilidades de afrontar varios frentes de guerra simultáneos aumentan de manera drástica. El 23 de diciembre de 2002 el secretario de Defensa de Estados Unidos lo decía con total claridad: "Somos capaces de librar dos grandes conflictos regionales a la vez; podemos ganar de forma decisiva en un conflicto y vencer rápidamente en otro".

En relación con los nuevos peligros, conocidos y desconocidos del siglo XXI, Donald Rumsfeld ya había formulado este trabalenguas: "Hay cosas que sabemos que conocemos y hay conocidos que no conocemos. Esto es para decir que hay cosas que nosotros sabemos que no conocemos".[358] La agudización de la política agresiva, belicista e intrusiva de Estados Unidos provoca a su vez el nacimiento de nuevos "peligros", de reacciones aún más terribles de parte de grupos extremistas, especialmente en el mundo musulmán.

EL CONFLICTO PALESTINO-ISRAELÍ

El abierto apoyo de la administración Bush a la política ultrarrepresiva del "halcón" Ariel Sharon contra el pueblo palestino y el gobierno de la Autoridad Nacional Palestina (ANP), ya de por sí provoca la ira de millones y millones de personas en todo el mundo árabe y musulmán. Inicialmente, parecía que Bush estaba dispuesto a presionar al gobierno de Sharon para tranquilizar al menos temporalmente el frente de guerra palestino-israelí, y así tener más posibilidades de conseguir apoyos en el mundo árabe y musulmán. Poco después del 11-S Bush comisionaba en distintas misiones a Cercano Oriente a Dick Cheney, Colin Powell y Anthony Zini. Tony Blair hacía también de "enviado especial" de Bush por varios países de la región. Ninguna de esas giras consiguió los apoyos esperados. Coincidiendo con el inicio de esa política, Estados Unidos comenzó a defender el derecho a la creación de un Estado palestino, planteamiento repetido luego por el Reino Unido, España y la Unión Europea en general. En marzo de 2002 la ONU respaldaba por primera vez la creación de un Estado palestino, a través de la Resolución 1397 del Consejo de Seguridad, en la que se apoya "el concepto de una región donde dos Estados, Israel y Palestina, coexistan dentro de fronteras seguras y reconocidas".

En esa época también, y por primera vez, los veintidós países miembros de la Liga Árabe aprobaban en su cumbre de fines de marzo en Beirut el plan saudita sobre el conflicto árabe-israelí. La propuesta implicaba, en esencia, "paz por territorios", nuevamente.

La Liga Árabe ofrecía al gobierno israelí ser reconocido por los veintidós Estados miembros, a cambio de una retirada de todos los territorios ocupados por ese país a partir de 1967. Arafat no pudo viajar al encuentro, dado que Sharon le advirtió que podría impedirle su regreso según cuáles fueran sus intervenciones ante la Liga Árabe.

José María Aznar, quien sí participó en la Cumbre de Beirut, al igual que "míster PESC", Javier Solana, y el secretario general de la ONU, Kofi Annan, expresó ante la Liga Árabe "el pleno respaldo" de la UE al plan de paz saudita.

Parecía que por fin se abría una oportunidad para la paz. Pero Israel no se dignó siquiera a contestar oficialmente a la propuesta, con otra cosa que no fueran descalificativos y rechazo de plano.

Estados Unidos, por su parte, pareció evaluar que no estaba dispuesto a conseguir una mejor predisposición de los países árabes y musulmanes a su plan de ataque contra Irak, si eso le suponía abandonar a su suerte al gobierno de Sharon. Este último consiguió convencer a George W. Bush de que gracias a su política de represión más represión, Arafat ya era un cadáver político, que en sus filas se empezaban a producir grietas y una lucha por su sucesión, por lo que no convenía cambiar de táctica. Israel y Estados Unidos terminaron por acordar que para acabar definitivamente con Arafat era fundamental no darle acceso a ningún tubo de oxígeno.

Estados Unidos optó por no dar ninguna salida al presidente de la ANP, aun a sabiendas de que la opresión del pueblo palestino no sólo afecta a éste, sino que es una herida abierta que duele también a los más de mil millones de musulmanes existentes en el mundo. De forma burda, y utilizando en muchas ocasiones "pruebas" falsas contra Arafat, Sharon, en complicidad con Bush, presentó su guerra no declarada contra la ANP como parte de la cruzada antiterrorista internacional. Tras comprobar el cambio de postura de Washington, la UE por su parte volvió sobre sus pasos, lamentó que no hubiera "condiciones" para la creación de un Estado palestino independiente y se replegó de nuevo a su tradicional segundo plano, sin asumir compromiso alguno.

La política de flagrante doble discurso que tradicionalmente ha mantenido Estados Unidos ante los conflictos de Cercano Oriente, según se tratase de Israel; de los palestinos de Cisjordania, Gaza, Jerusalén oriental; o de los países árabes y musulmanes, ha servido de caldo de cultivo para que tanto en estos últimos como en los propios territorios palestinos ocupados se expandieran vertiginosamente entre los jóvenes las posturas más radicales y los métodos más violentos.

La figura del kamikaze ha pasado a ser todo un mito entre la oprimida y desesperada población palestina, y la familia de éste o ésta, a ser venerada por sus vecinos. Mientras Estados Unidos, arrogándose el papel de único juez mundial, se permite exigir tanto a Saddam Hussein como a Fidel Castro, Hugo Chávez, Yasser Arafat o quien se le tercie, el respeto de "la democracia y la libertad", según su particular valoración, respalda económica y militarmente a un gobierno como el de Sharon, que practica un verdadero genocidio contra la población palestina, que merecería ser juzgado como tal en la nueva Corte Penal Internacional.

Israel, con el apoyo de Estados Unidos, ha venido socavando desde el primer momento el poder de la Autoridad Nacional Palestina, a la que los acuerdos de Oslo de 1993, firmados entre el gobierno de Israel y la ANP –y garantizados por Estados Unidos, la UE y la ONU–, reconocieron como germen del futuro Estado independiente palestino.

La política expansionista de Israel, con su cadena de asentamientos (algunos de ellos, verdaderas ciudades) de decenas de miles de inmigrantes judíos provenientes de todo el mundo e implantados en pleno suelo palestino, es una afrenta para este pueblo que vive acorralado y hacinado y que, por otro lado, tiene uno de los niveles de desarrollo demográfico más altos del mundo. Ésa es otra de las explicaciones de la política de asentamientos seguida por el gobierno israelí: el temor a que, sin contar con más y más colonos, los palestinos terminen siendo una abrumadora mayoría.

El fiscal español anticorrupción, Carlos Castresana, miembro de la Unión Progresista de Fiscales, recordaba que los asentamientos de colonos judíos en los territorios ocupados son ilegales y que están prohibidos por el artículo 49 de la IV Convención de Ginebra de 1949 sobre protección de personas civiles en tiempo de guerra.

En 1950 el Estado de Israel, que sólo tenía dos años de vida, aprobó la Ley del Retorno, por la cual se les reconoce a todos los judíos dispersos en el mundo el derecho a acceder a la nacionalidad israelí, mientras se les niega la vuelta a sus legítimas tierras a los más de tres millones de palestinos expulsados tras la guerra de 1967.

Los asentamientos, construidos siguiendo un plan militar, con posiciones fijas del Ejército muchas veces y ligados por rutas de circunvalación directamente a las ciudades israelíes para no exponer a los colonos a ataques en territorio habitado por palestinos, constituyen uno de los mayores obstáculos para cualquier intento de salida negociada.

¿Qué gobierno israelí aceptaría abandonar todas esas viviendas, construcciones y tierras fértiles arrebatadas por la fuerza a los palestinos, para integrar en sus propias ciudades a los más de 400 mil colonos que viven en los asentamientos?

¿Los ciudadanos israelíes de Jerusalén o Tel Aviv aceptarían tener como vecino a un inmigrante judío de color, como los *falashas* de Etiopía? Los problemas que implicaría la erradicación de los asentamientos (una práctica iniciada cuando Sharon era ministro de Obras Públicas), tanto a nivel económico y de infraestructura como social, no dejan ya prácticamente margen para una negociación sobre ellos.

Y, a su vez, con esos miles de viviendas construidas en tierras "enemigas" no puede haber negociación con los palestinos. Es su tierra, que les fue arrebatada y tienen derecho a reclamarla. "Paz por territorios" es desde hace años su elemental reivindicación, pero los distintos gobiernos israelíes que se vienen sucediendo en el poder están tan ciegos que parecen convencidos de que pueden apoderarse de los territorios palestinos y a su vez tener total tranquilidad en sus ciudades.

La confiscación de tierras cultivadas palestinas por parte de Israel es una práctica cotidiana. En 1998 la Comisión Europea declaró ilegal que los colonos judíos establecidos en los territorios ocupados vendieran sus productos a la Unión Europea como si fueran procedentes de Israel. Esos productos se han estado beneficiando así ilegalmente de las rebajas arancelarias del acuerdo de Asociación Israel-UE. Sin embargo, pasados cuatro años todavía la Oficina de Lucha Antifraude de la UE (OLAF) no había tomado ninguna medida al respecto.

Israel se autoarroga la libertad para decidir el flujo del tráfico de personas y mercancías tanto entre las distintas ciudades y pueblos internos de Cisjordania y de Gaza –incluidos los parlamentarios palestinos y el propio presidente de la ANP, Yasser Arafat–, como entre estas dos regiones del territorio palestino separadas entre sí por territorio israelí. El gobierno israelí tiene en su poder los medios que le permiten bloquear totalmente con el Ejército, en cualquier momento, los territorios palestinos ocupados, impidiendo a sus habitantes visitar a un amigo o familiar, así como desplazarse a sus trabajos o estudios, o recibir suministros de otras zonas y exportar sus propios productos.

Israel es también el intermediario que debe entregar a la ANP las subvenciones oficiales enviadas a ésta por la UE u otros organismos internacionales, utilizando ese papel como arma de coacción constante, con la que asfixia al gobierno de Arafat, y con él a toda la población palestina. El propio presidente Arafat tiene que pedir autorización a Israel en cada ocasión que necesita utilizar su helicóptero para viajar de sus cuarteles generales de Ramala a Gaza o viceversa, o para volar en avión desde Gaza al extranjero. El pequeño aeropuerto de Gaza, financiado con dinero de la Unión Europea –fundamentalmente de España–, fue destrozado por el Ejército israelí en una de sus terribles represalias por un atentado palestino.

Coincidiendo con la gran ofensiva del Ejército israelí contra el campo de refugiados de Yenín y varias ciudades cisjordanas en abril de 2002, que dejó un tendal de muertos, el propio cuartel general de Arafat en Ramala fue destrozado a cañonazos. El presidente de la ANP estuvo aislado desde el 3 de diciembre y por noventa y ocho días dentro de su búnker, sin agua, alimentos, línea telefónica ni electricidad. El propio Dick Cheney viajó en aquella época a Israel y se entrevistó con Sharon, pero decidió no visitar a Arafat ni exigir a Israel que levantara el cerco a quien la comunidad internacional reconocía como presidente legítimo de la Autoridad Nacional Palestina.

Israel impidió a Josep Piqué y Javier Solana visitar a Arafat en su búnker y desoyó tanto el reclamo expreso hecho por José María Aznar –durante la presidencia española de la UE– para que se le diera a Arafat luz, agua y alimentos, como también hizo caso omiso de la Resolución 1402 del Consejo de Seguridad, en la que se exigía al gobierno de Ariel Sharon el levantamiento del cerco a Arafat.

A pesar de que el Consejo de Seguridad de la ONU aprobó posteriormente la creación de una misión de esa organización para que investigara con sus propios ojos la matanza que había tenido lugar en Yenín, Israel se negó a aceptar su entrada... y no pasó nada.

La presión de Estados Unidos logró proteger a Israel de la ONU, una vez más. Desde que Israel ocupó militarmente y de forma ilegal Cisjordania, Gaza, Jerusalén este y los altos del Golán, en 1967, varias han sido las resoluciones del Consejo exigiéndole su retirada, pero treinta y seis años después éstas todavía no han podido ser cumplidas a causa del veto sistemático de Estados Unidos.

La pusilánime postura de los dirigentes de la UE ante estos atropellos permitió que Israel, con apoyo de Estados Unidos, se saliera con la suya. La UE se abstuvo incluso cuando la Comisión de Derechos Humanos de Naciones Unidas, con sede en Ginebra, condenó en 2001 al Estado israelí por la violación de los derechos humanos en los territorios ocupados. En esa misma votación, tanto Estados Unidos como Gran Bretaña votaron en contra. De esta manera, mientras que en el Consejo de Seguridad se controla que se cumplan a rajatabla las resoluciones y sanciones impuestas a países como Libia, Irán, Siria o Irak, en el caso de Israel se rompe esta regla a diario. De nuevo el doble discurso.

Después de que Bush y Sharon, al unísono, comenzaran una campaña de acoso y desgaste de Arafat, acusándolo de dictatorial y de cómplice del terrorismo, el Ejército volvió a realizar una nueva ofensiva, aún más grave, contra el cuartel general del presidente palestino en Ramala, terminando de destruir diez de los doce edificios del complejo, humillándolo y provocando un verdadero vacío de poder en Palestina, con pueblos y ciudades sometidos constantemente a toques de queda. Ni su Parlamento se puede reunir si Israel decide no permitir que los diputados de Cisjordania se desplacen a Gaza, o viceversa.

Estrangulada económica y militarmente, acosada políticamente, la Autoridad Nacional Palestina quedó vacía de contenido, sin capacidad real de gobernar. Estados Unidos decidió no volver a negociar con la ANP hasta que no hubiera a su frente un líder "aceptable" que sustituyera a Arafat. Finalmente lo logró. Arafat se vio obligado a delegar la mayoría de sus poderes en un primer ministro, Abu Mazen. Recién entonces Colin Powell aceptó viajar a Ramala para verse con él, mientras Arafat seguía aún confinado en esa ciudad.

La ruptura del gobierno israelí de coalición tras la salida de los laboristas presagia un futuro aún más difícil. Con Sharon y Netanyahu en el poder no se puede esperar ninguna salida viable al conflicto, sino una agudización de la crisis actual y una espiral de violencia aún mayor.

Europa ayuda económicamente a la ANP a través de tareas de rehabilitación e infraestructura (buena parte de ella destruida ya por los bombardeos israelíes), pero no se compromete de lleno como protagonista en el conflicto, dejando que sea Estados Unidos quien se autoarrogue el papel de árbitro y promueva, cuando quiera, reuniones conjuntas con los líderes de Israel y Palestina. La creación del Cuarteto de Madrid (Estados Unidos, Rusia, la UE y la ONU) para discutir la situación de Cercano Oriente, no impidió que siguiera siendo Estados Unidos el que impusiera su política en el conflicto palestino-israelí.

Paradójicamente, Estados Unidos pasó a dar su apoyo total a Ariel Sharon, a pesar de haberlo considerado durante años persona *non grata*. "Mucho tiempo después de su renuncia obligada al cargo de ministro de Defensa como consecuencia de su implicación en las matanzas de Sabra y Chatila[359] de septiembre de 1982, Ariel Sharon siguió siendo en Washington persona *non grata*. Su rehabilitación comenzó con su designación como ministro de Asuntos Exteriores de Benjamin Netanyahu en noviembre de 1997",[360] recuerda Geoffrey Aronson.

"El general (Sharon) fue a la Casa Blanca para reunirse con Sandy Berger, asesor de Seguridad Nacional del presidente Bill Clinton. Con las cartas en la mano como siempre, Sharon reconoció el carácter ineludible del Estado palestino, tratando siempre de conseguir el apoyo del gobierno de Clinton para su versión de los límites de ese Estado: una entidad compuesta por la mitad de Cisjordania y la casi totalidad de la Franja de Gaza".[361]

Pero, a pesar de ese reconocimiento, Sharon no descarta terminar por expulsar a Arafat de los territorios ocupados. Los tres partidos de la ultraderecha israelí que firmaron una alianza electoral para los comicios de marzo de 2003 fueron aún más lejos. Su principal bandera común electoral fue la expulsión total de los palestinos de los territorios de Cisjordania y Gaza que hoy ocupan.

LOS ALCANCES DE LA CRUZADA

Al gran malestar causado en el mundo musulmán por la evolución del conflicto palestino-israelí se unió la ira por los bombardeos norteamericanos contra los talibanes y los hombres de Al Qaeda primero, contra Irak después y por el acoso al que Estados Unidos sigue sometiendo a países como Irán y Libia, sobre los cuales ha impuesto sus leyes extraterritoriales Torricelli y D'Amato, países a los que se ha añadido Siria en 2003.

George W. Bush el 11-S recibió en plena cara el bumerán que lanzaron sus predecesores en Afganistán en los ochenta, cuando favorecieron el nacimiento del Jihad contra las tropas soviéticas. Aquellos miles de mujahidines, provenientes de los países más disímiles, sellarían en las trincheras una hermandad que no se rompería al volver a sus países de origen.

Ni los bosnios musulmanes, ni los separatistas chechenos, los uigures de China, los filipinos, los indonesios o los radicales egipcios, iraníes, yemeníes, argelinos, egipcios, libaneses o palestinos, seguirían luchando a partir de ese momento sólo por sus reivindicaciones particulares. Había nacido una suerte de internacional, con coordinaciones más o menos estrechas según los casos, dispuesta a compartir muchas veces información, recursos económicos y militares o campos de entrenamiento, en aras de una guerra común contra "los infieles", sean éstos judíos o cristianos.

A partir de la experiencia de la guerra contra los soviéticos en Afganistán, en la que participaron combatientes musulmanes de Cercano Oriente, Asia y África, cada vez se hicieron más normales los desplazamientos de guerreros de un país a otro en ayuda de la lucha librada por tal o cual grupo "hermano". Esto se comprobó tanto en Bosnia, como en Chechenia, Kosovo, Macedonia, y en la resistencia de los miles de militantes extranjeros de Al Qaeda a los bombardeos que realizó Estados Unidos contra sus bases en Afganistán y contra el régimen talibán de Kabul, y, en menor medida, también en la última guerra contra Irak.

Entre los cientos de prisioneros que Estados Unidos capturó en Afganistán y trasladó a su base en Guantánamo había personas provenientes de al menos una treintena de países, varios de ellos incluso occidentales, franceses, norteamericanos, británicos y hasta un español. Por primera vez los occidentales detenidos no eran los tradicionales mercenarios sin escrúpulos dispuestos a luchar por cualquier bandera o tirano a cambio de dinero y aventura, sino jóvenes desilusionados por las injusticias del mundo occidental y sus propios tiranos locales, y subyugados por el discurso de radicales y mesiánicos líderes islámicos.

Se estaba –se está– frente a un fenómeno nuevo, a una nueva consecuencia de este mundo globalizado. Frente a ese mundo unipolar, frente a ese Imperio cada vez más omnímodo, más avasallador en el terreno económico, político, medioambiental, social y cultural, y frente al reino de las multinacionales, no sólo surge y se extiende con más fuerza por todo el mundo desarrollado un pacífico movimiento contestatario al que se ha dado en llamar "antiglobalizador", que intenta frenar las nefastas consecuencias del capitalismo salvaje. También surgen posiciones extremistas, radicales, tan maniqueas como las que pregona Bush. Si el presidente de Estados Unidos habla de la batalla del "Bien contra el Mal", organizaciones como Al Qaeda citan la lucha de "Dios (Alá) contra Satán".

Dos integrismos expansionistas enfrentados a muerte y una buena parte de la población mundial indefensa entre esos dos fuegos.

Más de un año y medio después de comenzada la guerra en Afganistán, no sólo ese país no estaba aún realmente representado y controlado íntegramente por el presidente aliado de Estados Unidos, Ha-

mid Karzai, ni se había capturado o matado a los miembros más significativos de la cúpula de Al Qaeda. Tampoco Estados Unidos ha logrado inhibir con su "campaña ejemplificadora" a los grupos islámicos
más extremistas de distintos países asiáticos, sino todo lo contrario.

Estados Unidos parece haber abierto la caja de los truenos. Durante los últimos meses de 2002 se comenzó a producir una serie de graves
atentados terroristas en distintos países, que ya permitía prever en numerosas regiones un futuro aun más violento del planeta que el existente durante los últimos años de Guerra Fría.

ABIERTA LA CAJA DE LOS TRUENOS

El primer aniversario del comienzo de los bombardeos de Estados
Unidos y el Reino Unido contra el régimen de Kabul fue recordado a su
manera por distintas organizaciones armadas islámicas. El 2 de octubre
de 2002 se producía el primero de una serie de atentados terroristas en
Filipinas. Una bomba estalló en un bar de "karaoke" en el antiguo enclave colonial español de Zamboanga, con población mayoritariamente católica, provocando la muerte de un soldado estadounidense y de
dos civiles filipinos. Ocho días más tarde, en esa misma región de Min-
danao morían asesinadas otras seis personas al estallar una granada lanzada por terroristas contra una parada de autobús repleta de gente. Poco después, otras tres personas resultaban muertas y veinte quedaban
heridas, víctimas de una nueva acción terrorista.

El 17 de octubre eran seis más las personas que morían y más de
cien las que resultaban heridas en otros atentados, también en Zamboanga, contra una tienda y un almacén. Los ataques fueron atribui-
dos al grupo Yemaa Islamiya, organización que lucha por la creación
de una gran nación islámica compuesta por Filipinas, Indonesia, Malasia y Singapur.

La presencia desde fines de 2001 de cientos de miembros de las
"fuerzas especiales" de Estados Unidos en Filipinas, donde ambos países crearon un comando militar conjunto para la lucha contra el terrorismo, ha provocado la ira de los grupos islamistas nacionales y un re-
crudecimiento de sus acciones terroristas. Inicialmente, las tropas de
Estados Unidos se dedicaron a entrenar y realizar maniobras militares
conjuntas con el Ejército filipino, con el objetivo de ayudarle a acabar
con el sangriento grupo terrorista Abu Sayyaf, formado por unos dos
mil miembros, buena parte de ellos entrenados en Afganistán.

Esa organización pretende constituir un Estado islámico en el sur de Filipinas. Sin embargo, cada vez se va consolidando más la idea de una participación activa de las tropas norteamericanas en la lucha contra todos los grupos armados existentes y la instalación de bases militares permanentes de Estados Unidos en suelo filipino. El gobierno filipino había cerrado dos bases militares estadounidenses en 1991, que eran en ese momento las principales que tenía Estados Unidos en toda Asia. Sin embargo, la presidenta Gloria Macapagal Arroyo parece dispuesta a abrir nuevamente las puertas al Ejército de Estados Unidos y con ello poder recibir más ayuda militar.

Los habitantes de Zamboanga no olvidan que hace más de un siglo, en 1899, el Ejército de Estados Unidos ocupó ese territorio, durante la guerra emprendida contra los hombres del líder independentista Emilio Aguinaldo, después de que España abandonara su antigua colonia. Ya en 1903, al autonombrarse gobernador de la provincia, el general Leonard Wood Moro provocó el levantamiento de las entonces poderosas comunidades musulmanas.

A la organización Yemaa Islamiya, responsable al parecer de la serie de atentados de octubre de 2002 en Filipinas, se le atribuyen también las acciones terroristas que tuvieron lugar igualmente durante el mes de octubre de 2002 en Indonesia. Una de ellas se produjo el 12 en Bali (una de las miles de islas que componen el archipiélago indonesio), cuando una furgoneta cargada de potentes explosivos estalló frente a una discoteca repleta de turistas, en la que murieron 185 personas.

INTEGRISMO EN INDONESIA

Los atentados se siguieron sucediendo posteriormente en Indonesia. Los sectores radicales de este país de 230 millones de habitantes, el más grande de todo el mundo musulmán, intensificaron sus ataques terroristas después de que el gobierno de Yakarta restableciera en 2002 los lazos militares con Estados Unidos. Esa cooperación estaba rota a causa de la Ley Leany (a menudo olvidada), que prohíbe al gobierno de Estados Unidos la cooperación militar con fuerzas armadas involucradas en violaciones de los derechos humanos. El régimen de Yakarta fue acusado de cometer graves violaciones, especialmente en los momentos previos y posteriores al referéndum de agosto de 1999, por el cual los habitantes de Timor Oriental, ocupado desde 1975 por Indonesia, rechazaron su anexión a ese país.

Los fundamentalistas islámicos de Indonesia lograron canalizar el sentimiento antinorteamericano provocado a partir de los bombardeos al régimen de Kabul y se trazaron como objetivo implantar una república islámica, aunque, por el momento, siguen siendo mayoría los musulmanes más moderados, agrupados principalmente en dos grandes organizaciones, la Muhammadiyah y Nahdlatul Ulama.

En realidad, la ira ante la presencia estadounidense en suelo indonesio no es nueva, sino que se remonta a la polémica instalación que hizo allí a fines de los años sesenta la empresa Mobil, convertida en Exxon Mobil desde 1999. Las actuaciones en Indonesia de esa compañía norteamericana especializada en el campo de la explotación petrolera y gasística han sido y siguen siendo realmente alarmantes. La Mobil logró en 1968 del régimen dictatorial de Suharto la concesión para la explotación de sus ricos yacimientos de gas. Veinte años más tarde, la zona en que se encuentra el gran gasoducto de Arun, en la isla de Sumatra, se vio envuelta en fuertes enfrentamientos entre la guerrilla separatista islámica, el Movimiento Aceh Libre, y el Ejército indonesio. Los separatistas atacaron varias veces las instalaciones de la Exxon Mobil e intentaron en vano incluso derribar uno de sus aviones.

Los directivos de la multinacional consiguieron entonces que Suharto pusiera a su disposición a la temible Unidad 113 del Ejército, que pasó a ser subvencionada por la empresa. El llamado "Ejército Exxon", que actualmente cuenta con cerca de tres mil soldados, pronto pasaría a sembrar el terror entre los habitantes de la zona.

Varias organizaciones humanitarias, como la International Labor Rights Fund (ILRF), vienen denunciando desde hace tiempo que los hombres de la Unidad 113 han violado a jóvenes de las cercanías del gigantesco complejo, y torturado y asesinado a activistas que denunciaron la connivencia de la Exxon con la dictadura. El abogado estadounidense Terry Collingsworth, de la ILRF, aceptó una invitación de ONG locales para visitar el lugar, y con los testimonios y pruebas que recogió preparó un informe en el que ratificó las denuncias contra esa empresa. Según él, la Exxon Mobil proporcionó al Ejército instalaciones propias para interrogar, detener y torturar sospechosos, así como excavadoras y maquinaria para enterrar en fosas comunes a sus víctimas. Varias de esas fosas pudieron ser descubiertas.[362]

David Jiménez[363] pudo hablar con personas que fueron detenidas, torturadas y encerradas durante tres meses en las instalaciones de la Unidad 113, situadas al lado del complejo de la Exxon Mobil. Las denuncias llegaron hasta los propios tribunales de Washington. Una Corte de la capital de Estados Unidos, Washington, deberá decidir si sienta en el banquillo a los directivos del imperio energético. A pesar del terreno hostil en el que tiene que desarrollar sus actividades, el grupo no se plantea abandonar sus instalaciones en Indonesia –donde mueve casi 100 millones de dólares al mes–, hasta el año 2010, fecha en la que está previsto que pueden agotarse las reservas de gas de la zona de Arun.

En Yemen, era el 6 de octubre cuando sonaron las alarmas. Ese día explotó un petrolero francés cargado con cerca de 400 mil barriles de crudo, cuando entraba en el puerto de Mina al Dabah, en la provincia de Hadramut, situada frente a la costa sudeste yemení.

Pocos días después los peritos confirmaron que la explosión en el *Limburg* fue provocada al explotar intencionalmente contra uno de sus laterales una pequeña barcaza cargada de explosivos. El atentado fue reivindicado por un pequeño grupo islámico yemení, el Ejército Islámico de Aden Abyan, al que se supone relacionado con la red del también yemení Osama bin Laden. Los componentes de esta organización –una vez más– son en su mayoría veteranos de la guerra de Afganistán contra los soviéticos, a quienes, paradójicamente, armó y financió Estados Unidos.

En su comunicado, el grupo armado advertía que pensaba seguir con sus ataques contra petroleros de países aliados de Estados Unidos, por lo que algunas compañías aseguradoras ya habían pasado a cobrar suplementos de hasta 100 mil dólares por viaje a los buques cargueros de este tipo que cubren el trayecto golfo Pérsico-Estados Unidos, y se contempla comenzar a escoltarlos con buques de guerra.

Dos años antes, el 12 de octubre de 2000, y a unos pocos cientos de kilómetros de distancia, en el puerto yemení de Aden, otro atentado terrorista cometido con métodos similares provocó una gran explosión en el destructor norteamericano *US Cole*, en el que murieron 17 marinos y otros 38 resultaron heridos, en una acción que la CIA siempre atribuyó a Bin Laden.

Sólo dos días después del atentado contra el petrolero *Limburg*, el 8 de octubre de 2002, dos kuwaitíes que tenían tres hermanos presos en la base de Guantánamo dieron muerte a tiros a un *marine* e hirieron a otro, mientras éstos participaban en maniobras militares en la isla de Faikalia, abandonada por sus habitantes en 1991 tras la Guerra del Golfo y situada a veinte kilómetros de la costa norte de Kuwait, cerca de la frontera con Irak. Las tropas estadounidenses volverían a sufrir poco después otros atentados menores en ese emirato.

En Singapur en esos días se frustraba también un plan terrorista para volar las embajadas de Estados Unidos, el Reino Unido, Israel y Australia. En el Líbano, a fines de noviembre de 2002 se producía el primer atentado contra un ciudadano norteamericano desde 1990. Una misionera evangélica estadounidense fue asesinada a tiros en Sidón, en el sur del país. Grupos islámicos radicales habían reclamado el cierre de la misión en la que trabajaba Bonnie Whiterral desde hacía ocho años. El odio contra los norteamericanos es profundo en el país vecino de Israel, cuyo territorio ha sido bombardeado en varias ocasiones por las fuerzas israelíes, al perseguir a sectores islámicos como Hezbollah. Israel ocupó militarmente durante veintidós años una amplia franja del sur del Líbano. Estados Unidos sufrió dos graves atentados en el Líbano en los años ochenta. En 1983 fueron 241 los soldados estadounidenses que murieron a causa de la explosión de un camión-bomba lanzado contra su cuartel.

En 1984 otro coche-bomba explotó frente a la embajada norteamericana en Beirut, provocando otros 23 muertos.

En Italia, Alemania, España y Estados Unidos se detuvo en 2002 a varias personas sospechosas de formar parte de células "durmientes" integradas en la compleja trama de Al Qaeda. En un mensaje supuestamente grabado por Bin Laden y emitido por la cadena de televisión qatarí Al Jazeera el 12 de octubre, el líder de Al Qaeda reivindicaba la ola de atentados terroristas y concluía con una amenaza: "Renovamos nuestra promesa a Dios y a la nación, y nuestra promesa a los estadounidenses y judíos, de que no tendrán paz y no podrán soñar con la seguridad, mientras no respeten a nuestras naciones y detengan su agresión y su apoyo a nuestros enemigos".

Los atentados contra intereses occidentales continuaron extendiéndose durante 2003.

EL CAMALEÓNICO MUSHARRAF

En Pakistán, donde fue secuestrado y asesinado el periodista norteamericano Daniel Pearl y donde tuvieron lugar atentados contra objetivos de Estados Unidos y de Francia, una alianza de partidos islámicos radicales, algunos de ellos públicamente definidos a favor de Al Qaeda, se convertía en las elecciones parlamentarias de octubre de 2002 en la tercera fuerza política de su Asamblea Nacional (Parlamento).

La campaña electoral de esa coalición de partidos islámicos, la Muttahidda Majlis-e-Amal (MMA), estuvo centrada especialmente en el repudio a la presencia estadounidense en territorio paquistaní y en su abierto desacuerdo con los bombardeos de Estados Unidos en Afganistán.

Los mejores resultados obtenidos por la MMA provinieron de las zonas paquistaníes fronterizas con Afganistán, en las regiones mayoritariamente pastunes, que siguen sirviendo de santuario a guerrilleros de Al Qaeda que hacen incursiones regulares en suelo afgano para hostigar a las fuerzas de Karzai y de Estados Unidos.

Desde esas zonas se desplazaron cientos de hombres armados hacia Afganistán, acudiendo al llamamiento al Jihad hecho por el mullah Omar en septiembre de 2001, antes de que se desencadenaran los ataques de Estados Unidos, y muchos otros fueron bloqueados en la frontera por tropas paquistaníes. El 15 por ciento de la población paquistaní es pastún, como los talibanes, y dentro de las Fuerzas de Seguridad alcanzan más del 20 por ciento.

La gran presión ejercida por Bush sobre el dictador Pervez Musharraf tras los atentados del 11-S para que cortara los lazos con el régimen talibán y Al Qaeda y se sumara activamente a la campaña "Libertad Duradera", provocó un gran malestar entre los poderosos sectores islamistas radicales. Decenas de personas murieron durante la represión de la Policía y el Ejército a las protestas callejeras de los islamistas, críticos al apoyo del presidente a Estados Unidos. "Sería irónico que Estados Unidos consiguiese a Bin Laden y en el proceso perdiese a Pakistán a favor de los fundamentalistas partidarios de la línea dura", reflexionaba Graham E. Fuller, ex vicepresidente del Consejo Nacional de Inteligencia de la CIA.[364]

Desde que comenzaron los bombardeos estadounidenses contra el gobierno talibán en octubre de 2001, Pakistán desplegó por todo el país a cerca de 200 mil hombres de su policía, guardia fronteriza y ejército, para poder controlar las manifestaciones y prevenir atentados. El régimen de Karachi aceptó no sólo proporcionar apoyo logístico a Estados Unidos para sus ataques en Afganistán, sino que también envió tropas a su frontera con ese país para impedir la entrada de fuerzas talibanes o de Al Qaeda en su territorio.

Pakistán ocupa un lugar de gran importancia geoestratégica. Con casi 800 mil kilómetros cuadrados y más de 140 millones de habitantes, la mayoría de ellos musulmanes, Pakistán limita con Afganistán, la India, China e Irán.

Musharraf obtuvo a cambio de esa peligrosa decisión el levantamiento por parte de Estados Unidos de las sanciones económico-financieras y el embargo de armas, decretado en 1998, como represalia por los ensayos nucleares realizados por Pakistán. El general Musharraf no estaba aún en el poder. El actual presidente paquistaní se encumbró en el poder en 1999 tras derrocar por la fuerza al gobierno civil y democrático, aunque corrupto, de Nawaz Sharif. Musharraf prometió en ese momento acabar con la corrupción, pero ésta siguió avanzando por todas las estructuras del Estado.

A pesar de tener una crítica situación económica, Pakistán dedica el 40 por ciento de su PIB a Defensa. Al serle levantadas las sanciones, Pakistán volvió a ser tan fiel aliado de Estados Unidos como lo fue desde que en 1978 el general Zia se hizo con el poder a través de un golpe de Estado. El islamismo que practicaba Zia, que se expandió rápidamente por las miles de madrazas (escuelas coránicas) paquistaníes, era el wahhabí, el mismo que está en el poder en Arabia Saudita, el mismo que seguían los talibanes y del que se nutrió el propio Osama bin Laden y el mullah Omar.

La masiva ayuda económica y financiera que proporcionaron a Zia por distintas razones tanto Arabia Saudita como Estados Unidos, para que facilitara la campaña contra las tropas rusas en Afganistán, ayudó a que se produjera un crecimiento vertiginoso de los extremistas islámicos.

Este país se convirtió en santuario, lugar de entrenamiento y vía de suministros para los miles de mujahidines que libraron la guerra contra los rusos entre 1980 y 1989.

Desde que Musharraf llegó al poder, Estados Unidos lo ha estado presionando para que deshaga precisamente lo que Washington ayudó a montar años antes: un movimiento islámico radical e incontrolable. Abdullah Abdullah, uno de los hombres fuertes del nuevo gobierno afgano de Karzai y portavoz ante la ONU durante años de la Alianza del Norte, acusaba en octubre de 2001 a Pakistán de ser el "mayor responsable" de la situación en Afganistán. Musharraf, que mantenía una importante relación con los talibanes en el poder en Kabul, siempre se refería a la Alianza del Norte como una "fuerza enemiga".

El 26 de septiembre de 2001 todavía el ministro de Relaciones Exteriores paquistaní, Abdul Sattar, se declaraba contrario a un derrocamiento de los talibanes, máxime si la propuesta era la de sustituirlo por un gobierno de la Alianza del Norte. "Aquellos que han intentado intervenir en Afganistán y poner a sus líderes preferidos en el gobierno pagaron un precio muy alto",[365] sostenía Sattar, en clara alusión a los intentos fallidos, primero del Reino Unido y luego de la URSS, de controlar ese país. Pero ésa era la postura paquistaní hasta que su gobierno tuvo conciencia de que los días de los talibanes estaban contados. Musharraf cambió entonces repentinamente 180 grados su posición y se sumó a la cruzada liderada por Estados Unidos. El gobierno paquistaní justificó su cambio, que produjo un gran impacto entre la población –mayoritariamente musulmana–, en que "las pruebas" que le había aportado Estados Unidos contra Bin Laden demostraban que había "bases suficientes para juzgarlo".

Al anunciar el levantamiento de las sanciones a Pakistán, sólo once días después de los atentados del 11-S, George W. justificó la medida en que éstas eran en esos momentos contrarias "a los intereses de seguridad nacional" de Estados Unidos.

Las sanciones contra Pakistán no sólo le impedían a este país comprar armamento y sistemas informáticos de alta tecnología, sino que suponían también el veto por parte de Washington a que el gobierno de Karachi pudiera beneficiarse de préstamos del Banco Mundial, del Fondo Monetario Internacional y de otros organismos financieros internacionales. Después de levantadas las sanciones, Musharraf decidió reformar la Constitución para poder disolver el Parlamento paquistaní, ampliando al mismo tiempo sus poderes poco antes de las elecciones. Esas reformas a la Carta Magna le permitirán mantenerse al frente de las Fuerzas Armadas de Pakistán por otros cinco años.

Bush decidió levantar las sanciones impuestas igualmente a la India en 1998 por la reanudación de sus pruebas nucleares. Aunque este país prestó una ayuda secundaria a la cruzada antiterrorista, el presidente de Estados Unidos quiso extender su medida de gracia a esa nación, con la que mantiene buenas relaciones. Washington tiene muy en cuenta que la India comparte su frontera con Pakistán y que debe intentar no desequilibrar la tensa y peligrosa relación existente entre Nueva Delhi e Islamabad –dos países con armas nucleares– a causa del histórico conflicto por la región de Cachemira que se disputan desde 1947.

Desde que el Imperio británico les cedió su independencia, la India y Pakistán libraron ya tres cruentas guerras, en 1948, 1965 y 1971, dos de ellas por Cachemira, una región donde viven doce millones de personas.

El gobierno indio acusa a los servicios secretos paquistaníes de apoyar descaradamente a los separatistas de Cachemira que atentan contra sus intereses no sólo en esa región, sino también en el corazón de importantes ciudades de la India. En diciembre de 2001 un comando de integristas islámicos mató a catorce personas en el Parlamento de Nueva Delhi, seguido después por una serie de graves atentados similares. La India, a diferencia de su vecino, puede reivindicar con derecho el no haber exportado violencia ni a Pakistán ni a ningún otro país.

En una entrevista concedida a la prensa española,[366] el titular de Asuntos Exteriores indio, Jaswant Singh, sostenía: "La India es el único país de Asia que nunca ha exportado nada desestabilizador, hiriente, amenazante, ni siquiera una ideología. Lo que la India ha exportado durante siglos son ideas, y ahí están Bali y Angkor y los Budas de Bamiyán" (en Afganistán, destruidos a cañonazos por los talibanes).

PAKISTÁN, ALIADO DE COREA DEL NORTE

La cruzada antiterrorista lanzada por el "emperador" Bush tras el 11-S está evidenciando, una vez más, los dobles discursos que utiliza Estados Unidos en su política exterior, según se trate de países aliados (aunque sólo lo sean circunstancialmente) o países "enemigos" o *rogue states*. Mientras que la obsesión por derrocar a Saddam Hussein se justificó por el supuesto peligro que éste representaba para el mundo con su "avanzado" programa de fabricación de armas de destrucción masiva, a Israel se le consiente sin ningún reparo su posesión, y en el caso de Pakistán ahora se lo disculpa, ya que ha pasado a ser un útil aliado.

Al tiempo que la administración Bush acusaba machaconamente a Saddam Hussein de contar con armas de destrucción masiva, el "democrático" Musharraf probaba en varias ocasiones durante 2002, misiles de medio alcance con capacidad para transportar cabezas nucleares. La última de esas pruebas fue en octubre de 2002 con el misil Shaheen I, con un alcance de entre 600 y 750 kilómetros, lanzado desde Karachi y con capacidad para llegar con carga convencional o nuclear a varias de las ciudades más pobladas de la India.

"En caso de necesidad, usaremos también la bomba atómica", declaraba sin tapujos Pervez Musharraf durante una entrevista publicada por *Der Spiegel*,[367] en la que reconoció que algunos de los principales científicos que desarrollaron el programa nuclear paquistaní mantuvieron contactos con Osama bin Laden. Pero eso no era todo. En la segunda quincena de octubre de 2002, el gobierno de Corea del Norte reconoció públicamente que había desarrollado un programa secreto para la fabricación de armas nucleares. Lo justificó como parte de una actitud "defensiva" ante la presencia de tropas norteamericanas en la península, la venta constante de armas a Corea del Sur por parte de Estados Unidos y por el hecho de que el presidente Bush calificara al régimen de Kim Jong Il como parte del "Eje del Mal" y, por lo tanto, susceptible de ser un objetivo de la campaña "Libertad Duradera".

Pyongyang acusó a Estados Unidos a su vez de ser el "imperio del mal" y de representar una "amenaza para la paz mundial". El incluir a Corea del Norte en el "Eje del Mal" fue criticado también por Corea del Sur, cuyo presidente, Kim Dae Jung, recibió precisamente el Nobel de la Paz en 2000, por sus esfuerzos a favor de la reunificación entre ambas Coreas.

El gobierno de Seúl se lamentó de que la postura de Bush tirara por tierra los importantes pasos dados en el lento proceso de reunificación. Tras medio siglo de enfrentamientos y una guerra civil (1950-1953), Kim Dae Jung había apostado por ir acercando posiciones con Pyongyang a partir de intercambios económico-culturales progresivos.

A pesar de que los propios Estados Unidos, Rusia, China, Israel, Pakistán o la India también tienen desde hace muchos años armas nucleares, el anuncio del gobierno norcoreano provocó conmoción en la comunidad internacional y se cubrió con amplitud en buena parte de los medios de comunicación en todo el mundo. Sin embargo, Estados Unidos demostró no tener ningún interés en que se ventilara qué país había ayudado decisivamente a Corea del Norte a desarrollar su programa nuclear. *The New York Times* revelaba el viernes 18 de octubre (sin que fuera negado posteriormente por el gobierno Bush) que a finales de los noventa Pakistán había proporcionado al régimen de Pyongyang centrifugadoras de gas utilizables para el enriquecimiento del uranio. A cambio de este material vital para la fabricación de armas nucleares, Corea del Norte habría enviado a Karachi potentes misiles para su política de "disuasión" con la India. Según la información de ese periódico, China, Rusia, Alemania, España y otros países habrían contribuido también al desarrollo nuclear norcoreano.

Lo máximo que llegó a decir el portavoz de la Casa Blanca, Ari Fleischer, fue que: "Desde el 11 de septiembre (de 2001) muchas cosas que algunas personas podrían haber realizado antes de esa fecha han cambiado", en alusión a los gobernantes paquistaníes. Washington intentó relativizar esta revelación, sosteniendo Condoleezza Rice que el caso norcoreano estaba más controlado de cerca, dado que había 37 mil soldados estadounidenses desplegados en Corea del Sur, mientras que "con Saddam lo intentamos todo y nada funcionó". Bush además fue criticado por la oposición demócrata por haber esperado varios días para informar a la opinión pública sobre el reconocimiento norcoreano de que tenía armas nucleares, con el visible objetivo de no provocar dudas y divisiones en el debate en el Congreso, donde consiguió luz verde para usar la fuerza contra Irak.

De haber tenido conocimiento de este hecho, posiblemente muchos congresistas se habrían preguntado por qué era prioritaria una acción para derrocar a un régimen como el iraquí por la simple sospecha de que estuviera desarrollando programas de armas de destrucción masiva, cuando, paralelamente, el propio gobierno de Corea del Norte estaba anunciando que lo había hecho y se revelaba que Pakistán lo había ayudado.

En diciembre de 2002 Corea del Norte fue aún más lejos. Quitó los precintos y cámaras de control que habían colocado los expertos de la AIEA en sus instalaciones nucleares y comenzó a cargar sus reactores con uranio enriquecido. Con él puede producir plutonio de alta calidad, necesario para elaborar bombas atómicas.

El régimen norcoreano justificó su decisión de reactivar sus plantas nucleares como una necesidad "energética", ante la decisión de Estados Unidos de no suministrarle más petróleo según lo acordado en 1994. En esa época Washington había asumido ese compromiso a cambio de que Corea del Norte paralizara su programa para fabricar la bomba atómica. Tras conocerse la reactivación del programa nuclear norcoreano, Estados Unidos advirtió al régimen de Kim Jong Il de las graves consecuencias que esto podría acarrear, pero el dictador norcoreano no se amilanó y dijo que su país estaba preparado para afrontar una guerra. Corea del Norte, siguiendo la misma política de chantaje que le permitió arrancar en Estados Unidos el acuerdo de 1994, fue en 2003 más lejos aún. Anunció su retirada del Tratado de No Proliferación Nuclear y la reanudación de sus ensayos con misiles de largo alcance. A pesar de la gravedad de la situación creada, Washington ha intentado en los últimos meses evitar que la espiral dialéctica se descontrolara hasta el punto de ver abierto un nuevo frente o guerra de gran envergadura. George W. Bush sabe que el frente norcoreano no es el iraquí, que un país con capacidad para alcanzar con sus misiles, en cuestión de segundos, objetivos en Corea del Sur, Japón y otros países de la zona, son palabras mayores. Corea del Norte tiene, además, estrechas relaciones con China y, por otro lado, no tiene petróleo. Así, Estados Unidos está comprobando en carne propia las consecuencias de haber señalado tan frívolamente la existencia de ese supuesto "Eje del Mal".

El "aliado" Putin

Durante la primera semana de marzo de 2002, el Departamento de Estado norteamericano daba a conocer su informe anual sobre los derechos humanos en el mundo, haciendo, entre otras, una dura crítica a la postura rusa sobre Chechenia.

En ese informe se sostenía que las fuerzas rusas en Chechenia "demostraron poco respeto por los derechos humanos básicos" y se denunciaban torturas, extorsiones y asesinatos cometidos por las tropas rusas sobre la población chechena.

El Ministerio de Asuntos Exteriores ruso calificó de "especialmente odioso" el apartado sobre Chechenia. Tuvieron que pasar siete meses para que Vladimir Putin cosechara uno de los primeros frutos de su participación en la campaña antiterrorista internacional encabezada por Bush. Rusia había cedido ante Estados Unidos en la eliminación del tratado ABM que desde 1972 fue clave para la política de disuasión entre los dos países y terminó resignándose también a que Bush sacara adelante su ambicioso programa de "escudo antimisiles". A cambio, participaba ya en el G-8 y en la nueva alianza de seguridad creada entre la OTAN y Rusia. Pero Putin esperaba todavía sacar más contrapartidas de Estados Unidos, y de Occidente en general. El caso checheno era un tema clave. Las constantes críticas a las violaciones de los derechos humanos cometidas por las fuerzas rusas en Chechenia, con sistemáticas torturas a los detenidos y violaciones de las mujeres, fueron desapareciendo paulatinamente después del 11-S en los foros internacionales y en las bocas de líderes europeos que visitaban Moscú.

Un gran operativo armado de los rebeldes chechenos, en pleno corazón de la capital rusa, sirvió a Putin como "prueba" fundamental para demostrar a sus nuevos aliados que la guerra a muerte contra los separatistas era "parte de la lucha internacional contra el terrorismo".

En una de sus acciones más espectaculares, una cincuentena de hombres y mujeres miembros de la guerrilla chechena ocuparon el teatro *Dubrovka* de Moscú, mientras tenía lugar un espectáculo musical, y secuestraron a cerca de ochocientas personas. Los guerrilleros, liderados por Movsar Baráyev, sobrino de Arbi Baráyev, quien se hizo famoso por los secuestros de extranjeros y murió cerca de Grozni durante una ofensiva del Ejército ruso, reclamaron a Putin, a cambio de la libertad de los rehenes, lisa y llanamente el fin de la guerra en Chechenia y la retirada de esa república de los 50 mil soldados rusos desplegados en ella. Como muestra de la nueva situación creada con la campaña "Libertad Duradera", miembros de las fuerzas especiales antiterroristas de Estados Unidos, Alemania y el Reino Unido acudieron rápidamente a Moscú para intentar cooperar con sus colegas rusos en la resolución del grave caso.

Poco antes de que venciera el ultimátum dado por el comando checheno, en la madrugada del 26 de octubre, las fuerzas especiales rusas Alfa asaltaron el teatro y dieron muerte uno por uno, con un disparo en la sien, a casi todos los secuestradores, tras haber logrado previamente inmovilizarlos con gas paralizante lanzado a través de los conductos de la ventilación. "Rusia nunca se arrodillará ante el terrorismo", dijo Putin satisfecho tras terminar el incidente, en el que murieron también más de cien espectadores a causa del gas.

A pesar de que la guerrilla chechena ya había protagonizado en el pasado varios gigantescos secuestros, nunca antes el presidente ruso pudo sacarle tanto rédito político como con el secuestro en el teatro *Dubrovka*. Era sin duda la operación terrorista más espectacular desde el 11-S y podría haber habido ochocientos muertos si los separatistas cumplían con su amenaza. Fue por ello que en esa ocasión Putin recibió rápidamente las felicitaciones de muchos mandatarios occidentales, y entre las primeras, las de George W. Bush, Tony Blair, José María Aznar y el rey Juan Carlos. Si el 11-S sirvió a Bush para comenzar a hacer realidad sus primeros pasos como gran emperador universal, el 26-O supuso para Putin la legitimación ante sus aliados occidentales de su guerra de exterminio en Chechenia.

Fue poco tiempo después de terminada la guerra de Afganistán contra las tropas soviéticas, y aprovechando la desintegración de la URSS, cuando Chechenia se declaró independiente. En esa época el joven radical Shamil Basáyev realizó una acción de "propaganda armada" al capturar un avión de pasajeros rusos en el Cáucaso, obligándolo a desviarse hacia Turquía. Su objetivo: advertir al mundo que Moscú se disponía a aplastar a sangre y fuego a los separatistas chechenos.

Tras duros combates y avances y retrocesos en las negociaciones con Moscú, los separatistas consiguieron que las tropas rusas terminaran por retirarse de Chechenia en 1996. Sin embargo, el caos se apoderó de ésta con la llegada de miles de veteranos islamistas de la guerra de Afganistán, que lograron ganar a Basáyev para la causa del wahhabismo.

Éste terminó abandonando la vicepresidencia de la república tras sus discrepancias con el presidente Aslan Masjadov y, en alianza con el comandante jordano Jattab, ligado directamente a Bin Laden, lanzó una incursión armada sobre la vecina república de Daguestán. Varios de los kamikazes que se inmolaron el 11-S habían participado en la guerra de

Chechenia contra las tropas rusas. Fue la excusa perfecta para que el Ejército ruso convenciera al Kremlin de lanzar una nueva guerra para recuperar al territorio ruso a Chechenia, una región rica en petróleo y gas. En 1999 Vladimir Putin prometió solucionar el "problema checheno" en cuestión de semanas, pero, a pesar de la brutalidad de los métodos utilizados por sus tropas, que no han escatimado la vida de miles y miles de víctimas civiles en su política de "tierra quemada", no logró diezmar a la guerrilla separatista.

Al contrario, ésta, reforzada por mujahidines de distintos países, dio en el último tiempo fuertes golpes militares al Ejército ruso, como derribar con un misil un helicóptero, ataque en el que perecieron 118 militares rusos, en septiembre de 2002.

Moscú no ha logrado en ningún momento que la población chechena se resigne a aceptar como gobernantes a la administración local leal a Moscú, encabezada por Ajmat Kadirov y a pesar de que las tropas rusas formalmente ocupan la casi totalidad del territorio checheno, Básayev, Masjadov y otros líderes islámicos siguen controlando más de 5.000 combatientes.

EX REPÚBLICAS SOVIÉTICAS EN LA CRUZADA

Pocos días después del 11-S, Vladimir Putin ya anunciaba su apoyo a la cruzada de Bush en Afganistán, abría su espacio aéreo a los bombarderos norteamericanos y entregaba decenas de tanques a las fuerzas irregulares de la Alianza del Norte.

La primera vez después de la Segunda Guerra Mundial en la que estadounidenses y rusos ayudaron a combatir a un enemigo común fue durante la guerra irano-iraquí, cuando tanto Rusia como Estados Unidos apoyaron abiertamente a Saddam Hussein. La segunda fue en Afganistán, a partir de octubre de 2001.

Para Rusia, los talibanes eran los máximos representantes del Jihad que la obligó a retirar sus tropas derrotadas de Afganistán, influyendo no poco en la posterior desintegración de la URSS.

Paradójicamente, Estados Unidos desempeñó en esos años ochenta el papel central, aunque en la sombra, para que los mujahidines pudieran derrotar a los soviéticos, matando a 15 mil de sus soldados. Muchos años después, habiendo desaparecido la URSS y acabada la Guerra Fría, Estados Unidos y Rusia tenían curiosamente a los talibanes como enemigo común.

Putin, sin dejar de lado temores fundados, fue partidario de que ex repúblicas soviéticas ahora integradas en la CEI (Comunidad de Estados Independientes) cooperaran también en la campaña contra los talibanes, pero Estados Unidos intenta que esa cooperación no sea sólo circunstancial, sino que le permita consolidar su presencia de forma permanente en al menos seis de ellas: Uzbekistán, Kirguizistán, Tayikistán, Georgia, Armenia y Azerbaiján.

Uzbekistán fue una de las primeras en convertirse en nueva aliada de Estados Unidos, la que usó su espacio aéreo y aeropuertos militares, especialmente el de Janabad, a 200 kilómetros de la frontera afgana, para atacar a los talibanes ante el veto puesto por Arabia Saudita para que se usara su territorio. Estados Unidos mantiene 1.500 soldados en esa base uzbeka. Los uzbekos poseen 23 bases militares, incluyendo la de Kakydi, al lado de la frontera afgana. En 1979 las tropas de la URSS penetraron con un largo convoy de tanques en Afganistán, a través de Uzbekistán, en ese momento todavía una república de la URSS.

Estados Unidos se olvidó, como antes con Pakistán, de que el gobierno de este nuevo Estado "amigo" viola los más elementales derechos de las personas desde que esa república de 25 millones de almas y mayoría musulmana se independizó de la URSS en 1991.

Islam Karimov, antiguo líder comunista de Uzbekistán, se convirtió del día a la noche en presidente del nuevo Estado, instaurando un régimen autoritario que persigue violentamente toda organización política o religiosa a la que no pueda controlar férreamente. Cerca de 8.000 activistas islámicos se encuentran en las cárceles uzbekas, la mayoría de ellos pertenecientes al Hizb-ub-Tahrir y al MIU (Movimiento Islámico de Uzbekistán), al que la CIA relaciona directamente con la red Al Qaeda. En el aeropuerto de Manas, la Unidad de Despliegue Rápido 86 de Estados Unidos comenzó a montar a inicios de 2002 una importante base con capacidad para albergar a 3.000 soldados.

Bush ha logrado con su cruzada poner un pie en otra ex república soviética de Asia Central, Kirguizistán, de cinco millones de habitantes, fronteriza con Uzbekistán, Kazajstán, Tayikistán y China, y tal vez la más laica de las desprendidas de la URSS, a pesar de que el islamismo gana cada día más terreno.

En este pequeño país sumido en la pobreza, el presidente kirguizio, Askar Akáiev, es acusado por la oposición y asociaciones humanitarias nacionales y extranjeras, de nepotismo, corrupción y de reprimir cualquier tipo de oposición política y crítica por parte de los medios de comunicación. En las cárceles se encuentran cientos de prisioneros pertenecientes a organizaciones islámicas radicales, como la Hiz-ut-Tajrir.

En esta república actúa también el MIU y repercute la llamada Organización para la Liberación del Turkestán Oriental, que lucha por la independencia de los uigures de la actual región china de Xinjiang. Estados Unidos mantiene más de 2.000 soldados estacionados en la base de Ganci, cerca de Bishkek, la capital de Kirguizistán. Estados Unidos consiguió poder usar para sus aviones, tropas y centros de comunicación tres bases de Tayikistán, otra ex república asiática que integraba la URSS, situadas a lo largo de su frontera con Afganistán de cerca de 1.300 kilómetros de longitud.

Las tropas norteamericanas tienen presencia además, desde fines de 2001, en la ex república soviética de Georgia, presidida por Edward Shevardnadze, con quien Estados Unidos ha firmado un importante acuerdo para entrenar a fuerzas militares georgianas en la guerra contra el terrorismo. Rusia y Georgia mantienen desde hace años una tensa relación, en la que Putin acusa a Shevardnadze de no "sellar" el desfiladero que discurre por las montañas de Pankisi, convertido en tierra de nadie, usada como santuario tanto por miles de rebeldes chechenos como por bandas armadas incontroladas de secuestradores. Shevardnadze acusa a su vez a Rusia de haber instigado a los separatistas abjasos a separarse de Georgia en 1992. Las tropas georgianas no lograron derrotar a las fuerzas abjasas y éstas se declararon independientes un año más tarde.

En su afán por aprovechar la justificación de la lucha antiterrorista internacional para entrar en zonas de Asia Central ricas en petróleo y gas y de gran importancia estratégica militar, que durante décadas fueron feudos de Moscú, Bush decidió en marzo de 2002 levantar el embargo de armas impuesto a Armenia y Azerbaiján nueve años antes, a causa de su conflicto armado por el enclave de Nagorno-Karabaj. Estados Unidos negocia la venta de armamento a estas dos repúblicas, además de entrenar a sus tropas.

El gobierno Bush también tiene controlada de cerca a otra ex república soviética, Bielorrusia, a cuyo presidente, Alexander Lukashenko, acusa de ser "el último dictador de Europa". El Pentágono sostiene que Bielorrusia tiene programas secretos de desarrollo de armamento "peligroso", aunque expertos independientes sostienen que, en verdad, el régimen de Minsk sólo tiene un importante arsenal heredado de la URSS y unas pocas plantas donde se fabrican piezas de artillería pesada. La preocupación mayor del gobierno norteamericano han sido siempre los lazos amistosos que tenía Bielorrusia tanto con Irak como con Libia y Cuba, tres de los "demonios" de Estados Unidos.

Vladimir Putin siente que su liderazgo en el seno de la CEI se está viendo minado por la influencia cada vez mayor en la zona de Estados Unidos. Al presidente ruso le preocupa igualmente la existencia desde hace varios años de una estructura, la GUUAM, compuesta por Uzbekistán, Azerbaiján, Moldavia, Ucrania y Georgia, para fomentar sus relaciones bilaterales, y que viene estrechando sus lazos en materia de seguridad con la OTAN.

Putin mira con preocupación también el renacimiento desde 1990 de la fe musulmana en la pequeña república autónoma de Tatarstán, que forma parte de la Federación Rusa. Anexionada a la fuerza por Stalin tras una dura resistencia de su población musulmana, en el último tiempo se ha manifestado más claramente, y de forma unida, el sentimiento nacionalista con el sentimiento religioso (musulmán). A pesar del carácter tolerante que tiene en esa república el islam, las madrazas se extienden cada vez más y el Kremlin teme que sus alumnos terminen siendo seducidos por movimientos radicales de las repúblicas vecinas.

SOMALÍA Y SUDÁN, EN LA MIRA

La avidez imperial norteamericana por controlar el mundo le ha hecho poner su punto de mira en al menos dos países africanos, en los cuales ya en el pasado realizó intervenciones militares: Sudán y Somalía.

En el caso de Sudán, el país más grande del continente africano, con una población de 34 millones de personas, ya fue bombardeado por Bill Clinton en 1998 en represalia por los atentados de Al Qaeda contra las embajadas estadounidenses de Kenia y Tanzania. La administración Clinton aseguraba que la organización de Bin Laden tenía una estrecha relación con el gobierno de Jartum. En 1989 el Frente Nacional Islámico se hizo con el poder tras un golpe de Estado, después de más de diez años de guerra con el sur cristiano. Las autoridades de Jartum mostraron después del 11-S buena disposición a cooperar con Estados Unidos, aunque el gobierno Bush considera que es totalmente insuficiente.

En cuanto a Somalía, donde las tropas enviadas por Bill Clinton en "misión de paz" en 1993 sufrieron la pérdida de 18 *rangers* en una emboscada tendida por el "señor de la guerra" Mohamed Farad Aidid, el Pentágono pretende perseguir y eliminar a las huestes de al-Itihad al-Islamiya, la organización supuestamente conectada con Al Qaeda y que cuenta con unos 5.000 hombres. Buques de guerra norteamericanos volvieron a tomar posiciones frente a Mogadiscio en diciembre de 2001, mientras aviones espías intentaban localizar bases de los islámicos radicales.

En Somalía se libra una cruenta guerra civil desde 1991, aunque en 2000 una gran asamblea nacional de jefes tribales logró formar el actual Gobierno Nacional de Transición de Somalía (TNG) y un Parlamento. En 1994 se crearon las Cortes Islámicas, que son las que imparten desde entonces la *sharia*. Uno de los máximos dirigentes de esas Cortes, Hasan Dahir, es, sin embargo, líder de al-Itihad-al-Islamiya, por lo que es rechazado por otros jefes tribales. Hasan Dahir figura en la lista de terroristas buscados por Estados Unidos. El actual presidente del TNG, Abdikassim Salad Hassan, aseguró que ese grupo islámico somalí no tiene relación alguna con Al Qaeda, y que una intervención armada de Estados Unidos sólo enervaría nuevamente a los "señores de la guerra" y acarrearía más destrucción en un país destruido, dividido y con una población que vive una espantosa hambruna.

Estados Unidos no cree su versión y asegura, además, que Amed Ali Jimale, quien en 1997 abrió el primer banco en Somalía desde el comienzo de la guerra, el Al-Barakaat (que cuenta ya con oficinas en cuarenta países), es hombre de confianza de Bin Laden. El Departamento del Tesoro congeló los bienes de esa entidad financiera y pidió a sus aliados que hicieran otro tanto, acusándola de blanquear dinero de Al Qaeda. Esto provocó la ira de la población somalí, el 80 por ciento de la cual vive gracias a la ayuda internacional y a las remesas de nacionales en el extranjero, que las transfieren a través de la cadena Al-Barakaat.

Pero es sólo cuestión de tiempo y de etapas en la cruzada "Libertad Duradera". La prioridad ahora es completar el control de Irak, sin descuidar frentes como Yemen, Filipinas e Indonesia, que es donde se han producido más atentados terroristas, pero ya parece inevitable que Washington intervenga militarmente en Somalía. Entre sus planes figura intentar poner en pie una suerte de Alianza del Norte en Somalía para derrocar al gobierno interino, convencido de su incapacidad para impedir las actividades en su territorio de al-Itihad al-Islamiya. Aunque países como Etiopía y Kenia están dispuestos a apoyar esa eventual intervención norteamericana, otros países africanos, con Sudán a la cabeza, tratan de disuadir a Estados Unidos de una acción de ese tipo. Esa decena de países temen que podría provocar un nuevo conflicto armado en la región. La apertura de nuevos frentes de guerra en la cruzada planetaria de Bush parece ser ya sólo cuestión de tiempo.

Epílogo

George W. Bush,
aspirante a César del siglo XXI

Un año y medio después del 11-S, la poderosa cruzada mundial lanzada por Bush para acabar supuestamente con el terrorismo y crear un Nuevo Orden Mundial (como dijo su padre una década atrás) "más justo y más libre", amenaza con desestabilizar aún más el planeta. Los actos terroristas no sólo no han remitido, sino que, como hemos visto, se han recrudecido y extendido por numerosos países.

Lejos de hacer una reflexión profunda sobre las causas que motivaron y que motivan la ira y la violencia creciente contra Estados Unidos en numerosos países del globo, el gobierno de Bush y con él buena parte de la población norteamericana –según indican los resultados electorales de noviembre de 2002– parecen no cuestionarse en ningún momento las consecuencias que provoca en muchos pueblos la agresiva y beligerante política exterior estadounidense. Autoarrogándose el título de justiciero universal, George Walker Bush ha pasado de ser un presidente endeble, con una legitimidad más que dudosa después del escandaloso proceso electoral de 2000, a querer convertirse en el César del siglo XXI.

Para concretar las ambiciones de emperador planetario moderno de Bush es fundamental convencer a la comunidad internacional de que el enemigo común de todos es el terrorismo, tenga los rasgos que tenga; un malvado poder en la sombra que no se sabe cómo nació ni cómo se alimenta, pero cuyo único objetivo es destruir por los medios más atroces al mundo occidental y cristiano. Si para su padre ese enemigo universal era todavía el comunismo ateo, para Bush *Junior* es el terrorismo, preferentemente el islámico.

Sólo pudiendo demostrar que es lo mismo Bin Laden que Arafat, "Tirofijo" que el subcomandante Marcos, un líder separatista checheno o uno del GIA argelino, uno de ETA que otro de los extremistas uzbekos, uno de las nuevas Brigadas Rojas que otro de Hezbollah, Hamas o el Jihad islámico, se podrá decir que todo es lo mismo y que para exterminarlos hace falta un poder global.

"¡Ave, George!", quisiera Bush *Junior* que le dijeran los líderes europeos y de todo el mundo, en actitud de respeto y pleitesía. Nunca desde el Imperio Romano una nación había logrado concentrar tal poder mundial y tanta influencia como tiene hoy día Estados Unidos sobre la economía y las finanzas, la tecnología y la ciencia, la política; sobre las instituciones más significativas de todo orden; sobre la cultura, la gastronomía, los hábitos de vida y un largo etcétera en el que la superioridad total a nivel militar no es precisamente el tema menor.

Jonathan Freedland escribía en un suplemento monográfico en *The Guardian* sobre este tema, que una de las principales similitudes que muchos historiadores y analistas políticos –norteamericanos especialmente– estaban encontrando entre la Roma de Julio César y los Estados Unidos de George Walker Bush era en el terreno militar. "Roma era la superpotencia de su tiempo y se enorgullecía de tener un ejército con el mejor entrenamiento, dotado del mayor presupuesto y con el mejor equipamiento militar que el mundo hubiera visto jamás. Ningún ejército se le acercaba ni de lejos." Freedland entiende que "Estados Unidos es ahora una potencia dominante igual que lo era Roma entonces", recordando que el mastodóntico presupuesto militar aprobado para el 2003 por la Cámara de Representantes y el Senado y su superioridad en el nivel tecnológico militar hacen de ese país "una potencia sin rival posible".

Freedland cita asimismo al autor de *Contraataques: los costos y consecuencias del imperio norteamericano,* Chalmers Johnson, cuando éste compara los cientos de bases militares propias o con derecho de uso de ellas con las que cuenta actualmente Estados Unidos repartidas por el mundo –además de sus flotas navales y sus fortalezas aéreas espías– con las colonias que tenía antes el Imperio Romano.

Ya no son sólo James Petras, Noam Chomsky o Saul Landau los que denuncian en Estados Unidos su carácter cada vez más imperial, sino también muchos otros que siempre habían evitado el "antinorteamericanismo visceral" y habían eludido hablar de "Imperio" o de "neoimperio".

Algunos dirán que en la época de los romanos no existían organismos internacionales consensuados que pudieran poner freno a los atropellos del Imperio. Sin embargo, un simple repaso a los principales de ellos –léase las propias Naciones Unidas, la Organización Mundial del Comercio, el Fondo Monetario Internacional, el Banco Mundial, la OTAN, las multinacionales que controlan la moneda y la lengua más universal, las fuentes energéticas, los medios de comunicación, de la informática, de las finanzas, de la alimentación, del cine, etc.– nos confirma en nuestra tesis: todas esas instituciones, esas áreas, están bajo el control, la dependencia o al menos bajo una fuerte influencia... de Estados Unidos.

En la nueva versión del Imperio no hace falta tener directamente colonias con el concepto antiguo, con gobernantes y tropas propias. En ese sentido, Estados Unidos sólo cuenta, como Estados asociados y territorios bajo su tutela, con Puerto Rico y la isla de Guam, las islas Vírgenes estadounidenses en el Caribe, las islas Marianas del Norte, la Samoa norteamericana, Midway, Wake y Johnston, en el Pacífico.

Ni siquiera hoy día se utiliza ya, como en los años sesenta, setenta y ochenta en América latina, a los fieles dictadores militares –buena parte de ellos previamente entrenados en la Escuela de las Américas– encargados de aplicar a rajatabla los dictados económicos, políticos y militares de Washington.

No, basta con tener condicionado a un gobierno con las líneas de financiamiento, con la apertura de los mercados de Estados Unidos, con la transferencia de tecnología, civil o militar, con la aceptación o no en alguno de los "clubes" que este país domina, léase ALCA, léase OTAN, OMC o tantos otros.

Cuando ninguna de estas fórmulas es suficiente para doblegar al rebelde, se aplican otros métodos "más tradicionales". Algunos son lisa y llanamente la invasión del país, como en Granada o Panamá, entre los últimos casos habidos en América latina. En otros, el sometimiento a bloqueos durante años y años, como es el caso de Cuba desde hace cuatro décadas; como es el de Libia, Siria, Irán o Irak. Bloqueos y embargos que contemplan incluso la penalización de aquellos países –aunque sean aliados– que se atrevan a no respetar la extraterritorialidad de las leyes norteamericanas.

Estados Unidos también revolotea anualmente su gran garrote para decidir a cuál país le dará o no la famosa "certificación" de que está haciendo todo lo necesario y posible en la lucha contra el narcotráfico, haciendo depender de ese veredicto –tan temido todos los años especialmente por los países latinoamericanos– tanto las ayudas económicas y financieras como las militares.

Durante 2002 la administración Bush impuso a sus súbditos de todo el mundo dos nuevos tipos de chantaje. Uno de ellos es medir si un país determinado está haciendo todo lo posible para combatir el terrorismo o no. Estados Unidos entiende que es la víctima principal del terrorismo y que, por lo tanto, es quien tiene más derecho a controlar si un país está colaborando en su batalla, o con el campo enemigo. La esencia de ese chantaje la expresó Bush de forma meridianamente clara el 20 de septiembre de 2001, cuando dijo a los líderes de todo el mundo: "O están con nosotros o están con los terroristas".

Estados Unidos ha añadido desde esa fecha este nuevo parámetro para evaluar la relación que mantendrá con un determinado país. Así, Bush ha premiado su colaboración en la lucha contra los talibanes a un general que llegó al poder a través de un golpe militar, como Pervez Musharraff, levantándole el embargo de armas que existía sobre su país, Pakistán, aunque éste se jacte de tener misiles capaces de portar cabezas nucleares y de alcanzar ciudades superpobladas de su archienemigo, la India.

El otro novedoso chantaje de George W. "César" Bush consiste en que, el país que quiera seguir recibiendo entrenamiento del Pentágono para sus tropas y poder comprar armas, debe comprometerse a través de un acuerdo bilateral escrito a que renuncia, en cualquier circunstancia, a llevar ante la Corte Penal Internacional (CPI) a soldados, espías o diplomáticos norteamericanos, aunque tenga evidencia de que cometieron alguno de los tres delitos que le competen a ese alto tribunal: genocidio, crímenes de guerra o crímenes contra la humanidad. Es, sin duda, una versión moderna de ese mecanismo legal conocido siglos atrás como "capitulación", por el cual los imperios europeos blindaron legalmente a sus ciudadanos de condenas que intentaran aplicar contra ellos las autoridades locales de territorios que dependían de alguna de esas grandes metrópolis imperiales.

Desde Julio César hasta George W. ha pasado algún milenio y no todo podía ser igual, pero lo esencial del sueño imperial romano está más vigente que nunca en la cabeza de "Bushie" y de muchos de los que lo rodean. Freedland recuerda que incluso Roma tuvo su propia versión del 11-S, aún más trágica que ésta. Fue en el año 80 a.C., cuando el rey helénico Mitrídates ordenó a sus súbditos que mataran en una fecha determinada a todos los romanos que vivían entre ellos. Su orden se cumplió a rajatabla. Más de 80 mil romanos murieron asesinados. Y también en aquella época, según el historiador Jeremy Paterson, citado por Freedland, los romanos se preguntaban, como tras el 11-S lo hicieron los norteamericanos: "¿Por qué nos odian tanto?".

Emilio Menéndez del Valle, diplomático español y eurodiputado socialista, respalda además la tesis sobre la gran similitud entre la *pax romana* y la *pax americana* de hoy día. Para convencer a los que consideran exagerada esa comparación, Menéndez del Valle reproduce algunas de las tantas frases altamente simbólicas que se pueden escuchar entre los miembros de la administración Bush. "No podemos dejar de atacar a Irak",[368] aseguraba Condoleezza Rice en agosto de 2002. Otra de las famosas de "Condi" que recordaba Carlos Fuentes en un artículo decía así: "Los Estados Unidos deben partir del suelo firme de sus intereses nacionales y olvidarse de los intereses de una comunidad internacional ilusoria".

"No importa que no nos apoyen. Una vez que empecemos nosotros, todos nos seguirán", es otra de las perlas de Donald Rumsfeld, del 28 de agosto de 2002, citadas por el diplomático Menéndez del Valle. O esta otra, de Richard Armitage, secretario de Estado adjunto de Estados Unidos, dicha el 1° de septiembre de 2002: "Tenemos mucha más influencia, poder y prestigio que ninguna otra nación en la historia. Eso provoca envidia".

Esa cita es coherente con el resultado de una encuesta hecha en diciembre de 2002 por el *International Herald Tribune* sobre las causas del odio hacia Estados Unidos presente en muchos países del orbe. Mientras que para los extranjeros consultados las causas había que buscarlas en su unilateralismo en política exterior, su rechazo a firmar tratados multilaterales y su egoísta acción económica, para los propios norteamericanos las razones eran la envidia por la riqueza y el poder de Estados Unidos.

Y no podía faltar una frase verdaderamente humilde del propio emperador Bush, de septiembre de 2002: "Estados Unidos es el único modelo de progreso humano que sobrevive".

Abdelhamid Beyuki[369] acertaba, lamentablemente, al decir que "no parece posible que Estados Unidos y sus aliados vayan a reflexionar sobre las causas del fenómeno terrorista que hoy sufrimos todos. Es evidente que la única respuesta pensada y pendiente de ejecutar es la militar, la de la fuerza, la violencia, y ésta generará sin duda más respuestas suicidas".

El propio Salman Rushdie sostenía que "sería una trágica ironía que la temida guerra islámica no la causara Al Qaeda sino el presidente de Estados Unidos". Si Europa y la llamada "comunidad internacional" dejan que el Supersheriff siga campando a sus anchas por el mundo sin ponerle límite alguno, serán no sólo marionetas sino también cómplices de que se consolide definitivamente el Imperio Global. De confirmarse las posiciones actuales, veremos cumplida la profecía de Eugenio Trías: "Europa, China o Rusia siempre serán ya expectadores en esta gran representación cuyo primer acto es la guerra en Irak".

Una década atrás Paul Kennedy predecía en su libro *Rise and Fall of the Great Powers*, que el Imperio Norteamericano estaba destinado a desaparecer, como antes habían caído los de Roma, Persia, Carlomagno, España e Inglaterra, asegurando que decaería gradualmente su poder económico y militar. Sin embargo, ya en febrero de 2002[370] este profesor de historia de la Universidad de Yale se vio obligado a rectificarse. Kennedy auguró entonces que para que caiga el megapoder norteamericano "queda aún un largo camino".

APÉNDICE I

LA GUERRA MEDIÁTICA

La utilización de los medios de comunicación como arma justificatoria de la guerra, y de las restricciones de las libertades de los ciudadanos, ha desempeñado y desempeña un papel clave en la cruzada mundial de Estados Unidos. En la era de la comunicación globalizada, de Internet y los periódicos *on line,* el ya de por sí importante papel de la propaganda en toda guerra adquiere una dimensión cada vez más significativa. Chomsky sostiene que "es muy típico de los principales medios de comunicación, y de la clase intelectual en general, estrechar filas en apoyo del poder en tiempos de crisis y tratar de movilizar a la población en pos de la misma causa. Así fue, casi con fervor histérico, en la época de los bombardeos a Serbia. La Guerra del Golfo no fue en absoluto una excepción. Y el modelo se remonta a tiempos muy lejanos".[371] En otra de sus obras anteriores, Chomsky ha recordado que la utilización de la propaganda para justificar la participación en determinados conflictos bélicos, en el caso de Estados Unidos se remonta a 1916, durante la administración de Woodrow Wilson. "La población era muy pacifista y no veía ninguna razón para involucrarse en una guerra europea (la Primera Guerra Mundial), sin embargo, la administración Wilson había decidido que el país tomaría parte en el conflicto. Había, por lo tanto, que hacer algo para inducir en la sociedad la idea de la obligación de participar en la guerra.[372] Y se creó una comisión de propaganda gubernamental, conocida con el nombre de Comisión Creel, que en seis meses logró convertir a una población pacífica en otra histérica y belicista que quería ir a la guerra y destruir todo lo que oliera a alemán, despedazar a todos los alemanes, y salvar así al mundo". En ese pequeño pero agudo estudio el lingüista y analista norteamericano recuerda cómo el poder logró seducir a un grupo de propietarios de medios de comunicación e intelectuales, convenciéndolos de que debían cobrar un importante papel en "guiar" a la población hacia posturas correctas, ya que ella por sí sola no estaba "capacitada" para hacerlo. Esa concepción elitista y de complicidad interesada entre cierto número de medios de comunicación se ha ido consolidando con el tiempo.

Chomsky atribuye gran importancia a los personajes que las distintas administraciones estadounidenses designan como portavoces y en relaciones públicas tanto de la Casa Blanca como del Pentágono, el Departamento de Estado, el FBI y la CIA, en contacto directo con periodistas "estrella" de los grandes medios, a los que "filtran" toda aquella información intoxicante o que no se quiere difundir aún oficialmente, sino como "globo sonda" para comprobar la reacción de la opinión pública e influir en ella.

Siempre hay oportunidad de ratificar o desmentir, según convenga, determinada información dada por un medio de comunicación, pero que aún no es oficial. Chomsky recorre históricamente los grandes momentos de guerra propagandística en Estados Unidos, destacando la campaña contra el régimen cubano por parte de Kennedy (la famosa "Operación Langosta"), actualizada una y otra vez por las distintas administraciones norteamericanas; que se puso en marcha también, con variantes, como parte del acoso al régimen sandinista y en apoyo a la "Contra" nicaragüense. Fue en definitiva la táctica predominante durante la Guerra Fría.

Chomsky sostiene que cuando el "lobo feroz" (la URSS) desapareció, hubo que buscar otro, y que fue precisamente Bush *Senior* quien presentó por primera vez a inicios de los noventa el sustituto del demonio "rojo" por el "terrorismo" encarnado ya entonces en primerísimo lugar por Saddam Hussein. Salvo raras excepciones, los más influyentes medios de comunicación norteamericanos (y una parte no despreciable de los europeos) fueron cómplices a la hora de ocultar que Saddam Hussein, hasta poco antes, había sido apoyado militarmente de forma abierta y masiva por Estados Unidos, buena parte de los países de Europa occidental y por la propia URSS durante su cruenta guerra contra Irán. Pero en esa época el puesto de "demonio", de "enemigo número uno", era el régimen de los ayatolás iraníes y no el laico Saddam. Por eso a la mayoría de los medios se le "olvidó" recordar a sus lectores, oyentes y telespectadores que buena parte de esas armas químicas utilizadas por Saddam contra la oposición kurda había sido suministrada precisamente por esos aliados extranjeros con los que contó durante toda la década de los ochenta.

Como parte de la campaña mediática y de propaganda contra Saddam, a partir de su invasión de Kuwait el 2 de agosto de 1990, los mandos del Pentágono se ocuparon de presentar al ejército iraquí como "el cuarto más poderoso del mundo", asegurando que tenía potentes misiles nucleares, búnkeres en el desierto donde se escondían miles de tanques y todo ello apoyado por fotografías de satélites, aviones espías y detallados gráficos.

En la base militar de Dahran, en Arabia Saudita, donde Estados Unidos estableció el mando central de las operaciones de la coalición multinacional contra Saddam Hussein, cientos de enviados especiales de medios de comunicación de todo el mundo recibían ese tipo de información en los diarios *briefing* que ofrecían militares norteamericanos. Ésa era prácticamente la única información con que se contaba, por lo que en casi todo el mundo la información que se repetía machaconamente era la versión oficial del Pentágono. Bagdad, sin los medios ni la capacidad mediática de Estados Unidos, no llegaba más que a hacer conocer al mundo su propio recuento de cómo iba la "madre de todas las batallas", a través de unos burocráticos y también poco creíbles comunicados. Los pocos corresponsales extranjeros que se mantuvieron en Bagdad durante los bombardeos aliados tenían grandes dificultades para transmitir al exterior otra cosa que no fuera el relato de dónde habían sido los bombardeos de la jornada y repetir algún comunicado oficial del gobierno de Saddam. Eso sí, la CNN transmitía en directo diariamente imágenes nocturnas de las balas trazadoras que surcaban el cielo, disparadas por las poco eficaces baterías de defensa antiaéreas iraquíes.

Fue sólo una vez terminada la operación "Tormenta del Desierto" cuando saldría a la luz pública una de las manipulaciones hechas por la CNN. Para ilustrar una información sobre la voladura de pozos de petróleo kuwaitíes por parte de las tropas de Saddam, la cadena estadounidense recurrió a aquellas famosas imágenes de cormoranes empetrolados que ocuparon muchas primeras planas en todo el mundo. En realidad, luego se sabría, cuando se difundieron las imágenes, que esos cormoranes debían llevar ya muertos varios años, porque pertenecían a otros hechos, a otro conflicto bélico, al de la guerra Irán-Irak. Esta manipulación de la imagen dio una idea más de hasta qué punto los espectadores del mundo –y no sólo ellos, también muchos medios de comunicación– podían estar absorbiendo diariamente información totalmente intoxicada, manipulada.

En el caso de la guerra contra los talibanes y Al Qaeda, sin embargo, Estados Unidos se encontró con un inesperado obstáculo: los recursos mediáticos que podía utilizar Osama bin Laden para hacer llegar a todo el mundo sus propios mensajes. La cadena de televisión qatarí Al Jazeera se convirtió en una herramienta vital para el mesiánico líder de Al Qaeda.

El único precedente mundial cercano en el tiempo de imaginativo y eficaz uso de los medios de comunicación por parte de un grupo guerrillero fue el del líder del Ejército Zapatista de Liberación Nacional, el subcomandante Marcos.

Este atípico líder guerrillero tuvo la capacidad y la habilidad para dar a conocer sus comunicados a todo el mundo desde sus remotos refugios de la selva mexicana de Lacandona, a través de una simple computadora y un teléfono satelital.

Ésa fue un arma fundamental con la que contó Marcos para impedir que el Ejército y el Estado mexicano ocultaran tanto las causas del levantamiento armado que tuvo lugar el 1° de enero de 1994 en la región de Chiapas, como el desarrollo posterior de los acontecimientos.

A través de Internet, el EZLN pudo comunicarse con el resto de México y con el exterior. Marcos escribió y recibió numerosas cartas y documentos de intelectuales latinoamericanos, norteamericanos y europeos, así como de los numerosos grupos de solidaridad con la causa zapatista que empezaron a germinar en todo el mundo.

Bin Laden fue aún más allá. Utilizó Al Jazeera para poder fustigar a Estados Unidos y a todos los Estados "infieles", para arengar a sus seguidores en todo el orbe y también para reivindicar atentados cometidos o amenazar con otros nuevos. Pocos días después de iniciarse en octubre de 2001 los bombardeos de Estados Unidos contra sus posiciones y contra el régimen talibán de Kabul, Washington ya daba por seguro que Bin Laden y sus lugartenientes habían quedado sepultados bajo las bombas o que estaban en plena huida. Ahí se produjo la primera aparición de Bin Laden, acompañado de tres de sus principales colaboradores, a través de un video filmado en una zona montañosa, en la que dijo aquella amenazadora frase: "Juro a Dios que Estados Unidos no vivirá en paz hasta que la paz reine en Palestina. Nunca volverá a saber lo que es la seguridad hasta que nosotros no sepamos lo que es la seguridad". Se especuló en ese momento que el mensaje podría haber sido grabado incluso antes de que se iniciaran los ataques de Estados Unidos, pero a ese primer video siguió otro y otro y otro, retransmitidos casi íntegramente en un principio por la CNN y otras importantes cadenas de televisión estadounidenses.

Bin Laden ya había conseguido su objetivo: su mensaje estaba siendo difundido no sólo en árabe a numerosos países a través de Al Jazeera, sino que era su propio gran enemigo el que, a través de sus principales medios de comunicación, le estaba ayudando a multiplicar su audiencia.

La Casa Blanca comprendió que tenía que hacer algo. Por ello decidió, a través de Condoleezza Rice, pedir a las cadenas de televisión que no reprodujeran más esos videos transmitidos por Al Jazeera, argumentando que ellos podrían contener "mensajes cifrados" dirigidos a los seguidores de Al Qaeda en los cinco continentes. El poderoso magnate de multimedia Rupert Murdoch (australiano nacionalizado en Estados Unidos) fue el primero en acoger favorablemente ese reclamo del gobierno, asegurando que todos sus medios de comunicación los vetarían, en aras del "deber patriótico". Pocos días después, Washington volvió a cambiar de táctica y negoció con la cadena de televisión qatarí para que entrevistara y difundiera entrevistas con miembros del gobierno de Estados Unidos. Así, negociaron ser entrevistados por Al Jazeera tanto Colin Powell como Condoleezza Rice y Donald Rumsfeld. Estados Unidos descubría de repente que su gobierno no tenía buena imagen en los países árabes, en el mundo musulmán, y que nunca se había dotado de buenos medios de comunicación para llegar a ellos. La cadena radiofónica La Voz de América estaba ya desde hacía años totalmente desacreditada. En cuestión de días, el Estado otorgó a la mayor cadena radiofónica estadounidense, la Westwood One, de capital privado, una primera ayuda de treinta millones de dólares para lanzar una programación de noticias y música las veinticuatro horas del día en los países árabes más importantes.

Convencido de que los riesgos con Al Jazeera seguían siendo muy grandes, a pesar de las entrevistas a miembros del gobierno pactadas, Bush terminó dando marcha atrás nuevamente, "recomendando" de forma nada sutil a los medios de comunicación de Estados Unidos que limitaran al mínimo la cobertura de los videos, audios y comunicados de Al Qaeda.

El gobierno Bush hizo, sin embargo, una excepción en relación con la divulgación de los videos. En diciembre de 2001 fue la propia Casa Blanca la interesada en que se emitiera por todas las cadenas un video doméstico, supuestamente hallado por sus tropas en una vivienda utilizada por Al Qaeda en Afganistán, en el que se veía a Bin Laden hablando con un interlocutor desconocido en el interior de una vivienda y con una banda sonora casi inaudible (convenientemente subtitulada con una versión en inglés), en la que éste se reía hablando despectivamente de sus propios hombres y llegaba a decir que la mayoría de los terroristas del 11-S ni siquiera sabían que iban a ser kamikazes.

No sólo en el mundo árabe, sino también en muchos países europeos, e incluso en Estados Unidos, se dudó enormemente de la veracidad de la traducción del audio, a cuyo original nadie más que el propio gobierno tuvo acceso. El aluvión de comentarios críticos recibidos obligó a Bush a responder personalmente a las acusaciones de manipulación. El Presidente se limitó a mostrarse airado y a sostener que era "ridículo" que alguien pensara en una manipulación semejante. Pero, de hecho, el video dejó de ser mencionado y explotado por su gobierno para mostrar lo malvado que podía ser Bin Laden incluso con sus propios hombres. Varios de los grandes medios de comunicación norteamericanos pasaron a autocensurarse drásticamente. En el caso de la CNN su dirección emitió una circular interna (firmada por Walter Isaacson) instando a sus enviados especiales que cubrían la guerra de Afganistán, así como a los presentadores y analistas de la sede central, a reducir toda información relativa a los "daños colaterales" producidos por los bombardeos estadounidenses y a enfatizar siempre que éstos eran sólo represalias por los terribles atentados que había sufrido en su propio territorio Estados Unidos el 11-S.[373] La Fox, de Rupert Murdoch, se convirtió en la cadena de televisión norteamericana más belicista. *The New York Times* llegó incluso criticar a la Fox por su falta total de objetividad para informar sobre la guerra. "No habrá *dream team* de abogados para ti, muchacho", llegó a decir el presentador de la Fox News John Gibson en cámara, dirigiéndose a Bin Laden; y su veterano periodista Gerardo Rivera, enviado a Afganistán, aseguraba a los televidentes que si se cruzaba alguna vez en el camino del líder de Al Qaeda, no dudaría en "meterle dos tiros". Otro periodista estrella de la Fox, Bill O'Reilly, dijo en su programa en referencia a Afganistán y los "daños colaterales": "Se trata de un país primitivo. Los alemanes fueron responsables por Hitler. Si no se levantan contra los talibanes... deben morir de hambre. Punto".[374]

Por su parte, el veterano presentador de televisión Dan Rather daba muestra de su carácter "neutral y objetivo" seis días después del 11-S, cuando, durante el *talk show* de David Letterman, dijo con lágrimas en los ojos: "George Bush es el presidente. Tan sólo tiene que decirme dónde alistarme".[375]

La organización Justicia y Objetividad en la Información de Estados Unidos (FAIR) denunció ya en esa época la parcialidad y las graves faltas éticas que podían comprobarse en la información suministrada por buena parte de los medios de comunicación norteamericanos. Uno de sus portavoces, Jim Naureckas, acusaba también a esos medios de ignorar deliberadamente las numerosas protestas callejeras que hubo en Estados Unidos contra la guerra que ya en septiembre de 2001 se veía avecinar, así como el ocultamiento de los actos y manifiestos de sindicalistas e intelectuales norteamericanos.

El Departamento de Estado llegó a intervenir, pocos días después del 11-S, para que la propia radio gubernamental La Voz de América no difundiera una entrevista con el Príncipe de los Creyentes, el mullah Omar.

A pesar de ello, el gobierno estadounidense no pudo impedir que otros medios internacionales, tanto del mundo árabe como de Europa fundamentalmente, siguieran proporcionando a sus lectores o televidentes la "otra versión", la de los propios terroristas. Numerosos medios de comunicación mantuvieron durante meses en sus versiones de Internet amplios documentos sobre la cruzada "Libertad Duradera", en los que, junto con los principales discursos de Bush y otros miembros del gobierno de Estados Unidos, aparecían "colgados" los videos, audios y comunicados de Al Qaeda.

Paradójicamente, en propio suelo de Estados Unidos, al menos 600 mil personas tienen acceso directo a las emisiones de Al Jazeera, fundamentalmente familias musulmanas, a través de canales satelitales. La editora de los informativos de Al Jazeera, Dima Khatib, reivindicó en una ocasión a la radio española Onda Cero[376] que esa cadena "en el mundo árabe, para muchos, es una isla de libertad de expresión en un mar de dictaduras". Al Jazeera, no casualmente, quiere decir en castellano "La isla".

Dima aseguró que en la "CNN árabe no hay autocensura. Si no paso una información es porque creo que no es profesional pasarla, no porque tenga miedo de un gobierno o de perder el trabajo. Tenemos una censura, pero me parece que es muy necesaria: censura de información que puede ser muy confidencial, de imágenes que pueden ser muy brutales o muy feas... Pero sí tenemos toda la libertad. No tenemos nada de tabú".

La BBC recordó en una ocasión[377] que "Estados Unidos no es el primero en sentirse agraviado por la cobertura que ofrece Al Jazeera, que, en el pasado, ha provocado las iras de Argelia, Marruecos, Arabia Saudita, Kuwait y Egipto, por conceder espacio en sus transmisiones a los disidentes políticos". El emir de Qatar confirmó que Estados Unidos había protestado muchas veces por sus transmisiones y que no sólo lo había hecho la administración Bush *Junior* sino gobiernos norteamericanos anteriores.

El hecho de que Al Jazeera fuera ya desde hacía cinco años reconocida como una cadena de innegable profesionalidad, con una gran implantación en el mundo musulmán y que fuera la única que tenía corresponsales fijos en Afganistán, ha impedido que Bush pudiera lograr desacreditarla por transmitir, también, exclusivas sobre Al Qaeda. Muchos olvidan que fue gracias a la cadena qatarí que el mundo entero pudo ver las imágenes de los talibanes destruyendo los Budas gigantes de Bamiyán. En Afganistán Estados Unidos tampoco pudo controlar férreamente el flujo de la información como hizo en Dahran a través de los portavoces del Pentágono, sino que muchos medios pudieron informar a través de sus corresponsales. El Pentágono compró los derechos en exclusiva de las fotos del satélite privado Ikonos, propiedad de Space Imaging, que vendía imágenes a los medios, después de que se vieran las primeras imágenes de los "daños colaterales" provocados por sus bombardeos entre la población civil. Los derechos de compra fueron incluso retroactivos, según aseguraba *The Guardian,* para evitar que algunos medios pudieran utilizarlas. A pesar de hechos como ése, y de la abrumadora campaña mediática lanzada por Washington, la uniformidad de la información se rompió. Preocupado por ese fenómeno inesperado, Bush amplió en Estados Unidos los frentes de su guerra mediática.

Así, tanto se prohibió la transmisión por radio de numerosas canciones que transmitieran algún tipo de mensaje de protesta, por inofensivo que fuera (se llegó a incluir alguna de los Beatles), como se instó formalmente a los productores, distribuidores y directores de la industria de Hollywood a alimentar el patriotismo. James Korris, directivo del Institute for Creative Technologies (ICT), un departamento de la Universidad de Southern California financiado directamente por el Pentágono, mantuvo varias reuniones y videoconferencias con cineastas para asegurarles que tendrían todo el apoyo institucional necesario si hacían películas siguiendo el guión de la Casa Blanca.

El ICT había sido creado precisamente por el Pentágono para proporcionar a las Fuerzas Armadas simuladores informáticos y videojuegos capaces de imaginar posibles situaciones bélicas en las que se viera envuelto Estados Unidos. En la gran pantalla arreció la campaña bélica a través de películas como *Black Hawk Down, When we were soldiers, Hart's War* y *Windtakers,* a las que sin duda seguirán muchas más. Ya se anuncia una de Steven Spielberg, *Ghost Soldiers, Man of War,* con Bruce Willis, y *Fertig,* que tiene como protagonista a Brad Pitt y que está basada en una idea original del mismísimo Ronald Reagan. El director Chuck Workman, ganador de un Oscar en 1986 por un corto titulado *Precious Images*, está realizando a petición directa de la Casa Blanca, a través del asesor de Bush, Karl Rove, un montaje con fragmentos de ciento diez películas estadounidenses con el que se pretende rendir tributo a los valores esenciales de Estados Unidos. La película, que se llamará previsiblemente *El espíritu de Norteamérica*, arranca con el western de 1956 *The Searchers* (*Centauros del desierto*), protagonizada por John Wayne.

The Washington Times[378] dio a conocer también fragmentos de un memorándum interno firmado por Donald Rumsfeld, en el que advertía a todos los funcionarios del Departamento de Estado de la prohibición total de dar a conocer a la prensa documentos clasificados. Rumsfeld aseguraba en él que a través de los interrogatorios a los prisioneros talibanes y de Al Qaeda que se encontraban en la base de Guantánamo se había podido confirmar que la red terrorista seguía con suma atención todas aquellas informaciones "sensibles" filtradas a los medios de comunicación por agentes de los servicios de seguridad o funcionarios del gobierno norteamericano. Ya mucho tiempo antes, pocas semanas después del 11-S, Bush, preocupado por las filtraciones a la prensa de delicadas cuestiones internas, repartió un documento a los miembros de su gobierno, titulado "Revelaciones al Congreso", en el que, en otras cosas, decía que como medida inmediata y "hasta que no reciban de mí una notificación en contra", las informaciones "sensibles" deberían ser transmitidas sólo a ocho políticos en el Capitolio. El grupo elegido eran el presidente del Congreso, el del Senado y los líderes republicanos y demócratas de las dos Cámaras y otros dos parlamentarios de alto rango de los comités de información de las Cámaras.

Ante el miedo de perder la guerra mediática, George W. Bush y Tony Blair acordaron crear una oficina de contrapropaganda, para poder "bombardear" (ésta vez sin explosivos) los medios de comunicación de todo el mundo, con informaciones favorables a la campaña antiterrorista. Para ello se decidió crear los llamados Centros de Información sobre la Coalición, situados en lugares clave, como Washington, Londres e Islamabad, con personal preparado para cubrir los distintos husos horarios mundiales.

El gran creador de esta idea fue un asesor de imagen de Blair, el británico Alastair Campbell. Por otro lado, en agosto de 2002[379] se supo que el Congreso había dotado de un presupuesto de 520 millones de dólares a una nueva oficina destinada a dar "información positiva", sobre todo en países de Cercano Oriente y del Sudeste asiático. Al frente de ese nuevo departamento se puso a Carlotte Beers, ex presidenta de la agencia de relaciones públicas y publicidad J. Walter Thompson Worldwide, quien fue nombrada vicesecretaria de Estado para la Diplomacia Pública, aunque posteriormente fue relevada de ese cargo, al parecer, por los escasos resultados obtenidos.

En el caso de la guerra contra Irak de 2003, la imposibilidad del Pentágono para controlar la información que enviaban los cientos de enviados de medios de comunicación de todo el mundo desplazados a la zona, fue aún más manifiesta y dio lugar incluso a desesperadas acciones militares por parte de militares norteamericanos.

A diferencia de 1991, más de 350 periodistas, fotógrafos y equipos de televisión permanecieron en Bagdad durante todos los bombardeos anglo-norteamericanos, lo que sumado a los grandes avances tecnológicos en materia de comunicación alcanzados en estos doce años, permitió transmitir las informaciones prácticamente en tiempo real.

A excepción de Estados Unidos, donde salvo raras excepciones no se divulgaron las imágenes de los numerosos "daños colaterales" provocados por los bombardeos, con un saldo de cientos, si no de miles, de víctimas civiles, el resto del mundo tuvo posibilidad de ver la otra cara de las "limpias" operaciones militares de Estados Unidos y el Reino Unido.

Los ataques realizados por fuerzas estadounidenses el 8 de abril de 2003, en las postrimerías de la guerra, contra las sedes de Al Jazeera (donde mataron a uno de sus periodistas, Tarek Ayoub) y de la televisión de Abu Dabi, con pocas horas de diferencia del disparo mortal de obús de un tanque de Estados Unidos lanzado contra el Hotel Palestine, en el que murió el camarógrafo de Telecinco (de España), José Couso y el camarógrafo ucraniano de Reuters, Taras Protsyuk, fue una evidencia de la ira del Pentágono con los corresponsales que día tras día venían mostrando los horrores provocados por los bombardeos entre la población civil.

El Pentágono preveía una gran resistencia iraquí en Bagdad y daba por seguro que para doblegarla harían falta bombardeos aún más masivos para tomar la capital iraquí y, consiguientemente, más muertes de civiles. Por ello no se quería tener testigos molestos.

A pesar de reconocer que desde antes del inicio de los ataques se sabía que en el Palestine se albergaban más de 200 periodistas, el Pentágono alegó que la tripulación del tanque que disparó contra el hotel, "respondió en defensa propia ante disparos recibidos desde la zona donde éste se encuentra". La versión fue desmentida al unísono por los representantes de medios de comunicación de todo el mundo que se encontraban en ese momento en su interior y que pudieron comprobar cómo no había habido disparos previos contra la columna de tanques que había entrado en pleno centro de Bagdad.

A pesar de los reclamos de la oposición parlamentaria en España y de los miles y miles de personas que se venían manifestando en las calles contra la guerra, el gobierno no aceptó reclamar una investigación independiente sobre el tema, dando por buena la versión del Pentágono.

La experiencia de llevar cientos de periodistas *empotrados* en las unidades norteamericanas que invadieron Irak desde Kuwait (que no se realizaba desde la guerra de Vietnam), tampoco le permitió al Pentágono controlar la información que éstos transmitían a sus redacciones centrales. A través de sus teléfonos satelitales, éstos pudieron transmitir en tiempo real lo que estaba sucediendo en los frentes de batalla, cómo los soldados estadounidenses aplicaban la política del "gatillo fácil" contra todo civil que se acercaba a sus posiciones y que les resultara ligeramente sospechoso. Los mandos militares llegaron a expulsar de Irak a uno de los corresponsales "estrella" de la misma Fox, por informar en directo dónde estaba situada la unidad a la cual acompañaba. En determinado momento se les prohibió utilizar los teléfonos Thuraya, de origen árabe, aduciendo razones de "seguridad". En los últimos días de la guerra, Julio Anguita Parrado, de *El Mundo*, y Christian Liepig, del semanario alemán *Focus*, y dos soldados norteamericanos, murieron a quince kilómetros de Bagdad, mientras se encontraban en el Mando Táctico de la Segunda Brigada de la Tercera División del Ejército de Estados Unidos, en un ataque con misiles que, según el Pentágono, había sido lanzado por las ya exhaustas fuerzas iraquíes. Tal versión resultó al menos sospechosa, dado que habría sido el primer misil iraquí disparado en toda la guerra que alcanzaba de lleno su objetivo. Esto dio lugar a pensar que en realidad se podría haber tratado de un ataque de "fuego amigo" que, al haber dos víctimas de medios extranjeros, se habría querido ocultar, endosándoselo a las fuerzas de Saddam.

Es de prever que en los futuros conflictos bélicos en los que se embarque Estados Unidos adoptará aún más medidas de precaución para evitar seguir perdiendo el control sobre los informadores, como sucedió en esta nueva guerra de Irak.

LOS MISTERIOS DEL ÁNTRAX

No fue ajeno a la guerra mediática el uso que inicialmente hizo el gobierno Bush de los misteriosos envíos con sobres conteniendo esporas de ántrax (carbunco) en polvo, que provocaron la muerte de al menos cinco personas en Estados Unidos.

Pocos días después del 11-S tenía lugar el primer ataque bioterrorista de este tipo, dirigido contra la empresa de publicaciones American Media, en Florida, seguido en los días posteriores por envíos potencialmente letales en Nueva York y Pakistán, contra políticos y medios de comunicación, aunque algunas de las víctimas terminaron siendo empleados de las oficinas de correos que manipularon los sobres.

El gobierno insinuó enseguida que se trataba de un nuevo medio terrorista utilizado por la red Al Qaeda, y ya entonces algunos sembraron sospechas de que Saddam Hussein fuera quien realmente estaba detrás de ellos. El pánico cundió en Estados Unidos y luego se repartió por todo el mundo. Los extraños sobres extendieron aún más el clima de histeria, pánico y sentimiento de total vulnerabilidad que impregnó todo tras los atentados del 11-S.

Grandes multinacionales de medicamentos consiguieron pingües beneficios al encargarle el gobierno de Estados Unidos la producción inmediata de millones de unidades de antídotos (el antibiótico Cipro fundamentalmente) para poder frenar lo que ya se creía sería el comienzo de una campaña bioterrorista a gran escala. A partir de este fenómeno, también se comenzó a revisar y aumentar los almacenamientos de antídotos para otros agentes biológicos, como la viruela, posibles de ser manipulados con fines de exterminio por grupos terroristas. Pronto saldrían mil especulaciones sobre los distintos métodos que podrían utilizar los hombres de Al Qaeda para aniquilar poblaciones enteras de Estados Unidos y el mundo occidental en general.

El hecho de que varios de los terroristas kamikazes del 11-S hubieran aprendido a pilotar aviones en escuelas norteamericanas hizo pensar que pudieran utilizar avionetas especializadas en la fumigación de campos para esparcir productos biológicos letales sobre ciudades enteras. La tensión que se respiraba en esa fecha contribuyó no poco a que el gobierno estadounidense y sus principales aliados en el mundo justificaran represalias militares drásticas contra los talibanes, Al Qaeda y todos los grupos terroristas. Todos estaban bajo sospecha de ser los autores de la que se anticipaba como la primera guerra biológica del siglo XXI.

Sin embargo, tras algunas semanas de gran incertidumbre, en las que los servicios de seguridad no obtenían ninguna pista fiable sobre los autores de los ataques –o que al menos no difundían sus conclusiones– el tema comenzó a desaparecer gradualmente de las primeras páginas de la prensa norteamericana y mundial. ¿La razón? Los científicos habían llegado a la conclusión de que las esporas de ántrax enviadas en los sobres no provenían de laboratorios de países enemigos o de grupos terroristas extranjeros, sino de los propios almacenes de armas biológicas del Ejército de Estados Unidos. Las pistas de quien había intentado matar al periodista de la NBC Tom Brokaw y a los senadores Tom Daschle y Patrick Leahy, del ala izquierda del Partido Demócrata, conducían al Instituto de Investigación Médica de Enfermedades Infecciosas del Ejército norteamericano (USAMRIID), situado en Fort Detrick, en Maryland. Algún científico se atrevió a declarar que las esporas no tenían una antigüedad de más de dos años. Esto hacía descartar la posibilidad de que pudieran haber sido robadas muchos años antes. La situación es embarazosa para el gobierno Bush. Ésta sería una de las grandes evidencias de un secreto a voces: que lejos de cesar en sus experimentos con armas biológicas en 1970, cuando se firmó la Convención Internacional contra el Desarrollo de Armas Químicas y Biológicas, Estados Unidos, a través del Ejército y de la misma CIA, había seguido trabajando en ese programa.

Todo parecía indicar que sólo un experto que hubiera trabajado en los programas secretos de dicho instituto y que estuviera vacunado contra el ántrax podría haber sido el autor de los ataques, o al menos el que lo hubiera suministrado a quien hubiera enviado los sobres.

A partir de esa filtración a través del mundo científico, que no pudo ser bloqueada por el gobierno norteamericano, se produjo un inmediato apagón informativo. Esa constatación podía convertirse rápidamente en un bumerán contra la administración Bush si alguien quería realmente hacerla explotar. Pero en los inicios de la cruzada antiterrorista mundial, cuando toda crítica a Estados Unidos, el país "víctima", era contenida, ante el riesgo de ser tachada de cómplice de los terroristas, nadie intentó utilizarla políticamente.

Nueve meses después de los primeros envíos de esporas de ántrax por correo, las arduas investigaciones del FBI y de otras agencias de seguridad no arrojaban, supuestamente, ninguna pista sobre el o los autores de los ataques. En junio de 2002, una senadora demócrata radical, Barbara Boxer, se atrevió a romper el consensuado muro de silencio. "Antes de hablar de su reorganización, el FBI debe volcarse a fondo en este caso y capturar al asesino", dijo. Después de ella, otros pocos congresistas demócratas y varios científicos se atrevieron a sumarse a las denuncias. El FBI no se dignó responder a tales acusaciones. Por último la prensa comenzó, tímidamente, a sacar los primeros comentarios críticos sobre el tema. *The New York Times* publicó un editorial[380] en el que lanzaba sospechas de que el FBI estuviera ocultando información porque sus investigaciones lo pudieron haber llevado hasta un personaje, de nacionalidad estadounidense, y no de un país árabe, con estrechas vinculaciones tanto al Departamento de Estado como a la CIA y al programa de biodefensa de Estados Unidos.

Algunas de las más poderosas organizaciones defensoras de las libertades públicas de Estados Unidos, al igual que asociaciones de científicos, como la Federación de Científicos Norteamericanos (FAS), arreciaron con sus críticas. Barbara Rosenberg, directora del grupo de trabajo sobre armas biológicas de la FAS, sostuvo que dada la experiencia que se requería para adaptar el ántrax de manera que pudiera ser enviado por correo, el núcleo de científicos sospechosos se reducía a un número "no superior a la decena".[381] La doctora Rosenberg denunciaba en esas declaraciones a *El País* que días antes de que se conociera el primer envío de sobres con ántrax, la policía militar de la base naval de Quantico había recibido un anónimo en el que se acusaba al científico egipcio-norteamericano Ayaad Assad de preparar un ataque bioterrorista. El autor del anónimo demostraba familiaridad con el USAMRIID y aseguraba haber trabajado en ese instituto del Ejército junto al doctor Assad. Sin embargo, la investigación –si la hubo– sobre esa carta la habría llevado a cabo un equipo del FBI distinto del que luego trabajaría sobre el ántrax, los que seguían las pistas del 11-S, por un tema burocrático, por una "división de tareas".

La doctora Rosenberg llegó a decir que tampoco debía descartarse que el FBI estuviera ocultando, por tener intereses comunes, al grupo de científicos dedicado a la defensa biológica norteamericana. Y cita incluso una preocupante declaración hecha supuestamente por un antiguo comandante de la USAMRIID, David Franz: "Desde el punto de vista biológico o médico, tenemos ahora que cinco personas han muerto, pero hemos engordado con unos 6.000 millones de dólares nuestro presupuesto de Defensa contra el bioterrorismo".[382]

Poco después se sabría igualmente que el FBI había registrado la vivienda de otro científico que había trabajado con Assad en la USAMRIID, Steve Hatfill, un misterioso hombre que años antes había hecho escandalosas declaraciones a la prensa hablando del gran peligro que suponía para Estados Unidos el bioterrorismo. Según la doctora Rosenberg –publicaba *Libération*–[383], Hatfill participó en 1999 en un estudio sobre "la probabilidad de un ataque con ántrax por correo". En este periódico se aseguraba además que Hatfill estuvo destinado varios años en Sudáfrica y que se lo vinculaba también en algunos medios a operaciones encubiertas realizadas por el Ejército norteamericano en los años setenta en Rhodesia (actual Zimbabwe), en complicidad con el gobierno racista de ese país, en las que se habría dispersado la bacteria del ántrax, provocando una epidemia que afectó a miles de personas de color.

El propio Hatfill ofreció en más de una ocasión ruedas de prensa para desmentir todas las acusaciones vertidas contra él, asegurando ante los medios de comunicación que el FBI estaba haciendo de él un chivo expiatorio. La importancia de las sospechas existentes sobre el entramado de científicos ligados a los programas de guerra y defensa biológica de Estados Unidos permite presumir que tardará mucho tiempo en saberse la verdad sobre esos polémicos sobres de polvo blanco... si es que alguna vez se llega a conocerse.

Notas

1. Mahfuz, calificado por los servicios de seguridad estadounidenses durante años como el más poderoso banquero de Cercano Oriente, fue acusado en Estados Unidos de fraude fiscal en 1992, durante la crisis del BCCI, en la que se destapó el blanqueo de dinero y las transferencias que se realizaban a través de esa entidad para compra-venta de armas y de drogas a nivel mundial. Mahfuz aceptó pagar miles de millones de dólares de indemnización a los perjudicados.
2. Más información de las relaciones de George W. Bush con el Binladin Group, en Jean-Charles Brisard y Guillaume Dasquié, *Forbidden Truth, US-Taliban Secret Oil Diplomacy and the Failed Hunt for Bin Laden*, de Thunder's Mouth Press/Nation Books, Nueva York, 2002; en Rosa Townsend, "La azarosa aventura empresarial de George W.", *El País*, 14/7/02, y archivo del *Washington Post* y *Wall Street Journal*.
3. Thomas L. Friedman en *The New York Times*, 16/12/00.
4. http://eforms.irs.gov/pac_list.asp?irs_packey=742966394. Más información en la web del Equipo Nizkor, http://www.derechos.org y en el periódico *Clarín*, Buenos Aires, 16/8/02.
5. Carlos Fresneda en *El Mundo*, 13/3/01.
6. Mark Crispin Miller, *The Bush Dyslexicon, Observations on a National Disorder*, Norton, Nueva York, 2001.
7. Ibíd. Más desaciertos y anécdotas de los Bush en *Bushisms: President George W. Bush, In His Own Words"*, Workman, Nueva York, 1992.
8. Jacob Weisberg, *More George W. Bushisms*, Fireside, Nueva York, 2002.
9. Ibíd.
10. Fragmento de la entrevista del 13/12/99 reproducida en el libro de Mark Crispin Miller, *The Bush Dyslexicon, Observations on a National Disorder*, op. cit.
11. Encuesta publicada en *Time* del 22/1/93.
12. *The Washington Post*, 21/6/94.
13. Tribuna de opinión de Anthony Lake en *El País*, 31/10/93.
14. "Clinton republicano", *El País*, 26/1/95.
15. *El Mundo*, 25/1/96.
16. "¿Podrá Bush continuar la actuación de Clinton?", de James Petras en *El Mundo*, 19/1/01.

[17] *El País,* 20/10/94.

[18] *Time,* 31/10/94.

[19] *International Herald Tribune,* 21/2/96.

[20] Artículo de Martin Walker reproducido en *El Mundo* el 30/11/95.

[21] Ibíd.

[22] *El País,* 3/12/95.

[23] Artículo de Bill Clinton, en *El Mundo,* 4/12/95.

[24] "L'Amerique et la diplomatie du négoce", artículo de Laurent Zecchini, en *Le Monde,* 2/8/95.

[25] Gore Vidal, *Perpetual War For Perpetual Peace, How We Got To Be So Hated,* Thunder's Mouth Press/Nation Books, Nueva York, 2002.

[26] Noam Chomsky, *11/09/2001,* RBA, Barcelona, 2001.

[27] "Estados Unidos, líder por decisión y destino", artículo de George W. Bush en *El Mundo,* del 7/11/2000.

[28] Ibíd.

[29] Miembro del Institute for Policy Studies (Washington D.C.) y del Transnational Institute (Amsterdam) en *De Nueva York a Kabul,* Anuario del CIP, 2002.

[30] "Líder por decisión y destino", art. cit. de George W. Bush.

[31] "Rule of Power or Rule of Law? An Assessment of US Policies and Actions Regarding Security-Realted Treaties", documento elaborado por el Institute for Energy And Environmental Research (IEER) y el Lawyers' Commitee on Nuclear Policy (LCNP), Estados Unidos, abril de 2002, consultable en http://www.ieer.org/reports/treaties.

[32] Ibíd.

[33] Ibíd.

[34] "Les États-Unis sapent le droit international", de Phyllis Bennis, en *Le Monde Diplomatique,* diciembre de 1999.

[35] Ibíd.

[36] Richard N. Gardner, *La diplomacia del Dólar y la Esterlina,* Galaxia Gutenberg, Barcelona, 1994.

[37] Ibíd.

[38] "Rule of Power or Rule of Law? An Assessment of US Policies and Actions Regarding Security-Realted Treaties", art. cit.

[39] "Estados Unidos, líder por decisión y destino", art. cit. de George W. Bush.

[40] *Le Monde Diplomatique,* edición francesa, julio de 2002.

[41] Robinson O. Everett, en "American Servicemembers and the ICC", de la American Academy of Arts & Sciences, www.amacad.org.

[42] Ibíd.

[43] "Song-My: une massacre, pas un combat", artículo de Jacques Amalric, en *Le Monde,* 19/11/70.

[44] Más información sobre Powell en aquella época, en "Questions for Po-

well", artículo de David Corn, *The Nation* del 8/6/01; http://www.thenation.com/ doc.mhtml?i=20010108&s=corn.

[45] Robinson O. Everett, en art. cit.

[46] Declaraciones de Reagan del 18 de junio de 1985, citadas por Enrique Yeves en *La contra, una guerra sucia,* Ediciones B, 1990.

[47] Para más información ver "El escándalo Irán-Contra y su significación para los Estados Unidos", de Robert Mathews, en *Anuario sobre armamento 1987/88,* publicado por Editorial Debate y el Centro de Investigaciones para la Paz, Madrid.

[48] Crónica de Nacho Sevilla, corresponsal en Nueva York de Europa Press, teletipo del 6/5/02.

[49] *El País,* 8/5/02.

[50] Artículo de Evelyn Leopold, agencia Reuters, 20/6/02.

[51] Ibíd.

[52] Agencia AFP del 20/6/02.

[53] Ibíd.

[54] La Declaración del Milenio es el nombre que se dio a la Resolución 55/2 aprobada por la Asamblea General de la ONU el 8 de septiembre de 2000.

[55] Agencia France Press.

[56] La "Operación Cóndor" fue el nombre con el que se creó secretamente en Chile en 1975 una coordinadora de los Servicios de Inteligencia de las Fuerzas Armadas del Cono Sur de América latina, para secuestrar o asesinar fuera de sus fronteras a miembros de la oposición. Más información en *El caso Pinochet y la impunidad en América Latina,* de Roberto Montoya y Daniel Pereyra, Pandemia, Argentina, 2000.

[57] "Climat: Bush jette un froid", artículo de *Le Point,* del 6/4/01.

[58] En el artículo "Estados Unidos reconoce los daños que causará el cambio climático", por Carlos Fresneda, en *El Mundo* del 4/6/02.

[59] Ibíd.

[60] "Isolated on Global Warming", *The New York Times,* 24/7/01.

[61] "Bush & Global Warming", editorial de *The Nation,* 10/12/01.

[62] Más información en http://www.medioambiente.gov.ar/acuerdos/convenciones/basilea/baselconv.htm, y en http://www.ban.org.

[63] Igor Ivanov, en su libro *La nueva diplomacia rusa,* Alianza Editorial, Madrid, 2002.

[64] Ibíd.

[65] Más información sobre todas las negociaciones y tratados firmados sobre control de misiles y armamento nuclear entre la URSS y Estados Unidos, en http://fas.org.

[66] Tribuna de Opinión de Colin Powell, en *El Mundo,* 1/6/02.

[67] Ibíd.

[68] Ibíd.

[69] Daniel Utrilla, "Pacto militar con Moscú", *El Mundo*, 15/5/02.

[70] Artículo de Carlos Yarnoz desde Bruselas, *El País*, 4/6/02.

[71] *The New York Times*, 12/5/02.

[72] "Rule of Power or Rule of Law? An Assessment of US Policies and Actions Regardind Security-Realted Treaties", dto. cit., consultable en http://www.ieer.org/reports/treaties.

[73] "Adiós a las armas", campaña para el control de las armas ligeras, en la dirección electrónica de Amnistía Internacional: http://www.ai.es/camps/ar-mas/default.shtm. Ver también en la dirección de la Cátedra Unesco sobre Pau i Drets Humans - Escola de Cultura de Pau: http://www.pangea.org.

[74] Más información en SIPRI (Stockholm International Peace Research Institute) Yearbook 1987, *World Armaments and Desarmament*, Oxford University Press, Nueva York, 1987.

[75] Isabel Piquer en *El País*, del 2/11/01, pág. 16.

[76] "Washington desmantela la arquitectura internacional de seguridad", en *Le Monde Diplomatique*, edición francesa, julio de 2002.

[77] Miembro del Institute for Policy Studies de Estados Unidos, en su libro *Before & After; US Foreign Policy and the september 11th. Crisis*, Olive Branch Press, Nueva York, 2002.

[78] Más información en *El Mundo*, 21/3/02.

[79] *El Mundo*, 23/3/02.

[80] *El País*, 7/11/01.

[81] César González Calero, *El Mundo*, 23/3/02.

[82] Artículo de Gustavo Catalán Deus, *El Mundo*, 24/8/02.

[83] José Bové y François Dufour, *Le monde n'est pas une marchandise. Des paysans contre la malbouffe*, La Découverte, París, 2000.

[84] Ibíd.

[85] "Ofensiva estadounidense para imponer los organismos genéticamente modificados", por Susan George, *Le Monde Diplomatique*, mayo de 2002.

[86] Ibíd.

[87] Del *International Trade Reporter*, vol. 19, N° 2 del 10-1-2002, citado por Susan George en artículo citado.

[88] A la Cumbre de la Alimentación que tuvo lugar en Roma en junio de 2002 sólo asistieron dos de los 183 jefes de Estado cuyos países pertenecen a la FAO. Ellos eran el primer ministro italiano, Silvio Berlusconi, en su carácter de representante del país huésped del encuentro, y José María Aznar, como representante de la Unión Europea durante la presidencia española de la misma. El secretario de la ONU, Kofi Annan, recriminó a los países ricos por no haber cumplido ninguna de las metas fijadas para reducir drásticamente el hambre en el mundo. Por su parte, el director general de la FAO, el senegalés Jacques Diouf, denun-

ció que los países ricos han reducido en un 50 por ciento su ayuda a los países del Tercer Mundo y que mientras que la UE como Estados Unidossubvencionan con generosidad a sus propios agricultores, sólo destinan un uno por ciento de sus inversiones en los países en vías de desarrollo al sector agropecuario.

[89] *Courrier International*, 6/3/02.

[90] *The Wall Street Journal*, 5/3/02.

[91] Ibíd.

[92] *The Financial Times*, 5/3/02.

[93] Teletipo de France Press, 21/6/02.

[94] *The Financial Times*, 5/3/02.

[95] *The Economist*, Londres, primera semana de abril de 2002.

[96] Entrevista a Condoleezza Rice, CBS, 29/7/01.

[97] Palabras de Richard Perle recogidas por Enric González en el especial de *El País* "La primera gran crisis del siglo", art. cit.

[98] "El Gabinete de guerra de Bush", de Enric González, en *Temas*, "La primera gran crisis del siglo"; http://www.elpais.es/temas/crisis_eeuu/ menua/a1/gabinetecrisis.html.

[99] Entrevista de Pascal Riche a Colin Powell en *Liberation*, edición de fin de semana, sábado 18-domingo 19 de junio de 2002.

[100] *Global Trends* 2015: "A dialogue about the future with non government experts", consultable en el sitio web de la CIA: http://www.odci.gov/cia/publications/pubs.html.

[101] *Tempo Exterior* N°2, segunda etapa, vol. II, Xaneiro-Xuño 2001, artículo de Fernández Pérez-Barreiro Nolla.

[102] "Estados Unidos no se pregunta en qué se equivoca", del catedrático Antonio Remiro Brótons, en la revista *Política Exterior* de enero/febrero de 2002, pág. 111.

[103] Una foto de Bush en el Air Force One del 11-S hablando por teléfono con Cheney fue utilizada por el Partido Republicano en mayo de 2002 en un tríptico para sus actos de recaudación de fondos para la campaña electoral de noviembre de ese año. Cada una de esas copias valía 160 dólares. El Partido Demócrata criticó la utilización de esa foto con fines electoralistas, sosteniendo que los republicanos buscaban "capitalizar con uno de los momentos más trágicos de la historia de nuestra nación".

[104] "Fighting Back, the War on Terrorism from Inside the Bush White House", de Bill Sammon, corresponsal del *Washington Times* en la Casa Blanca, Regnery Publishing, Inc., Washington DC, 2001.

[105] *The New York Times* y *The Washington Post* del 12/9/01, como la mayoría de los grandes medios, criticaron el vacío de poder existente tras los ataques terroristas de la mañana del 11 de septiembre.

[106] En http://www.whitehouse.gov/news/releases/2001/09/20010911-16.html.

[107] *Newsweek*, 31/12/01 a 7/1/02.

[108] Ver en http://www.whitehouse.gov/news/releases/2001/09/20010912-4.html.

[109] *The Washington Post*, 1/3/02.

[110] www.fema.gov.

[111] Las órdenes presidenciales fueron instituidas a principios del siglo XX en Estados Unidos, como facultades que puede asumir el presidente en caso de guerra o en emergencias de gran gravedad y con las cuales se puede eludir el control del propio Congreso.

[112] Ver en http://www.un.org.

[113] Artículo de Phyllis Bennis, en op. cit., *De Nueva York a Kabul*, Anuario C.I.P. 2002.

[114] Ibíd.

[115] El pasaje completo del artículo 51 de la Carta de Naciones Unidas referente a este tema dice: "Ninguna disposición de esta carta menoscabará el derecho inmanente de legítima defensa, individual o colectiva, en caso de ataque armado contra un miembro de Naciones Unidas, hasta que el Consejo de Seguridad haya tomado las medidas necesarias para mantener la paz y seguridad internacionales. Las medidas tomadas por los miembros en ejercicio del derecho de legítima defensa serán comunicadas inmediatamente al Consejo de Seguridad, y no afectará en manera alguna la autoridad y responsabilidad del Consejo conforme a la presente Carta para ejercer en cualquier momento la acción que estime necesaria con el fin de mantener o restablecer la paz y la seguridad internacionales".

[116] "El derecho internacional como alternativa a la fuerza armada", artículo de Joana Abrisketa, investigadora del Instituto de Derechos Humanos Pedro Arrupe de la Universidad de Deusto, Bilbao, en *De Nueva York a Kabul*, Anuario CIP 2002.

[117] La Resolución 1373 aprobada por el Consejo de Seguridad el 28 de septiembre de 2001 por unanimidad, complementa la 1368 con una serie de medidas sobre intercambio de información en materia de terrorismo y para impedir actividades financieras de grupos terroristas. Texto completo en http://www.un.org/News/Press/docs/2001.

[118] Artículo de Antonio Remiro Brotóns, en *Política Exterior*, 85, enero/febrero de 2002, pág. 118.

[119] Tratado del Atlántico Norte, firmado en Washington el 4 de abril de 1949.

[120] "La decisión de ayudar a Estados Unidos y aceptar sus peticiones fue adoptada de manera unánime y rápidamente", dijo Robertson en rueda de prensa en Bruselas el 4/10/01. "Será Estados Unidos quien ejercerá el liderazgo de la operación.".

[121] "Los aliados están comprometidos a apoyar el liderazgo de Estados Unidos en su lucha contra el terrorismo", dijo por su parte el primer ministro británico, Tony Blair, el 5/10/01.

[122] Ibíd.

[123] La asamblea más representativa de las distintas tribus y clanes afganos. En su cumbre de junio de 2002 participaron 1.600 delegados.

[124] Ana Romero, "De Bush a Bush", *El Mundo,* 27/12/01.

[125] "Religious Right Finds its Center in Oval Office", por Dana Milbank, en el *Washington Post* del 24/12/01, citado por Thierry Meyssan en *La gran impostura,* La Esfera de los libros, Madrid, 2002.

[126] Citado en el artículo de Carlos Fresneda, "El reto que cambió a George W. Bush", art. cit.

[127] Ibíd.

[128] *The New York Times,* del viernes 21 de septiembre, http://www.nytimes.com.

[129] Ibíd.

[130] Encuesta de la cadena de TV norteamericana ABC y *The Washington Post,* del 21/9/01. El 63% de los encuestados se mostró partidario de llevar a cabo "una amplia guerra contra los terroristas y los países que los cobijan". En otra encuesta paralela de la revista *Time* y de la CNN, el 55% de los estadounidenses se mostraron a favor de una "invasión terrestre" a Afganistán, y el 81 por ciento aceptaba "el asesinato de los líderes responsables de las masacres de Nueva York y el Pentágono".

[131] *La gran impostura,* op. cit.

[132] *Tagesspiegel,* 13/1/02.

[133] *El País,* 6/4/02.

[134] *Le Figaro,* 31/10/01.

[135] Ver web del Departamento de Estado: http://usinfo.state.gov.

[136] Ibíd.

[137] *The New York Times,* 21/9/02.

[138] *11/09/01,* RBA, diciembre de 2001.

[139] Ver "Universalism and the West", *Harvard International Review,* verano de 2001.

[140] Más información en artículo de Ed Vulliamy, Henry Mc Donald, Shyan Batia y Martin Bright, en *The Observer,* Londres, 23/9/98.

[141] En *The Guardian,* 2/10/01.

[142] *The Financial Times,* del 8/9/98, citado por N. Chomsky en op. cit.

[143] *The Observer,* 30/9/01.

[144] *Forbidden Truth, US-Taliban secret oil Diplomacy and the failed hunt for Bin Laden,* Thunder's Mouth Press/Nation Books, Nueva York, 2002.

[145] Informe del Departamento de Estado, op. cit.

[146] Véase en el web del Departamento de Estado el Informe sobre organi-

zaciones terroristas extranjeras, "Designaciones de la Secretaría de Estado", octubre de 1999 en: http://uninfo.state.gov.

[147] Artículo de Michael Moss, en *The New York Times*, 28/10/01.

[148] *Der Spiegel*, Berlín, 1/10/01.

[149] Ibíd.

[150] Artículo de William Rivers Pitt, "Let There Be Light", *Truthout Issues*, http://www.trhutout.com.

[151] Thierry Meyssan, op. cit.

[152] Arundhati Roy, "La guerra es paz", *El Mundo*, 26/10/01.

[153] Michael Moss, art. cit.

[154] "The New Threat o Mass Destruction" de Richard K. Betts (enero/febrero de 1998), consultable en el web de la revista *Foreign Affairs*: http://www.foreignaffairs.org/home/terrorism.asp.

[155] "Catastrophic Terrorism:Tacling the New Danger", de Ashton Carter, John Deutch, y Philip Zelikow (noviembre/diciembre, 1998), sitio web citado.

[156] "Keeping America's Military Edge", de Ashton B.Carter, *Foreign Affairs Magazine*, enero/febrero, 2001.

[157] Stephen E. Flynn, *Beyond Border Control* (noviembre/diciembre, 2000), en el web de *Foreign Affairs*.

[158] *The Washington Post*, 18/5/02.

[159] Enric González en "Qué sabía el presidente y cuándo lo supo", *El País*, 19/5/02.

[160] Charles Joseph Bonaparte, nieto de Napoleón, fue ministro de Justicia durante la administración de Theodor Roosevelt. Originalmente la organización se llamó Bureau of Investigation, cambiando su nombre en 1935 por el que aún conserva, el Federal Bureau.

[161] El nombramiento por parte de Bush de John Ashcroft como nuevo fiscal general de Estados Unidos fue el más polémico de todos los altos cargos designados por el presidente norteamericano. El reverendo Jesse Jackson junto a otras personalidades representativas de la comunidad negra y otros líderes defensores de los derechos humanos, el movimiento gay y buena parte de los parlamentarios demócratas, lanzaron una campaña en contra del nombramiento de Ashcroft. Ashcroft, hasta ese momento senador por Missouri, era ya muy conocido por la opinión pública estadounidense por su declarado racismo y homofobia.

[162] C. Fresneda en *El Mundo*, 30/5/02.

[163] *The New York Times*, 2/6/02.

[164] Más información en *The New York Times*, 2/6/02.

[165] "Le Gran Dossier FBI-CIA, L'Echec", de *Le Monde*, 16-17/6/02.

[166] Hoover dirigió el FBI desde 1924 hasta 1971, y murió en 1972. Se lo acusó de contactos con la Mafia, de estar detrás del asesinato de Martin

Luther King y de chantajear a numerosas personalidades con las miles de fichas y grabaciones clandestinas que ordenaba realizar. Muchos años después, el "asesor de seguridad" del presidente peruano Alberto Fujimori, Vladimiro Montesinos, haría algo similar con los famosos vídeos que grababa. Un libro recomendable sobre la vida secreta de J. Edgar Hoover es el de Anthony Summers, *Oficial y confidencial*, Anagrama, Barcelona, 1995.

[167] A. Summers, op. cit.

[168] Paul Kennedy, "Bush, el servicio de inteligencia y Pearl Harbor", *El País*, 13/6/02.

[169] Ibíd.

[170] *La gran impostura*, op. cit.

[171] *Oficial y confidencial*, op. cit.

[172] *Newsweek*, 3/6/02.

[173] www.nsa.gov.

[174] Julio A. Parrado, *El Mundo*, 21/6/02.

[175] *The Miami Herald*, 7/2/02.

[176] Entrevista al presidente egipcio, Hosni Mubarak, en *The New York Times*, 4/6/02.

[177] *The Sunday Times*, 9/6/02.

[178] *The Independent*, 7/9/02.

[179] La irlandesa Mary Robinson se negó a renovar su mandato de alta comisionada para los Derechos Humanos después de septiembre de 2002, argumentando cómo la lucha antiterrorista estaba "secuestrando" los cometidos de su trabajo y estaba sirviendo de justificación en muchos países para violar los derechos más elementales.

[180] "Los derechos humanos, ensombrecidos por el 11-S", Mary Robinson, en *El País*, 4/7/02.

[181] Ibíd.

[182] Teletipo de Europa Press, 30/1/02.

[183] "Indignación en Gran Bretaña por el trato que Estados Unidos dispensa a los presos de Guantánamo", artículo de Irene Hernández Velasco, *El Mundo*, 21/1/02.

[184] Entrevista a Kenneth Roth, director ejecutivo de Human Rights Watch, de Silvia Román, *El Mundo*, 25/1/02.

[185] Teletipo de Reuters, del 21/7/02.

[186] "Detention, Treatment, and Trial of Certain Non-Citizens in the War Against Terrorism", texto íntegro en www.fas.org/sgp/news/2001/11/bush111301.html.

[187] Entrevista a Richard Armitage, secretario de Estado adjunto, en *Le Monde*, 24/1/02.

[188] *The New York Times*, 22/1/02.

[189] Teletipo de AFP, 23/1/02.

[190] Reproducido en el artículo de Pascal Riché, "Justice d'exception à l'americaine", *Libération*, 16/12/01.

[191] "Après six mois à Guantanamo, les détenus toujours dans un vide juridique", artículo de Brigitte Dusseau, *AFP*, 10/7/02.

[192] "Guantánamo: trato inhumano a los vencidos", por Olivier Audeoud, profesor de la Facultad de Derecho de la Universidad París X-Nanterre, en *Le Monde Diplomatique*, edic. española, abril de 2002.

[193] En http://www.hrv.org/campaigns/september11. Más información en www.crimesofwar.or y en www.asil.or/insights.

[194] *Sunday Telegraph*, 24/2/02.

[195] Declaraciones reproducidas en *Libération*, 16/12/01.

[196] Artículo de William Safire en *The New York Times*, 27/11/01.

[197] "Acabar con el terrorismo se ha vuelto más difícil", artículo de James Orenstein, *El Mundo*, 8/12/01.

[198] "U.S. vs. Lindh, Round 1", artículo de John Cloud, *Time*, 4/2/02.

[199] "Unlimited powers?", artículo del *Herald International Tribune*, 9/8/02.

[200] *Perpetual War for Perpetual Peace*, Thunder's Mouth Press/Nation Books, Nueva York, 2002.

[201] "Desaparecidos en la tierra de la libertad", artículo de Meritxell Mir, *El Mundo*, 16/6/02.

[202] *The Washington Post*, 10/7/02.

[203] "Pakistanis Tell of US Prison Horror", BBC, 20/6/02; citado en *United States, Presumption of Guilt: Human Rights Abuses of Post-september 11 Detainee*, agosto de 2002.

[204] "Declaration on the Protection of All Persons from Enforced Disappearances", resolución aprobada por la Asamblea General de la ONU el 18 de diciembre de 1992.

[205] "Les Arabes d'Amérique dénoncent des discriminations croissantes", artículo de Eric Lesser, *Le Monde*, 18/1/01.

[206] Declaraciones de John Ashcroft ante el Senate Judiciary Committee, 6/12/01.

[207] "United States; Presumption of Guilt: Human Rights Abuses of Post-september 11 Detainees", Human Rights Watch, agosto de 2002.

[208] "Now the talk is about bringing back torture", artículo de Henry Porter, *The Observer*, 11/11/02.

[209] Citado en "This dangerous patriot's game", artículo de Patricia J. Williams, profesora de Derecho de la Universidad Columbia de Nueva York, en *The Observer* del 2/12/01, www.observer.co.uk/libertywatch.

[210] *El Mundo*, 12/11/01.

[211] "All in the Name of Security", de Bruce Shapiro, *The Nation Magazine*, 22/10/01.

[212] Ver las condiciones para ser agente de la CIA ampliamente detalladas en el web de la agencia: www.cia.gov.

[213] Información oficial en el web del Fema: www.fema.gov.

[214] Ibíd.

[215] "Dramatic overhaul of law ordered", en "Liberty Watch", especial de *The Observer* del 7/10/01, en www.observer.co.uk/libertywatch/story/0,1373,564879,00.html.

[216] "Civil liberties are a Communist front: the MI5 letter", *The Observer*, 6/1/02.

[217] "Afganistán", de Manuel Coma, en *Cuadernos del Mundo Actual*, número 85, Madrid, 1995.

[218] Abundante información sobre el origen y las actividades del "Safari Club", en John K.Cooley, *Guerras profanas, Afganistán, Estados Unidos y el terrorismo internacional*, Siglo XXI de España, Madrid, 2002.

[219] "Bush desata el sentimiento antinorteamericano", artículo de Salman Rushdie, *El Mundo*, 7/9/02.

[220] Eduardo Galeano, "El teatro del Bien y el Mal", en http://newpolitic.com.

[221] Ibíd.

[222] "La olvidada diversidad política del islam", artículo de Manuel Martorell, en *El Mundo*, 21/10/01.

[223] Eliane Landau, *Osama bin Laden, el terrorismo del siglo XXI*, Planeta, Barcelona, 2001.

[224] Entrevista de David Jiménez a Hamid Gul, "Bin Laden era un héroe benefactor para Afganistán, según la CIA", *El Mundo*, 39/9/01.

[225] *I misteri dei Talibani*, Limes, Roma, 2001.

[226] "La Géopolitique Mondiale Des Drogues", 1998/1999, Rapport Anuel.

[227] Ibíd.

[228] Roberto Scheer, "Bush Faustian Deal with the Taliban", *Los Angeles Times*, 22/5/01.

[229] Entrevista de David Jiménez a Hamid Gul, art. cit.

[230] "Bush and Bin Laden", de Dilip Hiro, en *The Nation*, 8/19/91, http:www.thenation.com.

[231] Ibíd.

[232] *El movimiento talibán en Afganistán, cosecha de tempestades*, de Michael Griffin, Los Libros de la Catarata, Madrid, 2001.

[233] Entrevista de Rahimullah Yusufai al mulá Mohamed Omar, *The New York Times*, 31/12/96.

[234] *The Sunday Times*, 25/8/02.

[235] Michael Griffin, op. cit.

[236] Más información sobre Jalid bin Mafhuz en el primer capítulo de esta obra.

[237] *International Herald Tribune*, 20/2/96.

[238] Republican Party Commitee (RPC), US Congress, "Clinton-Approved Iranian Arms Transfers Help Turn Bosnia into Militan Islamic Base", 16/1/97; documento original en http://www.senate.gov/-rpc/releases/1997/iran.htm.

[239] *The Observer*, 2/6/96.

[240] *The Washington Post,* 22/9/96.

[241] "Osamagate", art. de Michel Chossudovsky, profesor de Economía en la Universidad de Otawa y miembro del Centre for Research on Globalization (CRG), en el web del International Action Center: http://www.iacenter.org.

[242] Empresa del poderoso banquero Jalid bin Mafhuz, presidente también del Banco Comercial Nacional de Arabia Saudita, cuñado y estrecho colaborador de Osama bin Laden. Más información sobre Mafhuz en el capítulo I de este libro.

[243] Declaraciones en el programa "Pièces à conviction", de France 3, del 18/10/01, recogidas en *Le Monde Diplomatique*, enero de 2002.

[244] "Jusqu'en 1998, les Etats-Unis on été les maîteres d'oeuvre des projets gaziers des talibans", artículo de Hervé Kempf, en *Le Monde*, 21 de octubre de 2001.

[245] Artículo de Françoise Chipaux, *Le Monde*, 13/12/01.

[246] *El movimiento talibán en Afganistán, cosecha de tempestades*, Los Libros de la Catarata, Madrid, 2001.

[247] Consultar en http://www.ria.doe.gov.

[248] A pesar de la gran resistencia presentada por los demócratas inicialmente y la oposición de la mayoría de los ciudadanos norteamericanos, especialmente de los ecologistas, Bush terminó por conseguir la autorización para abrir a la explotación petrolífera el refugio natural del Ártico, que se calcula puede tener en su subsuelo reservas de hasta 15 mil millones de barriles de petróleo.

[249] Ibíd.

[250] "Implicaciones del Plan Energético de Bush en el extranjero", por Michael T. Klare, profesor de estudios de paz y seguridad mundial en el Colegio Hampshire, publicado por el suplemento *Perfil*, de *La Jornada*, México, abril de 2002.

[251] Ibíd.

[252] Ver en *La guerra global ha comenzado*, de Michell Colon, op. cit.

[253] *The Washington Post*, 14/7/02.

[254] "La "justicia sin límites" del nuevo capitalismo", artículo de Catherine Sauviat, en *Viento Sur,* 63, Madrid, julio de 2002.

[255] Ibíd.

[256] Nota de Nuria Caralps, corresponsal de Europa Press en Nueva York, 16/4/02.

[257] *The Washington Post,* 16/7/02.

[258] Ibíd.

[259] Amplios fragmentos de su intervención en http://italia.indymedia.org/front.php3?article_id=25042&group=webcast.

[260] Ver más información en Thierry Meyssan, op. cit.

[261] Ibíd.

[262] *Yihad, el auge del islamismo en Asia Central*, de Ahmed Rashid, Península, Barcelona, 2002.

[263] Datos de la Energy Information Administration en "Caspian Sea Region", de febrero de 2002, en www.eia.doe.gov/emeu/cabs/caspian2.html.

[264] "Barriles de petróleo y pólvora en el Próximo Oriente", artículo de Nicolas Sarkis, director del Centro Árabe de Estudios Petrolíferos (París) y de la revista *Le pétrole et le gaz arabes*, publicado por *Le Monde Diplomatique*, edic. esp., junio de 2002.

[265] "Estados Unidos inicia una ofensiva global contra los pueblos", del CSCA, en http://www.nodo50.org/csca/agenda2001.

[266] En *Yihad. El auge del islamismo en Asia central*, Península/Atalaya, Barcelona, 2002.

[267] Artículo de Arundhati Roy, *El Mundo*, 26/10/02.

[268] Michael T. Klare, op. cit.

[269] Citado por Michel Collon, en *La guerra global ha comenzado*, Argitaletxe Hiru, Hondarribia, 2002.

[270] Ibíd.

[271] Henry Kissinger, en *Does America need a Foreign Policy?*, Simon & Schuster, Nueva York, 2001, citado por Michell Colon en op. cit.

[272] Ibíd.

[273] *Before & After, US Foreign Policy and the september 11th. Crisis*, Olive Branche Press, Nueva York, 2002.

[274] Son once los países miembros de la OPEP: Arabia Saudita, Kuwait, Indonesia, Qatar, Emiratos Árabes Unidos, Irán, Irak, Argelia, Libia, Nigeria y Venezuela.

[275] Artículo de Nikolas Sarkis en *Le Monde Diplomatique*, junio de 2002.

[276] "Arabie Saoudite: donnés militaires et stratégiques", IFRI, 1994.

[277] *Financial Times*, 21/8/02.

[278] "World Report 2000", Human Rights Watch.

[279] Ver los informes de Human Rights Watch en http://hrv.org.

[280] Ibíd.

[281] En su discurso del 8 de julio de 1985, Ronald Reagan acusó a cinco Estados de "organizar y/o apoyar al terrorismo": Irán, Libia, Corea del Norte, Cuba y Nicaragua.

[282] "Arabia Saudita, la cuna del integrismo islámico", de Roberto Montoya, en "Grandes Temas del Domingo", diario *El Independiente*, Madrid, 28/1/90.

[283] *Mondes Rebelles, L'Encyclopedie des Conflicts*, Michalon, París, 1999.

[284] "Arabia Saudita, la cuna del integrismo islámico", art. cit.

[285] "La injusticia infinita", artículo de Abdel Hamid Beyuki, *El Mundo*, 2/10/01.

[286] "Mondes rebelles, guerres civiles et violences politiques", en *L'Encyclo-pedie des conflicts*, París, 1999.

[287] "Pentagon Incompetence", editorial del *International Herald Tribune*, 20/9/96.

[288] Manuel Martorell, art. cit.

[289] *The Clash of Fundamentalisms, Crusades, Jihads and Modernity*, de Tariq Ali, Verso, Londres-New York, 2002; http://www.versobooks.com.

[290] "El Irán de Jomeini", de Juan Manuel Riesgo, en *Cuadernos del Mundo Actual*, 82, Madrid, 1995.

[291] Ibíd.

[292] Ibíd.

[293] "The threatening Storm, the Case for Invading Iraq", *Council on Foreign Relations Book,* Ramdon House Inc., Nueva York, 2002.

[294] Documento descargable en www.cia.gov.

[295] Citado en el artículo "La guerra santa, clamor de millones de musulmanes", de Roberto Montoya, en "Grandes Temas del Domingo" del diario *El Independiente*, 27/1/91.

[296] Kenneth Pollack sostiene que Irak tenía al final de la guerra con Irán y antes de la invasión a Kuwait, una capacidad militar considerable sólo con respecto a la media de los países de la región, pero no en relación con los niveles de los países desarrollados.

[297] Durante la Guerra del Golfo contra Bagdad, Estados Unidos, sin contar a sus aliados, utilizó 1.700 aviones.

[298] "El teatro del Bien y del Mal", artículo de Eduardo Galeano, en http://newpolitic.com.

[299] "Les déconvenues de la croisade américaine contre Bagdad", de Paul-Marie de la Gorce, en *Le Monde Diplomatique*, diciembre de 1997, págs. 8 y 9, en http://www.monde-diplomatique.fr.

[300] Más información en "A Hard Look at Iraq Sanctions", artículo de David Cortright, en *The Nation*, 3/12/01; http://www.thenation.com/doc-print.mhml?i=20011203&cortright.

[301] Crónica de Mónica G. Prieto desde Bagdad, en *El Mundo,* 9/9/02.

[302] Artículo de Jerry W. Sanders, "New World, Old Order", *The Nation*, 29/11/01.

[303] Mónica G. Prieto, *El Mundo,* 9/9/02.

[304] *Die Weltwoche*, semanario suizo en lengua alemana, 7/9/02.

[305] Artículo de Carlos Fresneda en *El Mundo,* 9/9/02.

[306] Ibíd.

[307] Ibíd.

[308] "Nunca hemos encontrado armas prohibidas y es difícil que las haya", entrevista de Carlos Segovia, *El Mundo*, 12/10/02.

[309] Crónica de Julio A. Parrado, *El Mundo,* 9/9/02.

[310] "*Yihad* blanca", artículo de opinión de Raúl del Pozo, *El Mundo*, 10/9/02.

[311] Ver artículo de Julian Borger en *The Guardian*, 29/10/02.

[312] Ibíd.

[313] *The New York Times*, 11/10/02.

[314] El general Franks, quien estudió en la Midland Lee High School en la misma época que la "primera dama" Laura Bush, es un fiel amigo de George W. Bush desde que éste se inició en la política en el Estado de Texas y asiduo visitante de su rancho de 1.600 acres. Franks rezaba muchas veces al lado de Bush en la Prairie Chapel Ranch.

[315] AFP, 31/1/02.

[316] *The Washington Post*, 30/10/02.

[317] "La manera correcta de cambiar un régimen", tribuna de opinión del ex secretario de Estado de George Bush *senior* entre 1989 y 1992, James Baker, *El Mundo*, 26/8/02.

[318] *Los Angeles Times*, 27/9/02.

[319] "Irak también tendrá una Alianza del Norte", art. de Manuel Martorell, *El Mundo*, 24/2/02.

[320] *The Washington Post*, 16/9/02.

[321] *The Economist*, 26/1/02.

[322] Rusia tenía pendiente la firma a fines de 2002 de un importante acuerdo bilateral con Irak para el desarrollo de importantes obras de infraestructura en ese país, la mayor parte de las cuales estaba ligada directamente a la producción y exportación de petróleo. Presionado por Bush, Putin terminó supeditando la concreción de la firma a que Saddam aceptara la vuelta incondicional de la misión de la ONU y a que aceptara todas las resoluciones del Consejo de Seguridad que le concernían.

[323] El 9 de enero de 2002, *The New York Times* recogía declaraciones del portavoz del comando central de la operación "Libertad Duradera" en Tampa, Florida, el contraalmirante Craig Quigley, en las que afirmaba que Estados Unidos comenzaría a construir bases militares fijas en Afganistán y en su entorno, en Uzbekistán y Kirguizistán.

[324] Kenneth M. Pollack, op. cit.

[325] *The Washington Post*, 22/9/01.

[326] Mónica G. Prieto, "Aquel otro 11-S, pero en Bagdad", *El Mundo,* 18/9/02.

[327] *The Sunday Times,* 11/8/02.

[328] Directora de Estudios sobre Cercano Oriente, en el Council on Foreign Relations, en *The New York Times*, noviembre de 2002.

[329] Entrevista a Colin Powell, en la cadena CBS, el 22/11/02.

[330] Entrevista publicada en *El País,* 14/3/02.

331 *Le Monde,* 26/3/02.

332 *The Economist,* 20/7/02.

333 Forman parte de su complejo industrial las firmas General Dynamics, GE Aerospace, Martin Marietta, Lockheed y Loral. Fabrica misiles, vehículos blindados y aviones. Sus ventas oscilan entre 25 mil y 30 mil millones de dólares. Más información en Mojo wire, Action Atlas U.S.Arms Sales; www.motherjones.com/arms/lockheed.hmtl.

334 Integran su grupo las firmas LTV, Grumman, Northrop, Westinghouse, Litton y TRW. Vende fundamentalmente aviones y sistemas especiales para el espionaje aéreo. Su nivel de ventas es aproximadamente de 9.000 millones de dólares anuales y sus principales compradores son Taiwán, Israel, Colombia, Corea del Sur, Arabia Saudita, Turquía y la Argentina. Ver más información en la página www.motherjones.com/arms/ northrop.hmtl.

335 Integrado por E-Systems, Raytheon y Texas Instruments, es el más especializado en la venta de misiles, entre ellos el costosísimo Patriot (misil-antimisil), utilizado durante la Guerra del Golfo en esa región y en Israel.

336 Incluye las firmas Boeing, Rockwell, McDonnell Douglas, Magnavox y Hughes. Ha vendido aviones F-15 Eagle a Israel y Arabia Saudita; F/A-18 Hornet a Kuwait, Malasia y Tailandia; Awacs a Japón y Arabia Saudita; helicópteros de ataque Apache AH-64 y misiles contra barcos a Egipto, Turquía, Grecia, Singapur y Tailandia; aviones de ataque TA-4J Skyawk a la Argentina e Indonesia, etc. Más información en www.motherjones.com/arms/boeing.html.

337 "Bombas de fragmentación de Estados Unidos agravan problema para eliminar minas", EFE, 1/2/02.

338 "Estados Unidos agotó bombas "inteligentes" en las misiones sobre Afganistán", EFE, 24/2/02.

339 Los siete países son Estados Unidos, Rusia, Francia, Reino Unido, Alemania, Italia y Canadá. Más información en "Crónica del Comercio del Terror", artículos de Amnistía Internacional en: http;//web.amnesty.org/web/web.nsf/pages/tt3_indez.

340 Más detalles en www.motherjones.com.

341 Más información en "Arms Makers' Cozy Relationship with the Government", artículo de Aaron Rothenburger, en www.motherjones.com/arms/lobbying.html.

342 Ibíd.

343 The *New York Times,* 21/7/02.

344 Artículo de Thomas E. Ricks, "Aggressive New Tactics Proposed for Terror War", en *The Washington Post,* 3/8/02.

345 "The Secret War to Come", artículo de David Corn, en *The Nation,* 5/11/01, www.thenation.com/docPrint.html?1=20011105&s=corn.

[346] En www.bids.tswg.gov.

[347] Ver texto completo en www.whitehouse.gov.

[348] "Washington et la maîtrise du monde", en *Le Monde Diplomatique,* edición francesa, abril de 2002.

[349] "Rumsfeld propone ataques preventivos para evitar nuevos atentados", EFE, 31/1/02.

[350] "Estados Unidos pide a la OTAN que se defienda de nuevas amenazas atacando", teletipo de EFE, 6/6/02.

[351] Entrevista de Esther Esteban a Federico Trillo, *El Mundo,* 16/9/01.

[352] Intervención de José María Aznar en el pleno del Congreso del 18/9/02.

[353] "America's Imperial Ambition", de G. John Ikenberry, en *Foreign Affairs,* septiembre/octubre de 2002.

[354] "La guerra preventiva", artículo de opinión en *El País,* 27/8/02.

[355] "La resistible instauración de la sociedad del miedo", en *El Mundo,* 28/9/02.

[356] *The Economist,* 28/9/02.

[357] Discurso en la Academia Militar de West Point, el 2/6/02.

[358] "America's Imperial Ambition", art. cit., de G. J. Ikenberry, 09/10/02.

[359] Nombre de los campamentos de refugiados palestinos situados en el Líbano que fueron arrasados por fuerzas de las falanges cristianas aliadas a Israel, durante la invasión que realizó a ese país en 1982. Ariel Sharon tuvo una causa abierta por la justicia belga por su implicación directa en dichas masacres, que dejaron un saldo de cientos de palestinos muertos. Finalmente la Corte Suprema belga decidió dar carpetazo a la causa.

[360] Artículo de Geoffrey Aronson, director de la Fundación para la Paz en Cercano Oriente, Washington D.C., en *Le Monde Diplomatique,* mayo de 2002.

[361] Ibíd.

[362] Más información en "El oasis de gas que emana sangre", artículo de David Jiménez, *El Mundo,* 22/9/02.

[363] Ibíd.

[364] "Afganistán y el terrorismo", columna de Graham E.Fuller, ex agregado político en la embajada de Estados Unidos en Kabul de 1975 a 1978, publicado en *El País,* 1/10/01.

[365] "Pakistán piensa dos veces su apoyo a Bush", artículo de David Jiménez, *El Mundo,* 27/9/01.

[366] Entrevista de Ana Romero a Jaswant Singh, ministro de Asuntos Exteriores de la India, *El Mundo,* 17/2/02.

[367] *Der Spiegel,* 8/4/02.

[368] "El imperio, los procónsules y las provincias europeas", artículo de Emilio Menéndez del Valle, *El País,* 26/9/02.

[369] "La injusticia infinita", artículo de Abdelhamid Beyuki, presidente de la

Asociación de Trabajadores Inmigrantes Marroquíes en España (ATI-ME), *El Mundo,* 2/10/01.

[370] Ver *How to deal with the American goliath,* artículo de Andrew Rawnsley, *The Observer,* 24/2/02.

[371] Noam Chomsky, en *11/09/2001,* op. cit.

[372] N. Chomsky, *Cómo nos venden la moto,* Icaria, Más Madera, Barcelona, 1996.

[373] Ver el texto completo en "La CNN fija las reglas para cubrir la guerra", *El Mundo,* 31/10/01.

[374] Ver "Informativos marciales para una nación en guerra", artículo de Julio A. Parrado, *El Mundo,* 25/9/02.

[375] Ibíd.

[376] Programa *Protagonistas* de Onda Cero, 1/5/02.

[377] Teletipo de Reuters del 4/10/01.

[378] *The Washington Times,* 17/8/02.

[379] Ver el *International Herald Tribune,* 26/8/02.

[380] *The New York Times,* 2/7/02.

[381] "Caso ántrax: ¿Por qué no avanza la investigación del FBI?", artículo de Luis Prados, *El País,* 18/6/02.

[382] Ibíd.

[383] "Etats-Unis: black out sur le charbon", de Fabrice Rousselot, en *Liberation,* 11/7/02.

CRONOLOGÍA

2001

día 11 Cuatro aviones comerciales de compañías estadounidenses son secuestrados, simultáneamente, en pleno vuelo durante las primeras horas de la mañana. Los terroristas toman el control de las naves. Dos de los aviones son estrellados contra ambas Torres Gemelas, en Nueva York, provocando su destrucción total y la muerte de cerca de 3.000 personas. Un tercer aparato es lanzado según la versión oficial contra la sede del Pentágono en Washington, destruyendo el flanco sur del gigantesco edificio. Un cuarto aparato se estrella en una zona rural de Pennsylvania. La versión del gobierno de Estados Unidos sostiene que su caída se produjo tras un enfrentamiento entre pasajeros del avión y los secuestradores. Otras versiones aseguran que fue derribado por cazas norteamericanos, ante la convicción de que se iba a estrellar contra la Casa Blanca. George W. Bush, que se encontraba en una escuela primaria de Florida, es trasladado por su seguridad, primero a una base militar en Lousiana y después a un búnker en Nebraska, antes de volver a Washington. El vicepresidente Dick Cheney, al igual que la mayoría de los miembros del gobierno, siguen el curso de los acontecimientos desde distintos búnkeres.

día 12 Bush califica los atentados como "actos de guerra" y anuncia represalias contra los culpables. Comienza a especularse que detrás del 11-S esté Osama bin Laden.

Estados Unidos invoca por primera vez el artículo V de la Carta de la OTAN, que compromete a los Estados miembros a salir en defensa de cualquiera de sus socios agredido por un ataque exterior. El Consejo de Seguridad de la ONU vota la Resolución 1368, reconociendo el derecho de Estados Unidos a su "legítima defensa".

día 13   El secretario de Estado, Colin Powell, confirma que todas las
         sospechas se dirigen hacia Bin Laden y su red terrorista Al Qae-
         da. Ariel Sharon acusa a Yasser Arafat de ser el "Bin Laden de
         Israel" al tiempo que lanza una gran ofensiva militar en los te-
         rritorios ocupados, a pesar de la condena expresa de los aten-
         tados hecha por el presidente de la Autoridad Nacional Pa-
         lestina.

día 14   George W. Bush consigue que el Congreso de Estados Unidos
         apruebe una partida de emergencia de 40 mil millones de dó-
         lares para una posible operación militar de castigo. Los ojos se
         centran en Afganistán. El FBI da la identidad de los supuestos
         diecinueve kamikazes que participaron en los atentados. Bush
         visita la *zona zero*.

día 15   El líder de los talibanes, el mullah Mohamed Omar, "el Príncipe
         de los Creyentes", convoca a todos los musulmanes para prepa-
         rarse a lanzar un Jihad contra Estados Unidos y "los infieles".

día 16   Osama bin Laden niega, a través de intermediarios, su vincula-
         ción a los atentados del 11-S.

día 17   Bush acusa por primera vez formalmente a Bin Laden de ser el
         responsable de los ataques terroristas y pide a sus tropas que se
         lo lleven "vivo o muerto".

día 20   Estados Unidos exige al régimen talibán la entrega inmediata
         e incondicional de la cúpula de Al Qaeda y el desmantelamien-
         to de sus bases y campos de entrenamiento militar en Afga-
         nistán. El gobierno de Kabul reclama las pruebas contra Bin La-
         den y ofrece entregarlo a un país musulmán para que se lo
         juzgue, si las acusaciones son fundadas. Washington nunca le
         entregará esas pruebas. En un discurso ante las dos Cámaras
         en el Capitolio, Bush dice a los líderes de todo el mundo: "O
         están con nosotros o están con los terroristas".

día 21   Bush anuncia el agrupamiento de 40 agencias de seguridad e in-
         teligencia de Estados Unidos en una nueva estructura, la Ofici-
         na de Seguridad del Territorio Nacional, al frente de la cual nom-
         bra a Tom Ridge.

día 22   Tras fuertes presiones de Washington, los Emiratos Árabes Uni-
         dos anuncian la ruptura de relaciones diplomáticas con el régi-
         men talibán.

día 24   El gobierno de Bush decide congelar las cuentas bancarias e in-
         versiones en Estados Unidos del *holding* Saudi Binladin Group y
         de otras 26 instituciones a las que acusa de complicidad en el fi-

nanciamiento del terrorismo. El 12 de octubre se extiende la medida a otras 40 compañías u organizaciones.

día 25 Arabia Saudita rompe relaciones diplomáticas con Afganistán.

día 28 El Consejo de Seguridad de la ONU vota la Resolución 1373 que amplía los términos de la Resolución 1368 sobre el derecho de Estados Unidos a adoptar acciones militares de represalia.

día 29 Estados Unidos paga parte de su voluminosa deuda con la ONU, después de que esta organización votara una resolución propuesta por Estados Unidos, por la que los 189 Estados miembros se comprometían a combatir el terrorismo en todas sus variantes.

OCTUBRE

día 7 Estados Unidos, apoyado por el Reino Unido, inicia sus bombardeos en Afganistán.

Osama bin Laden aparece en un video junto a algunos de sus lugartenientes, asegurando que Estados Unidos no conocerá la paz ni la seguridad mientras no las tenga el pueblo palestino. Bush sostiene en un discurso: "Hoy nos centramos en Afganistán pero la batalla es más amplia. Todas las naciones tienen una opción que tomar. En este conflicto no hay terreno neutral".

día 8 Aparecen los primeros misteriosos sobres conteniendo esporas de ántrax en Estados Unidos.

Las "bombas inteligentes" lanzadas por bombardeos norteamericanos en Afganistán provocan el primer "daño colateral": mueren cuatro personas que trabajaban para la ONU en la desactivación de minas. A éste seguirá una larga cadena de "daños colaterales" que provocan en poco más de un año de bombardeos cerca de 1.000 víctimas inocentes entre la población civil afgana.

día 26 Bush firma una nueva ley antiterrorista, la US Patriot Act, que restringe drásticamente las libertades civiles y retrotrae a Estados Unidos a la era del maccarthismo.

NOVIEMBRE

día 6 Kabul cae y largas columnas de la Alianza del Norte entran en la ciudad.

día 11 George W. Bush habla por primera vez ante la ONU y sostiene que "ha llegado el momento de pasar a la acción".

día 13 Bush firma una orden ejecutiva militar para poder juzgar a extranjeros acusados de terrorismo con tribunales militares, pri-
vándolos de los derechos legales básicos establecidos en la propia Constitución de Estados Unidos.

día 14 El Consejo de Seguridad de la ONU vota una resolución por la
que se prevé la formación de un gobierno afgano provisional y
multiétnico y el despliegue de una fuerza internacional en Afganistán, la ISAF.

día 19 Muere asesinado en Afganistán el enviado especial del diario
El Mundo, Julio Fuentes, junto a otros tres periodistas.

día 26 George W. Bush acusa a Irak de contar con armas de destrucción
masiva, y exige a Saddam Hussein que permita la vuelta de los inspectores en armamento de la ONU, expulsados de Bagdad en 1998.

DICIEMBRE

día 5 La conferencia de las distintas formaciones políticas y militares
afganas, convocada por la ONU, nombra en Berlín un gobierno
provisional de Afganistán, de 30 miembros, presidido por Hamid Karzai.

día 6 El feudo talibán de Kandahar se rinde ante el cerco de miles de
hombres de la Alianza del Norte y los bombardeos de Estados
Unidos. El Departamento de Estado da a conocer una lista actualizada de 39 organizaciones de todo el mundo a las que acusa de terroristas.

día 11 El ciudadano francés de origen marroquí Zacharias Moussaoui,
detenido antes del 11-S en Estados Unidos, se convierte en el primer procesado por los atentados.

día 12 Bush denuncia oficialmente el Tratado ABM, que fijaba desde
1972 el número total de ojivas nucleares que podían poseer tanto Estados Unidos como Rusia.

día 13 El Pentágono distribuye un video de Bin Laden con un audio
casi inaudible, asegurando que en él el líder de Al Qaeda reivindica los ataques del 11-S y se ríe de los 19 terroristas, sosteniendo que la mayoría de ellos no sabían que iban a cometer
en realidad actos suicidas. Muchos dudan de la autenticidad
del contenido de ese audio.

día 14 Tony Blair logra que el Parlamento británico vote una ley antiterrorista, más limitativa aún de las libertades civiles en algunos aspectos que la de Estados Unidos.

día 22   Un británico, Richard Reed, intenta en vano hacer estallar en un avión comercial un explosivo que llevaba en su calzado.

día 27   La UE aprueba una lista de organizaciones terroristas activas en sus propios países, incluyendo en ella a ETA.

2002

ENERO

día 10   Llega a la base militar estadounidense de Guantánamo el primer grupo de prisioneros capturado en Afganistán, trasladados sedados, con los ojos vendados, encadenados y con gruesos guantes. Las imágenes provocan una ola de críticas.
Estados Unidos se niega a reconocer a los miembros de Al Qaeda detenidos el estatuto de prisioneros de guerra establecido en las Convenciones de Ginebra.

día 29   Bush cita por primera vez la existencia de un "Eje del Mal", en el que incluye a Irak, Irán y Corea del Norte, países a los que acusa de contar con armas de destrucción masiva y fomentar el terrorismo.
Bush presenta su proyecto de presupuesto militar, el más grande de la historia, que posteriormente será aprobado.

día 31   Estados Unidos inicia maniobras militares conjuntas en Filipinas. Cada vez se implica más en la campaña contra el grupo Abu Sayaf, acusado de estar vinculado a Al Qaeda.

FEBRERO

día 3   Donald Rumsfeld acusa a Irán de haber acogido a miembros talibanes y de Al Qaeda, huidos de los bombardeos norteamericanos en Afganistán.

día 21   Se confirma el asesinato del periodista norteamericano Pearl, secuestrado por islamistas radicales en Pakistán, tras no conseguir éstos el canje por activistas detenidos en Guantánamo que reclamaban a Estados Unidos.

MARZO

día 5   Estados Unidos decide imponer tasas del 30% al acero importado, lo que provoca la protesta de la Unión Europea y China.

día 6   Dos estadounidenses y tres paquistaníes mueren en un atenta-
         do terrorista contra una iglesia cristiana de Islamabad.

día 11   Golpe de Estado fallido contra Hugo Chávez de los máximos di-
         rigentes de la patronal venezolana, líderes sindicales y un sec-
         tor de las Fuerzas Armadas. Se revela la relación de Estados
         Unidos con los golpistas.

día 29   Israel lanza su operación "Muro de Defensa" en varias ciuda-
         des cisjordanas, provocando una matanza en el campo de refu-
         giados de Yenín.
         El Ejército destruye parte de los cuarteles generales de Arafat en
         Ramala, al que someten a un cerco de varias semanas, sin agua,
         luz ni teléfono.

ABRIL

día 8   Saddam Hussein anuncia la suspensión de su exportación de cru-
         do, en una medida dirigida a Israel y Estados Unidos, que pro-
         voca el inmediato aumento del precio del petróleo.
         El ministro de Defensa afgano, Mohamed Fahim, sale ileso de
         un atentado.

MAYO

día 6   Estados Unidos anuncia que no ratificará el Estatuto de la Corte Pe-
         nal Internacional, firmado durante la administración Clinton.

día 24   Estados Unidos y Rusia firman el Tratado de Moscú sobre misi-
         les nucleares.

día 28   La OTAN y Rusia crean un organismo conjunto de coordinación
         militar para crisis internacionales.

JULIO

día 14   Las revelaciones sobre el turbio pasado de Bush y Cheney como
         directivos de empresas energéticas llegan a las primeras planas
         y al Congreso.

AGOSTO

día 5   El Parlamento iraquí invita a una delegación del Congreso es-
         tadounidense a visitar su país y verificar que no cuenta con ar-

mas de destrucción masiva. Tanto el Capitolio como la Casa Blanca rechazan la oferta.

día 15   Cerca de 600 familiares de las víctimas del 11-S presentan una demanda judicial multimillonaria contra el Saudi Binladin Group, bancos, entidades, empresarios y príncipes sauditas, a los que acusan de financiar el terrorismo. Los abogados de la acusación utilizan información de los propios servicios de inteligencia norteamericanos.

SEPTIEMBRE

día 5   La Liga Árabe sostiene que ninguno de sus 21 países miembros aceptará participar en un ataque contra Irak. Hamid Karzai, confirmado días antes por la *Loya Yirga* (asamblea tradicional multiétnica afgana) como presidente por dos años, sale ileso de un atentado. Horas antes mueren en otros ataques en Kabul más de 20 personas y un centenar resulta herido.

día 6   Más de 100 cazabombarderos estadounidenses y británicos atacan una base militar iraquí dentro de la zona de "exclusión aérea". Era el ataque número 35 desde 1991.

día 8   Alemania anuncia que su país no participará en un ataque contra Irak, aunque lo respalde el Consejo de Seguridad de la ONU.

día 9   El ex jefe de inspectores de armamento de la ONU Scott Ritter desmiente que Saddam Hussein pueda contar con armas de destrucción masiva, y acusa de mentiroso al secretario de Defensa Donald Rumsfeld.

día 27   La Asamblea General de la ONU acepta por 180 votos a favor y 3 en contra la entrada de España en el Consejo de Seguridad para el período 2003-2004, como miembro no permanente.

OCTUBRE

día 2   Atentado terrorista en Filipinas. Mueren un soldado estadounidense y dos civiles.
         A éste sigue una larga cadena de atentados, centrados en la zona de Mindanao, donde mueren decenas de personas.

día 5   La CIA publica un amplio informe sobre el supuesto programa de fabricación de armas de destrucción masiva de Irak.

día 6   Atentado terrorista contra un petrolero francés frente a las costas yemeníes.

día 8   Un *marine* muere y otro resulta herido en un atentado en Kuwait.

día 11   El único ex inspector español en armamento de la ONU, Basilio Martí Mingarro, confirma las declaraciones de su colega Scott Ritter.

día 12   Comienza una ola de atentados en Indonesia. El primero, en Bali, provoca 185 muertes.

día 15   Día acordado previamente entre representantes del gobierno iraquí y la misión de expertos de la ONU (UNMOVIC) para la vuelta de ésta a Irak. La UNMOVIC acepta las presiones de Estados Unidos y espera que haya una nueva resolución más dura antes de viajar a Irak.

NOVIEMBRE

día 5   El Partido Republicano triunfa en las elecciones parciales legislativas y consigue la mayoría en ambas Cámaras.

día 18   La avanzada de expertos de la UNMOVIC llega a Irak, cumpliendo el mandato de la Resolución 1441 del Consejo de Seguridad de la ONU.

DICIEMBRE

día 7   Bush fuerza la dimisión del secretario del Tesoro, Paul O'Neill y del asesor económico de la Casa Blanca, Lawrence Lindsay, ante el fracaso de la política económica durante la primera mitad de su mandato presidencial.

día 17   Bush anuncia que a partir de 2004 su país desplegará en Alaska los diez primeros misiles antimisiles que componen una versión modesta del "escudo antimisiles".
         Fragatas españolas interceptan un barco norcoreano cargado de misiles para Yemen, pero Estados Unidos interviene para que prosigan su camino.

día 21   Bagdad ofrece a la CIA la posibilidad de viajar a Irak y revisar todas las instalaciones que le resulten sospechosas.

día 22   Un soldado de Estados Unidos muere en una emboscada en Afganistán.

día 26   Los inspectores de desarme de la ONU comienzan a interrogar a científicos iraquíes.

día 27   Estados Unidos es acusado por la prensa de usar técnicas inhumanas en los interrogatorios a los detenidos sospechosos de relación con Al Qaeda en Afganistán.

día 28 Corea del Norte expulsa a los inspectores de la ONU.

46 muertos en un atentado contra la sede del gobierno pro ruso de Chechenia.

Afganistán, Pakistán y Turkmenistán firman un pacto para la construcción de un gasoducto centroasiático, bajo auspicios de Estados Unidos.

Ouri Sharon, hijo del primer ministro israelí, es acusado de participar en la compra de votos de miembros del Comité Central de Likud.

día 31 Un extremista islámico mata a tiros a tres misioneros médicos estadounidenses en Yemen.

2003

ENERO

día 6 25 muertos en Israel en un atentado de dos kamikazes palestinos.

día 8 Ariel Sharon es investigado por presunto delito de corrupción en las primarias del Likud.

día 9 El jefe de los expertos de la ONU y el responsable de la Agencia Internacional de la Energía Atómica declaran que no se han encontrado armas de destrucción masiva en Irak.

día 11 Bush ordena el despliegue de 62 mil soldados más en el Golfo.

día 13 El Papa condena la posibilidad de una guerra contra Irak.

día 14 Una flotilla de guerra de Estados Unidos comienza a patrullar el estrecho de Gibraltar, "para impedir atentados".

día 15 Kofi Annan dice que es posible desarmar a Irak pacíficamente.

Bush dice a Saddam que está "harto" de los "juegos y engaños".

Chirac y Schröder reclaman un nuevo debate en la ONU antes de iniciar una guerra contra Irak.

día 16 Estados Unidos pide apoyo a la OTAN para el caso de que haya una guerra contra Irak.

Moscú anuncia que no enviará barcos ni tropas al Golfo.

día 20 El jefe de los inspectores de desarme de la ONU, Hans Blix, llega a un acuerdo con Irak para poder interrogar sin limitaciones a los científicos que participaron en el programa armamentístico.

día 23 Francia y Alemania refrendan su rechazo a la guerra durante los actos por el 40° aniversario del Tratado del Elíseo.

día 27 Los inspectores de la ONU informan que no hay pruebas de que Irak tenga armas de destrucción masiva.

día 30 Los jefes de gobierno de España, el Reino Unido, Italia, Portugal, Dinamarca, Hungría, Polonia y la República Checa, firman un documento, conocido como "Carta de los 8", posicionándose a favor de Estados Unidos frente a la guerra.

FEBRERO

día 5   Colin Powell muestra en la ONU grabaciones e imágenes tomadas por sus servicios secretos, con las que pretende probar que Irak conserva armas de destrucción masiva y que está relacionado con Al Qaeda. Once de los 15 miembros del Consejo de Seguridad reclaman verificar las "pruebas" y piden más tiempo para los inspectores. Días después Hans Blix acusará a Washington de haber falsificado muchas de esas evidencias.

día 6   Francia y Alemania impiden que Estados Unidos consiga un compromiso de ayuda logístico de la OTAN en el caso de que inicie la guerra.

día 8   Rusia y China se suman a las posiciones de Francia y Alemania sobre la guerra.
        Los expertos de UNMOVIC confirman que los misiles Al Samud II encontrados en Irak en enero superan en 40 kilómetros el límite de alcance permitido.

día 15 Más de 15 millones de personas se manifiestan en cientos de ciudades de todo el mundo en contra de la guerra.

día 18 La mayoría de los países miembros del Consejo de Seguridad se opone a una guerra contra Irak y pide más tiempo para completar la tarea de los inspectores.

día 24 El Reino Unido, apoyado por Estados Unidos y España, presenta en el Consejo de Seguridad el proyecto de una resolución en la que desconoce el cambio de actitud de Irak y abre las puertas a un ataque militar. Francia, Rusia y Alemania presentan un plan alternativo, pidiendo más tiempo para los inspectores.

día 26 Más de una cuarta parte de los diputados laboristas británicos vota contra la guerra en la Cámara de los Comunes.

día 27 La UNMOVIC notifica que Irak dice estar dispuesto a destruir sus misiles y otras armas que estén prohibidas por la ONU.

MARZO

día 1º   El Parlamento turco rechaza la entrada a Irak a través de su te-
         rritorio de 62.000 soldados norteamericanos.
         Irak comienza a destruir sus misiles Al Samud II.

día 5   Francia, Alemania y Rusia advierten que no permitirán que se
         apruebe una resolución que dé luz verde a la guerra contra Irak.

día 7   Hans Blix presenta un informe en el que sostiene que Irak está
         cooperando y pide más tiempo. El Reino Unido, Estados Unidos
         y España enmiendan su propia propuesta de resolución, ponien-
         do el día 17 como fecha límite para el desarme total de Irak.

día 10   Francia y Rusia anuncian que vetarán cualquier resolución que
         legitime la guerra contra Irak.

día 15   El régimen iraquí invita a los jefes de los inspectores a Bagdad.

día 16   Bush, Blair y Aznar se reúnen en las islas Azores y advierten que
         al día siguiente vence el ultimátum dado a Saddam Hussein.

día 17   Estados Unidos, el Reino Unido y España anuncian ante el Con-
         sejo de Seguridad que no presentarán a votación su proyecto de
         resolución, al no contar con los 9 votos necesarios y ante la ame-
         naza de veto de Francia y Rusia.
         Kofi Annan anuncia la retirada de Irak de todos los inspectores
         y personal de la ONU, ante la inminencia de la guerra.
         Bush advierte a Saddam Hussein que su exilio es la única opor-
         tunidad que le queda para evitar la guerra.

día 20   Comienzan los bombardeos de Estados Unidos y el Reino con-
         tra varias ciudades iraquíes. Miles de soldados estadounidenses
         y británicos penetran en Irak a través de Kuwait.

día 21   El Pentágono inicia demoledores bombardeos contra Bagdad,
         Mosul, Kirkuk y Tikrit, dentro de la primera fase de la guerra
         llamada "Impacto y pavor".

día 22   Muere el camarógrafo australiano Paul Moran en un atentado
         en el nordeste de Irak realizado al parecer por miembros de la
         organización terrorista integrista Ansar Al-Islam.
         La resistencia iraquí impide a las tropas norteamericanas cap-
         turar el puerto de Um Qasr, y a las británicas tomar por asal-
         to Basora.

día 23   Muere el veterano periodista británico Terry Lloyd, de ITN, tras
         ser alcanzado, al parecer, por "fuego amigo" norteamericano
         en las cercanías de Basora.

Roberto Montoya

Irak exhibe por televisión a cinco prisioneros de guerra y los cuerpos sin vida de varios soldados estadounidenses.

día 24 Estados Unidos lanza duros ataques aéreos contra la Guardia Republicana que defiende Bagdad y se libran duros combates en Karbala, a 90 kilómetros de la capital. Basora, sin agua ni electricidad, queda totalmente sitiada por fuerzas británicas.
Saddam Hussein asegura por televisión que "la victoria está cerca".

día 26 Dos bombas lanzadas por aviones de Estados Unidos matan al menos a 15 civiles en un mercado de Bagdad.
Mil paracaidistas norteamericanos se lanzan sobre el Kurdistán iraquí, ante la negativa de Turquía a facilitar el paso por su territorio de 62 mil soldados de Estados Unidos.

día 27 Bush ordena el envío de 100 mil soldados más a Irak ante la fuerte resistencia de las fuerzas de Saddam Hussein.

día 28 Los bombardeos anglo-norteamericanos matan al menos a 58 civiles en un mercado de Bagdad y destrozan centros de comunicación, dejando sin teléfono la capital.

día 29 Un ataque suicida causa la muerte de cuatro soldados norteamericanos en Nayaf.

ABRIL

día 1º Los ataques aéreos provocan una nueva matanza de civiles en el sur del país, mientras Saddam Hussein hace un llamamiento a la "guerra santa" contra los invasores.

día 2 El camarógrafo iraní Kaveh Golestan, de la BBC, muere cerca de la localidad de Kifri, al pisar una mina terrestre el vehículo en el que viajaba.
Las tropas de Estados Unidos llegan a 30 kilómetros de Bagdad tras doblegar la resistencia de las divisiones de la Guardia Republicana.

día 3 Fuerzas de los "peshmerga" kurdos aliadas a Estados Unidos combaten contra las tropas iraquíes cerca de Mosul.

día 4 Muere en un accidente el periodista estadounidense Michael Kelly, de *The Washington Post,* al intentar esquivar disparos iraquíes, el vehículo militar en el que viajaba.
La televisión iraquí muestra imágenes de Saddam Hussein vitoreado por la gente en las calles de Bagdad, mientras los *marines* combaten en el aeropuerto de la capital.

Una veintena de tanques norteamericanos realiza una incursión en el interior de Bagdad y se retira pocas horas después, provocando la muerte de cientos de militares y civiles iraquíes. Al menos 90 civiles heridos son ingresados en el hospital Al Kindi de Bagdad.

día 6   Un nuevo "daño colateral" provoca la muerte de al menos 18 milicianos kurdos, en el norte de Irak, mientras los británicos ocupan algunos barrios de Basora y Estados Unidos entra en Karabala.

día 7   Muere Julio Anguita Parrado, enviado especial de *El Mundo*, junto a Christian Liepig, del semanario alemán *Focus*, a 15 kilómetros de Bagdad, al ser alcanzados por un misil, al igual que dos soldados norteamericanos, en un ataque que el Pentágono atribuye a fuerzas iraquíes.

Tropas de Estados Unidos ocupan tres palacios presidenciales en Bagdad.

día 8   Fuerzas norteamericanas bombardean la sede de Al Jazeera en Bagdad, matando a su corresponsal Tareq Ayoub, y la de la televisión de Abu Dabi.

Con horas de diferencia, muere el camarógrafo de la televisión española Telecinco y el camarógrafo de Reuters Taras Protsyuk, al ser alcanzados por un obús disparado desde un tanque de Estados Unidos contra el hotel Palestine en el que se alojaban, al igual que otras decenas de informadores.

Fuerzas blindadas de Estados Unidos entran en Bagdad desde distintos puntos sin encontrar mayor resistencia. Se desmorona el régimen, comienzan los saqueos.

Miles de soldados británicos entran en Basora.

El ejército israelí mata a siete palestinos en un "asesinato selectivo" en Gaza.

día 10 Las milicias kurdas toman Kirkuk, la capital petrolera del norte iraquí. El gobierno turco reclama a Estados Unidos que los milicianos kurdos no se queden en la zona y Washington los desaloja días más tarde.

Es asesinado en Nayaf un clérigo chií aliado de Estados Unidos, Abdul Majid al Joel, al que el Pentágono le había asignado la administración de esa ciudad.

Bush y Blair inauguran una televisión para Irak controlada desde un avión militar.

Kofi Annan exige a Estados Unidos y el Reino Unido que asuman su responsabilidad como fuerza ocupante de Irak de restablecer el orden, impedir los saqueos y el expolio.

Un soldado norteamericano muere y otros tres resultan gravemente heridos en un atentado "kamikaze" en el centro de Bagdad.

Donald Rumsfeld denuncia que Siria ayuda a los líderes iraquíes a huir. Varios "halcones" avisan a Siria e Irán que deben "aprender la lección".

día 11 Dos niños mueren en Nasiriya y tres adultos y un adolescente en Bagdad, al disparar contra ellos tropas de Estados Unidos por rebasar puestos de vigilancia.

Estados Unidos distribuye entre sus soldados mazos de cartas con las caras y cargos de los 55 dirigentes iraquíes más buscados, indicando que se los debe "perseguir, matar o capturar".

Chirac, Putin y Schröder reclaman conjuntamente que la ONU se implique en la reconstrucción y el proceso de transición en Irak.

Cientos de españoles presentan ante el Tribunal Supremo de Madrid una querella criminal contra Aznar por su apoyo a la guerra contra Irak.

día 16 Mohammed Mohsen al Zubeidi, estrecho aliado del líder opositor Ahmad Chalabi, se autoproclama gobernador de Bagdad. Se rinde a las tropas de Estados Unidos el general iraquí Mohamed Jaraui.

Once civiles mueren por disparos de las fuerzas especiales estadounidenses en Mosul. Los lugareños niegan que previamente se hayan producido disparos contra los soldados.

día 17 Detienen a un hermano de Saddam Hussein que dirigió la policía política del régimen.

día 18 La Unesco denuncia que el expolio del Museo Arqueológico de Bagdad producido tras la caída del régimen iraquí ante la pasividad de las tropas de ocupación fue planificado desde el extranjero. Más de 150 mil objetos prehistóricos fueron robados o destruidos. En el incendio de la Biblioteca Nacional se perdieron cientos de miles de libros.

Mueren en un accidente en la carretera de Bagdad a Amán los camarógrafos argentinos de América TV Mario Podestá y Verónica Cabrera.

día 21 El ex general estadounidense Jay Garner asume todos los poderes en Bagdad. Es capturado el comandante iraquí Muhammad Hazmaq al-Zubaydi. Son arrestados en Afganistán cinco presuntos asesinos de Julio Fuentes.

Muere en Cisjordania el camarógrafo de televisión palestino Nazih Darwazeh, por disparos de soldados israelíes.

día 26 Catorce iraquíes mueren en Bagdad tras la explosión de un depósito donde Estados Unidos había concentrado armamento confiscado a las tropas de Saddam Hussein. El Pentágono asegura que fue un atentado.

Once personas resultan heridas en un atentado en el aeropuerto de Yakarta.

día 27 Detienen a Husam Muhamad Amin, antiguo enlace militar de Irak con los inspectores de desarme de la ONU.

Cuatro soldados norteamericanos resultan heridos en una emboscada en Bagdad.

día 29 Soldados de Estados Unidos disparan contra una manifestación a favor de Saddam Hussein y contra la presencia de las tropas extranjeras, en Faluya, localidad suní a 50 kilómetros de Bagdad, matando a 13 iraquíes, entre ellos varios adolescentes.

Estados Unidos se retira de la base aérea Príncipe Sultán de Arabia Saudita, debido a los crecientes roces con la monarquía de ese país, y traslada sus aviones a Qatar.

día 30 Otros dos iraquíes mueren en Faluya por disparos de soldados de Estados Unidos contra una manifestación pacífica que protestaba por la matanza del día anterior.

MAYO

día 1º George W. Bush declara el fin de la guerra en Irak.

día 2 Soldados israelíes matan a 12 palestinos en Gaza el mismo día que debía entregar el nuevo plan de paz.

Siete soldados norteamericanos resultan heridos en un atentado con granadas en Faluya.

día 3 Se filtra a la prensa la información de que Washington planifica dividir a Irak en tres zonas: Bagdad y sus alrededores, el sur, y el resto del país, que estarían confiadas a fuerzas estadounidenses, británicas y polacas respectivamente. En dicho plan, Francia, Alemania y Rusia quedan marginadas, y la actuación de la ONU, limitada a tareas humanitarias.

BIBLIOGRAFÍA

AGUIRRE, MARIANO, *Los días del futuro*, Icaria, Barcelona, 1995.

AGUIRRE, MARIANO, y MATTHEWS, ROBERT, *Guerras de baja intensidad*, Editorial Fundamentos, Madrid, 1989.

AGUIRRE, MARIANO, y TAIBO, CARLOS, *El acuerdo de los euromisiles, de Reykjavík a Washington*, Centro de Investigación para la Paz, Madrid, 1988.

ALI, TARIQ, *The Clash of Fundamentalisms*, Verso, Londres, 2002.

AL-BERRY, KHALED, *Confesiones de un loco de Alá*, La Esfera de los Libros, Madrid, 2002.

AL-RAADI, NUHA, *Bagdhad Diaries*, Saqi Books, Londres, 1998.

ÁLVAREZ-OSSORIO, IGNACIO, *El miedo a la paz. De la guerra de los seis días a la segunda Intifada*, Los Libros de la Catarata, Madrid, 2001.

AMBROSE, STEPHEN E., *Hacia el poder global*, Grupo Editor Latinoamericano, Buenos Aires, 1992.

AMNISTÍA INTERNACIONAL, *Iraq y Kuwait ocupado desde el 2 de agosto*, Madrid, 1991.

— *Irán, guerra sin cuartel: los integristas contra el pueblo*, 1990.

— *Informe Anual*, años 1991, 1992, 2000 y 2001.

BARNET, RICHARD J., y CANAGH, JOHN, *Sueños globales*, Flor del Viento Ediciones, Barcelona, 1995.

BARTIKIZZI, PEDRO LOZANO, *De los imperios a la globalización*, Universidad de Navarra, Pamplona, 2001.

BENNIS, PHYLLIS, *Before & After*, Olive Branch Press, Interlink Publishing Group, Inc., Nueva York, 2003.

BERGEN, PETER L., *Guerra Santa S.A.*, Grijalbo Mondadori, Barcelona, 2001.

BERMUDEZ, LILIA, *Guerra de baja intensidad, Reagan contra Centroamérica*, Siglo XXI Editores, México, 1987.

BOVE, JOSÉ, y LUNEAU, GILLES, *Nous paysans*, Édition Hazan, París, 2000.

BOVE, JOSÉ; DUFOUR, FRANÇOIS, y LUNEAU, GILLES, *Le monde n'est pas une marchandise*, Éditions la Découverte, París, 2000.

BONET, PILAR, *La Rusia imposible*, El País-Aguilar, Madrid, 1994.

BRISARD, JEAN-CHARLES, y DASQUIE, GUILLAUME, *Forbidden Truth*, Thunder's Mouth Press/Nation Books, Nueva York, 2002.

BRODHAG, CHRISTIAN, *Las cuatro verdades del planeta*, Flor del Viento Ediciones, Barcelona, 1996.

CENTRO DE INVESTIGACIÓN PARA LA PAZ, *De Nueva York a Kabul*, Anuario CIP 2002, Madrid, 2002.
— *Políticas mundiales, tendencias peligrosas*, Anuario CIP 2001.
— *Globalización y sistema internacional*, Anuario CIP 2000.
— *Retos del fin de siglo*, Anuario CIP 1992-1993; Anuario sobre armamento 1987/88.
CHOMSKY, NOAM, *Repensando Camelot*, Libertarias/Prodhufi, Madrid, 1994.
— *Anno 501, la conquista continua*, Gamberetti Editrice, Roma, 1996.
— *Cómo nos venden la moto*, Icaria, Barcelona, 1996.
— *11/09/2001!*, RBA, Barcelona, 2001.
COLLON, MICHELL, *La guerra global ha comenzado*, Ergitaletxe HIRU, S.L., Hondarribia, 2002.
COOLEY K., JOHN, *Guerras profanas,* Siglo XXI de España Editores, Madrid, 2002.
DÉFENSE NATIONALE, *Revista Mensual de Estrategia*, enero de 1999, París.
DIETERICH, HEINZ, y CHOMSKY, NOAM, *Los vencedores*, Txalaparta Editorial, Navarra, 1992.
DOMENECH, ANTONI, y COMAS D'ARGEMIR, D., *Los límites de la globalización*, Ariel, Barcelona, 2002.
FERNÁNDEZ DURÁN, RAMÓN; ETXEZARRETA, MIREN, y SÁEZ, MANOLO, *Globalización capitalista, luchas y resistencias*, Virus Editorial, Barcelona, 2001.
FUKUYAMA, FRANCIS, *El fin de la historia y el último hombre*, Planeta, Barcelona, 1992.
GARAUDY, ROGER, *Les Etats-Unis avant-garde de la décadence*, Editions Vent du Large, París, 1997.
GARDNER N., RICHARD, *La diplomacia del dólar y la esterlina*, Círculo de Lectores, Barcelona, 1994.
GORBACHOV, MIJAIL, *Memoria de los años decisivos (1985-1992)*, Acento Editorial, Madrid, 1993.
GRESH, ALAIN, y VIDAL, DOMINIQUE, *Golfe, clefs pour une guerre annoncée*, Le Monde Éditions, París, 1991.
GRIFFIN, MICHAEL, *El movimiento talibán en Afganistán*, Los libros de la Catarata, Madrid, 2001.
HALLIDAY, FRED, *Rethinking International Relations*, McMillan, Londres, 1994.
HAWA-TAWIL, RAYMONDA, *Palestina, toda una vida*, Grijalbo Mondadori, Barcelona, 2001.
HERTZ, NOREENA, *El poder en la sombra*, Planeta, Barcelona, 2002.
HITCHENS, CHRISTOPHER, *The Trial of Henry Kissinger*, Verso, Nueva York, 2001.
HUMAN RIGHTS WATCH, World Report, años 2002, 2001 y 2000.
HUMAN RIGHTS WATCH ARMS PROJECT-H.RIGHTS WATCH/MIDDLE EAST, *Civilian Pawns*, Nueva York, 1996.
HUNTINGTON, SAMUEL P., *The Clash of Civilizations and the Remaking of World Order*, Simon & Schuster, Nueva York, 1998.

IVANOV, IGOR, *La nueva diplomacia rusa*, Alianza Editorial, Madrid, 2002.

KAPUSCINSKI, RYSZARD, *El Imperio*, Editorial Anagrama, Barcelona, 1994.

KAUFMANN, JOSEPH, *El mundo según Al Gore*, Ediciones B, Barcelona, 2000.

KENNEDY, PAUL, *Hacia el siglo XXI*, Plaza & Janés, Barcelona, 1993.

KISSINGER, HENRY, *Diplomacia*, Ediciones B, Barcelona, 1998.

— *Does America Need a Foreign Policy?*, Simon & Schuster, Nueva York, 2001.

KWITNY, JONATHAN, *Endless Enemies: The Making of an Unfirnedly World*, Congdon & Weed, Inc., Nueva York, 1984.

LABROUSSE, ALAIN, *La droga, el dinero y las armas*, Siglo XXI Editores, México D.F., 1993.

LANDAU, SAUL, *The Guerrilla Wars of Central America*, St. Martin's Press, Nueva York, 1993.

L'ENCYCLOPÉDIE DES CONFLICTS, *Mondes Rebelles, Guerres civiles et violences politiques*, Éditions Michalon, París, 1999.

LEVY, BERNARD-HENRI, *Reflexiones sobre la Guerra, el Mal y el Fin de la Historia*, Ediciones B, Barcelona, 2002.

MAMMARELLA, GIUSEPPE, *L'America a destra*, Ponte alle Grazie Spa, Firenze, 1995.

MCCARTHY, MARY, *Vietnam*, Seix Barral, Barcelona, 1968.

MARTÍN DE LA GUARDIA, RICARDO M., y PÉREZ SÁNCHEZ, GUILLERMO A., *La Unión Soviética: de la Perestroika a la desintegración*, Istmo, Madrid, 1995.

MEYSSAN, THIERRY, *La gran impostura*, La Esfera de los Libros, Madrid, 2002.

MILLER, MARK CRISPIN, *The Bush dislexicon*, W.W. Norton & Company, Nueva York, 2001.

MONTOYA, ROBERTO, y PEREYRA, DANIEL, *El caso Pinochet y la impunidad en América Latina*, Editorial Pandemia, La Rioja (Argentina), 2000.

NEGRI, ANTONIO, y HARDT, MICHAEL, *Imperio*, Paidós, Buenos Aires, 2002.

New Politics, revista trimestral, Winter, Brooklyn, 2002.

OTERO NOVAS, JOSÉ MANUEL, *Fundamentalismos enmascarados*, Ariel, Barcelona, 2001.

PALMER, MICHEL A., *The Guardians of the Gulf: A History of America's Expanding Role in the Persian Gulf, 1833-1992*, Free Press, Nueva York, 1993.

PASSET, RENÉ, *Elogio de la globalización*, Salvat Editores, Barcelona, 2002.

PASTOR, JAIME, *Guerra, paz y sistema de Estados*, Libertarias/Prodhufi, Madrid, 1990.

— *Qué son los movimientos antiglobalización*, RBA, Barcelona, 2002.

PETRAS, JAMES; SCHULZ, WILLIAM; HERMAN, EDWARD S.; BONASSO, MIGUEL; CHOMSKY, NOAM, y PIETERSE, JAN N., *Terrorismo de Estado. El papel internacional de Estados Unidos*, Txalaparta Editorial, Tafalla, 1990.

PETRAS, JAMES, *The CIA and the Cultural Cold War Revisited*, Granta Books, Londres, 1999.

PETRAS, JAMES, y VELTMEYER, HENRY, *Globalization Unmasked: Imperialism in the 21st Century*, Zed Books, Nueva York, 2001.

PÉREZ PIÑAR, JOSÉ ANTONIO, *Bienvenido al siglo XXI*, FOCA, Madrid, 2002.

Política exterior, enero-febrero, Madrid, 2002.

POLLACK M., KENNETH, *The Threatening Storm*, Ramdom House, Nueva York, 2002.

RAMONET, IGNACIO, *Guerras del Siglo XXI*, Grijalbo-Mondadori, Barcelona, 2002.

RASHID, AHMED, *Yihad,* Península, Barcelona, 2002.

RÍOS, XULIO; PELLITERO, LAUDELINO, y MEIXOME, CARLOS, *Rusia, das orixes á crise dun modelo*, Ir Indo Ediciòns, Vigo, 1995.

RIVERS PITT, WILLIAM, y RITTER, SCOTT, *Guerra contra Irak*, Ediciones B, Barcelona, 2002.

ROY, ARUNDHATI, *El álgebra de la justicia infinita*, Anagrama, Barcelona, 2001.

SAID W., EDWARD, *Nuevas crónicas palestinas*, Grijalbo-Mondadori, Barcelona, 2002.

SAMMON, BILL, *Fighting Back*, Regnery Publishing, Inc., Washington, 2002.

SANGER, CLYDE, *Desarme y desarrollo en los años 80*, Debate, Madrid, 1987.

SARAMAGO, JOSÉ; CHOMSKY, NOAM; PETRAS, JAMES; SAID, W. EDWARD; PIRIS, ALBERTO, y SEGURA, ANTONI, *¡Palestina existe!*, FOCA, Madrid, 2002.

SIPRI, *Yearbook,* años 1987, 1990, 1991, 2000 y 2001, Estocolmo.

STERN, JESSICA, *El terrorismo definitivo*, Granica, Barcelona, 2001.

SUMMERS, ANTHONY, *Oficial y confidencial*, Anagrama, Barcelona, 1995.

TAIBO, CARLOS, *Las fuerzas armadas en la crisis del sistema soviético*, Los Libros de la Catarata, Madrid, 1993.

— *La disolución de la URSS*, Ronsel Editorial, Barcelona, 1994.

— *La explosión soviética*, Espasa-Calpe, Madrid, 2000.

— *Cien preguntas sobre el nuevo desorden*, Suma de Letras, Punto de Lectura, Madrid, 2002.

TERNON, YVES, *L'Etat criminel*, Éditions du Seuil, París, 1995.

TOFFLER, ALVIN, y HEIDI, *Las guerras del futuro*, Plaza & Janés, Barcelona, 1994.

VERNET, JUAN, *Los orígenes del islam*, El Acantilado, Barcelona, 2001.

VIDAL, GORE, *Perpetual War for Perpetual Peace*, Thunder's Mouth Press/Nation Books, Nueva York, 2002.

Viento Sur, publicación mensual de la izquierda alternativa, julio de 2002, Madrid.

WARSCHAWSKI, MICHEL, *Israel-Palestina: la alternativa de la convivencia nacional*, Los Libros de la Catarata, Madrid, 2002.

WEBER, OLIVIER, *El halcón afgano*, Oberon, Madrid, 2001.

WEISBERG, JACOB, *More George W. Bushisms*, Fireside, Nueva York, 2002.

WORLD WATCH INSTITUTE, *Informe anual. La situación del mundo,* años 1999, 2000 y 2001.

YEVES, ENRIQUE, *La contra, una guerra sucia*, de Ediciones B, Barcelona, 1990.
ZALDÍVAR, CARLOS ALONSO, *Al contrario, sobre liderazgo, globalización e injerencia*, Espasa Calpe, Madrid, 2001.

Esta edición se terminó de imprimir
en VERLAP S.A., Comandante Spurr 653,
Avellaneda, Prov. de Buenos Aires,
República Argentina,
en el mes de mayo de 2003.